THORSTEN POLLEIT

DER ANTIKAPITALIST

EIN WELTVERBESSERER, DER KEINER IST

THORSTEN POLLEIT

DER ANTIKAPITALIST

EIN WELTVERBESSERER, DER KEINER IST

FBV

Bibliografische Information der Deutschen Nationalbibliothek:
Die Deutsche Nationalbibliothek verzeichnet diese Publikation in der Deutschen Nationalbibliografie. Detaillierte bibliografische Daten sind im Internet über http://dnb.d-nb.de abrufbar.

Für Fragen und Anregungen:
info@finanzbuchverlag.de

Originalausgabe, 1. Auflage 2020

ein Imprint der Münchner Verlagsgruppe GmbH
Nymphenburger Straße 86
D-80636 München
Tel.: 089 651285-0
Fax: 089 652096

Redaktion: Matthias Michel
Korrektorat: Astrid Treusch
Umschlaggestaltung: Marc-Torben Fischer, München
Umschlagabbildung: PRISMA ARCHIVO/Alamy Stock Photo
Satz: ZeroSoft, Timisoara
Druck: GGP Media GmbH, Pößneck
Printed in Germany

ISBN Print 978-3-95972-396-1
ISBN E-Book (PDF) 978-3-96092-731-0
ISBN E-Book (EPUB, Mobi) 978-3-96092-732-7

Weitere Informationen zum Verlag finden Sie unter

www.finanzbuchverlag.de

Beachten Sie auch unsere weiteren Verlage unter www.m-vg.de

Für
Ruth

Victoria H. A. E.
Patricia S. E. T.
Leopold A. C. F.

»Der Mensch ist frei geschaffen, ist frei,
und würd' er in Ketten geboren.«
Friedrich Schiller

»Man kann die Idee des Sozialismus überwinden, man muß sie überwinden, wenn man die Welt nicht in Barbarei und Elend zurücksinken lassen will, man kann sie aber nicht achtlos beiseite schieben.«
Ludwig von Mises

»[I]f the bulk of the public were really convinced of the illegitimacy of the State, if it were convinced that the State is nothing more nor less than a bandit gang writ large, then the State would soon collapse to take on no more status or breadth of existence than another Mafia gang.«
Murray N. Rothbard

»Statt erfreulicher Visionen eines Endsieges der Vernunft über Magie und Ignoranz müssen wir uns mit der Tatsache abfinden, daß die Normen und Ideale, die den Fortschritt der Erkenntnis erlauben, in jeder Generation gegen neue Feinde verteidigt werden müssen, die wie die Häupter der Hydra wiederkommen, sobald andere abgeschlagen sind, und die immer neue Begriffe, Reizworte und Slogans verwenden, um die ewigen Schwächen der Menschheit auszunutzen.«
Stanislav Andrenski

Inhalt

Prolog: Einleitende Bemerkungen

Der *Antikapitalist* tritt in verschiedenen Schattierungen auf. In der Extremform als Kommunist-Sozialist. Meist jedoch in abgeschwächter Form als einer, der den Kapitalismus nicht in Bausch und Bogen ablehnt. Einiges am Kapitalismus ist für ihn durchaus akzeptabel, aber eben nicht alles. Den Sozialismus will er zwar nicht in Vollendung realisiert sehen, kann ihm aber doch dies und das abgewinnen. Im Grunde wünscht sich der moderate Antikapitalist ein Gesellschafts- und Wirtschaftsmodell, das das Gute von Kapitalismus und Sozialismus verbindet und deren jeweilige dunkle Seiten ausschaltet. Dazu ruft der Antikapitalist nach dem Staat, damit der den Kapitalismus »zähme« und »zivilisiere«; der Verhinderung des Sozialismus um jeden Preis gilt sein Hauptaugenmerk aber nicht.

Der Antikapitalist ist der Rivale, manchmal sogar der Erzfeind des Kapitalismus. Er hüllt alte sozialistische Ideen in neue Gewänder, preist sie als zukunftsträchtige Wirtschafts- und Gesellschaftskonzepte an – mit denen, wie er sagt, die drängenden Probleme der Zeit gelöst werden können: Wirtschafts- und Finanzkrisen, Einkommens- und Vermögenungleichheit ebenso wie Umweltbelastung, Terrorismusbekämpfung und Epidemien. Der Antikapitalist verspricht, dass sich mit seinen Ideen eine bessere, gerechtere Welt schaffen lasse.

Welche Auswüchse eine solche antikapitalistische Gesinnung hat, zeigte sich zum Beispiel Anfang 2020, als die Coronavirus-Krise die westliche Welt erreichte. Um die Verbreitung des Virus zu verhindern, wurden quasi per Handstreich die Freiheitsrechte der Menschen in vielen Ländern der Welt außer Kraft gesetzt, wurde von den Regierungen ein »Stillstand« des öffentlichen Lebens und weiter Teile der Wirtschaft diktiert – obwohl geltendes Recht eine solche Selbstermächtigung der Regierenden nicht vorsieht. Dass das geschehen konnte und weite Teile der Bevölkerung nicht dagegen aufbegehrten, offenbart eine tiefsitzende antikapitalistische Haltung, eine quasi-sozialistische Weltsicht: dass nicht der freie Markt, die Eigenverantwortlichkeit der Individuen, sondern dass nur der Staat Notlagen beheben kann; und dass daher der Staat nach dem Motto »der Zweck rechtfertigt die Mittel« verfahren und Eigentums- und Freiheitsrechte zum Schutz des »Gemeinwohls« ausschalten darf.

Die Antikapitalisten folgen mitunter höchst unterschiedlichen Antrieben. So ist der *naive* Antikapitalist von der Vorstellung beseelt, dass der Staat Wirtschaft und Gesellschaft steuern müsse, damit es gerechter und glücklicher auf der Welt zugehe. Dem *selbstsüchtigen* Antikapitalisten geht es nicht um politische Ideale, sondern um eigene Vorteile: Er will sich mithilfe des Staates besserstellen, und wenn das auf Kosten anderer geht – in Form von Freiheitsentzug und Enteignung –, stört ihn das wenig. Der *kaltblütige* Antikapitalist hat den Umsturz im Sinn, er will die freie Gesellschaft in eine sozialistische überführen. Für ihn ist der *naive* Antikapitalist ein »nützlicher Idiot«, der *selbstsüchtige* Antikapitalist ein hilfreicher Zuarbeiter.

Die meisten Antikapitalisten zeichnen sich durch mangelndes ökonomisches Wissen aus, gepaart mit einem rigorosen, unduldsamen Eintreten für ihre Sache: Sie meinen, sie könnten ihren Mitmenschen einen »dritten Weg« zwischen Kapitalismus und Sozialismus weisen. Doch den gibt es nicht. Das hat Ludwig von Mises (1881–1973), der wohl bedeutendste Ökonom des 20. Jahrhunderts, ein für alle Mal bewiesen: Die Abkehr vom Kapitalismus, die Hinwendung zu antikapitalistischen und kollektivistischen-sozialistischen Politiken setzt vielmehr eine unheilvolle Dynamik in Gang, die die Freiheit der Menschen, die Grundlagen ihres Wohlstandes und damit auch ihre Existenz zerstört.

Der Antikapitalist ist meist auch Opfer zweier niederer Instinkte: Neid und Missgunst. Das Ressentiment, das sie in ihm erzeugen, richtet sich gegen Abstraktionen wie »Unternehmen«, »Kapital«, »Geld«, »Gewinn«, »Konsum« und so weiter. Dabei ist der Antikapitalist bemüht, seinen Standpunkt unter seinen Mitmenschen zu verbreiten, zu kultivieren, er möchte den Antikapitalismus zur herrschenden Meinung emporheben. Damit trägt er jedoch nicht zur Verbesserung des Gemeinwesens bei, sondern zu dessen Niedergang. Er bereitet letztlich dem Sozialismus den Boden, der aber nicht funktionieren kann, ja sogar Verarmung, Elend und Gewalt bringt, wie schon viele Episoden in der Menschheitsgeschichte es unmissverständlich gezeigt haben.

Die Gedanken, die in diesem Buch ausgebreitet werden, sollen die Irrtümer des Antikapitalisten (jedweder Schattierung und Motivation) aufzeigen und ihn mit handlungslogischem Denken zurück zur ökonomischen Vernunft führen. Dazu soll, *erstens*, das Zerrbild, das (unter tatkräftiger Hilfe des Antikapitalisten) vom Kapitalismus gezeichnet wird, zurückgewiesen und die ökonomischen und ethischen Qualitäten des Kapitalismus herausgearbeitet werden: dass der Kapitalismus die einzig dauerhaft durchführbare Wirtschafts- und Gesellschaftsordnung ist; und dass er – anders als der Sozialismus und alle seine Unterformen – ethisch einwandfrei ist. Dabei soll auch ein gravierendes Missverständnis aufgedeckt werden. Es lautet: Der Kapitalismus sorge für Störungen in Wirtschaft und Gesellschaft – wie Wirtschaftskrisen, Arbeitslosigkeit und Umweltprobleme –, und daher müsse er vom Staat gezähmt, eingehegt werden. Doch die Wahrheit ist eine andere: Das Zurückdrängen des Kapitalismus, sein Nichtvorhandensein in der Welt, und das Vordringen kollektivistischer-sozialistischer Ideen sind die Ursachen der beklagten Übelstände.

Zweitens: Der Staat, wie wir ihn heute kennen, ist nicht das, was viele Menschen in ihm sehen (wollen), und er leistet auch nicht das, was sie sich von ihm erhoffen. Denn der Staat ist (um eine positive Definition zu gebrauchen) der *Monopolist für Recht und Sicherheit mit der Letztentscheidungsmacht über alle Konflikte in seinem Gebiet*. In dieser Form ist er unvereinbar mit dem Selbstbestimmungsrecht, das jedem Individuum unveräußerlich zusteht. Die Folge: Der Staat (wie wir ihn heute kennen) setzt Entwicklungen in Gang, die die freiheitliche Gesellschaft und damit auch den wirtschaftlichen und kulturellen Fortschritt torpedieren – eine Erkenntnis, die vermutlich die meisten Menschen nicht vor Augen haben.

Das vorliegende Buch umfasst 20 Kapitel; jedes ist in sich abgeschlossen und kann ohne Kenntnis der vorigen gelesen und verstanden werden. Den Auftakt macht die »Kritik der ökonomischen Erkenntnis« (Kapitel 1). Darin wird herausgearbeitet, wie und warum eine methodisch fehlgeleitete Sozial- und Wirtschaftswissenschaft in die Irre führt und dem Antikapitalismus den Boden bereitet.

Der »Dreh- und Anlagepunkt des menschlichen Handelns: *das Eigentum*« (Kapitel 2) arbeitet heraus, dass das Eigentum untrennbar mit dem menschlichen Dasein verbunden ist.

»Ein fundamentales Psychogramm: *die antikapitalistische Mentalität*« geht den Motiven auf den Grund, die viele Menschen gegen den Kapitalismus einnehmen, sie gegen ihn aufbringen (Kapitel 3).

In »Eine ernüchternde Wahrheit: *was der Staat wirklich ist*« (Kapitel 4) wird erklärt, warum der Staat nicht Probleme löst, sondern vielmehr Ursache vieler Probleme ist, die die Menschen heute plagen.

Es folgt »Eine besorgniserregende Einsicht: der Staat wird immer größer« (Kapitel 5) – eine Einsicht, die die Illusion beendet, man könne den Staat »zähmen«, sich seiner ungestraft bedienen.

In »Was viele nicht wahrhaben wollen: *die Soziale Marktwirtschaft ist eine Utopie*« (Kapitel 6) erwartet den Leser die ökonomische Entzauberung eines Mythos.

Das siebte Kapitel »Die große Verwirrung: *Kapitalismus-Kritik, die Sozialismus-Kritik ist*« räumt mit einem großen Missverständnis auf, dem viele Antikapitalisten unterliegen.

»Chinas Aufstieg: *ein Kapitalismus, der keiner ist, will die Welt erobern*« – so lautet die Überschrift über dem achten Kapitel. Es arbeitet eine zentrale Bedrohung für Freiheit und Wohlstand auf der Welt heraus.

»Zeitloses Wissen über ein unverzichtbares Gut: *die Natur und das Wesen des Geldes*« (Kapital 9) vermittelt grundlegende Erkenntnisse über das Geld in der Volkswirtschaft.

Wie der Staat auf langen, verschlungenen Wegen das Geld für seine Zwecke gekapert hat, wird in »Wie der Staat das Geld zerrüttet: *eine kurze Geschichte des Goldgeldes*« (Kapitel 10) erläutert.

»Die Währungsgeschichte der Deutschen: *ein Trauerspiel in fünf Akten*« (Kapitel 11) bietet einen Abriss und eine Interpretation des deutschen Geldes von der Gründung des Deutschen Reiches 1871 bis heute.

Es gibt wohl kein ökonomisches Phänomen, das so kontrovers diskutiert wird wie der Zins. »Ein umstrittenes Phänomen: *was es mit dem Zins auf sich hat*« (Kapitel 12) soll Licht ins Dunkel der Zinsdebatte bringen.

Kurz und bündig wird in »Wie unser Geldsystem funktioniert: *Geldschaffen aus dem Nichts*« (Kapitel 13) dargelegt, wie heutzutage in antikapitalistischer Weise Geld produziert wird und welche Folgen das hat.

In »Was wir über Boom und Bust wissen: *die monetäre Konjunkturtheorie der Österreichischen Schule*« (Kapitel 14) wird eine zeitlose monetäre Krisentheorie vorgestellt.

»Eine Dystopie bahnt sich ihren Weg: *der Drang zur Fiat-Weltwährung*« (Kapitel 15) erklärt, warum und wie ein Weltstaat mit Weltwährung geschaffen werden soll.

Dass das staatlich monopolisierte Geld nicht vereinbar ist mit einer freien Wirtschaft und Gesellschaft, arbeitet »Zentralbank-Marxismus: *der Umsturz mit dem Geld*« (Kapitel 16) heraus.

Der Ausweg aus der unheilvollen Entwicklung, die das staatlich monopolisierte Geld bringt, wird in »Die Lösung des Geldproblems: *ein freier Markt für Geld*« (Kapitel 17) aufgezeigt.

Wie das staatliche Monopolgeld beendet werden kann, wird in »Dem Zentralbankgeldmonopol entkommen: *Vorschläge zur Geldreform*« (Kapital 18) ausgebreitet.

In »Natürlich geht es ohne den Staat: *ein freier Markt für Sicherheit*« (Kapitel 19) wird skizziert, warum das Gut Sicherheit im freien Markt bereitgestellt werden sollte und wie das in der Praxis aussehen könnte.

In »Aufruf zu einem neuen Methodenstreit: *die Logik des Handelns*« (Kapitel 20) wird dargelegt, wie wichtig es ist zu verstehen, dass die Volkswirtschaftslehre keine Erfahrungs-, sondern eine *a priori*-Handlungswissenschaft ist.

Der Epilog lautet »Hoffnung Aufklärung«. Er fasst zusammen, dass das vernünftige, das logische Denken der Schlüssel zur Lösung der in dieser Schrift thematisierten Probleme ist – und hält damit eine optimistisch-realistische Botschaft bereit.

Das vorliegende Buch richtet sich an all diejenigen, die ihre antikapitalistische Haltung auf den Prüfstand stellen wollen, aber auch an alle, die ihre prokapitalistische Argumentation zu reflektieren und zu stärken wünschen – und die bislang in der »Hauptstrom«-Volkswirtschaftslehre vergeblich diese argumentative Auseinandersetzung und Darstellung gesucht haben. Ich würde mich freuen, wenn Sie, liebe Leserin, lieber Leser, nach der Lektüre des Buches zu dem Schluss gelangen, dass der Kapitalismus zu Unrecht geschmäht und zurückgewiesen wird; dass die vielen beklagten Missstände auf dieser Welt nicht durch den Kapitalismus verursacht sind, sondern dass sie vielmehr aus der Unterwanderung des Kapitalismus, seiner *Nicht-Existenz* rühren; und dass der »reine Kapitalismus« der richtige Weg ist, eine bessere Welt zu schaffen. Diese Einsichten sind überaus wichtig. Denn viele Menschen geben immer stärker Ideen und

Politiken ihre Zustimmung, die an antikapitalistische Reflexe appellieren, die einen kollektivistischen-sozialistischen Ursprung haben.

Dieses Buch zu lesen erfordert keine besonderen ökonomischen Vorkenntnisse. Es ist mit dem Ziel verfasst worden, einfach und verständlich zu sein, um möglichst vielen interessierten Lesern das »Problem des Antikapitalismus« offenzulegen und seine Lösung voranzutreiben. Wie erwähnt, jedes Kapitel ist in sich abgeschlossen, lässt sich also einzeln für sich lesen. Dadurch bedingt lassen sich manche Wiederholungen, die zum Verständnis des jeweils behandelten Themas nötig sind, nicht vermeiden. Die Beiträge gehen teilweise auf bereits veröffentlichte Aufsätze und Vorträge zurück, die meisten sind eigens für dieses Buch umgearbeitet oder neu verfasst worden. Zu danken habe ich an dieser Stelle vielen Menschen, ohne deren Hilfe dieses Buch nicht hätte entstehen können, die ich aber an dieser Stelle nicht alle nennen kann. Mein ganz besonderer Dank gilt meiner Frau Dr. Ruth Polleit Riechert. Ihre Ermutigung, Unterstützung und Liebe haben dieses Buch möglich gemacht.

Thorsten Polleit
Königstein i. T., Juni 2020

Kapitel 1
Unverzichtbar für das Denken:
Kritik der ökonomischen Erkenntnis

»Der Fortschritt unserer Wissenschaft findet gegenwärtig sein Hemmnis in der Herrschaft irrthümlicher methodischer Grundsätze.«
Carl Menger

Aufforderung zur Kritik

Das Wort *Kritik* leitet sich ab von dem griechischen Wort *krínein*, was unterscheiden, trennen, vor Gericht stellen, mit vernünftigem Denken zu einem Urteil gelangen bedeutet. Für das Wort *Erkenntnis* gibt es keine einheitliche Definition. Ich definiere Erkenntnis hier und im Folgenden als eine *gültige*, eine *wahre Aussage über die Realität*. Die »Kritik der ökonomischen Erkenntnis« stellt also die Frage: *Wie verlässlich, wie realitätsrelevant sind die Theorien der Ökonomen?* Das ist eine überaus wichtige Frage – nicht nur für Ökonomen, sondern auch für die Gesellschaft insgesamt. Schließlich entfalten ökonomische Theorien (man kann auch von *ökonomischen Ideen* sprechen) Breitenwirkung, und natürlich entspringt auch der Antikapitalismus einer Idee.

Ganz in diesem Sinne schreibt zum Beispiel der britische Ökonom John Maynard Keynes (1883–1946): »[T]he ideas of economists and political philosophers, both when they are right and when they are wrong, are more powerful than is commonly understood. Indeed the world is ruled by little else.«[1] In den letzten Jahren sind die Theorien, die Ideen der (Mainstream-)Volkswirte verstärkt in die Kritik geraten, insbesondere im Zuge der Finanz- und Wirtschaftskrise 2008/09. Beispielsweise, so ist zu hören, hätten die Ökonomen die Krise nicht vorausgesehen, und bis heute gäbe es keine überzeugende Erklärung der Krisenursache(n); zudem verlieren sich die Ökonomen, so lautet eine andere Kritik, in abstrakten, über-mathematisierten Modellen, die kaum mehr einen Bezug zur wirklichen Welt haben.

Besonders kritisch hat sich der US-amerikanische Ökonom Paul Romer (*1955) geäußert. Im September 2016 veröffentlichte er den Aufsatz »The Trouble With Macroeconomics«.[2] Romers Kritik schlug ein wie eine Bombe, in Fachkreisen, aber auch bei der Presse. Die Nachrichtenagentur Bloomberg titelte: »Blah Blah Blah: A Renowned Economist Sums Up the State of Macro«.[3] Und schrieb weiter: »Paul Romer says he really hadn't planned to trash macroeconomics as a math-obsessed pseudoscience. Or infuriate countless colleagues. It just sort of happened.«[4]

In seinem Beitrag parodiert Romer die Ausrichtung der modernen Makroökonomik in folgender Weise: »Assume A, assume B, ... blah blah blah ... and so we have proven that P is true.« Romer attestiert der Makroökonomik eine *intellektuelle Regression* in den letzten drei Jahrzehnten. Diese sei beispielsweise verursacht durch unreflektiertes Festhalten an dogmatischen Positionen; durch Setzen von obskuren Annahmen in hochmathematisierten Modellen; durch Ausblenden von mikroökonomischen Fundierungen in makroökonomischen Überlegungen; durch kritiklosen Umgang mit und falsche Loyalität gegenüber ausgewiesenen Autoritäten des Faches und durch anderes mehr.

Eine Frage der Methode

Was immer man Romers Kritik im Einzelnen entgegnen möchte, sie scheint mir aus mindestens zwei Gründen hilfreich zu sein. Sie lädt zur (selbst-)kritischen Auseinandersetzung mit der aktuellen Forschungspraxis in der modernen Volkswirtschaftslehre ein. Und – besonders wichtig – sie ermuntert dazu, den kritischen Blick auf eine grundlegende Frage zu lenken. Diese lautet: *Welche wissenschaftliche Methode ist in der Ökonomik angemessen, kann hier überzeugend vertreten werden?*

Unter der wissenschaftlichen Methode ist das Vorgehen zu verstehen, um Erkenntnisse über ein Erkenntnisobjekt zu gewinnen. Die moderne Volkswirtschaftslehre bedient sich der wissenschaftlichen Methode, die in den Naturwissenschaften angewandt wird. Sie besteht im Kern darin,

»Wenn-dann«- oder auch »Je-desto«-Hypothesen zu formulieren und deren Wahrheitsgehalt anhand von Beobachtungen zu überprüfen. Auf diese Weise sollen *quantitative* Gesetzmäßigkeiten gewonnen werden, etwa in dieser Form: »Wenn Faktor *A* um *x* Prozent steigt, verändert sich Faktor *B* um *y* Prozent.«

Die wichtige Frage lautet nun aber: Ist die naturwissenschaftliche Methode zur Wissensgewinnung auch in den Sozial- und Wirtschaftswissenschaften anwendbar? Ja, so meinen die Befürworter der sogenannten »Einheitswissenschaft«. Dazu zählen die Vertreter des *Logischen Positivismus*, des *Wiener Kreises*, die in den 1930er-Jahren für ein einheitliches Vorgehen in den Wissenschaften plädierten.[5] Ihr Leitbild erreichte auch die Volkswirtschaftslehre, und zwar vor allem durch Milton Friedmans Aufsatz »The Methodology of Positive Economics« aus dem Jahr 1953. Diese Schrift trug wesentlich dazu bei, dass die naturwissenschaftliche Methode in der Volkswirtschaftslehre Fuß fassen konnte.

Auf dem Holzweg

Im Folgenden möchte ich das erkenntnistheoretische Fundament der naturwissenschaftlichen Methode offenlegen und kritisieren. Auf diese Weise will ich die heute weitverbreitete Auffassung hinterfragen, ob die Anwendung der naturwissenschaftlichen Methode in der Volkswirtschaftslehre überhaupt begründet werden kann.

Die naturwissenschaftliche Methode baut auf drei erkenntnistheoretischen Elementen auf: Positivismus, Empirismus und Falsifikationismus. Der *Positivismus* lässt sich als Wissenschaftsdoktrin interpretieren. Er postuliert, dass die Wissenschaft auf das Positive, das Tatsächliche, das Messbare zu beschränken ist. Was nicht messbar ist, das Metaphysische etwa (also das, was die Sinneserfahrung übersteigt), ist wissenschaftlich nicht zugänglich, ist *unwissenschaftlich*.

Der *Empirismus* besagt zwei Dinge: Zum einen, dass die Quelle der Erkenntnis die Beobachtung ist, und dass zum anderen die Beobachtung auch die Prüfinstanz ist für die Beurteilung des Wahrheitsgehaltes von Theorien. Der *Falsifikationismus* wird als Fortentwicklung des klassischen Empirismus betrachtet und ist eng verbunden mit dem Namen Karl Popper (1902–1994). Lassen Sie uns zunächst den kritischen Blick auf den

Empirismus werfen, danach auf den Falsifikationismus beziehungsweise Kritischen Rationalismus.

Um gleich mit der Tür ins Haus zu fallen: Der Empirismus leidet unter dem sogenannten *Induktionsproblem.*[6] Was damit gemeint ist, kann ein Beispiel illustrieren. Im 18. Jahrhundert waren den Menschen nur weiße Schwäne bekannt. Man folgerte daraus, dass es nur weiße Schwäne gäbe. Doch dann wurden in Australien schwarze Schwäne entdeckt – und das Wissen, das bis dato gegolten hatte, erwies sich als falsch. Was dieses Beispiel zeigt (und auch *logisch* begründet werden kann[7]): Aus Einzelerfahrungen lassen sich keine allgemeingültigen Aussagen (Allaussagen) ableiten.

Um es noch deutlicher zu machen: Nehmen wir an, Sie testen die Hypothese »Wenn die Geldmenge steigt, dann steigen die Güterpreise«. Sie finden heraus, dass die Hypothese durch die Datenlage gestützt wird. Ist sie dann *verifiziert*? Haben Sie eine Gesetzmäßigkeit erkannt? Die Antwort ist nein! Denn aus diesem Befund lässt sich nicht schlussfolgern, dass die Hypothese auch *künftig*, das heißt wenn neue Beobachtungen gemacht werden, gestützt wird. Sollten Sie hingegen beim Testen herausfinden, dass die Daten die Hypothese nicht stützen, so heißt das nicht, dass *künftige* Beobachtungsdaten die Hypothese nicht doch stützen könnten. Mit dem Empirismus lässt sich also keine verlässliche Wissenschaftserkenntnis bereitstellen, keine Regel- beziehungsweise Gesetzmäßigkeiten (in dem Sinne: wenn *A*, dann immer *B*) begründen.

Popper hilft nicht weiter

Doch wir wollen den Kopf nicht hängen lassen. Schließlich hat es eine Fortentwicklung gegeben: den *Falsifikationismus.* Der Falsifikationismus ist das Kernstück des *Kritischen Rationalismus,* wie er von Popper vertreten wird. Popper erkennt, dass der Induktionsschluss – der konstitutiv ist für den klassischen Empirismus – nicht gerechtfertigt werden kann. Es ist nicht möglich, so Popper, eine Hypothese zu *verifizieren.* Bestenfalls kann es gelingen, eine Hypothese nicht zu *falsifizieren.* Eine Hypothese gilt nach Popper so lange als »bewährt«, wie sie nicht durch Erfahrung widerlegt (also falsifiziert) worden ist.

Unsere Erkenntnis ist – und das ist die zentrale Position des Kritischen Rationalismus – immer nur *hypothetisch wahr.* Wir können ihr nur »bis auf

Weiteres« vertrauen. Dass wir jemals zu *nicht-hypothetischer Erkenntnis* – zu einer zeitlosen Gewissheit oder: Wahrheit – gelangen könnten, ist eine vergebliche Hoffnung. Die Aufgabe des Wissenschaftlers ist es, seine Theorien (fortwährend) an der Erfahrung zu testen und, wenn sie sich nicht bewähren, durch bessere Theorien zu ersetzen. Auf diese Weise wird der Wissenschaftsfortschritt *rational* angeleitet, so Popper: Man gelangt zu besseren Theorien, indem schlechte Theorien aussortiert werden.

Der Kritische Rationalismus soll den Wettbewerb um die besseren Theorien fördern; er soll Immunisierungsstrategien, durch die sich die Theorien einer Wahrheitsprüfung entziehen könnten, verhindern; und er soll zum vorsichtigen Umgang mit der wissenschaftlichen Wahrheit anleiten. Stellen wir an dieser Stelle eine kritische Frage: *Wie rechtfertigt der Kritische Rationalismus seine Postulate?*

Dem Kritischen Rationalismus zufolge ist alle Erkenntnis *nur hypothetisch wahr*, die Existenz von nicht-hypothetisch wahrer Erkenntnis wird verneint. Was ist davon zu halten? Wenn ich sage, alle Erkenntnis ist nur hypothetisch wahr, so beansprucht diese Aussage nicht-hypothetisch wahr, also gültig, zu sein. Das ist ganz offensichtlich ein *Selbstwiderspruch*!

Damit stellt sich aber die Frage: *Wie will der Kritische Rationalismus seine Postulate begründen? Wie will er begründen, dass Erkenntnisse nur aus Beobachtungen zu gewinnen sind und dass Beobachtungen auch die Prüfinstanz sind, an der der Wahrheitsgehalt von Theorien zu beurteilen ist?* Auf empirischem Wege können diese Postulate nicht überzeugend begründet werden. Wie bereits gesagt: Durch Beobachtungen lässt sich keine gültige Allaussage begründen.

Der Kritische Rationalismus muss vielmehr auf nicht-hypothetisch wahre Erkenntnis zurückgreifen, will er seine Postulate begründen – auf genau solche Aussagen also, deren Existenz er verneint. Dass (auch) das ein *Selbstwiderspruch* ist, ist unmittelbar einsichtig.[8] Nach Popper ist alle Erkenntnis nur hypothetisch wahr. Wenn man aber sagt: »Alle Erkenntnis ist nur hypothetisch wahr«, dann ist diese Aussage (i) entweder ein Selbstwiderspruch oder (ii) sie ist selbst nur hypothetisch wahr – und das würde erkenntnistheoretisch ins Nichts führen. Was aber ist von den folgenden Theorien zu halten?[9] (1) Jeder freiwillige Tausch ist vorteilhaft für die am Tausch Teilnehmenden. Oder: (2) Der Grenznutzen der Gütereinheit nimmt mit steigendem Gütervorrat ab. Oder: (3) Ein Anstieg der Geldmenge in der Volkswirtschaft verringert die Kaufkraft der Geldeinheit (im

Vergleich zur Situation, in der die Geldmenge nicht ausgeweitet worden wäre). Die Theorien (1), (2) und (3) sind aus handlungslogischer Perspektive als unbestreitbar gültig einsehbar – nach Popper wäre ihr Wahrheitsgehalt jedoch nur hypothetisch wahr und fortwährend durch Testen zu überprüfen; und auch auf diesem Wege könnte ihr Wahrheitsgehalt nicht letztgültig festgestellt werden.

Und noch etwas soll hier kritisiert werden: Um Erfahrungen machen zu können, braucht man eine Theorie. Denn es gibt kein theorieloses, kein voraussetzungsloses Erfassen der menschlichen Realität. Die verwendeten Theorien mögen richtig oder falsch sein, das Erfahren ist aber stets theoriegebunden. Doch was ist die »richtige« Theorie? Der Kritische Rationalist muss antworten: Das wissen wir nicht! Wir können bestenfalls auf bewährte Theorien zurückgreifen, um Erfahrungen zu machen. Wenn sich aber die Auffassung darüber ändert, welche Theorie nun die »bewährte«, die »richtige« ist, erweisen sich auch alle Erfahrungen, die auf der bisher als bewährt angesehenen Theorie gemacht wurden, als *Makulatur*. Aber nicht nur diejenigen Theorien, deren Wahrheitsgehalt mittels Erfahrung untersucht werden soll, sind für den Kritischen Rationalismus bestenfalls hypothetisch wahr. Das Gleiche gilt auch für jene Theorien, die verwendet werden, um Beobachtungen zu machen, die als Prüfinstanz dienen.

Wie, so muss man sich fragen, soll auf einer solchen erkenntnistheoretischen Forschungsgrundlage – die de facto *nihilistisch* ist – etwas Sinnvolles erwachsen? Man wird hier vielleicht einwenden: In den *Naturwissenschaften* scheint diese Kritik nicht zuzutreffen. Man schaue nur einmal auf die naturwissenschaftlichen Wissensfortschritte in den letzten Jahrzehnten, die auf Basis des Kritischen Rationalismus erzielt wurden!

Dem würde ich entgegnen: Ja, der Wissenszuwachs in den Naturwissenschaften steht außer Frage. Das heißt aber nicht, dass die hier geäußerte Kritik unberechtigt wäre. Vermutlich gibt es in den Naturwissenschaften tatsächlich so etwas wie Regel- und Gesetzmäßigkeiten, die sich durch das Anwenden des Kritischen Rationalismus – *trotz* seiner erkenntnistheoretischen Defizite – aufspüren lassen. Es besteht an dieser Stelle vielmehr Anlass zu der Frage: *Lässt sich der Kritische Rationalismus* trotz *seiner erkenntnistheoretischen Defizite ebenso unproblematisch in der Volkswirtschaftslehre anwenden?*

Wirtschaftswissenschaft ist anders

Um diese Frage zu beantworten, führen wir uns zunächst vor Augen, dass das *Erkenntnisobjekt* in den Naturwissenschaften ein ganz anderes ist als in der Volkswirtschaftslehre.[10] In der Naturwissenschaft haben wir es zum Beispiel mit Atomen, Steinen und Regenwürmern zu tun. Objekten also, die keine Ziele und keine Präferenzen haben, die keine Wahlakte treffen. In der Volkswirtschaftslehre geht es hingegen um den handelnden Menschen. Und der hat Präferenzen und Ziele, die er durch sein Handeln erreichen will, er wählt zwischen alternativen Handlungsmöglichkeiten.

Das ist eine wichtige Einsicht: Die Art des Erkenntnisobjektes erlaubt es in den Naturwissenschaften, *konstante Ursache-Wirkungsbeziehungen* aufzuspüren. Im Bereich des menschlichen Handelns ist so etwas aber nicht möglich. Warum nicht? Die Antwort lautet: Der handelnde Mensch – der Präferenzen und Ziele hat und zwischen Handlungen wählt – ist *lernfähig*.[11] Das heißt, die Wissenszustände, die seine Präferenz-, Ziel- und damit seine Handlungswahl bestimmen, verändern sich im Zeitablauf. Und die *Lernfähigkeit* des Menschen lässt sich nicht widerspruchsfrei verneinen.

Wer argumentiert, der Mensch sei nicht lernfähig, der begeht einen *performativen Widerspruch*: Er unterstellt, dass seine Zuhörer beziehungsweise Gesprächspartner den Inhalt seines Gesagten noch nicht wissen, dass sie also lernfähig sind – sonst würde er es ja nicht sagen.[12] Und wer sagt: »Der Mensch kann lernen, dass er *nicht* lernen kann«, begeht einen *offenen Widerspruch*. Er setzt voraus, dass er irgendwann einmal gelernt hat, dass man *nicht* lernen kann – und attestiert damit ebenfalls Lernfähigkeit.

Wenn man die Lernfähigkeit aber nicht widerspruchsfrei verneinen kann, so bedeutet das, dass man menschliche Handlungen auch *nicht* systematisch erklären kann im Sinne einer quantitativen-konstanten Ursache-Wirkungsbeziehung (dass also das Auftreten von Impuls *A* immer und überall die Reaktion *B* hervorbringt). Behauptet man, dass es konstante Verhaltensparameter gibt – dass Menschen immer und überall auf einen konkreten Impuls in gleicher Weise reagieren –, dann impliziert das, dass man menschliches Handeln vorhersagen kann. Dadurch bestreitet man aber, dass der Mensch lernfähig ist – und das wäre, wie bereits erläutert, widersprüchlich und damit falsch. Es kann folglich *aus logischen Gründen* keine konstanten Verhaltensparameter im Bereich des menschlichen Handelns geben.[13]

Und noch eine weitere Überlegung spricht gegen die Anwendbarkeit der naturwissenschaftlichen Methode in der Volkswirtschaftslehre. In den Naturwissenschaften lassen sich *Laborversuche* durchführen. Unter ansonsten gleichen Bedingungen wird ein Faktor bei Konstanz aller anderen Faktoren verändert, und so lässt sich seine Wirkung auf den zu erklärenden Faktor erkunden. Derartige Versuche lassen sich prinzipiell in beliebiger Zahl wiederholen. Ein solches Vorgehen ist im Bereich des menschlichen Handelns nicht möglich. Wir hatten bereits gehört: Der handelnde Mensch ist lernfähig und damit sprichwörtlich von einem Zeitpunkt zum anderen quasi ein anderer, was seine Wissensstände betrifft.

Im Bereich des menschlichen Handelns lassen sich daher keine homogenen, miteinander vergleichbaren *Beobachtungssätze* gewinnen, wie es in naturwissenschaftlichen Experimenten möglich ist.[14] An dieser Stelle lässt sich zusammenfassend sagen: Der Anwendung der naturwissenschaftlichen Methode stehen schwergewichtige Bedenken, logische Einwände entgegen.

Das handlungslogische Denken

Vor diesem Hintergrund stellt sich die Frage: Welche wissenschaftliche Methode ließe sich in der Volkswirtschaftslehre überzeugend vertreten? Das Erkenntnisobjekt der Volkswirtschaftslehre ist – das wurde bereits herausgestellt – der handelnde Mensch.[15] Über ihn wissen wir etwas, was wir widerspruchsfrei nicht verneinen können – nämlich dass der Mensch handelt.

Handeln heißt, abstrakt gesprochen, einen Zustand durch einen anderen, als vorteilhafter erachteten Zustand ersetzen. Der Satz »Der Mensch handelt« klingt zunächst trivial. Bei weiterem Nachdenken zeigt sich jedoch, dass dieser Satz nicht widerspruchsfrei verneint werden kann. Wer sagt »Der Mensch handelt nicht«, der handelt – und widerspricht damit dem Gesagten. Der Satz »Der Mensch handelt« ist *apriorisch*. Aus dem evidenten Satz »Der Mensch handelt« lassen sich auf *logisch-deduktivem* Wege weitere unbestreitbar gültige Aussagen (*logische Handlungskategorien*) ableiten.

Beispielsweise dass Menschen *Ziele* verfolgen; dass sie dazu *Mittel* einsetzen müssen; dass die Mittel-Ziel-Beziehung die Ursache-

Wirkungsbeziehung (*Kausalität*) voraussetzt; dass der Mensch unter *Knappheit* handelt (schon allein deswegen, weil jedes Handeln *Zeit* erfordert); dass der Handelnde stets eine *positive Zeitpräferenz* hat; dass Handeln unter *Unsicherheit* stattfindet und anderes mehr. Sie werden nun vermutlich fragen: *Was lässt sich mit all dem anfangen?* Auf diese Frage will ich hier drei Antworten geben.

(1) *Theorieprüfung.* – Die logischen Handlungskategorien dienen als »Prüfkriterien«. Verstoßen ökonomische Theorien gegen die *logischen Kategorien* des menschlichen Handelns, sind berechtigte Zweifel an ihrer Richtigkeit anzumelden. Verkürzt gesprochen: Theorien, die nicht im Einklang mit den logischen Handlungskategorien stehen, sind als falsch einsehbar (und zwar ohne dass man die Theorien in der Praxis erst ausprobieren muss). Beispielsweise wäre eine ökonomische Theorie, die *zeitloses* menschliches Handeln annimmt, handlungslogisch unsinnig (und auch realitätsfern).[16] Mit etwas mehr verbal-logischem Aufwand ließe sich beispielsweise die Theorie als unzutreffend zurückweisen, dass das Ausweiten der Geldmenge »neutral« ist (in Bezug auf die Verteilungsfolgen). Auf *handlungslogischem Wege* lässt sich zudem zeigen, dass der Sozialismus nicht funktionieren kann; oder dass die Ausgabe von ungedecktem Geld Wirtschaftsstörungen hervorbringt.

(2) *Geschichtsdeutung.* – Vergangene menschliche Handlungen, menschliche Geschichtsepisoden, müssen unter Zuhilfenahme von Theorien erfasst und gedeutet werden. Dafür sind in der Regel viele Erkenntnisbausteine erforderlich: beispielsweise die Physik, Biologie, Psychologie, aber natürlich auch die Erkenntnisse, die sich aus der Logik des menschlichen Handelns ableiten lassen. Die Deutung geschichtlicher Ereignisse bedarf so gesehen der *Methode des Verstehens.* Wer die Methode des Verstehens anwendet, muss darauf achten, dass die Deutung und die Erklärung des vergangenen menschlichen Handelns nicht im Widerspruch stehen mit den naturwissenschaftlichen Erfahrungen und den apriorischen Erkenntnissen, die sich aus der Logik des menschlichen Handelns gewinnen lassen.

(3) *Folgeabschätzung.* – Die Logik des menschlichen Handelns zeigt die *qualitativen* (nicht aber quantitativen) *Folgen* des Handelns auf. Sie kann allerdings nichts darüber sagen, *wie* künftig gehandelt wird. Wenn beispielsweise die Geldmenge in der Volkswirtschaft erhöht wird, so führt das notwendigerweise dazu, dass die Güterpreise höher ausfallen und die

Kaufkraft des Geldes abnimmt – im Vergleich zu einer Situation, in der die Geldmenge nicht ausgeweitet wird. *Ob* aber die Geldmenge künftig erhöht wird – ob die Zentralbankräte und die Geschäftsbanken die Geldmenge *tatsächlich* ausweiten werden –, eine solche Prognose geht über die handlungslogische Erkenntnis hinaus.

Zu guter Letzt

Die bis hierher vorgetragenen Überlegungen haben ihren Ausgangspunkt in den *erkenntnistheoretischen Problemen* genommen, die aus der Anwendung der naturwissenschaftlichen Methode in der Ökonomik erwachsen. Die erkenntnistheoretischen Probleme lösen sich jedoch auf, wenn die Volkswirtschaftslehre nicht als Erfahrungswissenschaft, sondern als *apriorische Handlungswissenschaft* konzeptualisiert wird – und das ist, wie hier aufgezeigt, mit logischen Mitteln, in widerspruchsfreier Weise, möglich. Als apriorische Handlungswissenschaft gewinnt die Volkswirtschaftslehre ihre Erkenntnisse erfahrungs*unabhängig* durch Rückgriff auf die Logik des menschlichen Handelns. Sie erzielt ihre Erkenntnis also nicht aus der Erfahrung, und sie überprüft den Wahrheitsgehalt ihrer Erkenntnis auch nicht mittels Erfahrung.

Die apriorische Handlungswissenschaft entfaltet die logischen Implikationen, die aus der nicht widerlegbaren Erkenntnis stammen, dass der Mensch handelt. Spricht man der Volkswirtschaftslehre apriorischen Charakter zu, hat das für ihr heutiges Selbstverständnis weitreichende Folgen. Wer die Volkswirtschaftslehre als apriorische Handlungswissenschaft konzeptualisiert, muss beispielsweise bestreiten, dass sich die Methode der Mathematik im Bereich des menschlichen Handelns sinnvoll anwenden lässt;[17] und er wird auch so manche hochangesehene Theorie infrage stellen oder zurückweisen müssen. Wie lässt sich in diesem Zusammenhang zum Beispiel die Theorie der Rationalen Erwartungen (TRE) beurteilen, wie sie von John F. Muth (1930–2005) im Jahr 1961 vorgelegt und vor allem von Robert Lucas Jr. (*1937) in der modernen Makroökonomik weiterentwickelt wurde?[18]

Die TRE besagt, dass die Marktakteure (i) Kenntnis über das Funktionieren der Volkswirtschaft haben; (ii) dass sie über alle relevanten Informationen verfügen, die das wirtschaftliche Geschehen bestimmen; und dass sie (iii) die Häufigkeitsverteilung der künftigen Ereignisse kennen, dass sie also keine systematischen Erwartungsfehler begehen, beziehungsweise dass der Erwartungswert des stochastischen Störterms (die Abweichung zwischen dem erwarteten Wert einer Variablen und dem sich tatsächlich einstellenden Wert der Variable) null ist. Doch so populär die TRE auch ist, aus handlungslogischer Sicht ist sie mehr als fragwürdig, und zwar aus (mindestens) drei Gründen: (1) Wenn man annimmt, dass die Handelnden die Häufigkeitsverteilung künftiger Ereignisse bereits heute kennen, so bedeutet das, dass sie bereits heute über eine umfassende Liste aller künftigen Handlungen verfügen. Sie müssten schon heute beispielsweise alle künftigen Nachfragewünsche, Technologien, Produzenten und Produkte kennen; und sie müssten heute wissen, wie die Nachfrager und Anbieter künftig handeln – sonst könnte man ja heute keinerlei Wissen über die relative Häufigkeitsverteilung künftiger Handlungsergebnisse haben. Doch solch eine Liste gibt es nicht, und es kann sie auch nicht geben. Denn gäbe es sie, wäre das künftige menschliche Handeln schon heute bekannt, und Handeln würde unmöglich – und das ist etwas, was sich nicht widerspruchsfrei denken lässt. (2) Selbst wenn man annimmt, dass man die Zukunft vorhersagen kann (und dabei einem Zufallsfehler mit Erwartungswert von null unterliegt), so würde das bedeuten, dass alle Handelnden den gleichen Wissensstand haben; ansonsten wäre ihr Erwartungsfehler nicht zufällig, sondern systematisch. Das Wissen ist jedoch nicht gleich verteilt zwischen den Handelnden – und allein schon der Versuch, diese Aussage zu verneinen, bezeugt die Richtigkeit dieser Aussage. (3) Die TRE unterstellt, dass die Handelnden nicht lernfähig sind – das folgt direkt aus der Annahme, man kenne die künftigen Handlungen schon heute. Doch das ist, wie weiter oben deutlich wurde, handlungslogisch falsch: Lernfähigkeit lässt sich aus logischen Gründen nicht verneinen. Kurzum: Die TRE ist auf Basis der Handlungslogik als inkonsistente Theorie zurückzuweisen.

Die inhaltliche Auseinandersetzung um die angemessene, die »richtige« wissenschaftliche Methode in der Volkswirtschaftslehre ist keine abstrakte akademische Fingerübung. Sie hat unmittelbare Bedeutung für die (politische Unabhängigkeit der) Forschungspraxis. Man denke nur einmal an den Fall, in dem eine politische Partei eine (für manche Ohren) *wohlklingende Theorie* vorlegt: »Wenn die Produktionsmittel verstaatlicht werden, dann steigt der Wohlstand für alle.« Ein Ökonom, der konsequent dem Kritischen Rationalismus folgt, kann keine prinzipiellen Bedenken gegen die »mögliche Richtigkeit« dieser – handlungslogisch als *falsch* einsehbaren – Theorie anmelden. Er muss vielmehr – will er nicht als »fortschrittsfeindlich«, als »starrsinnig« gelten – zustimmen, dass die Theorie in der Praxis ausprobiert wird, denn nur so lässt sich ihr Wahrheitsgehalt überprüfen.

Und je süßer die Verheißung zu sein scheint, die eine Theorie in Aussicht stellt, desto größer fällt natürlich auch der politische Druck aus, die Theorie in die Tat umzusetzen. Wohin das führt, lässt sich leicht absehen: Die Gesellschaft wird zum großangelegten Versuchslabor, gerät in den Würgegriff der Sozialplaner und politischen Eiferer, die mit der Freiheit des Individuums wenig oder gar nichts anfangen können.

Damit sind wir am Ende des ersten Kapitels angelangt. Es kann hoffentlich einen konstruktiven Beitrag leisten, indem die Kritik an der modernen Volkswirtschaftslehre aufgenommen und sie auf ihren fundamentalen Ursprung gelenkt wurde: auf die Frage nach der richtigen, nach der gut begründeten wissenschaftlichen Methode in der Volkswirtschaftslehre. Diese Frage verdient allergrößte Aufmerksamkeit. So erscheint es passend, mit einem Zitat von Carl Menger (1840–1921) zu schließen: »Der Fortschritt unserer Wissenschaft findet gegenwärtig sein Hemmnis in der Herrschaft irrthümlicher methodischer Grundsätze.«[19]

Kapitel 2

Dreh- und Angelpunkt des menschlichen Handels:

das Eigentum

»Wo man am meisten drauf erpicht,
grad das bekommt man meistens nicht.«
Wilhelm Busch

Das, was sich nicht widerlegen lässt

Antikapitalisten stehen dem Eigentum skeptisch, relativierend oder auch feindselig gegenüber. Ist diese Position gut begründet? Für eine Antwort müssen wir uns zunächst Klarheit darüber verschaffen, wie sich Eigentum (im wirtschaftlichen Sinne) an Gütern erwerben lässt. In einer freien Marktwirtschaft geschieht das auf drei – und nur drei – *nicht-aggressiven Wegen*, und die sind: (1) *Inlandnahme* von bisher nicht anderweitig beanspruchten Naturressourcen (»Homesteading«), (2) *Produktion*, also die Erzeugung von Gütern durch eigener Hände Arbeit, und (3) *freiwilliger Tausch* (einschließlich Schenkungen). Im Gegensatz dazu steht die aggressive, die gewalttätige Aneignung von Eigentum: Menschen eignen sich Sachen an, indem sie Eigentumsrechte anderer verletzen wie zum Beispiel durch Raub, Unterschlagung, Veruntreuung, Erpressung und so weiter.

Das Eigentum – verstanden als das Eigentum am eigenen Körper (Selbsteigentum) und an den Gütern, die auf nicht-aggressivem Wege angeeignet wurden – ist keine von Menschen willkürlich in die Welt gesetzte Institution. Existenz und Notwendigkeit von Eigentum sind vielmehr (handlungs-)logisch fest begründet. Das Eigentum lässt sich nicht widerspruchsfrei verneinen. Eigentum zu verneinen oder gar aus der Welt verbannen zu wollen – wie es die Sozialisten, aber auch so mancher Antikapitalist es sich wünscht –, verursacht einen logischen Widerspruch und ist damit im wahrsten Sinne des Wortes falsch. Diese wichtige Einsicht verdient genauer begründet zu werden, und zwar mit der *Logik des menschlichen Handelns.*

Eine Kategorie des menschlichen Handelns

Mit der Logik des menschlichen Handelns ist nicht gemeint, dass Menschen sich immer und überall logisch verhalten. Vielmehr entfaltet die Logik des menschlichen Handelns die logischen Erkenntnisse, die sich aus dem Satz »Der Mensch handelt« ableiten lassen. Mit dem Satz »Der Mensch handelt« ist zunächst einmal ganz allgemein gemeint, dass der Handelnde einen Zustand durch einen anderen Zustand, den er als vergleichsweise vorteilhafter einstuft, ersetzt.

Der Satz »Der Mensch handelt« klingt zunächst recht trivial. Doch er ist – wie bereits in Kapitel 1 ausgeführt – von besonderer erkenntnistheoretischer Qualität: Er lässt sich nicht vereinen, ohne dass man dadurch einen intellektuellen Widerspruch verursacht. Wer sagt »Der Mensch kann *nicht* handeln«, der handelt und setzt damit das, was er verneint, als gültig voraus. Wir haben es hier also mit einer wahren, einer apodiktischen Erkenntnis zu tun. Aus dem wahren Satz »Der Mensch handelt« lassen sich weitere wahre Erkenntnisse ableiten.

Handeln zielt auf das Erreichen von Zielen ab. Das lässt sich widerspruchsfrei nicht verneinen – denn das liefe auf ein zielorientiertes Handeln hinaus. Für das Erreichen von Zielen muss der Handelnde Mittel (Güter) einsetzen. Mittel sind notwendigerweise knapp (sonst wären sie keine Mittel, und man müsste sie nicht bewirtschaften). Zeit ist ein unverzichtbares Mittel, das der Handelnde einsetzen muss. Ein zeitloses Handeln lässt sich nicht denken, denn dann wären die Ziele sofort und unmittelbar erreicht, und der Handelnde könnte nicht handeln – aber das wäre ein logischer Widerspruch.

Weil Handeln stets den Einsatz von Zeit erfordert, wird der Handelnde eine frühere Erreichung seiner Ziele einer späteren Erreichung vorziehen. Darin kommt die Zeitpräferenz zum Ausdruck, und deren Manifestation ist der Urzins. Er besagt, dass ein gegenwärtig verfügbares Gut einem Gut (von gleicher Art und Güte und unter gleichen Bedingungen), das erst künftig erhältlich ist, vorgezogen wird. Zeitpräferenz und Urzins sind aus handlungslogischen Gründen immer und überall positiv, sie können nicht verschwinden, nicht auf null fallen oder gar negativ werden.

Handeln ist – und wer wollte das ernstlich anzweifeln – an Körperlichkeit gebunden: Um zu sprechen, muss man seine Stimmbänder in Schwingung versetzen; um von hier nach da zu gehen, muss man seine Beine bewegen; und um mathematische Aufgaben zu lösen, muss man sein Gehirn arbeiten lassen. Der Handelnde muss folglich seinen Körper einsetzen, um zu handeln (und er kann, wie wir schon gesehen haben, nicht *nicht* handeln). An dieser Stelle erwächst daher die Frage: Wem gehört denn der Körper des Handelnden hier auf Erden? Ihm selber? Und wenn ja, wie lässt sich das begründen?

Die Sache mit dem *a priori*

Der Königsberger Philosoph Immanuel Kant (1724–1804) nannte Erkenntnis, die aus der Erfahrung stammt, *a posteriori*; und die Erkenntnis, die von allen Sinneseindrücken unabhängig ist, nannte er *a priori*. Kant zufolge zeichnet sich ein *a priori* beziehungsweise eine *apriorische Aussage* dadurch aus, dass sie strenge Notwendigkeit hat und eine uneingeschränkte Allgemeingültigkeit aufweist. Eine apriorische Aussage lässt sich nicht verneinen, ohne ihre Gültigkeit bereits zu unterstellen. Man kann einer apriorischen Aussage nicht widersprechen, ohne dadurch einen intellektuellen Irrtum, einen logischen Widerspruch zu verursachen. Bei allen aus Beobachtungen (Sinneseindrücken) abgeleiteten Aussagen lässt sich niemals ausschließen, dass sie sich, wenn weitere Beobachtungen gemacht werden, als falsch herausstellen. Alle durch Wahrnehmung zu verifizierenden Aussagen sind daher nicht notwendigerweise wahr. Aussagen sind dann notwendigerweise wahr, gelten dann *a priori*, wenn sie sich nicht durch Wahrnehmungen verifizieren oder falsifizieren lassen.[20] Kant drückt das wie folgt aus: »Erfahrung lehrt uns zwar, daß etwas so oder so beschaffen sei, aber nicht, daß es nicht anders sein könne. Findet sich als erstlich ein Satz, der zugleich mit seiner Notwendigkeit gedacht wird, so ist er ein Urteil a priori [...]. Wird also ein Urteil in strenger Allgemeinheit gedacht, d. i. so, daß gar keine Ausnahme als möglich verstattet wird, so ist es nicht von der Erfahrung abgeleitet, sondern schlechterdings a priori gültig.«[21]

Das *a priori* des Argumentierens

Diese wichtige Frage lässt sich mit Rückgriff auf das *a priori des Argumentierens*, das die Philosophen Karl-Otto Apel (1922–2017) und Jürgen Habermas (*1929) vorgelegt haben, beantworten. Der Begriff *a priori* steht für Aussagen, die Allgemeingültigkeit und Notwendigkeit beanspruchen können, deren Gültigkeit man immer schon voraussetzen muss, wenn man sie verneinen will. Ein *Argument* ist eine Aussage, mit der der Wahrheitsgehalt von Aussagen geklärt wird. Man kann leicht einsehen, dass man nicht verneinen kann, dass man argumentiert. Wer sagt: »Man kann nicht argumentieren«, der argumentiert und widerspricht dem gerade Gesagten. Man kann also nicht argumentieren, dass man nicht argumentieren kann, ohne einen logischen Widerspruch zu verursachen. Also können wir hier vom *a priori des Argumentierens* sprechen.

Argumentieren setzt Eigentum am eigenen Körper voraus. Dieser Satz lässt sich nicht widerspruchsfrei verneinen. Der Versuch, ihn zu verneinen, erfordert den Einsatz des eigenen Körpers: um zu denken, sprechen, zu schreiben oder zu gestikulieren. Das Selbsteigentum ist folglich ein *a priori*: Man kann es nicht verneinen, ohne damit nicht schon seine Gültigkeit vorausgesetzt zu haben.

Doch nicht nur das: Das *a priori des Argumentierens* setzt nicht nur das Selbsteigentum am eigenen Körper voraus, sondern auch das Selbsteigentum desjenigen, mit dem man argumentiert. Jeder, der ein Argument vorbringt, will schließlich seinem Gegenüber etwas mitteilen, beispielsweise ihn von einer Meinung abbringen oder überzeugen oder ihm etwas beibringen, was er vorher noch nicht wusste. Wer argumentiert, der setzt körperliches Selbsteigentum der Person voraus, mit der er argumentiert – dass also sein Gegenüber die vorgebrachten Argumente annehmen, überdenken und auf sie reagieren kann –, sonst würde er nicht mit ihm argumentieren.

Eigentum an *externen* Gütern

Während das *a priori des körperlichen Selbsteigentums* damit erklärt ist, stellt sich noch die Frage: Wie lässt sich das *Eigentum externer Güter* begründen? Diese Frage ist überaus wichtig. Denn zum einen bedarf der menschliche

Körper, wie ihn die Schöpfung geschaffen hat, externer Güter (zum Beispiel Speisen, Kleidung und Behausung), damit er erhalten bleibt, damit der Mensch überleben kann. Zum anderen gilt es zu überlegen, ob sich die externen Güter im Privateigentum oder Gemeineigentum befinden können.

Bei *Konsumgütern* ist der Fall klar: Konsumgüter können nur Privateigentum sein. Sie gehen mit dem Konsum unter. Selbst wenn ein Apfel vor dem Verzehr als Gemeineigentum angesehen wird und allen gehört, ändert sich das in dem Moment, in dem der genussfertige Apfel (als Ganzes oder zerteilt in einzelne Stücke) verspeist wird. Spätestens dann kann der Apfel (oder Teile von ihm) sich nicht mehr im Gemeineigentum befinden, sondern seine wirtschaftliche Nutzung kommt allein demjenigen zu, der ihn verzehrt.

Bei *Produktionsgütern* liegen die Dinge anders. Sie werden eingesetzt, um andere Produktionsgüter und/oder Konsumgüter zu erzeugen. Beispiel: Um eine Tasse Kaffee zu genießen, muss das Eigentum an der Kaffeeplantage, der Rösterei und der Porzellanmanufaktur, die zur Erzeugung des Getränks wie des Trinkgefäßes erforderlich sind, nicht notwendigerweise privat sein, es kann grundsätzlich auch Gemeineigentum sein. Die Frage, die sich an dieser Stelle stellt, lautet: Was eignet sich besser, um den Kunden eine Tasse Kaffee von bester Qualität und niedrigstem Preis anbieten zu können: Privateigentum an den Produktionsmitteln oder Gemeineigentum an den Produktionsmitteln?

Die Antwort auf diese Frage liegt seit Langem vor: In einem freien Marktsystem (*Kapitalismus*) wird die Produktion fortwährend auf die Bedürfnisse der Kunden ausgerichtet. Die knappen Mittel werden hier bestmöglich eingesetzt, um die Nachfragewünsche zu bedienen. Der Gegenentwurf zur freien Marktwirtschaft, der *Sozialismus*, schneidet im Vergleich dazu denkbar schlecht ab. Denn der Sozialismus ist unmöglich, er lässt sich nicht durchführen. In aller Kürze lautet die Erklärung dafür wie folgt: Im Sozialismus gibt es kein Privateigentum. Daher lässt sich auf dem Markt auch nichts kaufen und verkaufen, und es gibt folglich auch keine Marktpreise für Güter. Ohne Marktpreise aber lässt sich keine *Wirtschaftsrechnung* betreiben. Man kann somit nicht wissen, was wann wo knapp ist und wie man knappe Mittel einzusetzen hat, um die gewünschten Güter und Dienste herzustellen. Ein Wirtschaften im eigentlichen Sinne ist im Sozialismus – in einer Gemeinschaft von Menschen, in der die

Produktionsmittel vergesellschaftet sind – gar nicht durchführbar. Verelendung und Chaos und Gewalt sind daher keine Zufälligkeiten im Sozialismus – sie sind seine notwendigen Konsequenzen.

Über die Akzeptanz des Eigentums

Wir haben gesehen, dass das Eigentum keine willkürliche Einrichtung ist, sondern dass seine Existenz eine (handlungs-)logische Begründung vorweisen kann und damit richtig ist. Nun ist aber die Eigentumsverteilung, die man heute vorfindet, das Ergebnis zweier historischer Entwicklungsstränge. Zum einen gibt es Eigentum, das auf nicht-aggressivem Wege erworben wurde: durch Inbesitznahme Produktion und Tauschen (einschließlich des Schenkens). Zum anderen hat das bestehende Eigentum auch eine aggressive Ursache: Die Güter hat sich irgendwer irgendwann einmal durch Schwindel, Diebstahl, Erpressung, Veruntreuung, Raub und Mord angeeignet. Eigentum ist also entweder durch friedvolle Inbesitznahme oder Gewalt in die Welt gekommen.

Es bedarf keiner ausführlichen Darlegung, dass das Eigentum, das auf nicht-aggressivem Wege erworben wurde, *rechtens* ist; und dass das Eigentum, das auf aggressivem Wege erworben wurde, *nicht rechtens* sein kann. Daher kann es nicht überzeugen, wenn gesagt wird, man müsse die Eigentumsverteilung, die man vorfindet, so akzeptieren, wie man sie vorfindet, eben weil sie so ist, wie sie ist. Ob im konkreten Fall die bestehende Eigentumsverteilung gerechtfertigt ist oder nicht, lässt sich jedoch mit Vernunftgründen entscheiden. Dazu sind folgende Fälle zu unterscheiden:[22]

(a) Wenn wir zweifelsfrei wissen, dass das Eigentum an einer Sache auf *nicht*-aggressivem Wege zustande gekommen ist, dann ist derjenige, der das Eigentum an der Sache vorweisen kann, der rechtmäßige Eigentümer.

(b) Wenn wir nicht wissen, ob das Eigentum an einer Sache kriminellen Ursprungs ist oder nicht, wir aber auch keine Möglichkeit haben, herauszufinden, ob das Eigentum krimineller Natur ist oder nicht, ist derjenige, der das Eigentum an der Sache nachweisen kann, der legitime Eigentümer.

(c) Wenn wir wissen, dass das Eigentum an der Sache ursprünglich kriminell herbeigeführt wurde, wir aber das Opfer oder seine Erben nicht ausfindig machen können, dann ergeben sich zwei Unterfälle:

(c-1) Wenn der aktuelle Eigentümer *nachweislich nicht* der kriminelle Aggressor gegen das Eigentum war, dann ist er als quasi rechtmäßiger Ersteigentümer anzusehen.

(c-2) Wenn der gegenwärtige Eigentümer einer Sache der Verbrecher oder einer der Verbrecher ist, die die Sache gestohlen haben, dann ist es klar, dass ihnen das Eigentum an der Sache abzuerkennen ist. Das Eigentum fällt dann demjenigen zu, der sich das de facto freie Gut erstmalig auf nicht-aggressivem Wege aneignet.

(d) Wenn das Eigentum das Ergebnis einer Straftat ist und wenn das Opfer oder seine Erben ausfindig gemacht werden können, geht das Eigentum ohne Entschädigung des Straftäters oder seiner anderen Inhaber, die das Eigentum beanspruchen, an das Opfer oder seine Erben zurück.

Die voranstehenden Fallunterscheidungen sind rational begründet und auf das wirkliche Leben anwendbar: Sie ermöglichen es, die bestehenden Eigentumsverhältnisse *mit Vernunftgründen* (und nicht mit Willkürlichkeiten) zu rechtfertigen oder aber, wo es erforderlich ist, *mit Vernunftgründen* neu zu gestalten. Das bewahrt die Gemeinschaft vor großem Schaden – der dadurch entsteht, dass die bestehende Eigentumsordnung mit Beliebigkeit, mit Willkür zerschlagen wird – wie es die Sozialisten-Kommunisten es seit jeher und immer wieder von Neuem versuchen.

Eigentum, eine bestehende Eigentumsverteilung, hat nicht zuletzt eine friedenstiftende Wirkung. Sie erlaubt es, Konflikte zu verhindern (wenn die Menschen zwischen Mein und Dein unterscheiden), und, wo dennoch Konflikte auftreten, sie durch einheitliche Grundsätze zu lösen. So gesehen ist das Eigentum, ist der unbedingte Respekt vor dem Eigentum (soweit es auf nicht-aggressivem Wege erworben wurde) eine ethische *Norm* (also eine Verhaltensregel), die ein friedvolles und produktives Zusammenleben der Menschen in der Gemeinschaft ermöglicht. Damit wird ersichtlich, dass ein gewaltsamer Umsturz der vorherrschenden Eigentumsverteilung, wie ihn die Sozialisten-Marxisten anstreben, nicht rechtens sein kann, dass er nicht nur zu Verarmung führen muss, sondern auch zu Unfrieden und Gewalt.

Öffentliches Eigentum

Eine weitere Frage ergibt sich an dieser Stelle: Wie kann öffentliches Eigentum oder Gemeineigentum entstehen? Auf nicht-aggressivem Wege – also unter Achtung des Privateigentums – ist das nur denkbar, wenn Eigentümer ihre Produktionsmittel der Gemeinschaft (nennen wir sie an dieser Stelle *Staat*) *freiwillig* übertragen im Zuge von Schenkungen. Das mag zwar hier und da vorkommen. Aber die Regel ist es nicht. In den sozialistischen Ländern wurde das Gemeineigentum an den Produktionsmitteln – Land, Betriebe, Werkzeuge etc. – zweifelsohne mit Zwang und Gewalt herbeigeführt, durch Enteignung der Eigentümer.

Und selbst wenn der Staat Eigentümer von Produktionsmitteln geworden ist, indem er zum Beispiel Unternehmen gekauft hat, so war er dazu nur deswegen in der Lage, weil er Bürgern und/oder Unternehmern zuvor Steuergeld mit Zwang (das heißt Strafandrohung bei Nichtbefolgen des Befehls) abgepresst hat. Staatliche Ausgaben wurden und werden bis auf den heutigen Tag aus Mitteln bestritten, die der Staat sich zuvor *gewaltsam* verschafft hat: durch Aggression gegen die Eigentümer der Mittel. Zur Steuerfinanzierung zählt übrigens auch die Finanzierung durch Ausgabe von inflationärem Geld, wie es von der staatlichen Zentralbank praktiziert wird. Auch auf diese Weise gelangt der Staat an die Ressourcen seiner Untertanen.

In einem *freien Markt* kann der Staat nicht Eigentümer der Produktionsmittel – also von Land, Firmen, Maschinen und Straßen und Schienenwegen – sein oder es werden: Niemand, der nicht von allen guten Geistern verlassen ist, wird freiwillig dem Staat seine Produktionsmittel übereignen. Zum einen fällt die Güterversorgung bestmöglich aus, wenn sich die Produktionsmittel im Privatbesitz und nicht in den Händen des Staates befinden. Zum anderen würde derjenige, der seine Produktionsmittel dem Staat überlässt, seine eigenen Gewinnmöglichkeiten (die aus der Chance erwachsen, seinen Mitmenschen Produkte anbieten zu können, die diese aus freien Stücken nachzufragen wünschen) aus dem Fenster werfen.

Aus den gleichen Gründen wird daher auch niemand freiwillig bereit sein, sein Geld dem Staat zu geben. Wenn es ihm freisteht, wird er es zum Beispiel in Unternehmen investieren, die Produkte herstellen, die Absatz finden und damit den Nachfragern zugutekommen; und für den Kapitaleinsatz wird er dann mit Gewinn belohnt. Oder er wird sein Geld an eine gemeinnützige, karitative Organisation geben, bei der er versichert sein kann, dass das Geld auch dem gewünschten Zweck zukommt, und der er, wenn sie sich fehlverhält, seine Unterstützung wieder entziehen kann.

Öffentliches Eigentum kann folglich nur durch eine vorangegangene Verletzung der Rechte der (Ur-)Eigentümer in die Welt gekommen sein. Dass das aber nicht vereinbar ist mit dem *a priori des Eigentums* – also dem Eigentum eines jeden an seinem Körper und an den externen Gütern, die er sich auf nicht-aggressivem Wege beschafft hat –, ist nicht zu übersehen: Steuern sind nichts anderes als Diebstahl, durch den sich die Steuerempfänger besserstellen auf Kosten der Steuerzahler. Zwar versuchen Staaten und ihre Agenten ihr Bestes, diese Einsicht zu vertuschen. Jeder Versuch, Steuern vereinbar mit individueller Freiheit und Eigentumsrechten in Einklang zu bringen, herbeizureden, muss scheitern.

Schwächung der wirtschaftlichen Leistung

Was sind die Folgen der Besteuerung? Um diese Frage zu beantworten, nehmen wir an, der Staat erhebt eine Steuer auf Unternehmensgewinne. Das bedeutet, dass es für den Unternehmer nunmehr weniger lohnend wird, unternehmerisch tätig zu sein: Der Grenzertrag seiner Arbeit nimmt schließlich ab, und gleichzeitig steigt der Grenzertrag seiner Nichtarbeit (der Freizeit) an. Der Unternehmer spart und investiert daraufhin weniger, und die materielle Wohlfahrt der Volkswirtschaft sinkt (und zwar notwendigerweise im Vergleich zu einer Situation, in der der Unternehmer nicht besteuert wird).

Zudem wird es für Nichtproduzenten und Netto-Steuerempfänger billiger, auf produktive Tätigkeiten zu verzichten. Sie können nun ja erwarten, dass der Staat beziehungsweise die von ihnen gewählte Regierung ihnen von den Steuereinnahmen etwas abgibt, dass sie ihnen Geld gibt, ohne dass sie dafür eine (Markt-)Leistung erbringen müssen. Unter diesen Umständen muss es zu einem Ansteigen der *Zeitpräferenz* der Volkswirtschaft kommen: (1) Die Produzenten sparen und investieren weniger und konsumieren mehr als im Falle der Nichtbesteuerung; und (2) auch die Nichtproduzenten sparen und investieren weniger und konsumieren mehr. Die materielle Ausstattung der Volkswirtschaft fällt geringer aus, als sie ohne Besteuerung und Umverteilung ausfallen würde.

Zudem stellt sich natürlich auch eine *Verschwendung* knapper Ressourcen ein. Denn der Staat wird das eingenommene Geld zum Beispiel für Güter ausgeben, die nicht oder nicht in der politisch gewünschten Menge nachgefragt und angeboten werden – und zwar schlicht und einfach deswegen, weil die Menschen andere Dinge mit ihrem Geld zu kaufen wünschen. Dadurch werden letztlich knappe Ressourcen von den dringlichen in die weniger dringlichen Verwendungen umgelenkt und verschwendet. Oder der Staat zahlt das eingenommene Geld an bestimmte Bevölkerungsgruppen aus – und verschafft ihnen damit Einkommen, die sie im freien Markt nicht verdienen können oder wollen und die zulasten der Besteuerten gehen. Die Begünstigten werden dadurch angehalten, ihre Arbeitskraft solchen Tätigkeiten zu widmen, die aus Sicht der Nachfrager weniger, gar nicht dringlich oder gänzlich unerwünscht sind.

Ein weiteres Problem, das aus der Besteuerung erwächst, darf an dieser Stelle nicht unerwähnt bleiben: Der Besteuerte wird finanziell-wirtschaftlich geschwächt und der Staat gestärkt, und es werden auch diejenigen finanziell-wirtschaftlich gestärkt, die vom Staat begünstigt werden. Was aus dieser Konstellation erwächst, liegt auf der Hand: Die Besteuerung nimmt im Zeitablauf immer weiter zu, die Aggression gegen das Eigentum schreitet voran – und der Staat wird die Praxis der Besteuerung und Umverteilung mit seinen Gesetzen zum »Recht« erklären. Lassen wir an dieser Stelle den US-amerikanischen Rechtsphilosophen und Unternehmer Lysander Spooner (1808–1887) zu Wort kommen:

> Aus diesem Grund sollte, wer immer sich nach Freiheit sehnt, die folgenden lebenswichtigen Tatsachen verstehen, als da wären:
>
> 1. Daß jeder, der sein Geld in die Hände einer (sogenannten) »Regierung« gibt, ihr ein Schwert aushändigt, das gegen ihn selbst gerichtet wird, um noch mehr Geld von ihm zu erpressen und ihn außerdem in Abhängigkeit ihrer Willkür zu halten.
>
> 2. Daß jene, die sein Geld ohne seine Einwilligung nehmen wollen, es in erster Linie zu seiner weiteren Beraubung und Versklavung verwenden werden, falls er sich anmaßt, sich in Zukunft ihren Forderungen zu widersetzen.
>
> 3. Daß es eine völlig absurde Annahme ist, irgendein Verband von Menschen würde jemandem ohne dessen Zustimmung sein Geld wegnehmen, um ihn, sagen wir, zu beschützen; denn warum sollten sie den Wunsch

haben, ihn zu beschützen, wenn er selbst es nicht wünscht, daß sie es tun? Anzunehmen, sie würden dies tun, ist genauso absurd, als wenn man annehmen würde, sie würden sein Geld ohne seine Einwilligung nehmen, um damit für ihn Nahrung oder Kleidungsstücke zu kaufen, obwohl er das gar nicht will.

4. Wenn ein Mensch »Schutz« wünscht, ist er kompetent genug, um seine eigenen diesbezüglichen Übereinkünfte zu treffen; und niemand hat irgendeinen Anlass, ihn zu berauben, um ihn gegen seinen Willen zu »beschützen«.

5. Daß die einzige Sicherheit der Menschen für ihre politische Freiheit darin besteht, ihr Geld in ihrer eigenen Tasche zu behalten, bis sie die Sicherheiten haben, zu ihrer vollsten Zufriedenheit, dass es so verwendet wird, wie sie es wünschen, zu ihren Gunsten und nicht zu ihrem Schaden.

6. Daß keiner sogenannten »Regierung« vernünftigerweise auch nur für einen Augenblick vertraut oder vernünftigerweise angenommen werden kann, dass sie ehrliche Absichten im Auge hat, solange sie nicht gänzlich von freiwilliger Unterstützung abhängt.

Diese Fakten sind so lebenswichtig und selbsterklärend, dass es nicht vernünftigerweise angenommen werden kann, dass irgendjemand freiwillig sein Geld an die »Regierung« zahlt mit dem Ziel, Schutz zu gewährleisten, wenn er nicht zunächst einen ausdrücklichen und vollkommen freiwilligen Vertrag eingeht mit ihr zu diesem Zwecke.[23]

Schutz des Eigentums

Doch was ist mit dem Schutz vor Angriffen auf das Eigentum? Die Menschen sind bekanntlich nun einmal so, wie sie sind: Unter ihnen gibt leider immer wieder Personen, die (bewusst oder unbewusst) das Eigentum ihrer Mitmenschen missachten, die betrügen, stehlen, rauben, plündern und morden. In jedem Gemeinwesen stellt sich die Notwendigkeit, dass der Einzelne und sein Eigentum vor den aggressiven Übergriffen anderer geschützt werden müssen. Ohne einen wirksamen Schutz vor Eigentumsverletzungen – Eigentum verstanden als Eigentum am eigenen Körper und der Güter, die man auf nicht-aggressivem Wege erlangt – wäre ein friedvolles und produktives Zusammenleben der Menschen gar nicht möglich.

Jeder Mensch hat das unveräußerliche Recht, sich gegen Verletzung seiner Person und seines rechtmäßig erworbenen Eigentums zu schützen. Dies kann auf verschiedenen Wegen erfolgen. Man kann die Verteidigung seines Eigentums selber übernehmen; das wäre die *Selbstverteidigung*. Oder man kann den Schutz des Eigentums arbeitsteilig über den freien Markt organisieren, etwa indem Sicherheitsunternehmen bestellt werden, die den Auftrag bekommen, Leib und Leben vor Übergriffen zu schützen. Heutzutage beansprucht der *Staat* das Monopol für Sicherheit und Recht. Was davon zu halten ist, wird in Kapitel 4 besprochen, und in Kapitel 19 skizziere ich, wie ein freier Markt für Sicherheit vermutlich aussehen und funktionieren würde. Doch zuvor sollen uns die Gründe näher beschäftigen, die zu einer weit verbreiteten Ablehnung des Kapitalismus – zum Antikapitalismus – führen.

Kapitel 3
Ein fundamentales Psychogramm:
die antikapitalistische Mentalität

»In Deutschland ist die höchste Form der Anerkennung der Neid.«
Arthur Schopenhauer

Unter Beschuss

Sie ist allgegenwärtig und prasselt tagtäglich und in verschiedenen Formen auf die Menschen ein, in Bild, Schrift und Ton: die *antikapitalistische Mentalität,* wie Ludwig von Mises sie in seinem 1956 erschienenen Buch *The Anti-Capitalistic Mentality* bezeichnet hat. Der Kapitalismus wird als etwas Unerwünschtes, als etwas Bedrohliches angesehen, als Feindbild aufgebaut. Alle möglichen Übelstände werden ihm angelastet. Auf Protestmärschen werden Plakate herumgetragen, die die Parole tragen »Die Krise heißt Kapitalismus«.

Bezeichnend ist die Wortschöpfung »Raubtierkapitalismus«, die von dem ehemaligen deutschen Bundeskanzler Helmut Schmidt (1918–2015) stammt. Im Zusammenhang mit der Finanz- und Wirtschaftskrise 2008/09 machte er mit diesem Begriff den Kapitalismus als Ursache der Krise verantwortlich. Oder der Kapitalismus wird als unvereinbar mit der Freiheit vermittelt – wie zum Beispiel der Buchtitel der linken Politikerin Sahra Wagenknecht es transportiert: *Freiheit statt Kapitalismus.* Bis in die Kinderzimmer dringt die antikapitalistische Mentalität. Beispiel Dagobert Duck: der Milliardär, dessen Geldspeicher bis oben voll ist mit Geld, in dem er ungeniert badet. Der Disney-Erpel ist superreich, geldgierig, geizig und egoistisch. Viel Geld zu haben, so wird den Kindern damit unterschwellig vermittelt, ist keine gute Sache.

In Kindergärten, Schulen und Universitäten wird seit Jahrzehnten tendenziell kapitalismuskritisches, mitunter sogar sozialistisches Gedankengut verbreitet. Eine antikapitalistische, eine sozialismusfreudige Jugend wird so herangebildet. Das zeigt sich beispielsweise in der Diskussion um den Klimawandel: Er wird üblicherweise als Symptom einer Krankheit gedeutet, und diese Krankheit heißt aus Sicht vieler Kapitalismus. In sozialistischen Lehren wird hingegen die Heilung der Krankheit erblickt. Die antikapitalistische Mentalität geht so weit, dass populäre Musiker nach einer Weltregierung rufen: Eine Weltregierung, eine supranationale Machtzentrale, die Herr und Gebieter für alle Menschen der Welt ist, wird als Lösung für die Probleme auf diesem Globus verkündet. Ein düsteres Bild, eine Dystopie! Denn die antikapitalistische Mentalität ist alles andere als eine Harmlosigkeit, über die man großzügig hinwegsehen könnte.

Was Kapitalismus ist

Wenn wir verstehen wollen, woher der Antikapitalismus rührt, dann sollten wir uns zunächst darüber informieren, was das Wort Kapitalismus eigentlich bedeutet. Es stammt nicht, wie man vielleicht denken könnte, aus der Feder von Karl Marx (1818–1883). Das Wort Kapitalismus wurde zu Beginn des 20. Jahrhunderts in die gesellschaftliche Debatte eingespeist von zwei deutschen Soziologen: von Werner Sombart (1863–1941) in seinen Schriften wie dem dreibändigen Werk *Der moderne Kapitalismus* (1902) sowie von Max Weber (1864–1920) mit seiner Abhandlung *Die protestantische Ethik und der Geist des Kapitalismus* (1904).

Anfänglich nicht mehr als nur ein Fachwort, ist »Kapitalismus« im Laufe der Jahre zu einem politischen Kampfbegriff mutiert. Heutzutage hat das Wort für die meisten Menschen, wie einleitend angemerkt, fast nur noch negative und abschätzend wertende Konnotationen. Wirft man jedoch den ideologischen Ballast ab und wendet sich der ökonomischen Sichtweise zu, erkennt man, dass das Wort Kapitalismus für ein Wirtschafts- und Gesellschaftssystem steht, das sich vor allem durch drei Eigenschaften auszeichnet:[24]

(1) Die knappen Güter, allen voran die Produktionsmittel (Grundstücke, Werkzeuge, Maschinen, Werkshallen etc.), befinden sich im Privateigentum.

(2) Geld wird als Tausch- und Rechenmittel verwendet, es dient der Geld- beziehungsweise Wirtschaftsrechnung. Erst dadurch wird eine zusehends arbeitsteilig organisierte Volkswirtschaft überhaupt möglich.

(3) Es herrscht Wettbewerb, das heißt, es gibt freie Märkte, auf denen die Nachfrager frei sind, die Güter nachzufragen, die sie zu konsumieren wünschen, und es steht den Produzenten ebenfalls frei, die Kundenwünsche bestmöglich bedienen zu können.

Wer ist eigentlich *Kapitalist*? Ökonomisch betrachtet kann es jeder sein. Es hängt allein von der persönlichen Zeitpräferenz des Handelnden ab. In einer arbeitsteiligen Volkswirtschaft ist jeder, der eine relativ niedrige Zeitpräferenz hat, der also sein Einkommen nicht vollständig verzehrt, sondern einen Teil davon spart und investiert, ein Kapitalist. Das ist etwa dann der Fall, wenn jemand eine Lebensversicherung abschließt. Das Geld, das er fortan monatlich einzahlt, legt die Versicherung in Aktien und Unternehmensschuldpapieren an. Dadurch werden die Ersparnisse für Investitionsprojekte verfügbar gemacht und, wenn die Unternehmen erfolgreich wirtschaften, steigt das Kapital des »Sparer-Kapitalisten« durch Kursgewinne, Dividendenzahlungen und Zinserträge.

Ein Unternehmenseigner (Rothbard spricht hier von »Entrepreneur Capitalist«) ist ebenfalls ein Kapitalist. Er setzt sein eigenes Kapital (Ersparnisse) und/oder das Kapital, das er sich von außen beschafft (in Form von Eigen- und Fremdkapital), für Investitionen ein und verantwortet zudem auch die damit verbundenen unternehmerischen Entscheidungen. Menschen mit einer hohen Zeitpräferenz, die also nicht sparen, sondern ihr gesamtes Einkommen konsumieren, sind keine Kapitalisten. Menschen verkörpern meist nicht nur eine Funktion in der Volkswirtschaft: Viele sind Arbeiter und Angestellte und gleichzeitig auch Kapitalisten. Genauso wie Grundeigentümer und Unternehmer gleichzeitig als Kapitalisten und Konsumenten auftreten können.

Man sollte an dieser Stelle weiterhin zwischen »Freier-Markt-Kapitalismus« und »Staats-Kapitalismus« unterscheiden. Diese beiden Formen sind so unterschiedlich wie Tag und Nacht. Im Freier-Markt-Kapitalismus herrscht das Prinzip der *Freiwilligkeit*: Hersteller erzeugen Güter und Dienste, die die Nachfrager zu kaufen wünschen, die Preise der Güter bilden sich frei durch Angebot und Nachfrage. Im Staats-Kapitalismus nutzen Sonderinteressengruppen den Staat, der ihnen per Zwang und Gewalt zu Vorteilen verhilft, und das geht natürlich auf Kosten anderer – beispielsweise durch Besteuerung, Marktregularien und so weiter. Hier ist das Prinzip der Freiwilligkeit nicht für alle gleichermaßen gewahrt.

Das »unbekannte Ideal«

Den Freien-Markt-Kapitalismus, wie voranstehend skizziert, gibt es in der Praxis nicht, weder diesseits oder jenseits des Atlantiks, auch nicht in der östlichen Welt. Man kann sogar sagen, dass es den Kapitalismus in »Reinform« geschichtlich gesehen noch gar nicht gegeben hat. Was in der Menschheitsgeschichte bisher beobachtbar war, sind lediglich Wirtschafts- und Gesellschaftssysteme, in denen Fragmente des »Reinen Kapitalismus« realisiert wurden. Die russisch-amerikanische Literatin Ayn Rand (1905–1982) spricht daher treffend von einem »unbekannten Ideal«.

Doch schon die wenigen Teilstücke des »Reinen Kapitalismus« haben, wo sie sich auf dieser Welt entfalten durften, eine atemberaubende Wohlstandsmehrung ermöglicht. Kein anderes Wirtschafts- und Gesellschaftssystem hat den Menschen jemals so viel materiellen Wohlstand gebracht, hat Millionen aus der Armut geholt, hat friedvolle Bande geknüpft zwischen Menschen unterschiedlicher Kulturen und Religionen wie das kapitalistische System. Ohne die kapitalistische Orientierung der modernen Volkswirtschaften könnte eine Weltbevölkerung von derzeit mehr als sieben Milliarden Menschen gar nicht gespeist, gekleidet und behaust werden.

Die kapitalistische Orientierung der Wirtschaften hat nicht nur die Bevölkerungszahl auf dem Globus anwachsen lassen, sie hat auch die Armut der Menschen in ganz erheblichem Ausmaß reduziert. Dazu ein paar Zahlen. Der Anteil der Menschen in Prozent der Weltbevölkerung, die mit weniger als 2 US-Dollar pro Tag (kaufkraftbereinigt) auskommen musste, fiel von 94 Prozent im Jahr 1820 auf 52 Prozent in 2015. Neuere Zahlen der Weltbank zeigen, dass der prozentuale Anteil der Weltbevölkerung, der mit weniger als 1,90 US-Dollar pro Tag auskommen musste, von 44 Prozent in 1992 auf 9,6 Prozent in 2015 gesunken ist.

Man bedenke an dieser Stelle, dass der Kapitalismus bislang nur in Ansätzen verwirklicht war oder ist und dass er in einigen Regionen der Welt zeitweise gar nicht Fuß fassen konnte (man denke nur an den Ostblock, China, Lateinamerika und Teile Afrikas). Vor diesem Hintergrund kann man sich sehr leicht vorstellen, dass die Versorgung der Menschen mit

Gütern und Dienstleistungen viel reichhaltiger wäre, dass Armut auf der Welt viel geringer wäre, hätten die Menschen auf den »Reinen Kapitalismus« gesetzt und nicht zugelassen, dass das kapitalistische Wirtschaften immer wieder sabotiert wurde.

Gewinn und Verlust

Warum, so fragt man sich, ist denn die Leistungsfähigkeit des Kapitalismus so enorm? Die Antwort lautet: Der Kapitalismus fußt auf *Arbeitsteilung* sowie dem *Gewinn- und Verlustprinzip*. In einer primitiven Wirtschaft, in der jeder für sich und seine Familie produziert – also in einer *Subsistenzwirtschaft* –, setzt jeder seine Arbeitskraft und sein Kapital zur Erfüllung der eigenen Bedürfnisse ein beziehungsweise der Bedürfnisse der kleinen Horde, der er angehört. Man ackert, um den Eigenbedarf zu decken. Ganz anders verhält es sich in der *Verkehrswirtschaft*. Hier bildet sich eine engmaschige, weitverzweigte Arbeitsteilung heraus: Jeder erzeugt das, was er am relativ besten (kostengünstigsten) produzieren kann.

Ein jeder unterliegt hier dem Anreiz, seine Lage zu verbessern, indem er oder sie versucht, die Bedürfnisse der Mitmenschen bestmöglich zu bedienen. Beispiel: Der Bäcker backt Brot nicht (nur) für den Eigenverzehr, sondern für seine Kunden. Er setzt seinen Backofen, sein Heizöl, sein Mehl ein, um den Geschmack der Konsumenten zu treffen. Wenn die Kunden zu einem Preis, der die Kosten der Produktion übersteigt, sein Brot kaufen, macht der Bäcker einen Gewinn. Der Gewinn ist gewissermaßen die Belohnung für den guten Dienst, den der Bäcker dem Kunden erbracht hat.

Wenn der Bäcker Gewinn macht, kann er seine Brotproduktion vergrößern. Er kann auch die Produktion von Gütern aufnehmen, die er vorher nicht produzieren konnte (zum Beispiel Torten und Plätzchen). Das kommt dem Kunden zugute! Würde der Bäcker hingegen Backwaren produzieren und anbieten, die niemand kaufen mag, würde er Verluste erleiden. Die Kunden würden sich besseren Anbietern zuwenden. Die machen dann Gewinn, und der schlechte Bäcker wird aus dem Markt gedrängt, wenn er sein Angebot nicht kundengerecht verbessert. Im Kapitalismus ist jeder angehalten, sein Leistungsangebot zu verbessern, um seinen Markterfolg zu sichern und zu vergrößern. Sonst verdrängt ihn die Konkurrenz.

Der Kapitalismus dient zuallererst der breiten Masse, nicht der kleinen Gruppe der »Reichen«. Die meisten Güter, die heute produziert werden – Nahrungsmittel, Kleidung, Autos, Urlaubsreisen, Computer –, sind auf den Verbrauch der größtmöglichen Zahl von Menschen zugeschnitten. Anzahl und Marktwert der gebauten Luxusvillen und -jachten sind verschwindend gering im Vergleich zu Anzahl und Marktwert von erzeugtem Brot, produzierten Schuhen, Hosen, Smartphones, Kinofilmen, Autos et cetera. Und erst der Kapitalismus hat die Massengüterproduktion überhaupt erst möglich gemacht.

Jeder profitiert

Im Kapitalismus profitiert jeder. Das ist eine Aussage, der vermutlich viele Menschen nicht so ohne Weiteres Glauben schenken wollen und die vielleicht in der Tat nicht unmittelbar einsichtig und selbsterklärend ist. Ein Beispiel mag Klarheit schaffen. Betrachten wir eine freiwillige Tauschtransaktion und deren Konsequenzen. Herr *A* ist hungrig. Im Obstladen kauft er einen Apfel für 1 Euro. Denn für ihn ist der Apfel mehr wert als der 1 Euro, den er dafür hingibt. Beim Obsthändler ist es genau andersherum: Für ihn ist 1 Euro mehr wert als der Apfel. Mit anderen Worten: Das Geschäft kommt zustande, weil jeder das gibt, was er weniger wertschätzt, und dafür etwas bekommt, das er höher wertschätzt. Freiwilliges Tauschen stellt alle am Tausch Beteiligten besser!

Etwas weniger einsichtig, aber nicht minder richtig ist, dass im Kapitalismus nicht nur diejenigen, die in an einer Tauschtransaktion direkt teilnehmen, profitieren, sondern auch die »Unbeteiligten«. Im Kapitalismus bilden Unternehmen Kapital. Sie erzeugen fortwährend beispielsweise bessere Werkzeuge, schnellere Transportmöglichkeiten, leistungsstärkere Computer und anderes mehr. Das auf diese Weise produktivere Kapital wird in der Produktion eingesetzt. Das lässt die Produktivität der Arbeit – also den Output pro Arbeitsstunde – ansteigen; und darin zeigt sich wirtschaftlicher Fortschritt.

Das wiederum lässt die Löhne steigen – und zwar letztlich *alle* Löhne in der Volkswirtschaft. Wenn zum Beispiel in der Baubranche die Produktivität und die Löhne steigen, werden früher oder später auch die Löhne in der Friseurbranche steigen – ganz einfach deshalb, weil ansonsten die

Arbeitskräfte aus der Friseurbranche in die Baubranche wechseln. Die Unternehmer in der Friseurbranche müssen also, um ihre Arbeitskräfte zu halten, höhere Löhne zahlen. Das kapitalistische Wirtschaften führt also, konsequent zu Ende gedacht, zu einer Wohlstandsmehrung aller.

Dass letztlich alle Arbeitnehmer höhere Löhne erzielen, ist allerdings *nicht* auf die Verdienste aller zurückzuführen, sondern es liegt vielmehr am Kapitalismus, der dafür sorgt, dass es irgendwo in der Volkswirtschaft Unternehmer gibt, denen es mit ihren Kapitalinvestitionen gelingt, die Produktivität zu erhöhen. Die Vorstellung, der Kapitalismus sei eine Art Nullsummenspiel, bei der die einen auf Kosten der anderen profitieren, ist völlig falsch! Sie verkennt die wahre Natur der Kapitalismus, die Entfaltung seiner produktiven Kräfte, die die materielle Wohlfahrt aller Menschen erhöht, national wie auch international.

Kritik am Kapitalismus

Die materiellen Wohltaten, die der Kapitalismus unbestreitbar hervorbringt, bewahren ihn nicht vor harscher Kritik. Einige der Kritiken, die immer wieder zu hören und zu lesen sind, sollen im Folgenden kurz angesprochen werden und eine Entgegnung erfahren.

(a) *Kapitalismus führt zu Krisen.* – Ist nicht die Finanz- und Wirtschaftskrise 2008/09 ein Beweis dafür, dass der Kapitalismus nicht funktioniert? Hätte der Kapitalismus nicht beinahe (wenn die Staaten nicht eingegriffen hätten) das ganz Weltfinanz- und Wirtschaftssystem in den Abgrund gerissen?

Die Antwort ist: Nein. Das Geld- und Finanzsystem, was da beinahe kollabiert wäre, war und ist kein kapitalistisches. Es handelt sich vielmehr um eine im wahrsten Sinne des Wortes antikapitalistische Konstruktion.

Die Staaten halten das Geldmonopol, und sie geben ungedecktes Geld aus, das notwendigerweise zu Krisen führt. Auch die Regulierung, die den Finanzmarktakteuren vorgegeben wird, kommt aus Staatshand. Nicht der Kapitalismus ist für die Krise verantwortlich zu machen, sondern die antikapitalistische, die staatliche Einmischung in den Markt für Geld und Kredit.

(b) *Kapitalismus sorgt für Vermögenskonzentration.* – Kapitalismusgegner sagen: »Wer einmal Kapital hat, wer ›reich‹ ist, der hat sich einen dauerhaften Vorsprung gegenüber den weniger Begüterten gesichert.« Doch das ist nicht richtig. Im Kapitalismus muss jeder Unternehmer seinen erzielten Markterfolg neu verdienen, jeden Tag von Neuem muss er gute Leistungen erbringen, muss sich mühen, besser zu sein als seine Mitwettbewerber.

Wenn der Geschäftsmann aus Sicht der Nachfrager seine Sache nicht gut genug macht, bleiben seine Gewinne hinter denen seiner Konkurrenten zurück, oder er macht Verluste, die sein Kapital aufzehren. Sein Vermögen wandert dann wie von unsichtbarer Hand geführt in die Hände der besseren Anbieter. Sein Kapital zerrinnt ihm gewissermaßen zwischen den Fingern.

Die Wirtschaftsgeschichte ist voll von Unternehmen, die erst große wirtschaftliche Erfolge feierten, sie aber dann wieder zugunsten der Konkurrenz eingebüßt haben. Wer im Kapitalismus dauerhaft vermögend bleibt, der ist ganz offensichtlich in der Lage, seinen Mitmenschen dauerhaft in zufriedenstellender Weise zu dienen. Vermögenskonzentration stellt sich im Kapitalismus nur ein, wenn sie im Sinne und zum Nutzen der Nachfrager ist (und dann ist sie unproblematisch).

(c) *Der Kapitalismus würdigt den Menschen zum Mittel herab.* – Im Kapitalismus herrscht Sondereigentum an den Produktionsmitteln und Arbeitsteilung. Daraus folgt: »Jeder handelt für sich, doch jedermanns Handeln ist mittelbar auch auf die Erfüllung der Zwecke der anderen Handelnden gerichtet. Jedes Handeln wird dadurch zu einem Mithandeln, jedermann dient handelnd seinen mithandelnden Genossen. Jeder gibt, um zu empfangen; jeder dient, um bedient und bedankt zu werden. Jeder ist Zweck und Mittel zugleich: Zweck sich selbst und Mittel allen anderen zur Erreichung ihrer Zwecke.«[25] Man denke nur einmal an Immanuel Kants »Selbstzweckformel«, die da lautet: »Handle so, daß du die Menschheit sowohl in deiner Person, als in der Person eines jeden andern jederzeit zugleich als Zweck, niemals bloß als Mittel brauchst. ... Der Mensch aber ist keine Sache, mithin nicht etwas, das bloss als Mittel gebraucht werden kann, sondern muss bei allen seinen Handlungen jederzeit als Zweck an sich selbst betrachtet werden.«[26] Der Kapitalismus trägt der Formel des »Zweckes an sich selbst« Rechnung: Niemand wird hier bloß als Mittel, sondern zugleich immer auch als Zweck behandelt.

(d) *Kapitalismus zerstört die Umwelt.* – Verdreckte Flüsse und Meere, verschmutzte Luft und Lärmbelästigung: Ist das nicht das Werk des Kapitalismus? Die Antwort ist nein. Dazu betrachte man nur einmal das Beispiel einer Kupfermine, die sich in privaten Händen befindet. Der Eigentümer strebt danach, den Kapitalwert seiner Mine zu maximieren – und der errechnet sich aus den künftigen Gewinnen, abgezinst auf die Gegenwart. Dazu wägt er ständig ab, das Kupfer heute oder zu einem späteren Zeitpunkt abzubauen. Nehmen wir an, es wird erwartet, dass das Kupfer seinen Wert in, sagen wir, fünf Jahren verliert, weil es dann durch andere, billigere Stoffe ersetzt wird. Der Minenbetreiber wird daraufhin die gegenwärtige Produktion steigern. Das wird tendenziell das Kupferangebot erhöhen und die Kupferpreise absenken – was vorteilhaft ist für die Nachfrager und die Volkswirtschaft insgesamt. Wenn hingegen erwartet wird, dass der Kupferpreis in einigen Jahren stark steigt, wird der Minenbetreiber die gegenwärtige Produktion tendenziell einschränken und auf die Zukunft verlagern, denn dadurch erhöht er seine Gewinne und steigert den Kapitalwert seiner Firma. Und genau das ist vorteilhaft für die Nachfrager: Das künftige Kupferangebot steigt, wenn es besonders gebraucht wird, gleichzeitig wirkt das dem künftigen Auftrieb des Kupferpreises entgegen.

Ein erwarteter Preisanstieg des Kupfers in der Zukunft bewirkt aber noch mehr: Wenn die Gegenwartsproduktion eingeschränkt wird, steigt der Preis des Kupfers. Das wiederum ermutigt die Nachfrager, sparsamer mit dem Kupfer umzugehen, anstelle von Kupfer andere Metalle zu verwenden oder Kupfer nach Gebrauch verstärkt zu sammeln und wiederzuverwerten. Steigende Kupferpreise ermutigen zudem zu neuen Kupferabbauvorhaben, die, wenn sie erfolgreich sind, das Kupferangebot erhöhen und dem Kupferpreisanstieg entgegenarbeiten – weil neue Kupferressourcen aufgespürt werden, die vorher gar nicht bekannt und verfügbar waren, und weil bessere und effektive Abbau- und Recyclingtechnologien sowie Ersatzstoffe entwickelt werden. Diese Wirkungen des freien Marktes sind ein ganz entscheidender Grund, warum viele Rohstoffe in den letzten Jahrzehnten sich nur relativ wenig oder gar nicht verteuert haben.

Man überlege nur einmal, was geschieht, wenn die Kupfermine nationalisiert, also Gemeineigentum wäre. Dann läge es an Menschen, die einem Zentralbüro angehören, die Mine zu bewirtschaften. Sie wären nur Verwalter, keine Eigentümer. Ihr Ziel wäre nicht, den Kapitalwert der Mine zu maximieren, sondern die vorhandene Minenkapazität nach eigenem Gusto, zum eigenen Vorteil (also möglichst während ihrer Amtszeit) auszubeuten. Sie würden versuchen, den laufenden Gewinn zu maximieren, indem eine möglichst große Menge in der nahen Zukunft auf den Markt gebracht wird. Die Bedienung der künftigen Nachfrage würde sie herzlich wenig interessieren. Es würde auch wenig Anreize geben, neue Minenprojekte anzugehen – vor allem dann, wenn sie kapitalintensiv sind und Gewinne erst später zu erzielen sind. Mit anderen Worten: Die heute verfügbare Minenkapazität würde schnellstmöglich aufgebraucht, und es würde keine Sorge dafür getragen, dass neue Ressourcen erschlossen und für die Nachfrager verfügbar gemacht werden. Künftige Knappheit und hohe Preise wären vorprogrammiert – zum Schaden der Nachfrager und der Volkswirtschaft.

Das lenkt den Blick auf die Folgen, die der staatliche Umgang mit knappen Ressourcen nach sich zieht: Der Staat übernutzt, verschwendet, veruntreut sie. Er hat kein Interesse und keine Anreize, sich für die effiziente Bewirtschaftung knapper Ressourcen einzusetzen; zudem fehlt ihm auch meist das notwendige Wissen (Kompetenz). Man erinnere sich nur einmal, welche Umweltschäden in den Ländern Osteuropas in der Zeit der sozialistischen Regime verursacht wurden. Man denke nur einmal an die Deutsche Demokratische Republik (DDR): Wasser, Boden, Luft wurden hochgradig belastet, die Umweltbilanz war katastrophal. Oder an den Baikalsee, das größte Süßwasserreservoir der Erde. Diese Ressource wurde in der Zeit der Sowjetunion rücksichtslos ausgebeutet durch chemische Verunreinigung, Überfischung und andere Übernutzung. Das Ökosystem des Sees fiel industriellen Planvorhaben zum Opfer, und heute – der See befindet sich nach wie vor im Staatseigentum – fürchtet man sogar seinen Kollaps.

Aber auch in der westlichen Welt haben die Staaten viele Naturressourcen – Land, Parkanlagen, Straßen, Gewässer und Lufträume – nationalisiert. Indem die Staaten die Gesetzgebung und Rechtsprechung monopolisiert haben, sind sie es, die Umweltprobleme erst heraufbeschwören. Beispielsweise indem sie Unternehmen und Konsumenten erlauben, kostenfrei Schadstoffe auf Straßen und in Flüsse, Meere und in die Luft gelangen zu lassen. Häufig wird diese Praxis mit dem »Gemeinwohl« begründet, durch die die Rechte der Schädiger über die Rechte der Geschädigten (Grundstückseigentümer) gestellt werden. Beispielsweise müssen Eigentümer von Grundstücken, die nahe bei einem Flughafen gelegen sind, steigenden Fluglärm erdulden, ohne dass sie dafür vom Flughafenbetreiber entschädigt werden.

Angesichts der schlechten Bilanz, die der Staat als Eigentümer und Verwalter von Naturressourcen vorgelegt hat, und den positiven Folgen, die der freie Markt im Umgang mit knappen Mitteln in Aussicht stellt, drängt sich die Frage auf: *Warum nicht alles privatisieren? Warum nicht alles Eigentum, das sich in den Händen des Staates befindet, in Privateigentum überführen?* Die vollständige Privatisierung aller Güter wäre genau das, was den »reinen Kapitalismus« ausmacht. Hier befindet sich alles in Privatbesitz: Land, Straßen, Flüsse und Meere. Beispielsweise würden die Eigentümer der Wasserläufe und Meeresparzellen peinlich darauf achten, dass ihre Ressourcen nicht von anderen geschädigt werden. Schließlich haben die Ressourcen einen Marktwert: Man kann sie zum Beispiel als Trinkwasser oder als Erholungs- und Sportmöglichkeiten vermarkten. Diejenigen, die das (Ressourcen-)Eigentum anderer schädigen, werden von den Eigentümern verfolgt und zur Rechenschaft gezogen. Ganz ähnliche Überlegungen lassen sich mit Blick auf Luftverschmutzung und Lärmbelästigung anstellen (siehe dazu die Ausführungen in der nachstehenden Box).

Im »reinen Kapitalismus« ist alles privatisiert

Im »reinen Kapitalismus« gäbe es nur noch Privateigentum, also kein öffentliches Eigentum mehr. Land, Straßen, Flüsse, Meere und Luftkorridore befänden sich in privaten Händen. Die Idee einer solchen Welt(-ordnung), in der alles privatisiert wäre, stellt vermutlich das Vorstellungsvermögen vieler Menschen auf die Probe. Sie sind es gewohnt (aufgrund ihrer Erfahrung), dass der Staat der Eigentümer der Verkehrswege und der Flusswege ist und dass Meere und Ozeane allen Menschen gehören (sollten), dass sie »freie Güter« sind. Doch dass das Privateigentum an Land, Straßen, Flüssen, Meeren und Luftkorridoren die »natürliche Ordnung« darstellt, lässt sich einsehen, wenn man sich überlegt, wie eine Gemeinschaft von Menschen, in der jeder über Selbsteigentum verfügt, die »Eigentumsfrage« organisieren würde.

Denken wir uns eine Art »Urzustand«: Menschen finden sich freiwillig in Gruppen (Clans, Dorfgemeinschaften) zusammen, um arbeitsteilig miteinander zu kooperieren. Weil jeder Mensch ein Individuum ist, jeder sich durch besondere Fähigkeiten, Vorlieben und Ziele auszeichnet, wird es nicht lange dauern, und Menschen beanspruchen nicht nur Selbsteigentum an ihrem Körper, sondern auch Eigentum an externen Gütern – vor allem an Grundstücken. Es bilden sich Wegerechte heraus für Pfade,

Wege und Straßen, auf denen sich die Menschen von dem einen zum anderen Grundstück bewegen.

Pfade, Wege und Straßen sind zunächst »freie Güter«. Jeder darf sich auf ihnen bewegen, allerdings muss die individuelle Nutzung verträglich sein mit den Wegerechten aller anderen. Ein Gemeinschaftsmitglied kann auf objektive Weise (Teil-)Eigentum an Pfaden, Wegen und Straßen erwerben – etwa durch Bewirtschaftung (zum Beispiel Bau eines Bürgersteigs oder Ausbesserung der Straßendecke). Alle anderen haben weiterhin ein Wegerecht, die nunmehr (teil-)privatisierten Pfade, Wege und Straßen zu benutzen. Das schließt ein, dass Gästen, die die Grundstückseigentümer auf ihr Grundstück einzuladen wünschen, das Wegerecht, das den Grundstückseigentümer zusteht, ebenfalls zukommt. Wer aber kümmert sich um die Ordnung auf Pfaden, Wegen und Straßen, die die im Privatbesitz befindlichen Grundstücke zugänglich machen? Wer setzt die Regeln, die bei ihrem Beschreiten und Benutzen einzuhalten sind? Wer sorgt dafür, dass Pfade, Wege und Straßen in einem guten Zustand bleiben, wer kommt für Reparaturen auf?

Der freie Markt liefert die Lösung. Menschen, ausgestattet mit einer Mindestintelligenz, erkennen, dass Arbeitsteilung sinnvoll ist: Arbeitsteilung erhöht die Ergiebigkeit der Arbeit und verbessert die materielle Güterausstattung für alle Beteiligten. Das gilt auch für Grundstückseigentümer: Sie haben ein Interesse daran, dass die Bewegung von Menschen und Gütern auf Pfaden, Wegen und Straßen, die die im Privatbesitz befindlichen Grundstücken miteinander verbinden, geordnet abläuft. Dazu kann man zum Beispiel eine Aktiengesellschaft gründen, deren Aktien von den Grundstückseigentümern gekauft werden. Diese Aktiengesellschaft erhält nun den Auftrag, die Pfade, Wege und Straßen im Interesse der Aktionäre zu verwalten.

Die Aktiengesellschaft wird ihre (lokal-regionalen) Liegenschaften nicht nur instand halten. Sie wird auch Kooperationen eingehen mit anderen Aktiengesellschaften, die ebenfalls ihre (lokal-regionalen) Pfade, Wege und Straßen bewirtschaften. Man räumt sich gegenseitig Wegerechte ein – beschließt einheitliche Benutzungs- und Ordnungsregeln, die alle, die die Pfade, Wege und Straßen benutzen, einzuhalten haben. Und man einigt sich auch auf Sanktionen, die verhängt werden, wenn Benutzer der Pfade, Wege und Straßen sich nicht an die vereinbarten (Verhaltens-)Regeln halten: Sanktionen in Form von Geldstrafen, Zugangssperren et cetera.

Weiterhin setzt man vertraglich (unabhängige) Richter oder Schiedsgerichte ein, die auftretende Streitigkeiten regeln.

Was aber ist mit Bachläufen, Flüssen, Seen und Meeren? Nun, prinzipiell macht es keinen Unterschied, ob man es mit »wasserfreien« Landflächen wie Pfaden, Wegen und Straßen oder mit »überfluteten« Landflächen wie Bachläufen, Flüssen, Seen oder Meeren zu tun hat. Betrachten wir ein Beispiel: *A* nimmt als Pionier Landparzelle *X* in Erstbesitz. Durch *X* fließt ein Fluss. Danach nimmt *B* als Pionier Landparzelle *Y*, die an *X* angrenzt und durch die ebenfalls der Fluss fließt, in Besitz. *B* hat ein Recht auf den natürlichen Durchlauf des Flusses von Landparzelle *X* durch seine Landparzelle *Y*. Was aber, wenn *A* auf einmal den Fluss staut und *B* auf dem Trockenen sitzt? Oder *A* verschmutzt das Flusswasser, sodass es, wenn es durch die Landparzelle *Y* läuft, weder zum Trinken noch zur Bewässerung taugt? Die Konfliktvermeidung und -lösung erfordert auch hier einen effektiven Eigentumsschutz.

In einem freien Markt kann die Lösung beispielsweise wie folgt aussehen: *B* wird eine Versicherung nachfragen, die ihn vor Aggression gegen sein Eigentum (Diebstahl, Erpressung, Invasion etc.) schützt. Gleiches gilt für *A*, der ebenfalls vorsorgen will gegen mögliche Aggression gegen sein Eigentum. Sobald Eigentum entsteht, bildet sich also ein Markt für Versicherungsleistungen heraus: Versicherungsgesellschaften bieten vertraglich genau spezifizierte Versicherungsleistungen an (die auch Kompensationszahlungen im Schadensfall beinhalten). Die Versicherungsanbieter werden zudem untereinander Verträge abschließen – beispielsweise dass sie bei Streitfällen ihrer Kunden vorab bestimmte, unabhängige Schiedsgerichte anrufen. *B* wird sich daher gegen die Aggression versichern, dass sein angestammtes Recht verletzt wird (die sich auf den Zeitpunkt bezieht, an dem er das Landstück in seinen Besitz gebracht hat); Gleiches gilt für *A*.

Die Grundstückseigentümer, deren Land an einen Fluss grenzt beziehungsweise durch deren Grundstück ein Fluss fließt, werden zudem ein Interesse daran haben, dass die Ausübung der Wegerechte, die dritten Personen zustehen, schonend erfolgt, dass sie nicht missbraucht wird. Um das zu gewährleisten, ist auch hier eine Aktiengesellschaft eine denkbare Lösung. Sie gibt Aktien aus, die die Eigentümer der Grundstücke erwerben. Die Aktiengesellschaft regelt die Flussnutzung, stellt sicher, dass nur Befugte den Fluss benutzen (ihn mit dem Schiff befahren, Trink- und

Bewässerungswasser aus ihm gewinnen), dass Zuwiderhandeln unterbunden und verfolgt wird und dass die Eigentümer des Flusses bei einem anfallenden Schaden entschädigt werden.

Wie stehen die Dinge mit Blick auf die Meere? Derzeit gilt das Seerechtsübereinkommen der Vereinten Nationen (UNCLOS): Ein Küstenstaat kann ein Gebiet von zwölf Seemeilen vor seiner Küste als eigenes Küstenmeer beanspruchen, wobei ihm 200 Seemeilen der Wassersäule des Meeres vor seiner Küste als ausschließliche Wirtschaftszone zustehen. Gleiches gilt für die ersten 200 Seemeilen des Meeresbodens, den sogenannten Festlandsockel; die darunter liegenden Ressourcen kann der Staat allein ausbeuten. Sieht man vom sogenannten Kontinentalanhang ab, gilt das internationale Seerecht: Alle Staaten dürfen hier fischen und zur See fahren. Der überwiegende Teil der Meere ist also »überflutetes Niemandsland«. Keiner bewirtschaftet es, niemand hat Interesse an der effizienten Nutzung der Ressource, jeder kann es ungestraft verschmutzen. Den Menschen entgehen dadurch gewaltige Nutzungspotenziale, und ihnen entstehen gewaltige (Missbrauchs-)Risiken.

Doch auch der Privatisierung der Meere steht nichts entgegen. Im »reinen Kapitalismus« steht es jedem frei, eine bestimmte Parzelle des Meeres, die zuvor noch von niemand anderem beansprucht wurde, in Besitz zu nehmen. Dazu reicht es nicht aus, nur zu verkünden, man beanspruche dieses oder jenes Planquadrat auf der Meereskarte. Vielmehr ist der Nachweis einer objektiven »Inlandnahme« durch Bewirtschaftung zu erbringen. Beispielsweise indem eine Aquakultur (kontrollierte Fischzucht) oder Bodenschätze abgebaut werden und die genutzte Meeresparzelle im Hinblick auf Fläche und Tiefe durch Bojensetzung oder GPS markiert und dokumentiert wird. Beansprucht jemand eine Meeres(boden-)fläche, die zuvor noch keinen Eigentümer hatte, dürfen alle, die zuvor hier mit ihren Schiffen geankert oder durchgefahren sind, sie weiterhin in gewohnter Weise nutzen. Ihre Wegerechte bleiben bestehen.

Derjenige, der einen Meeresteil, der bisher nicht von jemand anderem beansprucht wurde, in Besitz nimmt, wird sich vermutlich für ein Planquadrat entscheiden, das nachweislich nicht dem Schiffsverkehr dient, das von durchfahrenden Schiffen nicht verschmutzt wird (durch Reinigung von Öltanks, Überbordwerfen von Müll etc.), ein Meeresstück also, wo es bislang nur zahlenmäßig wenige oder gar keine Wegerechte gibt. Wenn dieses Vorgehen Schule macht, werden zunächst Meeresteile, die noch von niemand anderem beansprucht wurden, zu Privateigentum. Die Inbesitznahme des Meeres weitet sich nachfolgend aus, und zuletzt werden die Meeresteile, die unmittelbar an Schifffahrtsrouten, an Verschmutzungszonen grenzen, erschlossen. Die Folge: Die bis dato bestehenden Nutzungsrechte des Meeres der Nichteigentümer werden »eingefroren«. Je schneller also die Privatisierung erfolgt, desto »umweltfreundlicher« wird das Ergebnis sein.

Steigt die Zahl der durchfahrenden Schiffe – erhöhen sich die Abgase des Schiffsverkehrs, schwillt die Luft- und Lärmbelastung für die angrenzenden Meeresparzellen an –, können die Eigentümer der Meeresteile auf Unterlassung klagen beziehungsweise Kompensationszahlungen aushandeln. Natürlich werden auch die Eigentümer von Meeresteilen sicherstellen, dass sie eine Versicherung haben, die sie gegen Verletzung ihrer Eigentumsrechte schützt. Auch in diesem Falle entsteht ein Versicherungsmarkt: Versicherungsgesellschaften bieten Verträge an, die gegen Verstöße gegen das Meereseigentum versichern beziehungsweise Aggressoren sanktionieren und Opfer entschädigen. So wird sichergestellt, dass beispielsweise der Eigentümer der Meeresparzelle *A* keine unerlaubte Ölverschmutzung verursacht, die die Meeresfläche von Eigentümer *B* belastet.

Wie verhält es sich im Falle der Luftverschmutzung – durch Schadstoffe oder Lärm? Eigentum an der Luft kann es zwar nicht geben, wohl aber das Recht, dass niemand ungewollt Schadstoffe, die ein anderer aussendet, auf seinem eigenen Grundstück hinnehmen und ihre Folgen erleiden muss. Auch hier spielt der Markt für Versicherungen wieder die entscheidende Rolle, um die Probleme, die durch Luftverschmutzung entstehen können, in den Griff zu bekommen. Im Bereich des Straßenverkehrs würde die Belastung der Luft durch zum Beispiel Verbrennungsmotoren von privatisierten Straßen ausgehen. Die Geschädigten könnten also die Straßenbetreiber zur Rechenschaft ziehen. Diese wiederum würden daraufhin Regeln für die Straßennutzer aufstellen, wie zum Beispiel Abgashöchstgrenzen für Verbrennungsmotoren, oder Kompensationszahlungen mit den Geschädigten aushandeln.

Prinzipiell das Gleiche geschieht im Falle des Luftverkehrs. Hier würden Luftkorridore privatisiert. Die Eigentümerschaft der Luftkorridore wäre haftbar für Verschmutzungsschäden und Lärmbelastungen gegenüber geschädigten Grundstückseigentümern. Dabei ist grundsätzlich zu beachten, dass es stets die Aufgabe des Geschädigten ist, nachzuweisen, dass der Schaden vom Beschuldigten verursacht wird. Dabei sind zudem die jeweiligen *Grunddienstbarkeiten* in Rechnung zu stellen: Ein Grundstückseigentümer hat das Recht, auf seinem Boden Verschmutzungen (Emissionen, Schallwellen etc.) zu verursachen, die bis zu dem Zeitpunkt, an dem das Nachbargrundstück in Besitz genommen wurde, üblich waren.

Das öffentliche Eigentum in Form von Straßen, Gewässern und Luftkorridoren lässt sich privatisieren, indem Anteilsscheine an ihnen ausgegeben werden, die sich an der Börse handeln lassen. Wer aber bekommt wie viele Anteile? Ein möglicher Zuteilungsschlüssel bei der Privatisierung wäre, die Zahl der Anteile anhand der Steuerbeiträge, die jemand geleistet hat, zu bemessen oder jedem Bürger die gleiche Zahl von Anteilen zu übertragen. Die Inlandnahme von bisher nicht im Eigentum befindlichen Gütern könnte beispielsweise auch auf der Grundlage des »First come, first served« oder anderer Zuteilungsschlüssel erfolgen. Am Ende wären alle Ressourcen in privater Hand und könnten bestmöglich und ohne staatliche Zwänge und Unwirtschaftlichkeiten eingesetzt werden.

(e) *Wo bleibt die Fürsorge im Kapitalismus?* – Was ist mit den Schwachen, Kranken und Alten? Zeigt der Kapitalismus ihnen nicht die kalte Schulter? Dass Menschen unterschiedliche Fähigkeiten, Interessen, Wünsche und Lebensziele haben, dass einige gesund und dass andere krank sind, dass es leistungsstarke und leistungsschwache Menschen gibt, ist nicht dem Kapitalismus anzulasten. Es ist vielmehr das Ergebnis von individuellen Eigenschaften, Fähigkeiten, Handlungen und äußeren Umständen.

Die Notwendigkeit, Fürsorge zu leisten für bedürftige Mitmenschen, stellt sich ganz grundsätzlich. Sie stellt sich im Kapitalismus genauso wie im Sozialismus. Die entscheidende Frage ist jedoch: Kann der Kapitalismus oder der Sozialismus besser für die Bedürftigen sorgen? Zur Beantwortung dieser Frage schaue man sich nur einmal an, wie Behindertenpflege, Armenhäuser und Krankenversorgung im Sozialismus und wie sie in Volkswirtschaften aussehen, in denen sich kapitalistische Elemente finden lassen. Kein Zweifel: Im Kapitalismus geht es den Armen, Schwachen und Kranken viel besser als im Sozialismus.

Schon allein deshalb, weil die materielle Güterversorgung im Kapitalismus größer ausfällt als im Sozialismus. Zudem sind im Kapitalismus die

Menschen in ihrer Grundhaltung einander zugewandt: Sie sind fortlaufend dazu angehalten, die Situation ihrer Mitmenschen im Blick zu haben und bei Problemen Lösungen zu organisieren.

Unmöglichkeit des Sozialismus

Trotz der unverkennbaren Erfolge des Kapitalismus, trotz der Kapitalismuskritik, die ins Leere läuft, wird immer wieder der Sozialismus als Alternative zum Kapitalismus beschworen. Der Sozialismus würde zu einer besseren, gerechteren Gesellschaft führen, so seine Befürworter. Sozialismus bedeutet, dass sich die Produktionsmittel in Gemeinschaftshand befinden, dass sie nationalisiert beziehungsweise verstaatlicht sind. Der Sozialismus ist damit der Gegenentwurf zum Kapitalismus.

Es war Ludwig von Mises, der bereits 1919 in seinem Aufsatz »Die Wirtschaftsrechnung im sozialistischen Gemeinwesen« die Unmöglichkeit des Sozialismus erkannt und mit wissenschaftlichen Mitteln ausbuchstabiert hat. Der Sozialismus ist deswegen unmöglich, so Mises, weil es im Sozialismus kein Privateigentum gibt. Gibt es kein Privateigentum, lässt sich auf dem Markt auch nichts kaufen und verkaufen, und daher gibt es auch keine Marktpreise für Güter.

Ohne Marktpreise jedoch kann man keine Wirtschaftsrechnung betreiben: Man kann dann nicht wissen, was wann wo knapp ist und wie, wann und wo man knappe Mittel einzusetzen hat, um die gewünschten Güter und Dienste herzustellen. Ein Wirtschaften im eigentlichen Sinne ist im Sozialismus gar nicht durchführbar. Verelendung, Chaos und Gewalt sind keine Zufälligkeiten im Sozialismus, sie sind seine notwendigen Konsequenzen.

Ludwig von Mises hat uns aber nicht nur gezeigt, dass der Sozialismus undurchführbar ist, sondern er erklärt auch, dass der sogenannte Interventionismus – also das fallweise Eingreifen des Staates in das Wirtschafts- und Gesellschaftsleben durch Ge- und Verbote und Steuern – nicht dauerhaft aufrechtzuerhalten ist.

Der Interventionismus führt, wenn er einmal begonnen wurde und man sich nicht von ihm lossagt, zu einer Lenkungs- und Befehlswirtschaft, in der der Staat früher oder später alles und jeden beherrscht – wie es beispielsweise im nationalsozialistischen Deutschland geschehen ist.

Es gibt – und das zeigte Mises letztlich auf – nur eine Wirtschafts- und Gesellschaftsform, die sich dauerhaft durchführen lässt, nämlich den Kapitalismus: »Wenn man die Marktwirtschaft nicht von den Hemmungen des Interventionismus befreien will, muss man zum Sozialismus gelangen. Ob man sich dabei mehr an das deutsche oder mehr an das russische Vorbild halten will, macht keinen Unterschied.«[27] Eine Aussage, die für viele vermutlich geradezu empörend ist. Denn der Kapitalismus ist ja bei vielen Menschen unbeliebt, mit einem Makel belegt, er wird als System gesehen, das die Wurzel vieler Übel ist und das es zu überwinden gilt.

Aversion gegen den Kapitalismus

Das führt zur Frage: Woher kommt die antikapitalistische Mentalität? Vier (nicht ganz überschneidungsfreie) Erklärungsversuche lassen sich an dieser Stelle vorbringen.

Erklärung #1: *Mangelndes Wissen.* – Viele Menschen wissen schlichtweg nicht, wie der Kapitalismus funktioniert. Es wird ihnen nicht erklärt, welchen Nutzen er für sie und die Gemeinschaft stiftet; sie lernen das nicht in der Schule, nicht an der Universität – weil die Lehrenden, meist allesamt im Staatsdienst, es selbst nicht besser wissen. Der Kapitalismus bleibt unverstanden und wird zur Projektionsfläche aller möglichen Missstände, die ihn in Verruf bringen, die ihn diskreditieren.

Erklärung #2: *Absichtlicher Irrtum.* – Die ökonomische Wahrheit über den Kapitalismus wird verschwiegen, der Öffentlichkeit verzerrt präsentiert. Der Kapitalismus wird schlechtgemacht und vermeintliche Alternativen, wie der Sozialismus, werden dadurch aufgewertet. In dieser Weise agiert beispielsweise der Kulturmarxismus, der zum Ziel hat, durch »Überzeugungsarbeit« die freie Gesellschaft und das kapitalistische Wirtschaften in den Sozialismus zu überführen.

Erklärung #3: *Psychische Störungen.* – Menschen, die von der antikapitalistischen Mentalität ergriffen sind, die sich gegen die ökonomischen Einsichten verwehren, sind psychopathisch. Psychopathen sind Menschen, die ihre Ziele rücksichtslos verfolgen, die andere manipulieren, in die Irre führen und dabei kein Mit- oder Schuldgefühl empfinden. Die Kapitalismusfeinde könnten auch soziopathisch sein: Menschen, die zwar prinzipiell zur Empathie fähig sind, die sich aber dennoch asozial verhalten.

Für Menschen, die unter derartigen Persönlichkeitsstörungen leiden, eignet sich das Bekämpfen des Kapitalismus und das Hofieren des Sozialismus in besonderer Weise, um anderen den eigenen Willen aufzuzwingen, sie zu gängeln und auszubeuten, ihnen willentlich zu schaden. Schon wenige Psychopathen und Soziopathen, die sich an Schlüsselstellen in Politik, Unternehmen und Kulturbetrieb platzieren, können großen Einfluss auf ihre Mitmenschen gewinnen – gerade wenn sie auch noch über demagogische Talente verfügen und ihre Mitmenschen mit falschen und schlechten Ideen infizieren.

Erklärung #4: *Neid und Missgunst.* – Zentral für die antikapitalistische Mentalität sind Neid und Missgunst. Um das zu verstehen, muss man sich in Erinnerung rufen, dass im Kapitalismus jeder seines Glückes Schmied ist. Allen stehen alle Möglichkeiten zum Erfolg offen, und zwar indem man die Wünsche seiner Mitmenschen besser bedient, als es andere tun.

Doch allzu häufig bleibt das, was man tatsächlich erreicht, hinter dem eigenen Ehrgeiz zurück – weil man beispielsweise eben doch nicht so fleißig, flink, aufmerksam und talentiert ist wie andere. Dann ist man enttäuscht. Und als ob enttäuschter Ehrgeiz nicht schon schlimm genug wäre, bekommt man im Kapitalismus ständig auch noch unverhohlen vor Augen geführt, dass andere erfolgreicher sind als man selbst.

Und leider merken das auch alle anderen. Die Ehefrau sagt zu ihrem Mann: »Wenn du so tüchtig gewesen wärst wie dein Schulfreund Jeff Bezos, dann könnten wir schöner wohnen und viel häufiger in den Urlaub fahren.« Wie demütigend für den, dessen enttäuschter Ehrgeiz bloßgestellt wird! Aber so ist das im Kapitalismus: Er behandelt jedermann nach dem Beitrag, den er zu dem Wohlergehen seiner Mitmenschen leistet.

Die Enttäuschten schreiben ihr empfundenes Zukurzgekommensein natürlich nicht den unzureichenden eigenen Fähigkeiten zu. Sie halten vielmehr Ausschau nach einem Sündenbock. Natürlich muss es ein subversiver Sündenbock sein. Schließlich will man ja auch nicht die Erfolgreichen direkt anklagen. Das wäre nicht gerade würdevoll, man würde sich als Verlierer entlarven.

Wohin also mit dem Ressentiment, mit dem Neid, mit der Missgunst? Man sublimiert sie in eine antikapitalistische Mentalität, man gibt sich den Traumschlössern des Sozialismus hin. Der Sozialismus appelliert an den Neid, einen der niedrigsten Triebe, der bekanntlich eine der Tod- oder

Hauptsünden im christlichen Glauben (und auch in anderen Religionen) ist und der sich als Wurzel für weitere Sündenfälle erweist.

Es sei betont, dass es zwei Arten von Neid gibt. Neid kann konstruktiv sein in dem Sinne, dass das, was andere erreicht haben und was man selbst bislang nicht erreicht hat, als Ansporn gesehen wird, seine eigene Leistung zu verbessern. Neid kann aber auch destruktiv sein: im Sinne eines Nicht-Gönnens, einer Aversion gegen die, die das haben, was man selbst entbehrt. Diesen letzteren Neid schürt der Sozialismus. Mit dem destruktiven Neid kommt die Missgunst, der Wunsch, Revanche zu üben, sich Genugtuung für empfundene Zurücksetzung zu verschaffen.

Beispiele für die antikapitalistische Mentalität

Folgend einige Beispiele, bei wem und in welcher Form die antikapitalistische Mentalität *in concreto* anzutreffen ist. Einschränkend sei angemerkt, dass es sich um eine recht grobe Generalisierung handelt, und individuelle Ausnahmen davon wird es geben.

(1) Unter den Intellektuellen blüht die antikapitalistische Haltung. Zu dieser Gruppe zählen Literaten, politische Kommentatoren, Schul- und Hochschullehrer. Sie halten sich für wichtig, weil sie (in der Regel) gebildet sind, und sie glauben, dass ihre Betätigung von großer Bedeutung ist – weitaus bedeutsamer als beispielsweise die krämerischen Geschäftemachereien der Unternehmer.

Viele Intellektuelle beschäftigen sich zeitlebens mit Dingen, die in erster Linie sie selber interessieren, die aber häufig für das breite Publikum wenig interessant oder gar belanglos sind. Ein solcher Zeitvertreib wird ihnen ermöglicht, weil sie vom Staat finanziert werden. Nicht dass man davon reich werden könnte, aber meist reicht es doch, ein passables Leben zu führen und im Alter versorgt zu sein.

Und so muss man sich nicht den lästigen, sich dauernd ändernden Wünschen der Nachfrager beugen, muss nicht um ihre Zahlungsbereitschaft buhlen. Wie zurückgesetzt man sich da aber als Intellektueller fühlen muss, wenn erfolgreiche Unternehmer mit großen Gewinnen belohnt werden und in Luxus leben können, während man selbst mit einem viel bescheideneren Einkommen auskommen muss.

Das kann, so denkt der Intellektuelle, doch nicht mit rechten Dingen zugehen. Im Kapitalismus, der anderen, weniger intellektuell gereiften Menschen viel mehr Erfolg und Anerkennung zuweist, fühlt der Intellektuelle sich nicht behaglich. Er liebäugelt mit dem Sozialismus.

(2) Dass bei Staatsangestellten (darunter befinden sich zuweilen auch einige Intellektuelle) die antikapitalistische Mentalität gedeiht, ist wenig verwunderlich. Sie wählen den Staat als Arbeitgeber, weil sie mit ihrer Arbeitsleistung und Arbeitsbereitschaft im freien Markt keine vergleichbare Entlohnung oder gar keine Entlohnung erzielen.

Der Staat schützt sie vor dem Leistungs- und Veränderungsdruck des freien Marktes.

Ihr beruflicher Aufstieg, ihr Einkommen wird nicht von den Launen der Käufer bestimmt, sondern von Dienstjahren, Alter und Geschlecht. Staatsangestellte befürworten voll und ganz die Prinzipien, auf denen der Staat aufgebaut ist: dass er ein Zwangsapparat und in seiner Natur antikapitalistisch ist. Die Staatsangestellten haben insbesondere nichts dagegen, dass sie mit Steuern bezahlt werden – also mit Geld, das anderen zwangsweise abgepresst wird.

Für sie sind Dinge wie Freiheitsdrang, Nonkonformität, Unternehmertum, Aufbruch zu Neuem fremdartig, anrüchig und alles andere als erstrebenswert. Nur zu gern wird man daher tätig und erfindungsreich, um das ungeordnete Treiben im kapitalistischen Markt mittels Ge- und Verboten, Regulierungen und Steuern zu beschränken, wenn nicht sogar ihm ein Ende zu bereiten.

(3) Eine weitere Gruppe, in der sich häufig Antikapitalisten finden, sind die Künstler: Schauspieler, Komiker, Musiker, Maler. Viele von ihnen (nicht alle!) verdienen ihr Brot als Seriendarsteller, witzeln in Fernsehshows, spielen Theater, nehmen an Kunstausstellungen teil, geben Konzerte in prachtvollen Opernhäusern.

Meist finanziert mit Steuergeld. Daher ist es verständlich, dass Künstler ganz dicke sind mit dem spendierfreudigen Staat und sich gefügig auf die Verbreitung seiner Botschaften einlassen. Aber auch die Künstler, die ihr Brot im freien Markt verdienen, lieben den Kapitalismus meist nicht. Sie fühlen sich oft enttäuscht: Das zahlende Publikum erweist sich als flatterhaft, die Geschmäcker ändern sich rasch. Was heute in ist, ist schon morgen out. Sich dem Publikumsgeschmack anzupassen, ihm hinterherzulaufen, erscheint dem Künstler unter seiner Würde.

Er sucht den Grund für seine Enttäuschung, dass man nicht ihn, sondern andere Lustbarkeiten preist, nicht bei sich selbst, sondern im kapitalistischen System, in dem die Menschen der Gier nach Geld verfallen und das Schöne, das Gute – also seine Kunst – aus den Augen verlieren.

(4) Eine Gruppierung, in der der Antikapitalismus um sich greift, sind häufig diejenigen, die außergewöhnlichen Erfolg erzielt haben: die »Superreichen«. Ihr Reichtum scheint ihnen zur Last zu werden. Um sich Linderung zu verschaffen, rufen sie nach dem Staat, der doch bitte schön die großen Vermögen besteuern soll, damit das Geld gerechter verteilt werde.

Was auch immer die Gründe sein mögen, mit denen diese Menschen hadern: Sie neigen antikapitalistischen Politiken zu. Sie empfehlen Politiken, die es anderen verwehren, das zu erreichen, was sie selbst erreicht haben. Mit welchem Recht, fragt man sich? Die Erfolgreichen sind schließlich frei, ihr Vermögen nach ihren eigenen Wünschen einzusetzen, es beispielsweise zu verschenken, es in Stiftungen einzubringen. Warum wollen sie den Staat beauftragen, sich selbst und andere zu drangsalieren?

Und wenn der Erfolgreiche Gewissensbisse hat, weil er weiß, dass er nur dank des vorherrschenden antikapitalistischen Systems reich geworden ist, dann wäre es gut und richtig, wenn er den Antikapitalismus als schädlich anprangert und den Kapitalismus als Lösung einfordern würde!

Und da sind die Familienmitglieder der Erfolgreichen. In kinderreichen Familien können nicht alle die Geschäfte, die der Firmengründer aufgebaut hat, weiterführen. Ein Kind übernimmt, die anderen werden zu außenstehenden Dividendenempfängern.

Die Kinder, die nicht in den Geschäftsbetrieb eingebunden sind, können häufig nicht ermessen, was es heißt, die Firma zu führen. Sie entwickeln eine Abscheu vor dem geschäftlichen Treiben und geben sich, finanziell gut gestellt, allen möglichen Zerstreuungen und Lustbarkeiten hin.

Nicht selten kommen sie dabei in Kontakt mit den Antikapitalisten: Intellektuellen, Schauspielern, Musikern, Literaten. Als reiche Familienmitglieder sind sie gern gesehene Sponsoren und Aushängeschilder für antikapitalistische, sozialistische Projekte.

Der Staat als Auftragsräuber

Alle, die der antikapitalistischen Mentalität verfallen und ihre Ressentiments gegen die Mutigeren, Fähigeren und Erfolgreicheren ausleben wollen, finden im Staat ihren Verbündeten. Ihm geben sie den Auftrag, das von ihnen Gewünschte herbeizuführen. Der Staat wird ihr Agent, sie selbst operieren in geheimen Wahlen als die anonymen Auftraggeber.

Die Wähler beauftragen den Staat, das schmutzige Geschäft zu erledigen: Sie beauftragen den Staat, den einen Geld abzupressen und es an andere (vorzugsweise an sie selber) weiterzureichen und die anderen zu zwingen, sich so zu verhalten, wie man es als Wähler selbst für gut und richtig erachtet.

Als wenn das nicht schon schlimm genug wäre. Zu allem Übel verselbstständigt sich der Staat auch noch: Er beginnt, seine ganz eigenen Ziele zu verfolgen – sich auf Kosten der Gesellschaft zu bereichern und die antikapitalistische Mentalität zu kultivieren.

Der Staat dringt dazu in alle Wirtschafts- und Gesellschaftsbereiche ein: Kindergarten, Schule, Universität, Altersvorsorge, Familie, Recht und Sicherheit, Geld und Kredit, Umwelt und Transport. Wo immer der Staat tätig wird, er setzt alles daran, die antikapitalistische Mentalität der Menschen zu bestärken und, wo sie noch nicht ausgebrochen ist, zu schüren.

Wie lassen sich die Wurzeln der antikapitalistischen Mentalität entwurzeln? Dieser Frage kann niemand ausweichen, dem seine eigene Freiheit und die seiner Mitmenschen am Herzen liegen. Denn die antikapitalistische Mentalität arbeitet unerbittlich an der Überwindung des Kapitalismus – an der Vernichtung von Freiheit und Wohlstand.

Aus Erfahrung wird man nicht notwendigerweise klug

Niemand sollte sich in Sicherheit wiegen und glauben, die schlechten Erfahrungen, die man mit sozialistischen Experimenten gemacht hat, würden die Antikapitalisten läutern. Das ist nicht so. Die furchtbaren Erfahrungen mit Lenin, Stalin, Hitler, Mao, Pol Pot bringen die Sozialisten nicht zum Umdenken. Die Antikapitalisten deuten nämlich die Ursache für das Scheitern des Sozialismus um. Sie sagen: Nicht weil man antikapitalistische Politiken verfolgt hat, ist die Wirtschaft zusammengebrochen, sondern weil man nicht beherzt genug, nicht aggressiv genug gegen den Kapitalismus vorgegangen ist, hat es Probleme gegeben.

Nein, die Erfahrung macht nicht klug. Der Weg zum Sieg über die antikapitalistische Mentalität und den Sozialismus ist ein anderer. Ludwig von Mises sagte dazu: »Ideen können nur durch Ideen überwunden werden. ... Nur im Kampf der Geister kann die Entscheidung fallen.«[28] Ideen sind in der Tat das, was das Handeln der Menschen in letzter Konsequenz leitet. Menschliche Ordnungen, Kapitalismus wie Sozialismus, sind stets das Resultat von in die Tat umgesetzten Ideen. Wie also lässt sich die antikapitalistische Mentalität bekämpfen? Dazu kann der nachstehende Drei-Punkte-Plan dienen.

Der Drei-Punkte-Plan

Der *erste Punkt* lautet: Entmachtet die antikapitalistischen Psychopathen und Soziopathen! Die Öffentlichkeit muss sich dafür sensibilisieren, dass es antikapitalistische Psychopathen und Soziopathen in ihrem Lebensumfeld gibt, dass man sich vor ihnen in Acht nehmen und vor allem verhindern muss, dass antikapitalistische Psychopathen und Soziopathen in Positionen gelangen, in denen sie Macht über andere ausüben können (ob in Politik oder in den Etagen der Großbanken, Großunternehmen oder Bildungseinrichtungen).

Der *zweite Punkt* ist: Verbreitet die Einsicht, dass der Sozialismus eine gemeingefährliche Ideologie ist, die man nicht dulden darf! Diejenigen, die an dem Sozialismus fanatisch und unbelehrbar festhalten, sollte man, so könnte man geneigt sein zu denken, im wahrsten Sinne des Wortes links liegen lassen. Doch in einer Demokratie kann man es sich nicht so leicht machen. Denn die Sozialisten können hier parlamentarische Mehrheiten erlangen, und dann sind sie in der Lage, die Minderheit gegen ihren Willen in die sozialistische Zwangsjacke zu stecken.

Wie kann man dieses Problem lösen? Die folgenden Möglichkeiten stehen zu Verfügung:

(i) Sozialistische Parteien und kommunistische Gesinnung werden verboten. So geschah es etwa in den Vereinigten Staaten von Amerika in den 1940er- und 1950er-Jahren; diese Periode ist als »McCarthy-Ära« bekannt. Auf die heutigen Verhältnisse angewandt, könnte man beispielsweise die Strafe des Landesverweises aussprechen: Wer den Sozialismus propagiert – wer also für Enteignung und Unfreiheit seiner Mitmenschen agitiert –, wird des Landes verwiesen; eine Gefängnisstrafe innerhalb des Landes wäre keine Option, weil ja die Opfer, die Geschädigten, die Kosten zu tragen hätten.

(ii) Man spaltet das Gemeinwesen räumlich auf, erlaubt die Sezession. In der einen Region können sich fortan die Sozialisten ansiedeln, in der anderen die Kapitalisten; keiner regiert mehr dem anderen in seine Angelegenheiten hinein. Das würde allerdings erfordern, dass die Sozialisten über Ländereien verfügen oder sie von anderen abkaufen können. Eine vermutlich kaum gangbare Lösung.

(iii) Man errichtet eine Privatrechtsordnung: Alles wird privatisiert (Straßen, Flüsse, Nationalparks, öffentliche Gebäude und Grundstücke), und jeder Eigentümer darf fortan mit seinem Eigentum machen, was er will (solange er die physische Integrität des Eigentums der anderen nicht schädigt). Wir kommen auf eben diese Ideen noch zurück.

Der *dritte Punkt* heißt: Leistet pro-kapitalistische Aufklärungsarbeit! Dass sich Kapitalisten von den Sozialisten absetzen wollen (oder auch umgekehrt: dass die Sozialisten sich von den Kapitalisten zu separieren wünschen), ist zwar mit dem Selbstbestimmungsrecht, das jedem Menschen unbestreitbar zusteht, vereinbar.

Doch eine wichtige Frage bleibt: Ist solch ein Aufspalten der Gemeinschaft in einen sozialistischen und einen kapitalistischen Teil – ob nun innerhalb eines Landes oder über die ganze Weltkugel erstreckt – wirklich eine zufriedenstellende Lösung?

Nein, aus ökonomischer Sicht ist sie es nicht. Der Grund ist der: Der materielle und auch kulturelle Wohlstand der Menschen ist durch die Möglichkeit der weltumspannenden Arbeitsteilung auf das Engste miteinander verbunden. Nehmen einige nicht an der Arbeitsteilung teil, so schädigt das nicht nur deren Einkommen, sondern auch die Einkommen aller anderen.

Es kann dann nicht mehr so viel und all das produziert werden, verglichen mit einer Situation, in der alle an der Arbeitsteilung teilnehmen. Und genau das ist der überzeugende Grund, um zu sagen, dass es vernünftig ist, der antikapitalistischen Mentalität nicht auszuweichen, sondern ihr mit dem Verbreiten der richtigen ökonomischen Lehren, auch gegen große Widerstände, entgegenzutreten.

Grenzen der Aufklärung

Wenn man optimistisch ist, dann kann man sich sagen: Es lohnt sich, gute Ideen zu verbreiten, denn sie setzen sich letztlich immer durch. Doch leider ist das keine Gesetzesmäßigkeit. Der Vernunftoptimismus ist zwar eine schöne Vorstellung, aber er hat keine Durchsetzungsgarantie. Es gibt vielmehr Grenzen der Aufklärung.

In Demokratien kann der Fall eintreten, dass der Punkt überschritten wird, an dem der Abstieg in den Sozialismus noch vermieden werden kann. Das ist beispielsweise dann der Fall, wenn eine Mehrheit der Bevölkerung eine tiefsitzende antikapitalistische Mentalität kultiviert hat und sich gegen Aufklärungsargumente sperrt; oder wenn das wirtschaftliche Los der Mehrheit der Bevölkerung am staatlichen Umverteilungstropf hängt, sodass die Menschen die Staatsausdehnung bis in den Totalitarismus mitmachen.

Es kann also irgendwann zu spät sein, um noch einen Kurswechsel über die Mehrheitsverhältnisse herbeizuführen. Die verbleibende »Reformoption« für diejenigen, die ihre eigene Freiheit und die ihrer Mitmenschen wirksam verteidigen oder wiedererlangen wollen, ist dann das Auswandern in Regionen, in denen die antikapitalistische Mentalität schwach ausgeprägt ist – um von dort die Aufklärungsarbeit fortzusetzen. Die in diesem Kapitel vorgestellten Gedanken sollen eine Anleitung zu einer argumentativen Selbstverteidigung sein. Wir alle müssen davon Gebrauch machen, wenn uns unsere Freiheit und die Freiheit der anderen lieb sind.

Kapitel 4
Eine ernüchternde Wahrheit:
was der Staat wirklich ist

»Nur die Lüge braucht die Stütze der Staatsgewalt.
Die Wahrheit steht von alleine aufrecht.«
Thomas Jefferson

Der Weg in die Zivilisierung

Was ist der Grund, dass sich die Menschen aus dem primitiven Urstadium des Mann-gegen-Mann herausentwickelt und ein friedvolles und produktives Zusammenleben in der Gemeinschaft angestrebt haben? Einige Autoren meinen, die Zivilisierung der Menschheit sei Folge eines biologischen Vergesellschaftungstriebes. Andere sehen die Ursache der menschlichen Zivilisation in einem himmlischen Geschenkakt. Man muss jedoch nicht auf diese (und andere) Erklärungen zurückgreifen. Eine für den menschlichen Geist logisch-verständliche und überzeugende Antwort findet sich in der *Logik des menschlichen Handelns*. Genauer: in den Gesetzmäßigkeiten, die sich *logisch* aus der unbestreitbaren Erkenntnis erschließen, dass der Mensch handelt.[29]

Ein wichtiger Schritt zu dieser Einsicht wurde im Jahr 1817 getan, und zwar von dem britischen Ökonomen David Ricardo (1772–1823). In seinem Hauptwerk *On the Principles of Political Economy and Taxation* (1817) legt er das *Gesetz der komparativen Kosten* dar. Danach ist es sinnvoll für die Menschen, sich arbeitsteilig zu organisieren. Durch die Arbeitsteilung werden die Ergiebigkeit der Arbeit und damit der materielle Wohlstand erhöht. Alle an der Arbeitsteilung Beteiligten gewinnen dabei.

Ricardo formuliert sein Gesetz der komparativen Kosten, um den Außenhandel zwischen verschiedenen Ländern zu erklären. Doch sein Gesetz ist, wie Ludwig von Mises (1881–1973) erkannte, von viel größerer Tragweite: Es ist ein *Vergesellschaftungsgesetz*. Es lässt uns begreifen, wie dauerhafte gesellschaftliche Bindungen entstehen – und zwar durch *Arbeitsteilung*. Mises formuliert diese Einsicht so: »Die Kraft, die gesellschaftliche Bindung entstehen lässt und sie fortschreitend verdichtet, ist menschliches Handeln, das der Einsicht in die höhere Ergiebigkeit des Zusammenhandelns und Zusammenwirkens durch Arbeitsteilung entspringt.«[30]

Es ist die Logik des Handelns, mit der sich erklären lässt, dass Menschen sich freiwillig zu arbeitsteiligem Handeln zusammenschließen, wenn zwei Bedingungen gegeben sind: (1) Menschen sind *ungleich* mit Blick auf ihre Eignung zur Verrichtung unterschiedlicher Tätigkeiten, und (2) sie *erkennen* (soweit sie eine Mindestintelligenz haben), dass die Arbeitsteilung die Ergiebigkeit der Arbeit erhöht im Vergleich zum isolierten Handeln. Mises formuliert in diesem Zusammenhang eine wichtige Einsicht: »Wir müssen ... nicht auf die Idee verweisen – ... dass das Leben in der Gemeinschaft erst durch einen förmlichen Vertrag – den Gesellschaftsvertrag – ermöglicht worden sei.«[31] Damit sagt er: Für das zivilisierte Zusammenleben braucht es keinen Staat (wie wir ihn heute kennen).

Das Wesen des Staates

Was ist der Staat? Generell gesprochen wird unter dem Begriff *Staat* der mitgliedschaftliche Charakter des Gemeinwesens (*polis, politeia, civitas* oder »Bürgerschaft«) oder auch die vernünftige Öffentlichkeit (*res publica*) verstanden. Heutzutage wird der Staat vor allem mit dem abstrakten Kollektiv, seiner territorialen und zentralen Herrschaft und seinem Anspruch auf das Gewaltmonopol (wie es der absolutistische Fürstenstaat im 15. und 16. Jahrhundert hervorgebracht hat) gleichgesetzt: Der Staat ist eine politisch herbeigeführte Vereinigung einer größeren Menschengruppe in einem bestimmten Gebiet, in dem es eine einheitliche Stelle gibt, die Recht und Sicherheit zentralisiert beziehungsweise monopolisiert hat.

Der Staat (wie wir ihn heute kennen) wird vermutlich von den meisten Menschen als wünschenswert, als unverzichtbar angesehen. Sie meinen: Ohne den Staat würde Chaos und Anarchie herrschen, wäre ein friedvolles und produktives Zusammenleben der Menschen unmöglich. Man sieht den Staat als Garanten für Recht und Sicherheit, als Institution, die eine zivilisierte Gemeinschaft von Menschen überhaupt erst möglich macht. Doch was ist von dieser Einschätzung zu halten?

Um diese Frage zu beantworten, muss man verstehen, was der Staat tatsächlich ist. Eine Definition finden wir zum Beispiel bei Immanuel Kant (1724–1804), dem Philosophen der Aufklärung. In seiner *Metaphysik der Sitten* schreibt Kant: »Ein Staat (*civitas*) ist eine Vereinigung einer Menge von Menschen unter Rechtsgesetzen.«[32] Kant erklärt auch, was er unter Recht versteht: »Das Recht ist der Inbegriff der Bedingungen, unter denen die Willkür des einen mit der Willkür des anderen nach einem allgemeinen Gesetze der Freiheit vereinigt werden kann.«[33] Und weiter: »Freiheit«, so Kant, »sofern sie mit jedes anderen Freiheit nach einen allgemeinen Gesetz zusammen bestehen kann, ist dieses einzige, ursprüngliche, jedem Menschen kraft seiner Menschheit zustehende Recht.«[34]

Kant schreibt weiter: »Die zur Gesetzgebung vereinigten Glieder ... eines Staates heißen Staatsbürger (*societas civilis*), und die rechtlichen, von ihrem Wesen unabtrennbaren Attribute derselben sind: gesetzliche Freiheit, keinem anderen Gesetz zu gehorchen, als zu welchem er seine Beistimmung gegeben hat; bürgerliche Gleichheit, keinen Oberen im Volke in Ansehung seiner zu erkennen als nur einen solchen, den er eben so rechtlich zu verbunden das moralische Vermögen hat, als dieser in verbunden kann ...«[35]

Wer Kants Worte liest, wird vermutlich auch heute noch zustimmend nicken. Allerdings lässt sich aus Kants Rechtsstaatslehre *nicht* ableiten, dass der Staat ein *Zwangsmonopol* sein sollte. Aber genau diese Eigenschaft des Staates – Zwangsmonopolist für Recht und Sicherheit zu sein – ist konstituierend für den modernen Staat geworden. Der US-amerikanische Ökonom und Gesellschaftsphilosoph Murray N. Rothbard (1926–1995) hat eine *positive* Definition des Staates vorgelegt (also eine Definition, die die tatsächliche Natur des Staates, seines Tuns in der Wirklichkeit, abbildet). Sie lautet: *Der Staat ist der territoriale Zwangsmonopolist der Rechtssetzung und -sprechung, der die Letztentscheidungsmacht über alle Konflikte hat – Konflikte, die zwischen seinen Untergebenen auftreten, und Konflikte, die sich zwischen ihm, dem Staat, und seinen Untergebenen ereignen.*[36] Es stellt sich vor diesem Hintergrund die Frage: Wie kann solch ein Staat entstanden sein?

Entstehung des Staates

Stellen wir die Frage: Ist es denkbar, dass der Staat (wie wir ihn heute kennen) dadurch entstanden ist, dass die Menschen sich freiwillig per Vertrag bereit erklärt haben, ihn als Zwangsmonopolisten (für Recht und Sicherheit) zu inthronisieren? Die Antwort fällt negativ aus. Zum einen fehlt der materielle Beweis. Einen solchen Vertrag gibt es nicht, er lässt sich nicht auffinden. Und niemand wird sich aufspüren lassen, der überzeugend nachweisen kann, er habe einen solchen Vertrag freiwillig unterschrieben.

Zum anderen ist nicht vorstellbar, dass jemand, der bei Sinnen ist, einen solchen Vertrag freiwillig unterschrieben hätte – einen Vertrag, durch den er sich und sein Hab und Gut auf Gedeih und Verderb *freiwillig* den Entscheidungen eines Zwangsmonopolisten ausliefert. Er hätte sich dadurch ja selbst versklavt! Daher laufen auch die Versuche der Vertreter der *Public-Choice*-Schule, wie insbesondere von James M. Buchanan (1919–2013) und Gordon Tullock (1922–2014) dargelegt, ins Leere.[37] Denn sie versuchen, den Staat als Zwangsmonopol mit einer »stillschweigenden Übereinkunft« zu legitimieren; sie wollen mit ihrer Argumentation aus einem *nein* ein *ja* machen. Vergeblich. Die Theorie des Staates als freiwillige vertragliche Vereinbarung, die sich auf die Arbeiten von Thomas Hobbes in *De Cive* (*Über den Bürger*, Kapitel 5–7) und *Leviathan* (Kapitel 17–19) zurückführen lässt, ist unhaltbar.

Vor allem aber wäre ein solcher Vertrag unvereinbar mit der Logik des menschlichen Handelns (es wäre eine *praxeologische Unmöglichkeit*[38]). Das Eigentum – verstanden als Selbsteigentum am eigenen Körper und Eigentum an den rechtmäßig erworbenen Gütern – lässt sich nicht wegdenken: Es ist ein *a priori* – ist denknotwendig und allgemeingültig. Man kann das Selbsteigentum argumentativ nicht verneinen, ohne seine Gültigkeit im Zuge des Argumentierens bereits unterstellt zu haben. Die Vorstellung, jemand gäbe sein Selbsteigentum auf, ist absurd – und auch ethisch inakzeptabel. Dass der Staat der territoriale Zwangsmonopolist für Recht und Sicherheit mit der Macht zur Letztentscheidung aller Konflikte ist, kann folglich *nicht* durch eine freiwillige Entscheidung derjenigen, die dem Staat unterworfen sind, erfolgt sein.

Es muss hervorgehoben werden, dass die Problematisierung des Staates als *Zwangsmonopolist* keinesfalls in Abrede stellt, dass eine Gemeinschaft von Menschen die Güter Recht und Sicherheit organisieren und bereitstellen wollte und müsste (weil es immer wieder Menschen gibt, die das (Selbst-)Eigentum der Mitmenschen bereit sind zu verletzen). Dass die Menschen Recht und Sicherheit gewährt wissen wollen, heißt aber nicht, dass Recht und Sicherheit *nur* durch ein Zwangsmonopol bereitgestellt werden können oder sollten. Das wäre ein logischer Fehlschluss, ein *non sequitur*, wie etwa die Folgerung, dass nur Affen Fahrrad fahren können, weil man gerade im Zirkus Affen Fahrrad fahren sieht.

Die Alternative zum Zwangsmonopol für Recht und Sicherheit ist die freie Marktlösung, die die Nachfrage nach und das Angebot von Recht und Sicherheit in Übereinstimmung bringt; wie das funktioniert, wird in Kapitel 19 genauer betrachtet.[39] Fest steht hingegen das Folgende: Der Staat als Monopolist der Güter Recht und Sicherheit, ausgestattet mit der Macht zur Besteuerung, ist ein untrügliches Zeichen dafür, dass seine Machtstellung (irgendwann einmal, in grauer Vorzeit) gewaltsam errichtet wurde, dass sein Ursprung und seine Existenz eine Aggression gegen das Privateigentum repräsentieren.

Die Existenz des Staates (wie wir ihn heute kennen) ist also das Ergebnis von Gewalt, von Eroberung, Unterdrückung und Plünderung. In diesem Sinne schreibt Franz Oppenheimer (1864–1943)[40]: »Der Staat »ist seiner Entstehung nach ganz und seinem Wesen nach … eine gesellschaftliche Einrichtung, die von einer siegreichen Menschengruppe einer besiegten Menschengruppe aufgezwungen wurde mit dem einzigen Zwecke, die Herrschaft der ersten über die letzte zu regeln und gegen innere Aufstände und äußere Angriffe zu sichern. Und die Herrschaft hatte keinerlei andere Endabsicht als die ökonomische Ausbeutung der Besiegten durch die Sieger.«[41]

Könnte es nicht doch sein, dass ein Staat unverzichtbar ist, weil ohne ihn ein friedvolles Zusammenleben in der Gemeinschaft eben doch unmöglich ist? Das ist ein Floh, den Thomas Hobbes (1588–1679) seinen Lesern mit seiner Aussage *Homo homini lupus est* ins Ohr gesetzt hat. Man nehme einmal an, Hobbes hätte recht: *A* und *B* bräuchten, um friedvoll miteinander zu leben, einen Staat *S*.[42] Denn ohne ihn lebten *A* und *B* in Anarchie, würden in Streit und Kampf untergehen. Von *S* und von keinem anderen haben sie daher Recht und Sicherheit nachzufragen, und *S* allein bestimmt auch, was er ihnen dafür in Rechnung stellt. Mit anderen Worten: *A* und *B* werden *S* unterworfen. Das unveräußerliche Recht von *A* und *B* auf Eigentum ist damit aufgehoben.

Wer kontrolliert nun aber *S*, hinter dem sich ja notwendigerweise Menschen vom Typ *A* oder *B* verbergen? Es gibt keinen Grund anzunehmen, dass sich die Menschen, die die Macht von *S* ausüben, sich gegenüber *A* und *B* anders verhalten, als *A* und *B* sich untereinander verhalten. Der logische Schluss wäre daher, den Staat *S* durch eine übergeordnete Instanz, den Staat *S**, zu kontrollieren. Und *S** müsste wiederum von *S*** kontrolliert werden – und so weiter und so fort. Konsequent zu Ende gedacht, müsste ein Weltstaat errichtet werden, dem alle (*A* und *B* sowie *S*, *S** und *S*** und so weiter) unterworfen sind. Doch wer kontrolliert dann den Weltstaat?

Auch solch ein Weltstaat wäre natürlich nicht vereinbar mit dem *a priori des Eigentums*; denn wie jeder Nationalstaat könnte auch ein Weltstaat nur aus Aggression, aus Gewalt gegen das Eigentum des Einzelnen entstehen und sich am Leben erhalten. Und was wäre mit einem Weltstaat gewonnen? Man müsste befürchten, dass alles noch schlimmer wird. Solange es noch Staaten gibt, die miteinander im Wettbewerb stehen, gibt es für die Menschen Alternativen. Sie haben Ausweichmöglichkeiten. Unter einem Weltstaat gibt es hingegen keine Wahlfreiheiten, keine Ausweichmöglichkeiten mehr: Einem Weltstaat kann niemand mehr entkommen!

Der Fluch des Zwangsmonopols

Was passiert, wenn der Staat Recht und Sicherheit monopolisiert, wenn alle, die die Güter Recht und Sicherheit nachfragen, sich an den Staat wenden müssen – weil nur er sie anbietet? Die Antwort fällt nicht schwer: Der Staat wird sich so verhalten wie jeder andere Zwangsmonopolist auch: Er wird seinen Gewinn (also Einnahmen minus Ausgaben) zu maximieren versuchen. Dazu wird er den Preis seiner Leistung so hoch wie möglich ansetzen, und gleichzeitig wird er versuchen, die Kosten für seine Leistung so gering wie nur möglich zu halten – und das Geld, das er erzielt, den ihm genehmen Zwecken zuführt (beispielsweise der Bereicherung seiner Repräsentanten und helfenden Hände). Das lässt vermuten, dass der Preis für die Güter Recht und Sicherheit, die der Staat monopolisiert hat, steigt, und dass gleichzeitig die Qualität der Güter Recht und Sicherheit abnimmt.

Bei allem, was der Staat macht, steht er vor einem grundsätzlichen Problem: Der Staat hat keine Möglichkeit festzustellen, wie er die ihm zur Verfügung stehenden Ressourcen (die erpressten Steuern) sinnvoll, das heißt wirtschaftlich effizient, einsetzen soll. Der Grund ist einfach: Es gibt keine Marktpreise für Rechts- und Sicherheitsdienste, die dem Staat anzeigen könnten, welche Leistungen gerade knapp sind (und daher ausgeweitet werden sollten) und welche reichlich vorhanden sind (und daher eingeschränkt werden sollten). Der Staat muss vielmehr *willkürlich* entscheiden, wie er die Mittel, die er seinen Untertanen abknöpft, auf die von ihm monopolisierten Leistungsangebote verteilt.

Wenn der Staat das Recht monopolisiert, entstehen ganz besondere, delikate Probleme. Natürlich stellt sich auch hier – wie überall in einem planwirtschaftlichen System – die Frage, welche Rechtsdienste wo, wann, wie und in welcher Menge benötigt werden; und es gibt leider keine zufriedenstellenden Antworten auf diese Frage. Vor allem aber stehen diejenigen, die mit der Rechtspflege betraut sind, wie zum Beispiel Richter und Staatsanwälte, auf der Gehaltsliste des Staates. Damit sind sie nicht neutral und unabhängig. Die daraus resultierenden Probleme treten bei Streitfällen, die sich zwischen den Regierten ereignen, vielleicht noch nicht zutage. Allerdings kann auch schon hier ein ernster Konflikt auftreten: nämlich wenn die gerade Regierenden fordern, dass Streitigkeiten in einer politisch gewünschten Art und Weise gelöst werden. Beispiel: Im Streitfall, ob die Achtung privater Eigentumsrechte Vorrang hat vor Anti-Diskriminierung, fällt die Richterentscheidung für die Anti-Diskriminierung und gegen die privaten Eigentumsrechte aus. Ein offener Konflikt tritt jedoch spätestens dann ein, wenn es um vitale Interessen des Staates geht, die unvereinbar sind mit den Eigentumsrechten der Bürger.

Das offenkundigste Beispiel an dieser Stelle sind Steuern. Für den Bürger gilt: Niemand darf einem anderen gegen seinen Willen sein Eigentum wegnehmen. Das wäre Diebstahl und würde bestraft. Doch genau das praktiziert der Staat: Er erhebt Steuern – eine erzwungene Geldleistung an den Staat, ohne dass der Besteuerte einen Anspruch auf individuelle Gegenleistung hätte. Das ist gerade so wie ein Bösewicht, der mir mein Geld gegen meinen Willen abnimmt. In einem staatsmonopolisierten Rechtssystem ist nicht verwunderlich, dass Richter die Besteuerung durch den Staat als rechtens ansehen; Klagen dagegen haben keine Aussicht auf Erfolg.

Kapitel 4

Der Versuch einer ethischen Einordnung

Wenn der Staat ein territorialer Monopolist mit Letztentscheidungsmacht über alle Konflikte in seinem Gebiet ist: Wie ist ein solcher Staat aus ethischer Sicht zu beurteilen? Die *Ethik* ist bekanntlich die wissenschaftliche Beschäftigung mit der Frage: *Wie verhalte ich mich als handelnder Mensch hier und jetzt richtig?* Der Philosoph Immanuel Kant bietet das höchste, in der reinen Vernunft zu findende Beurteilungskriterium zur Beantwortung dieser Frage an: den *Kategorischen Imperativ*.[43] Seine Grundform lautet: »*Handle nur nach derjenigen Maxime, durch die du zugleich wollen kannst, daß sie ein allgemeines Gesetz werde.*« Kants Kategorischer Imperativ (obwohl als Maßstab der Sitten nicht unangefochten) ist »die Vollendungsstufe der praktischen Rationalität«.[44]

Folgt man Kant, so ist eine Handlungsregel dann ethisch, wenn sie zwei Anforderungen erfüllt: (1) Sie muss universelle Geltung haben, muss also für jeden jederzeit und überall gelten; und (2) ihr Befolgen muss das menschliche Überleben sicherstellen. Wie sieht eine solche Handlungsregel in der Praxis aus? Dazu betrachten wir drei Fälle. Im ersten Fall gehört Herr *A* Herrn *B*. *A* ist also Sklave von *B*. Das kann keine ethische Regel sein, denn für *A* gelten ganz offensichtlich andere Regeln als für *B*. Im zweiten Fall gehören *A* und *B* sich gegenseitig. Auch das ist keine ethische Regel. Sie würde zum Untergang von *A* und *B* führen: Beide können nichts machen ohne die vorherige Zustimmung des anderen; um diese einzuholen, brauchen sie aber erst die Zustimmung des jeweils anderen, die sie nicht ohne Zustimmung des anderen erhalten können. Im dritten Fall gehören Herr *A* und Herr *B* sich selber. Diese Regel kann universelle Gültigkeit beanspruchen, und sie macht prinzipiell auch das Überleben der beiden Herren möglich.

Das unbedingte Respektieren des (Privat-)Eigentums qualifiziert sich also als eine ethische Handlungsregel.[45] Sie besagt, dass jeder sich selbst gehört, Selbsteigentum an sich und seinem Körper hat, und dass jeder der rechtmäßige Besitzer der Güter ist, die er mit Einsatz seiner Arbeit produziert oder in freiwilligen Tauschtransaktionen erworben hat. Das heißt: Wenn jedermann den Unterschied zwischen *Mein* und *Dein* akzeptiert, lassen sich Konflikte prinzipiell vermeiden – und sollten sie dennoch auftreten, ist es prinzipiell möglich, sie mit dieser Regel in objektiver Weise zu schlichten. Das unbedingte Respektieren des Eigentums stellt daher eine rationale ethische Regel für das Zusammenleben der Menschen in der Gemeinschaft dar.

Der Staat ist jedoch – und das sollte bis jetzt deutlich geworden sein – ein eklatanter, ja ein geradezu verstörender Verstoß gegen die grundlegenden Anforderungen, die an eine ethische Handlung, an eine ethische Institution zu stellen sind. Der Staat ist nämlich – und das sollten die voranstehenden Überlegungen deutlich gemacht haben – ein eigentumszerstörender Eigentumsschützer und ein rechtsbrechender Rechtsschützer. Durch den berechtigten Einwurf, dass das Zusammenleben der Menschen in der Gemeinschaft verlässliches Recht und verlässliche Sicherheit erfordert, lässt sich der Staat (wie wir ihn heute kennen) nicht ethisch legitimieren.

Vor dem Hintergrund des Gesagten könnte sich der Eindruck aufdrängen: Der Staat (wie wir ihn heute kennen) sei eine »Räuberbande«. Denn er verstößt gegen das Nicht-Aggressionsprinzip, ja er ist *unvereinbar* mit dem Nicht-Aggressionsprinzip. So unangenehm diese Vermutung auch sein mag: Sie ist wahr. Papst Benedikt XVI. (*1927) sprach am 22. September 2011 im Deutschen Bundestag. In seiner Rede zitierte er den heiligen Augustinus und stellte die entscheidende Frage: »Nimm das Recht weg – was ist dann ein Staat noch anderes als eine große Räuberbande«?[46] Wenn der Staat (wie wir ihn heute kennen) sich als Eigentums- und Rechtsschützer ausgibt, er aber in Wahrheit ein eigentumszerstörender Eigentumsschützer und ein rechtsbrechender Rechtschützer ist, dann ist er in der Tat nichts anderes als eine große Räuberbande.

Demokratiekritik

Diese Einschätzung wird auch durch die Tatsache nicht getrübt, dass die Demokratie heutzutage allseits große Zustimmung genießt. Vor allem Ökonomen befürworten den demokratischen Staat, weil er einen friedvollen Machtwechsel erlaubt: Sind die Wähler unzufrieden mit den Regierenden, können sie sie in friedvoller (gewaltloser) Weise abwählen und durch andere Personen ersetzen. Dadurch wird das produktive Wirtschaften nicht übermäßig geschädigt; denn es verträgt keine Gewalt, keinen blutigen Umsturz der Macht.

Man könnte nun auf die Idee kommen und sagen, dass der heutige demokratische Staat, dass sein Handeln, seine Tätigkeiten auf freiwilliger

Zustimmung, nicht auf Zwang beruhen. Doch dieses verteidigende Argument kann nicht überzeugen.[47]

Die Nichtwähler in einer Demokratie kann man schwerlich als Befürworter einer staatlichen Intervention werten, und schon gar nicht die Minderheit, die sich gegen sie ausgesprochen hat. Und selbst wenn sich eine Mehrheit für eine Intervention ausspricht, lässt sich daraus natürlich nicht schließen, dass die Intervention auf Freiwilligkeit beruht: Selbst der Zwang der Mehrheit über die Minderheit ist schließlich immer noch Zwang.

Die »klassische Auffassung« der Demokratie ist, dass die Wähler selbst über eine Politik abstimmen (»direkte Demokratie«); die »moderne Auffassung« ist, dass die Wähler die Regierenden (»Agenten«) beauftragen, die dann über die Politik entscheiden (»repräsentative Demokratie«). Bei beiden Demokratieauffassungen lassen sich innere Widersprüche aufdecken.

Nehmen wir an, die Mehrheit wählt, die Demokratie zu beenden und die Herrschaft fortan in die Hände eines Diktators zu legen. Darf man das in der Demokratie zulassen? Egal wie die Antwort ausfällt, es kommt zu Widersprüchen.

Wenn man erlaubt, dass die Demokratie sich selbst abwählt, dann ist dem Mehrheitswillen Genüge getan. Und wählt die Mehrheit die Demokratie ab, erweist sich die Demokratie als nicht dauerhaft, ist sie nur eine Übergangsphase, die in eine nicht-demokratische Regierungsform führt. Was immer man darüber auch denken mag: In einer Demokratie muss die Mehrheit das Recht haben, auf eigenen Wunsch das Mehrheitsprinzip gegen eine Einheitspartei oder einen Diktator einzutauschen. Die Demokratie ist nicht widerspruchsfrei denkbar als absolutes, unverrückbares Ideal.

Wenn aber die Mehrheit die Demokratie nicht abschaffen darf (und so sehen das heute vermutlich die meisten Menschen), dann bedeutet das, dass die Mehrheit nicht mehr der Entscheider über ihre Geschicke ist. Doch wer ist es dann? Das sind dann eine oder mehrere Personen, die die Mehrheit davon überzeugt haben, dass man die Demokratie nicht abwählen darf; denen es vielleicht auch gelungen ist, diese Überzeugung in Gesetze festzuschreiben.

Wenn nun aber einer Minderheit, die die Demokratie abwählen möchte, verwehrt wird, zur Mehrheit aufsteigen zu können, dann gilt das Demokratieprinzip ganz offensichtlich nicht. Wie man es also dreht und wendet: Die Wähler, die Mehrheit sind hier nicht Entscheider über ihre Geschicke.

Die Demokratieproblematik tritt übrigens nicht nur zutage, wenn die Mehrheit die Demokratie abwählen und einen Diktator inthronisieren will, sondern auch dann, wenn sie ein System der freien Märkte errichten möchte. Denn in einem System freier Märkte kann (und darf) es keinen Staat geben, wie wir ihn heute kennen – als Zwangsmonopolisten für Recht und Sicherheit.

Um Gemeinschaftsinteressen (wie Recht und Sicherheit) Rechnung zu tragen, gibt es in einem freien Markt nur eine Möglichkeit: die freiwillige Kooperation. Sie führt zum Beispiel zum Herausbilden von Kapitalgesellschaften, also Unternehmen, in denen die Anteilseigner ihre Ressourcen freiwillig bündeln, um ihre konkreten Ziele bestmöglich zu erreichen. Das ist unvereinbar mit der Demokratie: In der Demokratie dürfen alle Wahlberechtigten wählen, in einer Kapitalgesellschaft haben nur die Aktionäre ein Stimmrecht.

Aber nicht nur das System des freien Marktes ist unvereinbar mit der Demokratie; das Gleiche gilt für den Sozialismus. Die Demokratie kann zwar in den Sozialismus führen, wenn das der Wählerwille ist. Doch ist der Sozialismus erst einmal eingerichtet, ist es vorbei mit der Demokratie: Hier regiert das Zentralbüro. Deshalb müssten die Demokraten eigentlich das Beenden der Demokratie zugunsten des Sozialismus genauso verbieten wie zugunsten einer Diktatur. Doch interessanterweise werden gerade Antikapitalisten aller Couleur nicht müde, sich vehement für die Demokratie einzusetzen! Es ist offensichtlich, dass für sie die Demokratie nicht Endziel, sondern nur Mittel zum Zweck ist.

Heutzutage ist die »repräsentative Demokratie« üblich. Man sagt, die klassische Variante der Demokratie, in der die Wähler über Politiken entscheiden, sei nicht praktikabel. Doch das kann nicht überzeugen: Wenn der Wähler einen Sachverhalt nicht kompetent entscheiden kann, wie soll er dann entscheiden können, ob andere – Herr *A* oder Frau *B* – es können? Es ist doch viel schwieriger und fehleranfälliger, die richtige Person zu ermächtigen, die dann die richtige Entscheidung treffen soll!

Und noch ein weiterer Gedanke: Staatsgebiete wurden bekanntlich gewaltsam und willkürlich festgelegt, und heute ist die Welt aufgeteilt in viele Nationalstaaten. Doch auch die Idee einer nationalstaatlichen Demokratie ist widersprüchlich. Nehmen wir an, es gibt viele Länder auf der Welt, und die Menschen in Land *X* entscheiden, dass die Mehrheit hier das Sagen haben soll. Dann kann man mit gleicher Begründung sagen, dass auch in einer Region *Y* innerhalb des Landes *X* die Mehrheit das Sagen haben soll.

Bei entsprechender Mehrheit muss folglich auch die Region *Y* aus Land *X* austreten dürfen. Dann müssen aber auch kleinere Einheiten *Z* das Recht haben, aus der Region *Y* und damit aus Land *X* auszutreten: die Gemeinde, der Stadtteil, der Straßenblock bis hin zum Individuum. Und spätestens dann, wenn jeder Einzelne über seine Geschicke bestimmen kann, wenn also echte Selbstbestimmung des Individuums herrscht, kann es keine demokratische Regierung mehr geben.

Aber wenn der Austritt aus einem Staat (Sezession) verwehrt wird, weil die Mehrheit über die Minderheit das Sagen haben soll, dann muss man folgerichtig auch zulassen, dass die Mehrheit eines bevölkerungsreicheren Landes über die Geschicke der Menschen in Land *X* entscheidet.

Der nationalstaatliche Demokrat, wenn er seine Sache bis zu Ende durchdenkt, muss folglich eine Weltregierungsdemokratie oder überhaupt keine Demokratie fordern! Man erkennt: Mit dem Verweis auf die Demokratie Staatsinterventionen rechtfertigen zu wollen, ist genauso widersprüchlich wie die Demokratie selbst. Das ist eine wichtige Einsicht, gerade wenn wir im folgenden Kapitel mit einer besorgniserregenden Wahrheit konfrontiert werden: dass der Staat immer größer wird.

Kapitel 5
Eine besorgniserregende Einsicht:
der Staat wird immer größer

»Es gibt keine grausamere Tyrannei als die, welche unter dem Deckmantel der Gesetze und mit dem Schein der Gerechtigkeit ausgeübt werden.«
Baron de Montesquieu

Wie der Staat seine Macht erhält

Über den Staat, wie wir ihn heute kennen, lassen sich zwei Dinge zweifelsfrei sagen: (1) Der Staat ist der territoriale Zwangsmonopolist der Rechtssetzung und -sprechung, der die Letztentscheidungsmacht über alle Konflikte hat: Konflikte, die zwischen seinen Untergebenen auftreten, und Konflikte, die sich zwischen ihm, dem Staat, und seinen Untergebenen ereignen. (2) Der Staat ist aus einem Gewaltakt entstanden. Die beschönigenden Theorien, die erklären, er sei aus einer freiwilligen Übereinkunft erwachsen, halten einer kritischen Prüfung nicht stand. Diese Einsichten wurden bereits in Kapitel 4 dargelegt.

Vor dem Hintergrund von (1) und (2) stellt sich die Frage: *Wie erhält der Staat seine Macht, die er gewaltsam errungen hat?* Der Machterhalt des Staates ist grundsätzlich auf zwei Wegen möglich: Er kann die von ihm Unterworfenen (i) *gewaltsam* unterdrücken; oder (ii) er bringt die Unterworfenen dazu, sich ihm *freiwillig* zu fügen.

Zu (i): Der Staat kann seine Herrschaftsmacht »mit dem Schwert« durchsetzen. Die Geschichte ist voll von Beispielen dafür. Doch die Gewaltherrschaftsmacht gegen den Willen der Beherrschten stößt rasch an Grenzen. Diejenigen, die den Staat stellen, befinden sich zahlenmäßig in der Minderheit. Sie werden sich nicht dauerhaft mit roher Gewalt gegen die Mehrheit durchsetzen können. Zudem müssen diejenigen, die sich mit Gewalt an der Macht halten, stets damit rechnen, dass sie von noch Gewalttätigeren beseitigt werden. Der Staat wird daher eine andere Strategie bevorzugen, um seine errungene Machtstellung zu erhalten.

Zu (ii): Der Staat macht sich daran, die *freiwillige Gefolgschaft der Mehrheit* zu gewinnen, indem er sie davon überzeugt, dass sie mit ihm besser fährt als ohne ihn. Das kann der Staat vor allem durch »großzügige Geschenke« (durch Besteuerung und Umverteilung) erreichen. Der Staat besteuert die (in der Regel zahlenmäßig wenigen) Produktiven und reicht das erbeutete Geld (nachdem er sich selbst davon bedient hat) an die weniger Produktiven (die zahlenmäßig vielen) weiter. Nach dem Motto: Paul nehmen und Peter geben. Der Staat beteiligt also Wähler an seinem Beutezug.

Die Wähler erkennen rasch, dass es sich für sie lohnt, mit dem Staat zusammenzuarbeiten und sich auch politisch zu engagieren. Denn im Grunde wird mit dem Mehrheitsprinzip alles zur Disposition gestellt – vor allem das Eigentum der anderen. Ein Wettlauf um Privilegien setzt ein, durch den der Staat in alle Wirtschafts- und Gesellschaftsbereiche vordringt: Kindergarten, Schule, Universität, Sozial- und Rentenversicherung, Transport, Recht und Sicherheit, Umwelt, Ernährung, Geld und Kredit – überall wird der Staat zum dominanten (Mit-)Spieler. Er wird zum »tiefen Staat« (»Deep State«).

Damit das Ganze nicht als Raubzug in Erscheinung tritt, bedarf die Besteuerung und Umverteilung einer moralischen Scheinlegitimierung. Dazu zieht der Staat die *Meinungsführer* auf seine Seite, allen voran die Intellektuellen. Sie erklären der Bevölkerung, der Staat sorge für wichtige »öffentliche Güter« wie Infrastruktur, Sozialversicherungen und Sicherheit, die allen zugutekommen und die ohne ihn nicht bereitgestellt werden könnten. Und um das zu finanzieren, seien nun einmal Zwangsabgaben (Steuern) notwendig und legitim.[48] Das soll den Widerstand gegen die Taten des Staates schwächen beziehungsweise ausschalten.

Für ihre Kooperation verschafft der Staat den Intellektuellen Einkommen und Prestige, das die meisten von ihnen ohne den Staat, im freien Markt, vermutlich nicht erlangen würden. Als Gegenleistung arbeiten die Intellektuellen daran, die öffentliche Meinung im Sinne des Staates zu formen. Der Staat wird als »wohlmeinender Vater«, nicht als »nehmendes Ungeheuer« in der öffentlichen Wahrnehmung verankert. Er wird als unverzichtbar (als alternativlos) dargestellt, weil ohne ihn die Gemeinschaft in Ungerechtigkeit und Chaos unterginge. Der Staat beschafft sich folglich die Zustimmung der Mehrheit, indem er raubt, beschenkt, besticht und täuscht.

Der Expansionsdrang des Staates

Der moderne demokratische Staat drängt danach, sich auszuweiten. Er hat nur bedingt Interesse daran, seine ihm eigentlich zugedachte Aufgabe, Leib und Leben der Bürger vor Aggression zu schützen, zu erfüllen beziehungsweise sich auf die Erfüllung dieser Aufgabe zu beschränken. Der Staat dringt vielmehr nach und nach in *alle* Gesellschafts- und Wirtschaftsbereiche vor. Ob Erziehung, Bildung und Ausbildung, Gesundheit, Ernährung, Altersvorsorge, Recht, Sicherheit, Umweltschutz, Straßen und Geld oder Kredit – überall will der Staat die Kontrolle haben.

Entweder dadurch, dass er bestimmte Leistungen monopolisiert (wie zum Beispiel die Altersvorsorge oder die Geldproduktion), oder indem er das Marktangebot maßgeblich (mit-)bestimmt (durch Ge- und Verbote und Regulierungen). Dass der Staat *sich immer weiter ausdehnt,* dass selbst ein Minimalstaat die Tendenz in sich trägt, zu einem Maximalstaat zu mutieren, ist nicht nur eine empirische, sondern letztlich eine praxeologische Erkenntnis.

Der Staat hat vor allem erreicht, dass heutzutage die meisten Menschen der Auffassung sind, er sei »wohlmeinend« und unverzichtbar für das zivilisierte Zusammenleben. Diese Meinung ist *eine* (unverzichtbare) Bedingung, damit der Staat sich ausdehnen kann. Doch es ist noch etwas anderes im Spiel. Und das ist das *Eigennutzkalkül* der Menschen, das im demokratischen Staat zügellos wird. Ein jeder wählt die Politiken, von denen er meint, dass sie ihn begünstigen – und üblicherweise schert sich der Wähler nicht darum, ob durch die Politiken, die er wählt, anderen geschadet wird. Das nutzt der Staat für seine Zwecke aus.

Er bietet beispielsweise sichere Arbeitsplätze im Staatsapparat an. Die Begünstigten kommen in den Genuss eines Einkommens, das sie im freien Markt nicht erzielen können oder wollen. Der Staat vergibt Aufträge für allerlei Dinge (für Bauten, Kriegsgerät etc.) und wird dadurch zum wichtigen Wirtschaftsfaktor. Die Arbeitsplätze und Lohneinkommen, für die die Unternehmen sorgen, hängen damit am Staat. Der Staat monopolisiert die

Altersvorsorge und macht das finanzielle Schicksal der Zwangsversicherten von sich, von seiner Finanzkraft abhängig. Ein Staat, der immer mehr Menschen in seine Abhängigkeit bringt, kann ohne großen Widerstand anwachsen. Doch wie weit geht seine Ausdehnung?

Eine Frage des Wettbewerbs

Um diese Frage zu beantworten, sind zwei Szenarien zu betrachten. Im ersten Szenario (1) gibt es *viele Staaten* nebeneinander, im zweiten Szenario (2) gibt es nur *einen Staat*. Zu (1): Wenn es viele Staaten nebeneinander gibt, kann die Ausdehnung eines Staates nur auf Kosten anderer Staaten erfolgen. Ein Weg der staatlichen Ausdehnung ist der *militärische*. Der militärisch mächtigste Staat unterwirft andere Staaten. So vergrößert er seine Steuerbasis und seine Macht.

Gibt es jedoch viele militärisch mehr oder weniger gleich mächtige Staaten, ist der Expansionsdrang eines jeden Staates tendenziell gebremst. Denn kein Staat kann sicher sein, dass seine militärischen Abenteuer erfolgreich sein werden, dass er die dabei entstehenden Kosten durch seinen Beutezug wird decken können.

Neben militärischen Kräfteverhältnissen gibt es auch *wirtschaftliche* Kräfteverhältnisse, die Einfluss auf den Expansionsdrang des Staates nehmen. Je intensiver der wirtschaftliche Wettbewerb zwischen den Staaten ausfällt (je freier Kapital und Arbeit Grenzen überschreiten können), desto schwieriger ist es für einen Staat, sich nach innen auszudehnen. Beispielsweise kann ein Staat seine Steuern im Alleingang nicht anheben, ohne eine Abwanderung von Produzenten und Steuerzahlern in andere Staaten, die eine niedrigere Besteuerung haben, zu erleiden. Der wirtschaftliche Wettbewerb, dem sich ein Staat ausgesetzt sieht, wird folglich seinen Expansionsdrang im Zaume halten (im Vergleich zu einer Situation, in der er keine Konkurrenz zu fürchten braucht).

Es ist allerdings auch denkbar, dass Staaten gemeinsame Sache machen, dass sie sich aufgrund politisch-ideologischer Gemeinsamkeiten verbünden. Alle modernen demokratischen Staaten haben eine Gemeinsamkeit: Sie alle – die einen mehr, die anderen weniger – verfolgen interventionistische Politiken. Das heißt, sie greifen in das System der freien Märkte ein (durch Steuern, Ge- und Verbote etc.), um politisch gewünschte Ziele zu erreichen. Diese Gemeinsamkeit fördert die Bereitschaft der Staaten, miteinander abgestimmte Politiken zu verfolgen.

Dazu gehört zum Beispiel das Bestreben, die Wirtschafts- und Geldpolitiken der Länder eng miteinander zu koordinieren; oder einheitliche Regularien auf den Weg zu bringen; oder den internationalen Steuerwettbewerb auszuschalten. Die miteinander kooperierenden Regierungen sorgen dafür, dass sich nach und nach die Bedingungen des Wirtschaftens tendenziell überall angleichen. Die Kooperation der Staaten führt zu einem *Kartell der Staaten*, dessen logischer Extrempunkt ein einheitlicher Weltstaat ist.

Zu (2): Nehmen wir an, es gäbe nur *einen* Staat auf der Welt, einen demokratischen Weltstaat, der keinen Konkurrenten hat. Dieser Staat mag in seiner Machtfülle anfänglich durch eine Verfassung begrenzt, eingehegt sein. Doch sobald seine Existenz mehrheitlich als gut und wünschenswert angesehen wird, lässt sich seinem Ausdehnungsdrang nichts Wirksames mehr entgegensetzen. In solch einem Weltstaat würden alle ungehemmt versuchen, ihr Kuchenstück zu maximieren, auch wenn das zulasten der Größe des Gesamtkuchens geht. Niemand könnte mehr ab- oder auswandern, wenn er sich schlecht behandelt fühlt, wenn er zum Beispiel meint, er müsse unangemessen hohe Steuern zahlen. Dem Weltstaat könnte niemand entkommen. Ein konkurrenzloser Weltstaat würde absehbar immer weiter auswuchern – und früher oder später zu einem totalitären Weltstaat werden.[49]

Der Griff nach dem Geld

Der Staat, der expandieren will, benötigt viele Ressourcen: um Wählerstimmen einzukaufen, Privilegien zu verteilen und um seine Repräsentanten und Angestellten zu bezahlen. Dafür steht dem Staat nur eine Finanzierungsquelle zur Verfügung: die Besteuerung seiner Bürger und Unternehmer. Die Besteuerung stößt jedoch relativ rasch an ihre Grenzen: Den Menschen entgeht es nicht, dass der Staat ihnen ständig etwas nimmt; sie erkennen die wachsende Lücke zwischen Brutto- und Nettolohn. Früher oder später macht sich Widerstand gegen den Raubzug des Staates breit.

Politisch weitaus attraktiver für den Staat ist das Schuldenmachen: Der Staat leiht sich Geld und verspricht, es künftig wieder zurückzuzahlen.

Eine Bevölkerung, die überzeugt ist, dass ihr Staat »gut« und »unverzichtbar« ist und dass seine Ausgaben »wohlfahrtsmehrend« sind, wird bereit sein, ihre Ersparnisse in »sichere« Staatsanleihen zu investieren. Für alle scheint das ein gutes Geschäft zu sein: Der Staat bekommt Geld, ohne dass er dazu die Steuerbürger zwingen müsste; und die Sparer geben dem Staat freiwillig ihr Geld, weil sie erwarten, der Staat wird ihnen Zins und Tilgung zukommen lassen.

Das Ausweiten der Staatsverschuldung treibt jedoch die Zinsen in die Höhe. Und erhöhter Zins belastet die privatwirtschaftliche Leistungsfähigkeit und damit letztlich auch die Einkommen, von denen der Staat sich bedienen will. Der Staat beziehungsweise die ihn beherrschenden Gruppen werden sich fragen: Wie kann der Staat seinen finanziellen Spielraum erheblich ausdehnen, ohne dass dafür die Steuerbürger durch noch höhere Steuern verärgert werden, und wie kann dabei ein politisch unerwünschter Zinsauftrieb verhindert werden? Die Antwort lautet: Der Staat muss die Hoheit über die Geldproduktion erlangen. Ist er erst einmal in dieser Position, kann er sich das benötigte Geld drucken; und mit dem neu gedruckten Geld kann er die von ihm gewünschten Güter und Dienste auf dem Markt kaufen. So kann sich der Staat die Ressourcen, die er haben will, erschleichen, und – wenn er dabei geschickt vorgeht – kaum jemand wird diesen inflationären Betrug bemerken.

In seinem Buch *What has Government Done to Our Money?* (1963) zeigt Murray N. Rothbard (1926–1995) auf, wie der Staat in einem durchaus langwierigen, mit vielen Maßnahmen verbundenen Prozess das freie Marktgeld durch sein eigenes, ungedecktes Papiergeld ersetzt.[50] Rothbards Überlegung ist wie folgt: Der Staat findet zunächst ein Sachgeld vor. Weil er ein vitales Interesse hat, die Geldproduktion zu beherrschen, monopolisiert er das Münzwesen. Sodann sorgt er dafür, dass das bisherige Sachgeld mit einem Namen versehen wird, der nicht mehr an die physische Eigenschaft des Sachgeldes erinnert, sondern der das Geld mit ihm, dem Souverän, verbindet. Zum Beispiel wird der Goldtaler in Reichsmark umbenannt.

Weil der Staat ein großes wirtschaftliches Interesse hat, die Geldproduktion vollends zu beherrschen, und die Banken den Staat dabei bereitwillig unterstützen, verbünden sich beide. Der Staat erlaubt den Banken, neues Geld durch Kreditvergabe auszugeben. Zudem erlaubt er ihnen, bei Bedarf die Einlöseverpflichtung der Banknoten, die sie ausgegeben haben, auszusetzen. Dieses Arrangement erhöht zwar die Fähigkeit der Banken, die Geldmenge per Kreditvergabe auszuweiten. Doch solange Sachgeld verwendet wird, geraten die Banken immer wieder in eine Klemme: Schließlich geben sie mehr Banknoten aus im Verhältnis zu dem Sachgeld, das die Kunden bei ihnen hinterlegt haben. Den Banken droht daher stets die Zahlungsunfähigkeit.

Man wird daher übereinkommen, eine Zentralbank aus der Taufe zu heben. Damit die Zentralbank die volle Kontrolle über die Geldproduktion erhält, sorgen Staat und Banken dafür, dass das Sach- durch ungedecktes Papiergeld ersetzt wird. Die Banken übergeben das Sachgeld, das die Kunden bei ihnen im Tresor hinterlegt haben, an die Zentralbank, und die Zentralbank gibt ihnen dafür im Gegenzug ungedecktes Papiergeld. Gleichzeitig wird die Einlösbarkeit der ausstehenden Banknoten und Giroguthaben in das Sachgeld gesetzlich aufgehoben. Dieser Prozess fand seinen Abschluss spätestens am 15. August 1971, als die US-Regierung von Präsident Nixon (1913–1994) die Goldeinlösbarkeit des US-Dollar aufhob.

Rothbard zeigt mit seiner historischen Rekonstruktion auf, dass das Ersetzen des Sachgeldes durch ungedecktes Papiergeld, durch staatliches Zwangsgeld, unausweichlich ist, sobald der Staat – verstanden als der territoriale Monopolist mit dem ultimativen Rechtsprechungsmonopol – entstanden ist.[51] Vor diesem Hintergrund ist es währungsgeschichtlich alles andere als verwunderlich, dass der Staat seit jeher versucht hat, das Geld und das Geldwesen zu beherrschen, um es zu seinen Gunsten zu organisieren.

Die Unterstützer des staatlichen Geldes

Die Idee, der Staat müsse das Geldmonopol innehaben, erfreut sich vieler Unterstützer. Dazu zählen zunächst einmal alle diejenigen, die einen »starken Staat« befürworten. Denn ein »starker Staat« wird zweifelsohne »stark«, wenn er die Hoheit über das Geld innehat. Dann kann er sich sprichwörtlich alles kaufen, was er zu seiner Machtausübung braucht: Gebäude, Straßen, Waffen, Personal et cetera. Auch für den Machterhalt ist das Geldmonopol dem Staat dienlich: Mit neu geschaffenem Geld kann er sich die Zustimmung des Volkes in der Regel recht problemlos erkaufen – *divide et impera* lautet auch hier das Motto.

Der finanzstarke Staat tritt als Arbeitgeber auf – im öffentlichen Dienst etwa –, und er vergibt lukrative Aufträge an Firmen. Diejenigen, die auf der Lohnliste des Staates stehen, und auch diejenigen, die glauben, sie ganz persönlich profitierten von einem finanzstarken Staat, werden es gut und richtig finden, wenn der Staat das Geldproduktionsmonopol innehat. Der Staat, der danach strebt, sich auszudehnen, kann mit seinem Geldproduktionsmonopol noch problemloser immer größer und immer machtvoller werden. Er weitet sich zulasten des Systems der freien Märkte und damit zulasten der Freiheit der Bürger und Unternehmer aus. Es ist vor allem das Geldmonopol, das dem Staat den Weg zur totalen Kontrolle des Wirtschafts- und Gesellschaftslebens ebnet.

Es ist daher nicht übertrieben, wenn man sagt: Das staatliche Geldmonopol ist der Totengräber der freien Wirtschaft und Gesellschaft. Für alle, die die individuelle Freiheit von Bürgern und Unternehmern zu erhalten wünschen, wäre es daher ein geradezu verheerender Fehler zu glauben, das Geldmonopol des Staates könne man tolerieren. Wie problematisch es ist, wenn der Staat die Geldproduktion monopolisiert, wird unmissverständlich klar, wenn man sich die geldtheoretischen Einsichten über das Wesen des Geldes, seine Entstehung und Entwicklung in den modernen Volkswirtschaften vor Augen führt. Zuvor soll allerdings noch aufgezeigt werden, dass die viel gefeierte »Soziale Marktwirtschaft«, die aus verschiedenen Gründen auch von so manchem Antikapitalisten hofiert wird, leider eine Utopie ist.

KAPITEL 6

WAS VIELE NICHT WAHRHABEN WOLLEN:

die Soziale Marktwirtschaft ist eine Utopie

»Wohlstand für alle«
Ludwig Erhard

Freiheit, Frieden und Wohlstand

Wer für die »Soziale Marktwirtschaft« eintritt, sie lobt und preist, kann auf breite, ja mehrheitliche Zustimmung rechnen. Doch wenn nahezu alle etwas bejubeln, ist man gut beraten, nicht auf das eigene Denken zu verzichten und die Mehrheitsmeinung kritisch zu prüfen. Das gilt vor allem, wenn es sich um Ideen handelt, mit denen das Gesellschafts- und Wirtschaftsleben *von oben* gestaltet und gelenkt werden soll. Die Geschichte ist voll von solchen Entwürfen: Man denke an Kommunismus, Sozialismus, Faschismus oder Nationalsozialismus.

Sie alle repräsentieren totalitäre Ideen, die die einen den anderen aufzwingen – nicht selten im Eifer, eine bessere Welt schaffen zu wollen. Der irische Schriftsteller George Bernard Shaw (1856–1950) schrieb dazu treffend, dass der Weg zur Hölle mit guten Vorsätzen gepflastert sei. Die totalitären Ideen sind zwar alle gescheitert. Ihre Umsetzung hatte jedoch einen furchtbaren Preis: Vielen Millionen Menschen haben sie Leid, Elend und auch den Tod gebracht.

Wenngleich heute kaum mehr jemand offen für die Errichtung eines totalitären Regimes eintritt, so heißt das nicht notwendigerweise auch, dass es nicht doch – zur Überraschung und entgegen den Wünschen der wohl meisten Menschen – errichtet wird. Das Zusammenleben der Menschen in Frieden, Freiheit und Wohlstand ist schließlich kein Selbstläufer.

Es ruht vielmehr auf ökonomischen Gesetzmäßigkeiten, die es tragen und befördern.

Das Versprechen der Sozialen Marktwirtschaft

Diese ökonomischen Gesetzmäßigkeiten muss jede neue Generation für sich neu einsehen, verinnerlichen und, wo sie verletzt oder gar bekämpft werden, verteidigen, wenn Frieden, Freiheit und Wohlstand bewahrt werden sollen. Dazu ist es unverzichtbar, kritische Fragen zu stellen, den Diskurs zu suchen und zu führen. Wir wollen daher einer kritischen Frage nachgehen. Sie lautet:

Ist die »Soziale Marktwirtschaft« ein Weg, um Frieden, Freiheit und Wohlstand *dauerhaft* möglich zu machen? Oder ist sie nur eine *Utopie* – eine schön klingende, idealisierte, aber letztlich doch unausführbare Vision?

Bei dem Stichwort »Soziale Marktwirtschaft« denken vermutlich viele sofort an Ludwig Erhard (1897–1977) und das deutsche »Wirtschaftswunder«: die Jahre von 1948 bis in die frühen 1960er-Jahre hinein. Erinnern wir uns: Am Freitag, dem 18. Juni 1948, kündigen die Militärregierungen der drei Westzonen die Währungsreform an. Am darauffolgenden Montag löst die Deutsche Mark die Reichsmark ab.

Da geschieht das Unerhörte: Ohne den Segen der Alliierten verkündet Ludwig Erhard, Direktor der Wirtschaftsbehörde der britisch-amerikanischen Zone, noch am Tag der Währungsreform eigenmächtig die Aufhebung der staatlichen Preiskontrollen. Das ist der Startschuss für das »Wirtschaftswunder«. Jetzt, wo sich die Preise für die Güter frei am Markt bilden können, beginnen die Unternehmen zu produzieren, Arbeit wird nachgefragt, und die Ladenregale füllen sich. Den Deutschen wird es möglich, sich ihren wirtschaftlichen und moralischen Wiederaufstieg zu erarbeiten.

Achtung: »sozial« ist ein Wieselwort

Doch auch wenn der Begriff »Soziale Marktwirtschaft« meist mit Ludwig Erhard verbunden wird – Erhard hat ihn weder geprägt, noch hat er ihn geschätzt, noch hat er ihn für politische Zwecke verwendet. Der Begriff wurde vielmehr von dem deutschen Ökonomen Alfred Müller-Armack (1901–1978) im Jahr 1947 eingeführt.[52]

Müller-Armack macht sich in seinem Buch *Wirtschaftslenkung und Marktwirtschaft* für ein Wirtschaftsmodell stark, das einen Mittelweg zwischen Sozialismus und Kapitalismus beschreiten soll. (Zu diesem wichtigen Aspekt gleich mehr.) Mit dem Schlagwort »Soziale Marktwirtschaft« findet Müller-Armack, wonach er gesucht hat.

Die Wortschöpfung »Soziale Marktwirtschaft« ist werbewirksam: Befürworter, aber auch Skeptiker und selbst Feinde der freien Marktwirtschaft lassen sich hinter ihr versammeln. Das Wörtchen »sozial« macht's möglich! Doch Friedrich August von Hayek (1899–1992) äußert Bedenken: Für ihn ist das Wort »sozial« »wahrscheinlich das verwirrendste Wort in unserem gesamten moralischen und politischen Wortschatz« – Hayek bezeichnet es als »Wieselwort«.[53]

Was ist mit »Wieselwort« gemeint? Wie ein Wiesel imstande ist, ein Ei auszusaugen, ohne eine äußere Spur seiner Tat zu hinterlassen, kann ein Wieselwort jedem Wort, dem es vorangestellt wird, Inhalt und Sinn nehmen, ohne dass der Zuhörer es merkt. Denken wir über den Begriff »Soziale Marktwirtschaft« nach. Bewusst oder unbewusst kommen wir zum Schluss: Wenn es eine »Soziale Marktwirtschaft« gibt, dann muss es auch – und zwar denknotwendigerweise[54] – eine »Unsoziale Marktwirtschaft« geben.

Und in unserem Kopf spielt sich noch etwas ab: Wenn es eine Soziale Marktwirtschaft (und daher auch eine Unsoziale Marktwirtschaft) gibt, ist die Marktwirtschaft *nicht per se gut*, also »sozial« – denn im Sprachgebrauch ist das Attribut »sozial« positiv aufgeladen. Nein, so denkt man. Die Marktwirtschaft kann offenbar auch schlecht sein – und zwar »unsozial«. Und folglich darf man die Marktwirtschaft nicht sich selbst überlassen. Man muss sie vielmehr verantwortungsvoll lenken und steuern, damit sie gut, also sozial sein kann.

Damit ist die Idee der freien Marktwirtschaft klammheimlich diskreditiert – und ohne dass auch nur ein überzeugendes Sachargument angeführt worden wäre! Doch was ist »sozial«? Eine berechtigte Frage – zumal im heutigen Sprachgebrauch das Wort »sozial« allgegenwärtig ist. Zum Beispiel kommt es im Grundgesetz der Bundesrepublik Deutschland 14-mal vor: als Attribut (wie *sozialer* Rechtsstaat) und auch in Wortverbindungen (wie *Sozial*versicherung, *Sozial*gerichtsbarkeit oder Bundes*sozial*-

gericht). Zudem taucht es in vielen anderen häufig gebrauchten Begriffen wie »soziale Gerechtigkeit«, »sozialer Friede«, »soziales Jahr«, »Sozialismus« und »Nationalsozialismus« auf.

Das Wort »sozial« ist allerdings inhaltlich unbestimmt, nicht abgegrenzt und damit unklar. Und daher kann es jeder nach eigenem Gutdünken mit Inhalt füllen. Möglicherweise gibt es einen Mindestkonsens darüber, was »sozial« ist. Er könnte darin bestehen, sich nicht nur um das eigene Wohl zu kümmern, sondern sich auch für das Wohl seiner Mitmenschen einzusetzen. Doch die Vorstellungen verschiedener Menschen darüber, was sozial *in concreto* bedeutet (und was nicht), sind meist so disparat, dass sich eine Definition von »sozial«, der alle zustimmen, schlichtweg nicht finden lässt.

Für die einen ist es sozial, wenn der Staat die Einkommensunterschiede einebnet, wenn er eine progressive Einkommensbesteuerung, eine Vermögens- und Erbschaftssteuer erhebt; wenn er für Schulpflicht und Kindertagesstätten sorgt; Mindestlöhne und Mietpreisbremsen diktiert; eine Politik der offenen Grenzen verfolgt; versucht, das Weltklima zu steuern; oder das Eigentum abschafft. Andere wiederum sind weitaus bescheidener: Für sie ist »sozial« die Abwesenheit von Zwang und Aggression; aus ihrer Sicht ist es sozial, wenn sichergestellt ist, dass Transaktionen zwischen Menschen nur auf freiwilliger Basis (und damit stets zu beiderseitigem Nutzen) stattfinden.

Irrtümer des Ordoliberalismus

Aus dem bisher Gesagten erkennt man: Das Wortgebilde »Soziale Marktwirtschaft« ist letztlich eine semantische Unaufrichtigkeit, ein sprachliches Täuschungsmanöver. Ludwig Erhard hat es, wie erwähnt, nicht verwendet. Für ihn stand außer Frage, dass die freie Marktwirtschaft der breiten Bevölkerung zugutekommt, dass die freie Marktwirtschaft gerade nicht – wie ihre Gegner es behaupten – nur einigen wenigen zulasten vieler dient. In Erhards Worten: »Je freier die Wirtschaft, umso sozialer ist sie auch.«[55]

Nun haben allerdings Erhards wirtschaftspolitische Ideen, die mit dem Slogan »Wohlstand für Alle« überschrieben sind, eine enge Verbindung zum sogenannten *Ordoliberalismus*, der inhaltlich das verkörpert, was man heute mit »Sozialer Marktwirtschaft« betitelt.[56] Der Ordoliberalismus –

auch als »Freiburger Schule« bekannt und mit den Namen Walter Eucken (1891–1950), Franz Böhm (1895–1977), Leonhard Miksch (1901–1950) und Hans Großmann-Doerth (1894–1944) verbunden – soll eine Blaupause für eine marktwirtschaftliche Wirtschafts- und Gesellschaftsordnung sein.

Walter Eucken ging es darum, eine menschenwürdige und funktionsfähige Ordnung, die politische und wirtschaftliche Freiheit vereint, zu schaffen. Aus Sicht der Ordoliberalen fördert die freie Marktwirtschaft zwar in bestmöglicher Weise den materiellen Wohlstand. Aber, und das ist die große Sorge der Ordoliberalen, die freie Marktwirtschaft, wenn sie sich selbst überlassen bleibt, droht sich selbst abzuschaffen – indem sie wirtschaftliche Macht, Preisabsprachen, Kartell- und Monopolbildung befördert, die den freien Wettbewerb zerstören.[57]

Daher braucht es jemanden, so die Ordoliberalen, der die Rahmenbedingungen setzt, unter denen der Wettbewerb gesichert ablaufen kann. Und dieser jemand ist – der Staat. Der Staat soll das Entstehen wirtschaftlicher Macht verhindern. Beispielsweise indem er ein Kartellamt einrichtet, das marktbeherrschende Stellungen von Unternehmen unmöglich macht. Für die Ordoliberalen ist der Staat der Garant und Retter des freien Marktsystems. Er soll Wettbewerbshüter sein und eine funktionierende Marktwirtschaft garantieren. Auf diese Weise schützt er die Schwachen vor den vermeintlich zerstörerischen Kräften des freien Marktes.

Nun erkennen die Ordoliberalen durchaus, dass der Staat mit seinen Eingriffen in das Wirtschaftsgeschehen auch zum Problem werden kann:[58] dass er den Wettbewerb untergräbt, von Partikularinteressen gekapert wird, seine Machtstellung missbraucht. Doch bei allem Für und Wider überwiegt das Vertrauen in die Beschützerrolle des Staates gegenüber der Sorge der Ordoliberalen, der Staat könnte zur eigentlichen Bedrohung für Wettbewerb, Freiheit, Frieden und Wohlstand werden.[59] Woher aber nehmen die Ordoliberalen dieses Vertrauen?

Die knappe Antwort lautet: Sie meinen, den Staat domestizieren zu können: indem sie ihm Verfassungsregeln auferlegen, ihm klar umschriebene Aufgaben zuteilen und ihn auf diese Weise für gute Zwecke dienstbar machen. Doch was ist von eben dieser Idee zu halten, die eine ganz zentrale Stellung einnimmt in Ludwig Erhards Vision vom »Wohlstand für Alle« und der »Sozialen Marktwirtschaft«?

Kritik des Interventionismus

Der Ordoliberalismus will ein Mittelding, einen »dritten Weg« – eine Wirtschaftsordnung, die sich zwischen Sozialismus und Kapitalismus geschickt hindurchlaviert.[60] Ludwig von Mises hatte allerdings bereits im Jahr 1929 in seiner Schrift »Kritik des Interventionismus« aufgezeigt: Es gibt keinen solchen Mittelweg.[61] Es ist unmöglich, so Mises, eine Wirtschaftsordnung zu schaffen, die die guten und wünschenswerten Eigenschaften des Sozialismus und des Kapitalismus nutzt und ihre schlechten und unerwünschten Eigenschaften aussondert.

Diesen irrtümlichen Mittelweg – der später Ordoliberalismus genannt und dann als Soziale Marktwirtschaft populär wurde – nannte Mises *Interventionismus*. Der Interventionismus belässt *formal* den Bürgern und Unternehmern ihr Eigentum. Um bestimmte Ziele zu erreichen, schränkt der Staat jedoch die Verfügungsrechte der Eigentümer über ihr Eigentum ein – durch Besteuerung, Weisungen, Vorschriften, Regulierung, Gebote und Verbote; er greift fallweise in das Gesellschafts- und Wirtschaftsleben ein.

Der Interventionismus, so zeigt Mises, erweist sich jedoch als sinn- und zweckwidrig.[62] Er kann das Ziel, den Wohlstand aller zu verbessern, nicht erreichen; und es ist noch nicht einmal gesichert, dass der Interventionismus diejenigen, die er begünstigen will, auch begünstigen kann. Und noch etwas zeigte Mises: Der Interventionismus setzt eine *Interventions-Spirale* in Gang, die Alexander Rüstow (1885–1963) eindrücklich wie folgt beschreibt:

> Der Staat macht bestimmte Eingriffe in der Absicht, sich auf sie zu beschränken. Aber diese Eingriffe führen zu unvorhersehbaren Folgen, die ihrerseits neue, ursprünglich nicht beabsichtigte Eingriffe nötig machen. Mit diesen neuen Eingriffen geht es wieder ebenso, usw. usf. Und wenn die Grenze der Staatseingriffe nicht auf eine einsichtige und haltbare Weise von vornherein mindestens im Prinzip festliegt, wenn die privaten Wirtschafter irgendeines bisher noch freigelassenen Wirtschaftssektors mit der Möglichkeit rechnen müssen, dass der Staat über kurz oder lang auch in ihre Sphäre in nicht vorausrechenbarer Weise eingreift, so hört die Möglichkeit langfristiger Kalkulation und solider Geschäftsführung auf. Es findet geradezu eine Regression auf jene vorkapitalistische Epoche statt, wo,

mangels sicherer Vorausberechenbarkeit, ›Krieg, Handel und Piraterie‹ noch nicht zu trennen waren.[63]

Wird am Interventionismus unbeirrt festgehalten, so führt das in eine Befehls- und Lenkungswirtschaft, in der der Staat letztlich alles bestimmt: Löhne, Preise, Zinsen; wer was wann wie und wo produziert; und wer wann wo und wie lange arbeitet. Eine solche Lenkungswirtschaft gab es beispielsweise in der Zeit des deutschen Nationalsozialismus. Die Nationalsozialisten beließen den Unternehmern grundsätzlich ihr Sondereigentum an den Produktionsmitteln. Gleichzeitig wurden die Unternehmer vom Staat angewiesen, die Produktion auf die Wünsche des Regimes auszurichten. Das funktionierte zunächst, weil die Nationalsozialisten den Unternehmern die Möglichkeit eröffneten, mit ihrer Produktion Gewinne zu erzielen. Die nationalsozialistische Lenkungswirtschaft führte zu Unwirtschaftlichkeit, Fehlallokationen und Übernutzung der Produktionskapazitäten, laugte den Kapitalstock aus, die Versorgungslage der Bevölkerung verschlechterte sich.[64]

Interventionismus: drei Beispiele

Im Folgenden mögen drei Beispiele illustrieren, wie der Interventionismus abläuft beziehungsweise welche Wendungen er nehmen kann.

Das erste Beispiel stammt aus Britisch-Indien.[65] Die Briten sahen sich in ihrer Kolonie mit einer Kobraplage konfrontiert. Um sie einzudämmen, zahlten die Briten eine Prämie, und zwar für jeden abgetrennten Kobrakopf. Es dauerte nicht lange und die Inder lieferten immer mehr Schlangenköpfe ab. Sie hatten begonnen, Kobras zu züchten, weil das profitabel war. Als die Briten die Kopfprämien für die Kobras daraufhin abschafften, setzten die Inder ihre gezüchteten Schlangen frei. Die Schlangenpopulation und damit die Kobraplage nahmen dadurch zu. Die staatliche Maßnahme löste also nicht das Problem, sondern verschärfte es im Gegenteil sogar noch.

Ein zweites Beispiel: Der Staat erhebt einen Mindestlohn, um die Einkommen der Geringverdiener zu verbessern. Ist der Mindestlohn *höher* als der Lohn, der sich beim freien Spiel von Angebot und Nachfrage im Arbeitsmarkt einstellt, ist *ungewollte Arbeitslosigkeit* die Folge: Bei solch einem Mindestlohn wird die Nachfrage kleiner sein als das Arbeitsangebot, und sie wird auch geringer sein im Vergleich zur Situation, in der es keinen Mindestlohn gibt. Ein solcher Mindestlohn muss sein Ziel verfehlen: Er wird die Einkommen der Geringverdiener nicht steigern und deren Beschäftigungszahl verringern.

Das dritte Beispiel: Der Staat mit seiner Zentralbank gibt inflationäres Geld aus. Die Inflation verteuert Grundstücke, Häuser und Mieten. Wohnraum wird daraufhin für viele Menschen unerschwinglich. Das ruft den Staat auf den Plan. Er stoppt aber nicht etwa die inflationäre Politik, nein, er führt Mietpreisbremsen oder Mietstopps ein. Das Investieren in Neu- und Renovierungsbauten wird dadurch nun weniger rentierlich – und schwächt sich ab. Wohnraum wird knapp – und muss zugeteilt werden. Die bekannten Probleme der Warteschlange, Korruption und Vetternwirtschaft entstehen.

Die Lebensqualität der Mieter verschlechtert sich, und in der Bauindustrie verlieren Arbeitnehmer wegen der nunmehr geringeren Nachfrage ihre Jobs. Verärgerte Mieter, Wohnungssuchende und Arbeitslose rufen nach Abhilfe. Die Politiker schreiten wieder zur Tat – und setzen auf noch mehr Interventionen. Man braucht nicht viel Fantasie, um sich auszumalen, wie sich die Interventions-Spirale weiterdrehen wird. Mit jeder Drehung gibt es mehr Kontrolle, Überwachung und Zwang und Bestrafung bei Zuwiderhandeln, und die bürgerliche und unternehmerische Freiheit schwindet. Und am Ende – im Extremfall – ist die freiheitliche Ordnung perdu.

Die drei Beispiele verdeutlichen, dass der Interventionismus zweckwidrig ist, dass er die angestrebten Ziele nicht erreichen kann, dass er bestehende Probleme verschärft und/oder neue schafft. Nun stellt sich folgende Frage: Warum wird denn die Interventions-Spirale, wenn sie einmal in Gang gekommen ist, nicht gestoppt?

Was man über den Staat wissen muss

Eine Antwort könnte sein: Die Menschen werden aus Erfahrung nicht klug. Sie begreifen nicht, dass der Interventionismus nicht durchführbar ist. Sie lernen nicht aus ihren Misserfolgen. Ludwig von Mises führt den bilden Eifer der Interventionisten als Erklärung an: Scheitert die Intervention, stellen sich bei den Interventionisten nicht etwa Selbstzweifel ein. Sie erklären vielmehr, dass man nicht beherzt genug vorgegangen sei. Man müsse nur »besser« und »aggressiver« intervenieren – und dann werde man das gewünschte Ziel schon erreichen.[66]

Den Menschen Lernfähigkeit abzusprechen, liefert allerdings keine wirklich überzeugende Erklärung. Aus ökonomischer Sicht liegt vielmehr eine andere Antwort nahe, die aus dem Nachdenken über Herkunft und Wesen des Staates erwächst. Ein solches Nachdenken kommt bei den Ordoliberalen und den Sozialen Marktwirtschaftlern leider zu kurz beziehungsweise es nimmt einen missverständlichen Weg.[67] Für die Ordoliberalen ist der Staat *nun einmal da*, er ist für sie eine gesetzte Größe. Diese Haltung ist jedoch (für eine kritische nachfragende Vernunft) unbefriedigend. Fragen wir also: Was ist der Staat (wie wir ihn heute kennen), was macht ihn aus, und wie ist er entstanden?

Der Staat ist – um eine *positive Definition* zu geben – der territoriale Monopolist, der die Letztentscheidungsmacht über alle Konflikte hat, die zwischen seinen Untergebenen auftreten, und auch über alle Konflikte, die zwischen ihm und seinen Untergebenen entstehen.[68] Zudem hat der Staat die Macht der Besteuerung. Er darf etwas, was kein anderer darf: Jemandem gegen seinen Willen etwas wegnehmen (und der, dem etwas weggenommen wird, hat keinerlei Anspruch auf eine individuelle Gegenleistung).

Es bedarf nicht allzu tiefgründiger Überlegungen, um zu erkennen, dass solch ein Staat nicht auf natürlichem Wege, also durch freiwillige vertragliche Vereinbarungen zwischen Menschen zustande gekommen sein kann. Niemand, der bei Verstand ist, würde freiwillig unterschreiben, dass er fortan für immer und ewig sich, sein Leben und sein Eigentum einem Monopolisten unterwirft; einem Monopolisten, der die Macht hat, Preis und Leistungsumfang seiner Dienste selbst zu bestimmen.

So etwas wäre auch mit dem Selbstbestimmungsrecht, das jedem Menschen unveräußerlich (und logisch unbestreitbar) zukommt, unvereinbar: Unter einem solchen Vertrag hat er schlichtweg kein *Selbstbestimmungsrecht* mehr – all sein Tun und Handeln hinge von der Zustimmung des Staates ab. Der Staat (wie wir ihn heute kennen) hat unzweifelhaft seine Wurzeln in der Aggression gegen das Eigentum, in der gewaltsamen Unterwerfung der einen durch die anderen.

Weil das womöglich übertrieben klingen mag, man das vielleicht nicht so recht glauben möchte, soll eine unverdächtige Stimme angeführt werden, und zwar die des Ökonomen Franz Oppenheimer (1864–1943), dem Doktorvater von Ludwig Erhard, den dieser sehr verehrt hat.[69] Der Staat, so Oppenheimer, »ist seiner Entstehung nach ganz und seinem Wesen nach ... eine gesellschaftliche Einrichtung, die von einer siegreichen Menschengruppe einer besiegten Menschengruppe aufgezwungen wurde mit dem einzigen Zwecke, die Herrschaft der ersten über die letzte zu regeln und gegen innere Aufstände und äußere Angriffe zu sichern. Und die Herrschaft hatte keinerlei andere Endabsicht als die ökonomische Ausbeutung der Besiegten durch die Sieger.«[70]

Wer nach Oppenheimers Ausführungen immer noch Zweifel hat, dass der Staat »rechtmäßig« zustande gekommen ist, sollte einmal die Probe auf Exempel machen: Nehmen Sie sich die Freiheit und zahlen Sie Ihre Steuer nicht – und schauen Sie, was passiert. Wenn man einsieht, dass der Staat nicht auf natürlichem Wege zustande gekommen ist und sein kann, dann hilft uns das zu verstehen, warum eine Interventions-Spirale in Gang kommt und an Fahrt gewinnt – und dass der Staat sich immer weiter ausdehnt.

Der Staat dehnt sich immer weiter aus

Es ist eine empirisch gut abgesicherte Beobachtung, dass der Staat im Zeitablauf immer größer und mächtiger wird – und das natürlich notwendigerweise zulasten der Bürger- und Unternehmerfreiheiten. Das ist kein Zufall, sondern es hat System. In Hans-Hermann Hoppes prägnanter Formulierung: *Selbst aus einem Minimalstaat wird früher oder später ein Maximalstaat.*[71] Wie aber kann das sein? Wenn der Staat auf Aggression aufgebaut ist, die Menschen besteuert und gängelt, wieso gibt es gegen einen solchen Staat keinen Widerstand? Wie kann es sein, dass der Staat mit solch einem Gebaren davonkommt, und sogar immer größer werden kann? Würde der Staat *nur* auf Aggression setzen, käme er in der Tat nicht sehr weit. Kein Staat, kein Diktator kann sich dauerhaft an der Macht halten, wenn er nicht von einem hinreichend großen Bevölkerungsteil Akzeptanz und Unterstützung erfährt.

Akzeptanz und Unterstützung für den Staat speisen sich aus drei Quellen.[72] Erstens: Der Staat verbreitet seine »Sicht der Dinge«, sein »Narrativ«, besser: seine *Ideologie*, dass es nämlich ohne ihn nicht geht, dass ohne ihn die Gemeinschaft in Chaos versinken würde. Denn wer sorgt, wenn nicht er, der Staat, für Straßen, Schulen, Sicherheit, Rechtsprechung, Gerechtigkeit, Geld und Umweltschutz?

Zur Verbreitung seiner selbstglorifizierenden Ideologie beherrscht er das Bildungswesen und setzt auf die Kooperation mit den *Intellektuellen* (wie zum Beispiel Lehrer, Hochschullehrer, Schriftsteller, Schauspieler, Musiker und Künstler), die er bezahlt und/oder protegiert und die die öffentliche Meinung für den Staat einnehmen. Das funktioniert sehr gut: Heutzutage glauben vermutlich die meisten Menschen, dass der Staat (wie wir ihn heute kennen) unverzichtbar ist – und das mindert ihren Widerstand gegen den Staat.

Zweitens: Der Staat (wie wir ihn heute kennen) stellt *prinzipiell jedem* (ob er oder sie eine Schul- und Berufsausbildung hat oder nicht, ob er oder sie sich gegenüber ihren Mitmenschen verdient gemacht hat oder nicht) in Aussicht, gewählt werden und so an die Macht gelangen zu können, wenn er oder sie nur will – und das macht den Staat aus Sicht vieler zu einer akzeptablen Institution. Auch das, man ahnt es, schwächt den Widerstand gegen den Staat.

Drittens: Der Staat korrumpiert die Menschen ganz unverhohlen. Er erkauft sich im wahrsten Sinn des Wortes die Unterstützung der Wähler, indem er ihnen in Aussicht stellt, an Privilegien und Einkommen zu gelangen, an die sie durch eigene Arbeit nicht herankommen würden. Die Wähler wählen die Politiker, von denen sie sich Wohltaten erhoffen – auch wenn diese Wohltaten natürlich nur zulasten Dritter bereitgestellt werden können.

Ein Privileg kann nur mit einer Benachteiligung anderer erkauft werden; Privilegien für alle kann es nicht geben. Damit der Staat Herrn *A* etwas geben kann, muss er es vorher einem anderen, Frau *B*, weggenommen haben. (Und Frau *B* gibt es nicht freiwillig her, denn sonst müsste es ja der Staat ihr nicht wegnehmen.) Wenn der Staat das *Mehrheitsprinzip* zur Entscheidungsregel macht (wie es in der Demokratie der Fall ist), ist die Jagd auf die Minderheit eröffnet. Das zeigt sich zum Beispiel in der progressiven Einkommensbesteuerung.

Die zahlenmäßig wenigen Leistungsfähigen werden *höher* besteuert (zahlen also nicht nur absolut, sondern auch relativ höhere Beträge) als die zahlenmäßig weniger Leistungsfähigen – denn das findet die Mehrheit sozial. Wenn es einen Staat gibt (wie wir ihn heute kennen), dann dauert es nicht lange, und ein großes Geschacher geht los. Gerade kleine und gut organisierte Interessengruppen beeinflussen wirksam die staatliche Gesetzgebung und Regulierung zu ihren Gunsten – das legte Mancur Olson (1932–1998) schon 1965 eindrücklich in seinem Buch *The Logic of Collective Action* dar.[73]

Und weil in einer Sozialen Marktwirtschaft dem Staat keine prinzipiellen Schranken gesetzt sind, die seinem Betätigungsdrang wirksam Einhalt gebieten könnten, wird alles und jeder politisiert. Diejenigen, die mittels des Staates an Vorteile gelangen wollen, begeben sich ins politische Geschäft – wo es unaufrichtig und unehrlich zugeht, wo gekungelt, bestochen und gelogen wird.

Die Eigentümer, die sich vor den Zugriffen der anderen schützen wollen, müssen sich notgedrungen ebenfalls in die politischen Niederungen begeben, um sich zu verteidigen. Der Staat dringt in alle Gesellschafts- und Lebensbereiche vor – Erziehung, Bildung und Weiterbildung, Arbeit, Gesundheit, Rente, Geld und Kredit, Rechtsetzung und Rechtsprechung, Umwelt, Ernährung, Transport, Sicherheit – überall wird der Staat zum dominanten Spieler.

Die Trennlinie zwischen Mein und Dein ist fortwährend zur Disposition gestellt. Das Eigentum und die Rechte daran werden also nicht mehr kategorisch garantiert, sondern sie werden zur Verhandlungsmasse, zum politischen Spielball. Das schafft und verschärft nicht nur Zank und Streit. Ohne abgesichertes Eigentum steigt auch die Zeitpräferenz der Gesellschaft an. Es wird weniger gespart, investiert und produziert. Die materielle Wohlstandsmehrung leidet.

Die unweigerliche Folge: Das Bestreben, Privilegien und einen »gerechten« Anteil am Einkommen der anderen zu erhaschen, lässt das gesellschaftliche Wertegerüst, Ehrlichkeit, Empathie, Respekt und Anstand degenerieren. Wer hofft, das Vordringen des Staates ließe sich wirksam mit Verfassungsregeln einhegen, der hofft vergeblich.

Der Staat monopolisiert auch die Rechtsprechung. Dadurch macht er sich zum Richter über alle Konflikte, auch über die, in die er selbst verwickelt ist und die er vom Zaun bricht. Dass die Rechtsprechung unter diesen Bedingungen (in für ihn existenziellen Fragen) zu seinen Gunsten ausfällt, liegt auf der Hand.

Letztlich werden auch die Gerichte vom Staat besetzt und bezahlt. Die Rechtsprechung mag sich zwar durchaus vom Einfluss der Regierungspartei, die gerade die Macht und das Sagen hat, emanzipieren – nicht aber vom Staat selbst, und der will expandieren. Vor dem Hintergrund des bisher Gesagten ist nicht verwunderlich, dass der Staat (wie wir ihn heute kennen) immer größer und mächtiger wird; dass die Besteuerung steigt; dass die Qualität der staatlichen Leistungen (wie Recht und Sicherheit) schwindet; dass der Staatsapparat immer unüberschaubarer wird und sich letztlich auch der Kontrollierbarkeit durch den Wähler entzieht.

Das, was die Befürworter des Ordoliberalismus beziehungsweise der Sozialen Marktwirtschaft in Aussicht stellen – und das ist: »Der Staat schützt und bewahrt die Freiheit der Bürger und Unternehmen und sichert den Wohlstand« –, ist ein Ding der Unmöglichkeit, ist eine Falschmeldung. Genau das Gegenteil geschieht: Der Ordoliberalismus und sein populärer Ableger, die »Soziale Marktwirtschaft«, stellen die Weichen in Richtung Lenkungs- und Zwangswirtschaft, in der der Staat immer mächtiger wird, die Bürger zu Untertanen und die Unternehmer zu Befehlsempfängern herabgestuft werden. Freiheit, Frieden und Wohlstand kommen unter die Räder.

Das Selbstbestimmungsrecht

Ludwig von Mises hat nicht nur die Undurchführbarkeit des Sozialismus bewiesen. Er hat auch aufgezeigt, dass der »dritte Weg«, der Interventionismus – im heutigen Sprachgebrauch: die Soziale Marktwirtschaft –, nicht dauerhaft funktionieren kann.

Wenn aber Sozialismus und Interventionismus nicht durchführbar sind, dann gibt es nur eine dauerhaft mögliche Gesellschafts- und Wirtschaftsordnung: den *Kapitalismus*, den man auch als *freie Marktwirtschaft* oder als *Privatrechtsgesellschaft* bezeichnen kann.[74]

Der Kapitalismus soll die einzige Option sein? Ein für viele vermutlich überraschendes, vielleicht sogar verstörendes Ergebnis. Doch wenn wir uns vor Augen führen, was den Kapitalismus, die freie Marktwirtschaft, im Kern ausmacht, dürfte alles verständlich werden: Die zentrale Idee der freien Marktwirtschaft lässt sich zurückführen auf das unveräußerliche *Selbstbestimmungsrecht*, das jeder Mensch, dass Sie, ich, wir alle unzweifelhaft besitzen.

Das Selbststimmungsrecht besagt, dass ein jeder der Eigentümer seines Körpers und der Güter ist, die er auf nicht-aggressivem Wege erworben hat (durch Inlandnahme, Produktion oder Handel).

Das Selbstbestimmungsrecht ist universell gültig: Es gilt für jeden hier und heute und überall und zu jeder Zeit. Man kann das Selbstbestimmungsrecht nicht in Abrede stellen, kann es nicht widerspruchsfrei verneinen: Wenn man es verneint, setzt man es schon als gültig voraus.

Niemand hat das Recht, einem anderen sein Eigentum gegen seinen Willen wegzunehmen. Kein König, kein Staat, kein Mehrheitswille, kein Präsident, kein Kanzler, kein noch so wohlmeinender Interventionist – ob Ordoliberaler oder Sozialer Marktwirtschaftler – hat das Recht dazu.

Jeder Mensch hat das Recht, von den anderen in Ruhe gelassen zu werden, wenn er es wünscht – insbesondere in Ruhe gelassen zu werden vom Staat. In diesem Sinne fordert Mises eine »Ausstiegsklausel«, durch die diejenigen, die nicht mehr einem Staat angehören wollen, den Staat auf friedlichem Wege verlassen können; der Staat verliert dadurch sein territoriales Zwangsmonopol. Mises schreibt:

> Das Selbstbestimmungsrecht, von dem wir sprechen, ist jedoch nicht Selbstbestimmungsrecht der Nationen, sondern Selbstbestimmungsrecht der Bewohner eines jeden Gebietes, das groß genug ist, einen selbständigen Verwaltungsbezirk zu bilden. Wenn es irgend möglich wäre, jedem einzelnen Menschen dieses Selbstbestimmungsrecht einzuräumen, so müßte es geschehen. Nur weil dies nicht durchführbar ist, da die staatliche Verwaltung eines Landstrichs aus zwingenden verwaltungstechnischen Rücksichten einheitlich geordnet sein muß, ist es notwendig, das Selbstbestimmungsrecht auf den Mehrheitswillen der Bewohner von Gebieten einzuschränken, die groß genug sind, um in der politischen Landesverwaltung als räumliche Einheiten aufzutreten.[75]

Die Unabhängigkeitsbestrebungen, die sich vielerorts zeigen (wie zum Beispiel Katalonien und das Baskenland in Spanien; Schottland in Großbritannien; Flandern und Wallonien in Belgien), vor allem auch die Entscheidung der Briten, aus der Europäischen Union auszutreten (»Brexit«), sind Beispiele für Gruppen von Menschen, die ihr Selbstbestimmungsrecht einfordern.

Der mithin große Widerstand, der sich in der Politik gegen derartige Absetzungs- beziehungsweise Austrittswünsche formiert, zeigt nur zu deutlich, wie stark das Selbstbestimmungsrecht mittlerweile relativiert beziehungsweise zurückgedrängt worden ist zugunsten kollektivistischer Gesellschaftsauffassungen.

Doch kollektivistische Ideen – und das zeigen die totalitären Entwicklungen des 20. Jahrhunderts – sind zum Scheitern verurteilt; und ebenfalls der Interventionismus in all seinen Spielarten, auch in Form der Sozialen Marktwirtschaft, bietet keine Alternative. Nationalökonomisch lässt sich hingegen ohne Zweifel zeigen, dass die freie Marktwirtschaft die einzig dauerhaft durchführbare Wirtschafts- und Gesellschaftsordnung ist.

Wir sehen also: die Soziale Marktwirtschaft ist eine Utopie. Dagegen ist die freie Marktwirtschaft – um mit dem Königsberger Philosophen Immanuel Kant (1724–1804) zu sprechen – die *Bedingung der Möglichkeit* für Freiheit, Frieden und Wohlstand auf der Welt.

Kapitel 7[76]

Die grosse Verwirrung:

Kapitalismus-Kritik, die Sozialismus-Kritik ist

»Auch das lauteste Getöse großer Ideale darf uns nicht verwirren und nicht hindern, den einen leisen Ton zu hören, auf den alles ankommt.«
Werner Heisenberg

Ein antikapitalistisches Trojanisches Pferd

Die Verwendung von Geld ist heutzutage für die meisten Menschen zur Selbstverständlichkeit geworden. So natürlich und problemlos wird Geld im täglichen Geschäftsverkehr eingesetzt, dass sich kaum noch jemand Gedanken darüber macht, was Geld eigentlich ist, wie es entstanden ist, und vor allem welche Auswirkungen das Geld beziehungsweise unterschiedliche Geldarten auf die wirtschaftlichen und politischen Geschicke einer modernen Gesellschaft und Volkswirtschaft haben. Doch es ist sicherlich nicht übertrieben zu sagen: Ohne das heute weltweit vorherrschende *Fiat-Geldsystem,* seine Entstehung sowie seine Funktions- und Wirkungsweise zu verstehen, lassen sich viele der wirtschaftlichen und politisch-sozialen Missstände der Zeit nicht verstehen und daher auch nicht lösen.

Dieses Buch ist ein Versuch der Aufklärung und soll verdeutlichen, dass das heutige Geld – ein *staatlich monopolisiertes Fiat-Geld* – im wahrsten Sinne des Wortes unnatürlich ist, dass es schwere ökonomische und ethische Defekte aufweist. Ferner soll es helfen zu erklären, dass viele der Probleme, die heutzutage zu Recht angeprangert werden – wie Finanz- und Wirtschaftskrisen, Geldwertschwund, wachsende Einkommens- und Vermögensunterschiede, Altersarmut, Umweltschäden et cetera – im taatlichen Fiat-Geld angelegt sind. Vor allem aber soll es aufzeigen, dass e heute verbreitete Kapitalismus- und Neoliberalismuskritik fehlgeleitet Die weltweit vorherrschenden Wirtschafts- und Gesellschaftsmodelle n mit Kapitalismus herzlich wenig gemeinsam, sie sind vielmehr allesamt Spielarten des staatlichen *Interventionismus*, der seinem Wesen nach antikapitalistisch ist.

Gerade des staatliche Fiat-Geldsystem erweist sich als ein antikapitalistisches Trojanisches Pferd: Für viele Menschen erscheint es eine Ausgeburt des Kapitalismus zu sein. In Wahrheit ist es jedoch *staatsgemacht* und beschwört nicht nur schwere Krisen herauf, sondern lässt den Staat immer weiter anwachsen auf Kosten der bürgerlichen und unternehmerischen Freiheiten. Ohne das Fiat-Geld wäre die Macht der Staaten über die Geschicke seiner Bürger und Unternehmer, wie sie in den letzten Jahrzehnten immer weiter gewachsen ist (Stichwort: »Deep State«), gar nicht denkbar. Man kann sogar sagen, dass das Fiat-Geld den Weg in den totalitären Staat ebnet und dass kein Weg daran vorbeiführt, dem Staat das Geldmonopol zu entziehen, wenn die Freiheit des Individuums und die produktive und friedvolle Kooperation der Menschen national wie international bewahrt werden sollen.

Vom Warengeld zum Fiat-Geld

Geld ist das universell akzeptierte Tauschmittel. Es ist ein Gut wie jedes andere Gut auch – mit der Besonderheit, dass es das marktgängigste, das liquideste Gut von allen ist.[77] Entstanden ist das Geld im freien Markt, ohne jegliches Dazutun des Staates oder seiner Zentralbank. Das erklärt der österreichische Ökonom Carl Menger (1840–1921) bereits im Jahr 1871.[78] Die Menschen erkennen, so Menger, dass *Arbeitsteilung* für alle Beteiligten sinnvoll ist, denn es erhöht die Ergiebigkeit der Arbeit. Arbeitsteilung führt zur *Spezialisierung*: Jeder produziert das, was er am relativ besten kann; man erzeugt nicht mehr allein für den Eigenbedarf, sondern vor allem auch für den Bedarf seiner Mitmenschen. Spezialisierung macht *Tauschen* erforderlich. Die primitivste Stufe des Tauschens ist der Naturaltausch (*Barter*): Brot wird gegen Schuhe getauscht, Äpfel gegen Kleider, Feuerholz gegen Fisch.

Der Naturaltausch ist jedoch beschwerlich. Man muss jemanden finden, der genau das anbietet, was man selbst nachzufragen wünscht, und der gleichzeitig auch das nachfragt, was man selbst anzubieten hat. Das Tauschen wird vereinfacht, wenn man ein *indirektes Tauschmittel* einschaltet: Man tauscht zunächst das Gut, was man anzubieten hat, in das indirekte Tauschmittel, und das indirekte Tauschmittel tauscht man dann nachfolgend in das letztlich gewünschte Gut. Dasjenige indirekte Tauschmittel, das die weiteste Verbreitung findet, wird zum Geld gewählt. Geld erweitert die Tauschmöglichkeiten für die Menschen ganz ungemein, ermöglicht einen hohen Grad von Arbeitsteilung und fördert den materiellen und auch kulturellen Wohlstand.

Die Währungsgeschichte zeigt, dass die Menschen, wenn sie die *Freiheit der Geldwahl* hatten, Edelmetalle – vor allem Gold, Silber, zuweilen auch Kupfer – als Geld gewählt haben. Dafür gibt es gute Gründe. Denn damit »etwas« als Geld funktioniert, muss es bestimmte (physische) Eigenschaften haben. Das »etwas« muss zum Beispiel knapp sein, homogen (von gleicher Art und Güte), haltbar, transportabel, teilbar, prägbar, es muss einen hohen Tauschwert pro (Gewichts-)Einheit aufweisen, und es muss allgemein wertgeschätzt sein. Währungshistorisch gesehen haben schon viele Güter um die Geldfunktion konkurriert: Vieh, Gewürze, Muscheln, Steine, Zigaretten und anderes mehr. Die Edelmetalle haben sich jedoch immer wieder durchgesetzt – weil sie aus Sicht der Geldverwender ganz offensichtlich die Anforderungen besonders gut erfüllen, die die Menschen an »gutes« Geld stellen.

Wer sich heutzutage auf der Welt umsieht, der erkennt allerdings: Es gibt kein Gold- oder Silbergeld mehr, das die Menschen im tagtäglichen Zahlungsverkehr verwenden. Ob US-Dollar, Euro, japanischer Yen, chinesischer Renminbi, britisches Pfund oder Schweizer Franken – sie alle stellen ungedecktes (Papier-)Geld beziehungsweise Fiat-Geld dar.

Der Begriff *fiat* stammt aus dem Lateinischen und bedeutet »es werde« oder »so sei es«. Fiat-Geld lässt sich daher auch als »erzwungenes Geld«, als »oktroyiertes Geld« bezeichnen. Das heute gebräuchliche Fiat-Geld zeichnet sich durch drei Eigenschaften aus:

(1) Fiat-Geld ist staatlich monopolisiertes Geld. Die staatlichen Zentralbanken haben das Geldproduktionsmonopol inne.

(2) Fiat-Geld wird durch Kreditvergabe »aus dem Nichts« geschaffen. Zentralbanken, in enger Kooperation mit Geschäftsbanken, vergeben Kredite, denen keine »echte Ersparnis« (Konsumverzicht) gegenübersteht, und erhöhen dadurch die ausstehende Geldmenge.[79]

(3) Fiat-Geld ist entmaterialisiertes Geld. Es besteht hauptsächlich in Form von bunt bedruckten Papierzetteln und Einträgen auf Computer-Festplatten (»Bits and Bytes«), die im Grunde jederzeit in beliebiger Menge und nahezu ohne nennenswerte Kosten vermehrbar sind.

Das Fiat-Geld ist nicht auf »natürliche Weise« – das heißt durch freiwillige Markttransaktionen – in die Welt gekommen, sondern auf »unnatürliche Weise«.[80] Im Jahr 1944 einigen sich die Vertreter von 44 Nationen auf der Konferenz von Bretton Woods im US-Bundesstaat New Hampshire darauf, dass der US-Dollar künftig die Weltleitwährung sein soll. Der US-Dollar ist dabei goldgedeckt: 35 US-Dollar entsprechen 1 Feinunze Gold (das sind 31,1034768 Gramm Gold). Alle anderen Währungen sind eintauschbar (konvertibel) in US-Dollar, und sie sind mit einem festen Wechselkurs an den US-Dollar gebunden. Mit dieser Konstruktion wird das Weltgeldsystem im US-Dollar beziehungsweise letztlich im Gold verankert. Das System von Bretton Woods ist kein *echter Goldstandard*, vielmehr nur ein (Pseudo-*Dollar-*)*Goldstandard*.[81]

Die Amerikaner beginnen bereits in den 1950er- und 1960er-Jahren, die US-Dollar-Geldmenge unablässig zu vermehren, ohne dass dabei die Golddeckung entsprechend mitwächst. Die Folge ist Inflation, die immer stärker zu steigen beginnt. Das Vertrauen in den US-Dollar schwindet, und in der Folge ziehen es viele Nationen vor, ihre US-Dollar-Guthaben bei der US-Zentralbank in physisches Gold umzutauschen. Das führt dazu, dass die Goldbestände der Vereinigten Staaten wie Schnee in der Sonne dahinschmelzen. Es wird zunehmend deutlicher, dass Amerika im Fall der Fälle nicht wie versprochen alle US-Dollar-Guthaben in physisches Gold einlösen kann. Um die Gefahr einer Zahlungsunfähigkeit abzuwenden, zieht US-Präsident Richard Nixon (1913–1994) am 15. August 1971 die »Notbremse«.

Er verkündet in einer Fernsehansprache, dass der US-Dollar mit sofortiger Wirkung *vorübergehend* nicht mehr in Gold einlösbar sei. Mit dieser unilateralen Entscheidung der US-Regierung, die bis zum heutigen Tag andauert (sich also alles andere als vorübergehend erwiesen hat), ist die Goldbindung des US-Dollar gekappt. Der »Greenback« und mit ihm auch alle anderen wichtigen Währungen der Welt werden zu Fiat-Geld degradiert. Wenn Lehrbücher über diese Episode berichten, ist meist zu lesen, die Regierung in Washington hätte »das Goldfenster geschlossen«. Ein Euphemismus, denn in Wahrheit stellte die amerikanische Entscheidung, die Goldeinlösepflicht des US-Dollar per Handstreich zu beenden, den wohl größten monetären Enteignungsakt der Neuzeit dar – mit Folgen, die noch heute zu spüren sind.

Defekte des Fiat-Geldes

Weil das Fiat-Geld auf unnatürliche Weise in diese Welt gekommen ist, mag es nicht allzu verwunderlich sein, wenn man feststellen muss, dass es unter schweren ökonomischen und ethischen Defekten leidet.[82] *Sieben* dieser Defekte sollen im Folgenden kurz skizziert werden.

Erstens: Fiat-Geld ist inflationär, weil die staatlichen Zentralbanken es unablässig vermehren. Das zeigt sich unübersehbar in chronisch steigenden Güterpreisen, die die Kaufkraft des Geldes schwinden lassen.[83] Inflationäres Geld ist bekanntlich schlechtes Geld.

Zweitens: Fiat-Geld ist unsozial, weil es wenige auf Kosten vieler begünstigt. Die Erstempfänger des neuen Geldes werden reicher auf Kosten derjenigen, die die neue Geldmenge erst später erhalten oder gar nichts von ihr abbekommen. Man spricht in diesem Zusammenhang vom »Cantillon-Effekt«. Zwar führt jede Erhöhung der Geldmenge (ob Waren- oder Fiat-Geldmenge) zu einer Umverteilung von Einkommen und Vermögen. Die Umverteilungswirkungen lassen sich jedoch beim Fiat-Geld besonders gut politisch ausbeuten – und das ist der Grund, warum der Staat das Warengeld durch sein eigenes Fiat-Geld ersetzt hat: Der Staat und die von ihm privilegierten Gruppen profitieren vom Fiat-Geld auf Kosten der anderen.

Drittens: Fiat-Geld sorgt für Wirtschaftsstörungen, für Boom und Bust. Die Vermehrung der Geldmenge durch Bankkreditvergabe senkt den Marktzins künstlich ab: Der Zins fällt unter das Niveau, das sich einstellen würde, wenn das Kreditangebot nicht künstlich ausgeweitet worden wäre. Dadurch nimmt das Sparen ab, der Konsum steigt, und zusätzlich werden neue Investitionen getätigt. Ein künstlicher Aufschwung (»Boom«) kommt so in Gang. Die Volkswirtschaft beginnt über ihre Verhältnisse zu leben. Früher oder später platzt der Boom und schlägt in einen Abschwung (»Bust«) um mit Rezession und Arbeitslosigkeit.

Viertens: Fiat-Geld treibt die Volkswirtschaft in eine Überschuldungssituation. Der künstlich gesenkte Zins verleitet Privatleute, Unternehmen und vor allem auch Staaten zur Schuldenwirtschaft. Die Kreditlasten wachsen dabei im Zeitablauf stärker, als die Einkommen zunehmen. Besonders heikel ist: Die dabei entstehende Schuldenpyramide kann nicht mehr vollumfänglich und in ehrlicher Weise zurückgezahlt werden. Das heißt, früher oder später kommt es zum Schwur beziehungsweise zur Schuldenkrise.

Fünftens: Fiat-Geld lässt den Staat anwachsen zulasten der bürgerlichen und unternehmerischen Freiheiten. Indem der Staat sich quasi jederzeit und zu günstigen Konditionen Kredite bei seiner Zentralbank beschaffen kann, steigt seine Finanzkraft gewaltig über das reguläre Steueraufkommen hinaus an. Der Staat kann auf diesem Wege recht problemlos Transferzahlungen, Arbeitsplätze und Aufträge an Firmen finanzieren, kann dadurch immer mehr Menschen von sich, dem »tiefen Staat«, abhängig machen und Wählerstimmen kaufen.

Sechstens: Fiat-Geld verformt die Moral- und Wertevorstellungen der Menschen.[84] Wenn die Zentralbank den Zins künstlich absenkt, führt das dazu, dass die Menschen das Heute als noch bedeutender ansehen als das Morgen; ihre Gegenwartsorientierung steigt auf Kosten ihrer Zukunftsorientierung. Das Leben auf Pump kommt in Mode, das Konsumieren wird zulasten des Sparens befördert. Die Lebensführung wird kurzatmiger, weniger reflektiert und verantwortungsvoll. Die Folgen treffen nicht zuletzt auch die Umwelt: Das zeitliche Vorziehen des Konsums erhöht den Ressourcenverbrauch und verschärft die Umweltbelastungen.[85]

Siebtens: Fiat-Geld erlaubt es dem Staat, nicht nur nach innen, sondern auch nach außen eine aggressive Politik zu verfolgen. Denn die Kosten für kriegerische Auseinandersetzungen fallen im Fiat-Geldsystem geringer aus als im Sachgeldsystem.[86] Beispielsweise wurden die beiden großen Weltkriege in ihrer ganzen Unerbittlichkeit letztlich nur deshalb möglich, weil viele Staaten ihren Währungen die Golddeckung entzogen und die Kriegsausgaben auch mit einer inflationären Ausweitung der Geldmenge finanzieren konnten.

Fiat-Geld ist antikapitalistisches Geld

Häufig werden wirtschaftliche und gesellschaftliche Missstände – wie Finanz- und Wirtschaftskrisen sowie eine wachsende Einkommens- und Vermögensungleichheit – dem System freier Märkte – dem Kapitalismus – angelastet. Doch das ist ein Fehlschluss. Denn mit Kapitalismus, das heißt mit einem *echten* Kapitalismus, hat das Fiat-Geld nichts zu tun.[87]

Der Ökonom Roland Baader (1940–2012) hat in diesem Zusammenhang den Begriff »Geldsozialismus« geprägt.[88] Wie treffend! Fiat-Geld steht nämlich im Widerspruch zum Kapitalismus (der im Kern für eine

Privatrechtsgesellschaft[89] steht). Denn das, was einen echten Kapitalismus im Kern auszeichnet, ist der unbedingte Respekt vor dem Eigentum; die strenge Unterscheidung zwischen Mein und Dein ist im Kapitalismus der nicht verhandelbare Maßstab für das Handeln der Menschen.

Eigentum kann im Kapitalismus nur auf drei nicht-aggressiven Wegen erworben werden: durch (1) Inbesitznahme bisher nicht anderweitig beanspruchter Ressourcen (»Homesteading«), (2) Produktion von Gütern mit »eigner Hände Arbeit« und (3) freiwilliges Tauschen beziehungsweise Schenken. Das Eigentum ist nicht, wie vielfach befürchtet, ein Problem, sondern vielmehr ein »Problemlöser«. Denn – und das mag eine verblüffende Einsicht sein – im Kapitalismus befinden sich die Produktionsmittel (Land, Maschinen, Fabriken etc.) zwar *rechtlich* gesehen im Privateigentum (während sie im Sozialismus Gemeineigentum sind), nicht aber *wirtschaftlich* gesehen. Wie erklärt sie sich?

Die Eigentümer der Produktionsmittel (die *Kapitalisten*) setzen ihre Maschinen, Fabriken, Lastwagen etc. nicht für die Deckung des Eigenbedarfs ein (wie es in einer Subsistenzwirtschaft der Fall ist), sondern sie verwenden sie, um das herzustellen, was andere Menschen nachzufragen wünschen. Die Kapitalisten stellen ihre Produktionsmittel in den Dienst der Nachfrager. Gelingt es ihnen, mit den von ihnen erzeugten Produkten die Kundenwünsche zu erfüllen, und können sie die Erzeugnisse zu einem Preis verkaufen, der die Herstellungskosten deckt, machen sie einen *Gewinn*. Er ist die Belohnung für gute Dienste. Unternehmen, die Gewinne erzielen, können ihre Produktion erweitern und verbessern, um die Kundenwünsche künftig noch besser erfüllen zu können.

Unternehmen hingegen, die schlecht wirtschaften, die Erzeugnisse herstellen, für die der Kunde nicht bereit ist zu zahlen, erleiden *Verluste*. Das zwingt die Unternehmer, besser zu wirtschaften, ihre Produktion gezielt(er) auf die Kundenwünsche auszurichten. Gelingt ihnen das nicht, scheiden sie über kurz oder lang aus dem Markt aus, machen besseren Produzenten Platz. Das *Gewinn-und-Verlust-Prinzip* sorgt dafür, dass die knappen Mittel zu den »besten Wirten« gelangen – die so in die Lage versetzt werden, die Güter in der Menge und in der Qualität zu anzubieten, wie sie von den Kunden nachgefragt werden, und zwar zu niedrigsten Preisen. Ohne solch eine kapitalistisch-orientierte Produktionsweise wäre die Güterversorgung für die derzeit 7,7 Milliarden Menschen auf diesem Planeten gar nicht möglich.

Dass das Fiat-Geld unvereinbar ist mit dem Kapitalismus, offenbart schon seine (voranstehend geschilderte) Entstehung: Es konnte nur durch eine Verletzung von Eigentumsrechten in die Welt kommen – durch Enteignung der Eigentümer des Grundgeldes Gold. Aber auch die staatliche Monopolisierung der (Fiat-)Geldproduktion stellt eine Verletzung der Eigentumsrechte dar: Es schränkt die Freiheit derjenigen ein, die Geld produzieren und es im freien Markt anbieten wollen. Zudem werden die Menschen de facto gezwungen, das staatlich monopolisierte Fiat-Geld und kein anderes Geld zu verwenden. Im Ergebnis führt all das zu nicht-marktkonformer Umverteilung von Einkommen und Vermögen. Fiat-Geld entspringt nicht kapitalistischen Prinzipien (*Eigentumsschutz*), sondern vielmehr kollektivistisch-sozialistischen (*Eigentumsverletzung*).

Abwärtsspirale Interventionismus

Kollektivistisch-sozialistische Denker und Agitatoren haben den (echten) Kapitalismus in Misskredit gebracht – und gleichzeitig das Fiat-Geldsystem gegenüber einer sachgerechten Kritik abgeschirmt. Der »Kapitalismus« hat mittlerweile einen üblen Ruf, er gilt vielen als »kalt«, »ungerecht«, »unmoralisch«, »unkontrollierbar« und »krisenstiftend«. Die Missstände der Zeit – ob Finanz- und Wirtschaftskrisen, Rezession und Arbeitslosigkeit, exzessive Managergehälter, Inflation, Wohnungsknappheit und hohe Mietpreissteigerungen oder Altersarmut – werden geradezu reflexartig dem Kapitalismus in die Schuhe geschoben. Doch das ist nicht sachgerecht. Schließlich entsprechen die Wirtschafts- und Gesellschaftsmodelle, die man heute in den entwickelten Volkswirtschaften der Welt vorfindet, in keiner Weise dem (echten) Kapitalismus, sondern sie sind vielmehr Spielarten des *Interventionismus*.

Der Interventionismus bezeichnet ein Wirtschaftssystem, in dem der Staat durch Weisungen, Vorschriften, Regulierung, Gebote und Verbote den Eigentümern vorschreibt, was sie mit ihrem Eigentum dürfen und was nicht. Anders als im Sozialismus darf zwar jeder Bürger und Unternehmer sein Eigentum *formal* behalten. Der Staat schränkt jedoch die effektiven Verfügungsrechte der Eigentümer über ihr Eigentum ein. Anders gesagt: Der Interventionismus ist ein System, in dem der Staat das Eigentum der Menschen gezielt relativiert beziehungsweise verletzt, um aus politischer Sicht wünschenswerte(re) Ergebnisse zu erzielen. Doch der Interventionismus ist – und das lässt sich nationalökonomisch überzeugend zeigen – *kontraproduktiv*. Er verfehlt die Ziele, die seine Befürworter mit ihm erreichen wollen. Ein einfaches Beispiel soll das illustrieren.

Der Staat setzt eine *Obergrenze* für Mieten, um Wohnraum erschwinglicher zu machen. Fällt die Mietobergrenze niedriger aus als die Miete, die sich durch Angebot und Nachfrage im Wohnungsmarkt einstellen würde, geht das Wohnraumangebot zurück, und gleichzeitig steigt die Nachfrage nach Wohnraum an. Der sich einstellende *Nachfrageüberhang* im Wohnungsmarkt führt zu Mauschelei, zu Korruption und Willkür bei der Zuteilung des knapp gewordenen Wohnraums. Zudem sinkt die Neigung der Investoren, das Wohnraumangebot durch Neubauten zu erhöhen – schließlich schmälert ja die Mietobergrenze die Investitionsrendite. Aus dem gleichen Grund wird es für die Eigentümer von Immobilienbeständen weniger attraktiv, in Wartung und Instandhaltung zu investieren. Kurzum: Die Mietobergrenze verknappt und verschlechtert die Lage am Mietmarkt, und das geht vor allem auch zulasten der Mieter.

In wohl keinem anderen Feld aber treten die negativen Konsequenzen des Interventionismus so unverblümt in Erscheinung wie im staatlichen Fiat-Geldsystem. Das Ausgeben von Fiat-Geld verursacht notwendigerweise Finanz- und Wirtschaftskrisen. Um sie zu »bekämpfen«, senken die Zentralbanken die Leitzinsen und weiten die Kredit- und Geldmengen aus. Den Volkswirtschaften wird folglich *noch mehr* von dem gleichen Mittel verabreicht, das ursächlich für die Krise ist: zu niedrige Zinsen und zu viel Kredit und Geld, geschaffen »aus dem Nichts«! Die Gründe für die Krise (die aufgelaufenen Fehlentwicklungen in Form von Überkonsumption und Kapitalfehllenkungen) werden dadurch nicht gelöst. Vielmehr werden die aufgelaufenen Fehlentwicklungen noch weiter verschlimmert.

Es sind vor allem die durch Fiat-Geld verursachten Krisen, die sich als *selbstverstärkendes Wachstumselixier* für den Staat erweisen. Denn um die Probleme, die der Interventionismus heraufbeschwört hat, nicht in Erscheinung treten zu lassen, fordern die Interventionismus-Befürworter *noch mehr Interventionen*. Nach dem Motto: Wenn bisherige Interventionen nicht ihr Ziel verfehlt haben, dann liegt das daran, dass man nicht entschieden genug vorgegangen ist. Erforderlich seien »mehr« und »bessere« Interventionen. Mit ihnen werden sich die angestrebten Ziele ganz sicher erreichen lassen.

Doch auch die nächste Welle des Interventionismus behebt nicht die Missstände. Eine unheilvolle *Interventionsspirale* kommt in Gang.

Der Staat beginnt, Industrien zu subventionieren, neue Verordnungen und Gesetze zu erlassen und vieles andere mehr. Immer mehr Menschen geraten dadurch direkt oder indirekt in wirtschaftliche und finanzielle Abhängigkeit von den Staatsinterventionen. Sie verlieren ihr Interesse am System der freien Märkte, werden zu Befürwortern staatlicher Zwangsmaßnahmen, durch die sie hoffen, bessergestellt zu werden. Die staatlichen Interventionen führen so gesehen zu einer *kollektiven Korruption*[90], durch die Wirtschaft und Gesellschaft nach und nach in ein kollektivistisch-sozialistisches Gemeinwesen überführt werden. Die Marktkräfte werden im Zuge des Interventionismus immer stärker daran gehindert, aufgelaufene Fehlentwicklungen korrigieren zu können. Die eigentlich notwendige »Bereinigungskrise« bleibt aus, der Preis dafür ist de facto die Abschaffung der freien Marktwirtschaft.

Fehlgeleitete Kritik

Vor diesem Hintergrund sollte deutlich geworden sein, dass die Kritik, das Geld- und Finanzsystem sei ein *kapitalistisches Übel*, falsch ist. Das Fiat-Geldsystem und all seine Nebenwirkungen sind das Ergebnis des staatlichen Interventionismus. Umso verwunderlicher ist es, dass der Kapitalismus beziehungsweise der *Neoliberalismus* mehr denn je in der Kritik steht.[91] Wie erklärt sich das? Erinnern wir uns: Der *klassische Liberalismus* im 19. und frühen 20. Jahrhundert stand für *Eigentum, Freiheit des Individuums, Gleichheit vor dem Recht* und *Frieden* als nicht verhandelbare Grundprinzipien des Zusammenlebens und Wirtschaftens. Der Staat ist auf das Notwendigste beschränkt: Seine Aufgabe ist der Schutz des Einzelnen und des Eigentums vor Übergriffen. Doch die kollektivistischen-sozialistischen Ideen, die zu Beginn des 20. Jahrhunderts aufkamen, ließen die politische Attraktivität des klassischen Liberalismus verblassen, der Interventionismus brach sich zusehends Bahn.

Das einschneidende Ereignis kam mit der Weltwirtschaftskrise 1929–1933. Ihre Ursache erblickte man im Versagen des klassischen Liberalismus und des Interventionismus. Die Suche nach einer Lösung begann. Alexander Rüstow (1885–1963) empfahl den »Neoliberalismus«. Damit meinte er ein Wirtschafts- und Gesellschaftssystem, in dem der »starke Staat« als unparteiischer Richter über allen Interessengruppen steht, in dem er den Leistungswettbewerb sicherstellt und gleichzeitig für die sozialen Belange der Menschen Sorge trägt.[92] Rüstow deutete – anders als die herrschende Meinung – die damalige Krise richtigerweise als *Staatsversagenskrise*. Doch die Kernidee seines Neoliberalismus, man könne sich der »guten Seiten« des Staates (wie wir ihn heute kennen) bedienen und gleichzeitig seine »schlechten Seiten« durch Verfassungen und Gesetze neutralisieren, erwies sich als ein folgenschwerer Fehler: Denn ein Staat – *der territoriale Zwangsmonopolist, der die Letztentscheidungsmacht über alle Konflikte in seinem Gebiet hat* – lässt sich nicht zähmen und einhegen.

Solch ein Staat wird *notwendigerweise* zum Spielball von Sonderinteressengruppen, die ihn für ihre Zwecke einnehmen wollen; politische Ideologen und Agitatoren versuchen, die Staatsmacht für ihre Zwecke dienstbar zu machen. Vor allem in einem Mehrheitswahlsystem (Demokratie) entbrennt eine Jagd nach Privilegien. Politiker versprechen Wählern Wohltaten (gute Schulen, sichere Pensionen etc.), heizen Umverteilungsfantasien an (»Reiche besteuern«), um an die Macht gewählt zu werden. Die Wähler geben denjenigen Politikern und Parteien ihre Stimme, von denen sie meinen, sie werden ihre Wünsche bestmöglich bedienen – selbst wenn das auf Kosten der Mitmenschen geht. Es ist absehbar, dass unter diesen Bedingungen der Staat immer größer wird, dass kein Lebensbereich vor seinem Zugriff verschont bleibt; dass selbst ein *Minimalstaat* früher oder später zu einem *Maximalstaat* mutiert.[93]

Rüstows Idee des Neoliberalismus fällt jedoch auf fruchtbaren Boden. Aus ihr entwickelt die sogenannte Ordoliberale Schule die »Soziale Marktwirtschaft«, die zum identitätsstiftenden Vorzeigemodell der Bundesrepublik Deutschland aufsteigt.[94] Doch der Neoliberalismus ist kein großer Wurf, er ist lediglich eine Spielart des Interventionismus. Die Kritik am Neoliberalismus, soweit sie sich als Kritik am Kapitalismus versteht, ist daher verfehlt. Dass sie aber heute in genau diesem Sinne vorgetragen wird, liegt vermutlich daran, dass ökonomische Denkschulen ganz unterschiedlichster Provenienz in einen Topf geworfen werden, wie zum Beispiel die Vertreter des Ordoliberalismus, der Chicago School und der Österreichischen Schule der Nationalökonomie. Kapitalismusfeinde, Kapitalismusrelativierer und Kapitalismusbefürworter werden so gleichermaßen dem Neoliberalismus zugeordnet.

Die Dominanz des demokratischen Sozialismus

Das politisch-ideologische Fundament des Neoliberalismus beziehungsweise des Interventionismus ist der *demokratische Sozialismus*, eine besondere Ausprägung des Sozialismus.[95] Zur Erinnerung: Zum einen gibt es den *russischen Sozialismus* (Marxismus-Leninismus). Er will die Verstaatlichung der Produktionsmittel durch einen gewaltsamen Umsturz, durch blutige Revolution herbeiführen – wie sie im Jahr 1917 in Russland abgelaufen ist. Zum anderen gibt es den demokratischen Sozialismus (deutscher Herkunft). Er will den Sozialismus »friedvoll«, durch parlamentarische Mehrheiten, mit demokratischen Mitteln errichten. Formal soll dabei das Eigentum an den Produktionsmitteln erhalten bleiben, de facto jedoch schrittweise relativiert und aufgehoben werden.

Im demokratischen Sozialismus geschieht das beispielsweise, indem dem Eigentümer der 100-prozentige Anspruch auf die Erträge, die er mit seinen Produktionsmitteln erzielt, verwehrt wird: Einen Teil seiner Erträge muss er als Steuern dem Staat aushändigen. Oder es erfolgt dadurch, dass der Staat die Verfügungsrechte der Eigentümer über ihr Eigentum einschränkt: Mit Regularien, Ge- und Verboten und Gesetzen erzwingt der Staat die von ihm politisch gewünschte Verwendung der Produktionsmittel. Das erklärt übrigens auch, warum demokratische Sozialisten häufig euphorische Befürworter der Sozialen Marktwirtschaft sind – denn die Soziale Marktwirtschaft ist im Kern nichts anderes als eine Form des Interventionismus: Sie ist ein Alternativentwurf, gewissermaßen ein gesellschaftlich akzeptierter Gegenentwurf zum reinen Kapitalismus.[96]

Der demokratische Sozialismus ist in den letzten Jahrzehnten zur allseits akzeptierten Politideologie aufgestiegen, und der von ihm befürwortete Interventionismus hat mittlerweile alle Wirtschafts- und Gesellschaftsbereiche tief durchdrungen: Ob Erziehung, Bildung, Gesundheits- und Altersvorsorge, Umweltschutz, Transport, Recht und Sicherheit, Geld und Kredit – überall ist der Staat zum dominierenden Spieler aufgestiegen. Dass der Staat dabei insbesondere alles daransetzt, das Geld- und Kreditsystem zu beherrschen, und dass er das Warengeld durch sein eigenes Fiat-Geld ersetzt, kann nicht verwundern. Denn der demokratische Sozialismus verschafft sich seine Zustimmung bei der Wahlbevölkerung durch eine andauernde und wachsende Umverteilung (durch die den einen genommen und den anderen gegeben wird).

Diese Umverteilung lässt sich aus den normalen Steuereinnahmen allein nicht bestreiten. Eine aus politischer Sicht besonders attraktive Finanzierungsquelle bietet die Monopolisierung der Geldproduktion. Der Staat kann sich dann nämlich im wahrsten Sinne des Wortes das benötigte Geld selber drucken. Und die fortgesetzte Vermehrung der Fiat-Geldmenge wirkt wie eine »Inflationssteuer«, durch die der Staat still und heimlich an die Einkommen und Vermögen gelangt.[97] Besonders attraktiv ist es für den Staat, sich das benötigte Geld per Kredit zu beschaffen – bereitgestellt zu günstigen Zinssätzen, für die die staatliche Zentralbank sorgt. Die Geschäftsbanken stehen dem Staat bei diesem Unterfangen hilfreich zur Verfügung. Sie verdienen schließlich prächtig, wenn ihnen von staatlicher Seite erlaubt wird, neues Fiat-Geld per Kredit in Umlauf zu geben.

Das Fiat-Geldsystem spielt dem demokratischen Sozialismus in besonderer Weise in die Hände: Je länger es Bestand hat, desto mehr Arbeitnehmer und Unternehmer werden abhängig von seiner Fortführung. Arbeitsplätze, Altersvorsorge, Aufträge und Gewinne, berufliche Karrieren und sozialer Status – alles hängt am Fortbestand des Wirtschafts- und Gesellschaftssystems, welches das Fiat-Geldsystem (mit-)geformt hat. Eine wachsende Zahl von Menschen wird so zu willigen Unterstützern des Fiat-Geldsystems. In Krisenzeiten eröffnet das dem Staat weitgespannte politische Spielräume, um »Rettungsmaßnahmen« in großem Stile auf den Weg zu bringen – in Form von zum Beispiel Kreditgarantien, Geldspritzen, Null- und Negativzinsen –, die das Fiat-Geldsystem vor dem Zusammenbruch bewahren sollen.

Die Krisen, für die der monetäre Interventionismus notwendigerweise sorgt, ziehen immer mehr und immer weitergehende Interventionen nach sich. Das, was vom System der freien Märkte noch übrig ist, wird so nach und nach ausgeschaltet. Das Fiat-Geld trägt auf diese Weise maßgeblich dazu bei, das Wirtschafts- und Gesellschaftsmodell im Zeitablauf in eine *Befehls- und Lenkungswirtschaft* umzuformen, in der der Staat beziehungsweise die ihn beherrschenden Sonderinteressen das Sagen haben und in dem der Endnachfrager, der Konsument, zusehends entmachtet wird. Dass der Interventionismus, wenn man an ihm unbeirrt festhält, in den Sozialismus führt, ist eine zentrale Einsicht, die Ludwig von Mises (1881–1973) in seinem Buch *Kritik des Interventionismus* (1929) formuliert hat.[98]

Berechtigte Demokratiekritik

Im Interventionismus gerät die Demokratie unter die Räder. Je weitreichender die staatlichen Eingriffe in das Wirtschafts- und Gesellschaftsleben werden, desto komplizierter und unübersichtlicher werden sie. In diesem Umfeld gedeiht die »Herrschaft der Experten«[99], der Fachleute, der Bürokraten. Ihr Fachwissen übersteigt das der Politiker und der breiten Öffentlichkeit, und sie sind es, die quasi hinter den Kulissen des Interventionismus wichtige wirtschafts- und gesellschaftspolitische Weichenstellungen vornehmen: Sie sagen, welche Interventionen notwendig sind, um bestimmte Ziele – wie Wachstum und Beschäftigung – zu erreichen. Und in der Regel sind die Wirkungen, für die die Experten-Interventionen sorgen, für Nicht-Experten nicht übersehbar. Das hält den Widerspruch, den die Expertenempfehlungen erfahren, gering.

Unter der Herrschaft der Experten schwindet die Bedeutung der Parteien und der demokratischen Willensbildung in gesellschaftlichen Entscheidungsprozessen. Das könnte übrigens auch eine mögliche Erklärung dafür sein, warum in den letzten Jahren in vielen Ländern das Vertrauen in die repräsentative Demokratie gelitten hat: Im Interventionismus wird die Demokratie für die Wähler zusehends schlechter nach ihren Präferenzen kontrollierbar. Der von Experten gesteuerte Interventionismus führt zudem zu *Pfadabhängigkeiten*: Einmal getroffene Entscheidungen erzwingen quasi häufig nachfolgend bestimmte Folgemaßnahmen und verengen dadurch den künftigen Entscheidungsspielraum. Der demokratische Sozialismus, der sich des Interventionismus bedient, führt letztlich nicht zu mehr, sondern zu weniger Demokratie.

Diese Befürchtung wird durch das »eherne Gesetz der Oligarchisierung«, wie es Robert Michels (1876–1936) bereits 1911 vortrug, gestärkt.[100] In der Demokratie kommt es, so Michels, zu Parteigründungen. Parteien sind Organisationen, und sie bedürfen der festen Führung. Diese wird von einer kleinen Gruppe von Menschen übernommen – die gewieft ist und den Willen zur Macht hat. Es bildet sich eine *oligarchische Elitenherrschaft* heraus, die sich weitgehend gegen Kritik von innen und außen immunisiert. Über kurz oder lang weichen die Partei-Eliten vom Partei- und Wählervotum ab, verfolgen ihre eigene antikapitalistische Agenda, kooperieren beispielsweise mit Lobbygruppen (»Big Business«). Der Wählerwille bleibt dabei auf der Strecke. Die Demokratie – wenn der Wähler sich von ihr die

Selbstbestimmung erhofft – ist eine große Illusion, so Michels: In der Demokratie kommt es zur Herrschaft der Gewählten über die Wähler, der Beauftragten über die Auftraggeber.

Geld im Kapitalismus

Bleibt abschließend die Frage zu klären: Wie sieht das Geld im echten Kapitalismus aus? Antwort: Die Menschen haben hier ein unbeschränktes *Selbstbestimmungsrecht bei der Geldwahl*, es gibt einen freien Markt für Geld. Jedem steht es folglich frei, das Geld zu wählen, das seinen Bedürfnissen am besten entspricht; und jeder hat die Freiheit, seinen Mitmenschen ein Angebot für »gutes Geld« zu machen. In einem freien Markt für Geld entscheidet letztlich der Geldnachfrager, was Geld ist. Er wird natürlich »gutes Geld« nachfragen und nicht »schlechtes Geld« (genauso wie Menschen »gute Schuhe« und nicht »schlechte Schuhe« nachfragen).

Jeder wird etwas als Geld nachfragen, das erwartungsgemäß von seinen Tauschpartnern als Geld anerkannt wird: Die Wahl des Gutes, das als Geld dient, erfolgt folglich mit Blick auf die Wünsche der Handelspartner. Ein Beispiel: Sie wollen Frühstücksbrötchen kaufen. Was bieten Sie dem Bäcker dafür an? Am besten etwas, mit dem der Bäcker beim Schuster Schuhe oder beim Schneider Hosen erwerben kann. Und genau so ist es: In einem freien Markt für Geld fragen die Menschen ein Gut als Geld nach, das die breiteste Akzeptanz bei der größten Zahl der Menschen findet. Und wenn Freihandel besteht, wenn also den Menschen das größtmögliche Ausschöpfen der internationalen Arbeitsteilung möglich ist, würde sich ein einheitliches internationales Geld herausbilden. Ein Geld, das von allen Menschen der Welt verwendet würde.

Aus der Geldtheorie wissen wir, dass die natürlichen Kandidaten im Wettbewerb um die Geldfunktion Sach- beziehungsweise Edelmetalle sind, allen voran Gold und Silber; mit Blick auf die technologischen Neuerungen wäre prinzipiell auch eine Kryptowährung denkbar.[101] Dass ein freier Markt für Geld problemlos funktionieren würde – so reibungslos wie der Markt für Armbanduhren, Urlaubsreisen, Fährräder oder Wohnhäuser –, steht außer Frage. Das lässt sich nicht nur theoretisch herleiten. Es gibt auch reichlich historisches Anschauungsmaterial: Frei gewähltes Geld – Sach- beziehungsweise Edelmetallgeld – ist, wie gesagt, die historische Norm, während währungsgeschichtlich gesehen ein staatlich monopolisiertes Fiat-Geld ein Ausnahmezustand, kein Normalzustand ist.

Wie sähe die Welt aus, gäbe es einen freien Markt für Geld? Die Frage lässt sich zwar im Voraus nicht exakt beantworten, aber einige grundlegende Unterschiede zum herrschenden Fiat-Geldsystem lassen sich dennoch skizzieren. Es gäbe beispielsweise keine chronische Geldentwertung wie im heutigen Fiat-Geldsystem – denn die Menschen würden vermutlich vorzugsweise nicht-inflationäres Geld nachfragen, Geld, das seine Kaufkraft im Zeitablauf relativ verlässlich bewahrt. Es gäbe keine Geldmengenvermehrung durch Kreditvergabe aus dem Nichts, und monetär verursachte Boom-und-Bust-Zyklen wären nicht mehr an der Tagesordnung. Die Einkommens- und Vermögensverteilung würde sich nach dem Nutzen richten, den ein jeder seinen Mitmenschen erweist. Sie wäre nicht mehr dadurch bestimmt, wie gut jemand die Umverteilungswirkungen des Fiat-Geldes für sich auszunutzen weiß.

In einem freien Markt für Geld würde ein *Trennbanksystem* entstehen.[102] Verwahr-, Besicherungs- und Zahlungsabwicklungsdienste würden von *Depositenbanken* angeboten. *Kreditbanken* würden die Darlehensnachfrage bedienen und sich das für die Darlehensvergabe erforderliche Geld durch Ausgabe von Aktien und/oder verzinslichen Schuldpapieren beschaffen. Eine Ausweitung des Kreditangebots ginge folglich nicht mehr einher mit einer inflationären Ausweitung der Geldmenge. Die Geldverwender könnten in gewohnter Weise ihre Zahlungen bar oder elektronisch (per Überweisung, Lastschrift, Kreditkarte, Apple Pay, Internetbanking etc.) abwickeln.

Der Marktzins würde sich frei und ungehindert durch das Angebot von und die Nachfrage nach Ersparnissen bilden. Das würde sicherstellen, dass genügend Ersparnisse vorhanden sind, um die Investitionen zu vollenden. Die Zeitpräferenz der Menschen würde nicht mehr künstlich in die Höhe getrieben, wie es im Fiat-Geldsystem der Fall ist. Das heißt, die Gegenwartsorientierung der Menschen würde nicht noch weiter in die Höhe getrieben zulasten der Zukunftsorientierung. Die vielfältigen wirtschaftlichen, aber auch sozialpolitischen Probleme, die aus Überkonsum und Fehlinvestitionen, aber auch aus Kurzatmigkeit und Kurzfristorientierung der Handelnden resultieren, würden eingedämmt.

Zu guter Letzt: Es dürfte wenig überraschend sein, dass die Idee des Staates im echten Kapitalismus eine gänzlich andere ist als im demokratischen Sozialismus. Der echte Kapitalismus geht mit einer Privatrechtsgesellschaft Hand in Hand. In ihr gilt gleiches Recht für alle. Ein jeder hat ein Selbstbestimmungsrecht[103], ist Eigentümer seiner selbst (»Selbsteigentum«) und auch der Güter, die er auf nicht-aggressivem Wege erworben hat. Ein Staat, wie wir ihn heute kennen, ist unvereinbar mit einem echten Kapitalismus. Güter wie Recht und Sicherheit würden nicht, wie es heute der Fall ist, von einer (Zentral-)Instanz (zwangs-)monopolisiert, sondern durch Angebot und Nachfrage im freien Markt in der gewünschten Menge und Qualität bereitgestellt.[104]

Vor diesem Hintergrund sollte deutlich geworden sein, dass die Kritik am Neoliberalismus, soweit sie Kapitalismuskritik sein will, fehlgeleitet ist: Die vielen zu Recht angeprangerten Missstände unserer Zeit – wie Finanz- und Wirtschaftskrisen, ein immer stärkeres Auseinanderklaffen der Einkommens- und Vermögensschere und vieles andere mehr – sind aber *nicht* die Folgen des Kapitalismus, sondern des Interventionismus: Es ist das staatliche Fiat-Geldsystem, das der Interventionismus hervorbringt, das unweigerlich immer neue und auch immer größere Krisen verursacht, und diese Krisen werden dann in der Öffentlichkeit fälschlicherweise – ob aus Unkenntnis oder aufgrund eines bewussten politischen Kalküls – dem System der freien Märkte, also dem Kapitalismus, angelastet.

Die Interventionsspirale, die dadurch in Gang gesetzt wird, zerstört nach und nach die Grundpfeiler der freien Gesellschaft und damit die produktive und friedvolle Kooperation der Menschen. Soll das verhindert werden, muss sich Wesentliches ändern: Man muss sich vom demokratischen Sozialismus, von allen sozialistischen-kollektivistischen Irrlehren abkehren, von jeder staatsverherrlichenden Verblendung loslösen. Diese Änderungen können letztlich nur durch die Einsicht in die Verkehrtheit des demokratischen Sozialismus, seines Interventionismus und vor allem seines Fiat-Geldsystems bewirkt werden. Zugegeben, das ist ein schwieriges – aber kein aussichtsloses Unterfangen.

Kapitel 8

Chinas Aufstieg:

ein Kapitalismus, der keiner ist, will die Welt erobern

»Wir werden uns ... allmählich an den Gedanken gewöhnen müssen, daß der Unterschied zwischen einem stabilisierten und reglementierten Kapitalismus und einem technifizierten und rationalisierten Sozialismus kein sehr großer ist ... .«

Werner Sombart

China, das mit 1,39 Milliarden Menschen mit Abstand bevölkerungsreichste Land der Welt, hat in den letzten Jahrzehnten einen atemberaubenden wirtschaftlichen Aufstieg vollzogen. Betrug das Pro-Kopf-Einkommen der Chinesen noch 318 US-Dollar im Jahr 1990, lag es im Jahr 2018 bereits bei 9771 US-Dollar. Mit einem Bruttoinlandsprodukt von 14,1 Billionen US-Dollar ist China nun die zweitgrößte Volkswirtschaft der Welt nach den Vereinigten Staaten von Amerika mit einem BIP in Höhe von 21,4 Billionen US-Dollar. Im Jahr 2019 hatte China einen Anteil von 24,3 Prozent am weltweiten Primärenergieverbrauch; die USA lagen bei 16,2 Prozent, Europa bei 14,4 Prozent. Von den weltweit 10 größten Unternehmen stammen derzeit drei aus China.

Und China baut seinen weltweiten Einfluss aus, wirtschaftlich wie militärisch. Nicht nur als Produktionsstandort und Absatzmarkt spielt China mittlerweile ganz vorne mit, es ist nach den USA auch zum zweitgrößten Akteur im internationalen Güterhandel aufgestiegen. China knüpft weltweit unternehmerische Partnerschaften, kauft Unternehmen auf, investiert in Bereichen wie zum Beispiel Finanzen, Automobile, Robotik und Infrastruktur. Die Chinesen treten zudem gezielt als Finanziers gegenüber Entwicklungsländern auf und sichern sich auf diese Weise den Zugang zu Rohstoffen. China hat sich in wenigen Jahrzehnten – seit der Öffnung des Landes in den frühen 1980er-Jahren durch Deng Xiaoping (1904–1997) – an die Weltspitze katapultiert.[105]

Als aufstrebende Wirtschaftsmacht macht China territoriale Ansprüche im Ost- und Südchinesischen Meer geltend, agitiert gegen den Fortbestand eines unabhängigen Hongkongs, baut militärische Brückenköpfe in Afrika. Die »Neue Seidenstraße« (oder »Belt and Road Initiative«, so das offizielle Label, das die Chinesen ihr geben) ist Chinas Mega-Projekt. Es soll vor allem dazu dienen, Chinas Wirtschaftsposition durch einen verbesserten Zugang zu Europa und Afrika zu stärken. Die Rüstungsausgaben der Volksrepublik China sind in den letzten Jahren rasant gestiegen. Dem schwedischen SIPRI Institut zufolge betrugen die Militärausgaben der USA in 2019 732 Milliarden US-Dollar.[106] Das waren 2,7-mal so viel wie Chinas Ausgaben von 261 Milliarden US-Dollar. Allerdings ist der chinesische Rüstungsetat seit 2010 um 85 Prozent gestiegen, während der der USA in der gleichen Zeit um etwa 15 Prozent gefallen ist.

Chinas Jagd an die Weltspitze verändert die globalen Kräfteverhältnisse. Die US-Administration unter Donald J. Trump (*1946) hat bereits darauf reagiert. Sie ist gegenüber China auf Konfrontationskurs gegangen, weil sie sich eine neue, grundlegend andere Deutung der wirtschaftlichen und geopolitischen Absichten der Chinesen zu Eigen gemacht hat. Maßgeblich dazu beigetragen hat der China-Experte und ehemalige US-Regierungsbeamte Michael Pillsbury (*1945). Er argumentiert in seinem Buch *The Hundred-Year Marathon. China's Secret Strategy to Replace America As The Global Superpower* aus dem Jahr 2015, dass China eine Langfriststrategie verfolge, die die westliche Welt in den letzten Jahrzehnten nicht erkannt oder ignoriert hat: China will den globalen Hegemon, die USA, als Supermacht ablösen: »China wird eine Weltordnung aufstellen, die fair ist für China, eine Welt ohne amerikanische globale Vorherrschaft, und die US-dominierte ökonomische und geopolitische Weltordnung revidieren, die gegründet wurde in Bretton Woods und San Francisco am Ende des Zweiten Weltkrieges«[107].

Mit der Gründung der Volksrepublik China wollte Mao Zedong (1893–1976) und mit ihm die KPCh die erlittenen Erniedrigungen der Chinesen wiedergutmachen. 100 Jahre nach der Gründung der Volksrepublik China, zum 100. Jahrestag der kommunistischen Revolution, soll China die wirtschaftliche, militärische und politische Führungsrolle auf der Welt übernommen und den Hegemon verdrängt haben. Die chinesische Führung bediene sich dabei eines Vorgehens, das eine sehr lange Tradition in der Geschichte Chinas habe, und bis in die Zeit der »kriegführenden

Staaten« (»Warring States period«, die etwa 475 vor Christus begann und circa 250 Jahre dauerte) zurückreiche. Chinas Bestreben, zur weltweit bedeutendsten Kraft aufzusteigen, verlaufe über den Weg der Täuschung, so Pillsbury.

Er nennt neun Prinzipien, die Chinas »100-Jahre-Marathon« prägen:[108] (1) Halte den Gegner in Unwissenheit. (2) Vereinnahme und gewinne die Berater deines Gegners für deine eigenen Zwecke. (3) Wartet geduldig, und wenn es Jahrzehnte sind, um zum Ziel zu gelangen. (4) Stehle die Ideen und die Technologien deines Gegners. (5) Setze nicht auf Militärmacht, sie ist nicht die kritische Größe, um zum Langfristziel zu gelangen. (6) Rechne damit, dass dein Gegner rücksichtslose Maßnahmen ergreift, um seine Vormachtstellung zu halten. (7) Warte auf die richtige Gelegenheit zuzuschlagen (verkörpert im chinesischen Konzept *shi*). (8) Quantifiziere deine Stärke relativ zu allen anderen potentiellen Herausforderern. (9) Sei wachsam, dass dich niemand täuscht oder umzingelt.

Diese Prinzipien ließen sich im Vorgehen der KPCh erkennen, so Pillsbury. In den letzten Dekaden habe China zum Beispiel seine wahren Absichten stets gut verborgen, es sei dem Land gelungen, seinen Sonderstatus als »größtes Entwicklungsland der Welt« zu erhalten und damit an Entwicklungshilfe aus dem Ausland zu gelangen und so seinen Aufstieg zu befördern. China habe zudem die Intellektuellen in der westlichen Welt erfolgreich vereinnahmt, um das von der KPCh gewünschte Bild vom Reich der Mitte im Ausland zu verbreiten.[109] China setze dabei nicht auf Aufrüstung um jeden Preis, um seinen Aufstiegsplan in die Tat umzusetzen, sondern auf das Erstarken der eigenen Wirtschaftsmacht, die früher oder später zur uneinholbaren Vormachtstellung führt.

Pillsburys Sichtweise erschüttert das vorherrschende Bild, das der Westen von China hat. China sei nicht auf dem Weg, das System des Westens anzunehmen, so Pillsbury; es strebe keine Demokratisierung an; das chinesische Volk werde nicht in die Freiheit geführt; China werde nicht die Märkte für alle Güter, Dienstleistungen und Kapital liberalisieren; die Chinesen wollen sich nicht in das international anerkannte und akzeptierte Regelwerk einfügen, sie wollen die Regeln setzen. China sei unter der Führung der KPCh bereits seit Jahrzehnten auf Kollisionskurs mit dem Wertekanon der westlichen Welt, der in den Ideen von individueller Freiheit, Eigentum und Recht vor dem Gesetz wurzelt; und der Westen habe die Absichten Chinas nicht erkannt, oder wolle sie nicht wahrhaben.

Für Außenstehende lässt sich Pillsburys »Neuinterpretation« der chinesischen Expansionsziele und -strategie schwerlich abschließend bewerten; und an Kritiken mangelt es nicht. Sie kann jedoch zum Anlass genommen werden, an die Diskussion über Wirtschaftssysteme, die noch zur Zeit des Ost-West-Konflikts intensiv geführt wurde, anzuknüpfen.[110] Eine zentrale Einstiegsfrage lautet dann: Welches Wirtschafts- und Gesellschaftsmodell verkörpert China? Seit Mao Zedong am 1. Oktober 1949 die Volkrepublik China ausgerufen hat, wird das Reich der Mitte von der Kommunistischen Partei Chinas (KPCh) beherrscht. Ihre Fingerabdrücke sind auch nach mehr als 70 Jahren unübersehbar. In China gibt es kein Privateigentum an Grund und Boden. Grundstücke in Stadtzentren sind im Staatseigentum, ländliche Gebiete sind Eigentum des Staats oder des lokalen Kollektivs. Jeder Privatmann, der ein Grundstück besitzt, verfügt nur über ein Benutzungsrecht. Und die überwiegende Zahl der Unternehmen gehört dem Staat, beziehungsweise sie werden von ihm gelenkt und kontrolliert. In der Liste der Fortune Global 500 befanden sich im Juli 2019 119 chinesische Firmen (einschließlich Hongkong, ohne Taiwan), davon waren 80,2 Prozent staatseigene Betriebe.[111]

Der Geld- und Kapitalverkehr nach und aus China ist nicht liberalisiert. Beispielsweise sind seit 2015 die Kapitalexporte für Chinesen auf umgerechnet 50.000 US-Dollar pro Jahr beschränkt. Ausländische Investitionen unterliegen der staatlichen Kontrolle, ihre Zulässigkeit richtet sich nach einem Investitionslenkungskatalog: Investitionen werden nach Branchen gefördert, beschränkt oder verboten. Der Wechselkurs des Renminbi bildet sich nicht im freien Markt, sondern er wird durch die chinesische Zentralbank manipuliert.[112] Auf diese Weise nimmt China Einfluss auf die internationale preisliche Wettbewerbsfähigkeit der heimischen Produktion und des eigenen Produktionsstandortes. China hat zudem die weltweit größten Währungsreserven, ist somit ein bedeutender Akteur auf den Finanzmärkten.[113]

Gleichwohl gibt es in China Märkte, auf denen sich Güterpreise bilden. Eine relativ freie Preisbildung gibt es beispielsweise für Nahrungsmittel, aber auch für Telekommunikation, Pharmazeutik, Tabak und Verkehrswesen. In vielen Gütermärkten ist die Preisbildung aber nach wie vor staatlich stark beeinflusst (durch administrative Preise oder Subventionen); man denke an dieser Stelle nur an Chinas subventionierte Stahlproduktion, die mit ihren Billigpreisen weltweit Marktanteile erobert. Einen

Markt für Grund und Boden gibt es, wie bereits erwähnt, in China nicht. Verständlich, dass China, das seit 2001 Mitglied in der Welthandelsorganisation (WHO) ist, der Status einer Marktwirtschaft bislang hartnäckig verweigert wird.[114]

Vor diesem Hintergrund könnte man auf die Idee kommen, Chinas Wirtschaftsmodell als eine Art »Staatskapitalismus« zu bezeichnen: Die Produktionsmittel in China befinden sich maßgeblich in Staatshand beziehungsweise werden staatlich kontrolliert, aber es wird eine Marktpreisbildung für viele Güter zugelassen, es gibt einen Markt für Arbeit. Firmen operieren unter dem Gewinn- und Verlustprinzip – wenngleich auch eingeschränkt, weil die KPCh die Unternehmen auch politische Ziele verfolgen lässt. Angesichts der fulminanten Wohlstandsmehrung, die der »chinesische Weg« hervorgebracht hat, stellt sich die Frage: Haben die Chinesen etwa mit ihrem »Mischsystem«, das marktwirtschaftliche Elemente mit staatlicher Planung und Globalsteuerung verbindet, das Modell der Zukunft in der Hand? Man kann ernste Zweifel anmelden.

Ludwig von Mises (1881–1973) hat in seinem Aufsatz »Die Wirtschaftsrechnung im sozialistischen Gemeinwesen« aus dem Jahr 1920 mit wissenschaftlichen Mitteln aufgezeigt, dass im Sozialismus – wenn also das Eigentum an den Produktionsmitteln verstaatlicht ist – keine Wirtschaftsrechnung möglich ist. Die sozialistischen Planer können daher nicht in Erfahrung bringen, welche Güter am dringlichsten gebraucht werden; oder ob die verfügbaren Ressourcen ausreichen, eine bestimmte Produktionsleistung zu erzielen; oder welcher der möglichen Produktionswege der vorteilhafteste ist. Im Sozialismus, so Mises, ist ein Wirtschaften im eigentlichen Sinne gar nicht möglich, und das volkswirtschaftliche Ergebnis werden Chaos, Mangel und Armut sowie Zwang und Gewalt sein.

Chinas Modell ist nun aber kein Sozialismus in »Reinform«, wie ihn Mises analysiert hat. Er weist vielmehr Ähnlichkeiten mit der Idee eines »Konkurrenzsozialismus« auf, den der polnische Ökonom Oscar R. Lange (1904–1965) in seinem Buch *On the Economic Theory of Socialism* (1938) aufstellt: Die Produktionsmittel sind verstaatlicht, aber die Sozialisten lassen Märkte für Konsumgüter und freie Arbeitsplatzwahl zu; und die Unternehmen verfolgen nicht nur Gewinnmaximierung, sondern von zentraler Stelle vorgesehene Regeln und Ziele. Doch auch ein Konkurrenzsozialismus kann letztlich keine Wirtschaftsrechnung durchführen, weil es kein Privateigentum an den Produktionsmitteln und daher auch keine Marktpreise für sie gibt; Mises' Urteil, dass der Sozialismus undurchführbar ist, trifft auch auf die Variante Konkurrenzsozialismus zu.[115]

Chinas Erfolgsgeheimnis beruht vor allem auch auf dem Zugang zu den weltweiten Güter- und Faktormärkten und damit zu den Volkswirtschaften, die vergleichsweise freiere Märkte für Produktionsmittel und Konsumgüter haben. Die chinesischen Planer erfahren auf diese Weise, welche Güter welche Marktpreise haben, und das gibt ihnen eine Orientierung für ihre eigenen Planungen und Planvorgaben. Ohne die Informationen über die Weltmarktpreise der Güter wären die Chinesischen Planungsbüros im Blindflug. Hinzu kommt der Zugriff auf Kapital, Technologien, Know-how und Managementtechniken aus dem Ausland, den sich die Chinesen beschafft haben – durch Investitionen von ausländischen Firmen in China, aber auch durch Industriespionage (Cyberattacken) und Diebstahl »geistigen Eigentums«. Das ist ganz entscheidend für China, wirtschaftlich aufzuholen und sogar auf die Überholspur gelangen zu können.

Wenn man sich vor Augen führt, was der Staat (wie wir ihn heute kennen) eigentlich ist – dass er ein *eigentumszerstörender Eigentumsschützer und ein rechtsbrechender Rechtsetzer* ist –, dann muss ein wirtschaftlich wie militärisch expandierender Staat von der Größe Chinas, zumal noch angeführt von einer kommunistischen Parteielite, bedrohlich erscheinen. Und zwar vor allem aus zwei miteinander verbundenen Gründen:

(1) Staaten sind aggressiv, und zwar nach innen und nach außen. Sie suchen ihre Herrschaftsmacht, ihre Besteuerungsbasis zu erweitern. Das kann im schlimmsten Fall zu Krieg führen: Der stärkere Staat besiegt und vereinnahmt den schwächeren Staat. Oder zu dem Fall, in dem sich der schwächere Staat notgedrungen, um eine kriegerische Auseinandersetzung zu umgehen, dem stärkeren unterwirft. Wie auch immer: Der stärkere Staat wird früher oder später gegenüber dem schwächeren Staat die Oberhand gewinnen.

(2) Es gibt eine *Konvergenzthese*.[116] Sie stammt aus der Zeit des Kalten Krieges und besagt, dass sich die Wirtschaftssysteme der kapitalistischen Volkswirtschaften und der der sozialistisch-kommunistischen Volkswirtschaften einander annähern werden. Wie das geschieht, darüber gehen die Meinungen auseinander. Eine Interpretation ist, dass die Zentralplanwirtschaften sich den freien Marktwirtschaften annähern werden, wie es vertreten wird von zum Beispiel Walt Whitman Rostow (1916–2003).

Eine andere lautet, dass sich Zentralplanwirtschaft und freie Marktwirtschaft aufeinander zubewegen werden, dass ein Mischsystem aus beiden entsteht (»umfassende Konvergenzthese«, vertreten von Jan Tinbergen (1903–1994) und John K. Galbraith (1908–2006)) – beziehungsweise dass sie sich in Teilbereichen angleichen, aber doch unterschiedlich bleiben (»partielle Konvergenz«, vertreten von Peter J. D. Wiles und Emil Küng (1914–1992)).

Eine weitere (Konvergenz-)These stammt vom österreichischen Ökonomen Joseph A. Schumpeter (1883–1950). In *Capitalism, Socialism, And Democracy* aus dem Jahr 1942 legt er eine Erklärung vor, warum der Kapitalismus zugrunde gehen und der Sozialismus errichtet werde. Schumpeters Argumentation ist, dass der Kapitalismus an seinem eigenen Erfolg scheitern werde (und nicht, wie Karl Marx (1818–1883) es noch postuliert hatte, durch gewaltsame Revolution überwunden wird). Eine Ursache des Niedergangs des Kapitalismus sei, so Schumpeter, das Ersetzen des Unternehmer-Eigentümers durch bezahlte Manager, denn das lasse die Leistungsfähigkeit der Volkswirtschaft schwinden. Die andere Ursache identifiziert Schumpeter im wachsenden Einfluss der »Intellektuellen«.[117] Hierbei handelt es sich um Menschen mit höherer Bildung, deren Qualifikationen im Kapitalismus jedoch nicht auf eine entsprechende Nachfrage stoßen, beziehungsweise finden die Intellektuellen nur unbefriedigende Beschäftigungen oder bleiben arbeitslos. Ihre Enttäuschung, ihren Unmut über den Kapitalismus, übertragen sie auf ihre Mitmenschen. Sie formulieren Kritiken am Kapitalismus in Wort und Schrift und organisieren Widerstand gegen das kapitalistische System. Durch demokratische Wahlen wird der Sozialismus schrittweise aus der Taufe gehoben, der Kapitalismus nach und nach abgeschafft.

Die umfassende Konvergenzthese wie auch Schumpeters These finden durchaus eine Entsprechung in der realen Welt: Im Grunde haben sich mittlerweile alle bedeutenden Volkswirtschaften in Nord- und Südamerika, in Europa, Japan und Afrika dem »demokratischen Sozialismus« verschrieben. Und unter ihm werden die Prinzipien des Kapitalismus – unbedingter Respekt vor dem Eigentum beziehungsweise vor den Eigentumsrechten, freie Märkte und freier Wettbewerb – Stück um Stück zurückgedrängt: Die Staaten greifen immer stärker in das Marktgeschehen ein, um politische Ziele durchzusetzen, und die verbliebenen Reste der kapitalistischen Prinzipien werden immer weiter relativiert und zerstört. Die großen Volkswirtschaften der Welt sind als interventionistische Systeme zu charakterisieren, keinesfalls als rein kapitalistische.

Die überwiegende Mehrheit der modernen Volkswirtschaften hat zwar die individuellen Freiheitsrechte, das Eigentum und das (natürliche) Recht viel weniger rigoros eingeschränkt beziehungsweise abgeschafft, als es in China der Fall ist. Wenn jedoch an der Konvergenzthese etwas dran sein sollte, dann deutet die bisherige Evidenz auf eine Konvergenz in Richtung Sozialismus, nicht Kapitalismus hin: Die weltweit dominierende Ideologie des demokratischen Sozialismus, die sich in der Praxis als Interventionismus zeigt, ist so gesehen nicht etwa ein Gegenentwurf zu Chinas autoritärem Regime. Der demokratische Sozialismus und sein Interventionismus spielen vielmehr dem Vordringen des chinesischen Modells in die Hände.

Ludwig von Mises hat nicht nur nachgewiesen, dass der Sozialismus und alle seine Spielarten unmöglich sind, dass sie nicht dauerhaft durchführbar sind. Er hat auch gezeigt, dass der Interventionismus, wenn man beharrlich an ihm festhält, in den Sozialismus führt. Vor diesem Hintergrund kann und darf man nicht hoffen, das interventionistische Modell des Westens oder gar das chinesische Modell seien tragfähige Entwürfe für eine friedvolle und prosperierende Ordnung für das Leben der Menschen in der globalen Gemeinschaft. Beide sind intellektuelle Verirrungen, Verstöße gegen die Vernunft. Sie strangulieren die Grundlagen für wirtschaftlichen und kulturellen Fortschritt. Um diese Regression zu überwinden, muss den Grundlagen, die für eine Verbesserung der Lebensverhältnisse der Menschen sorgen, zum Durchbruch verholfen werden, sie müssen vor der Zerstörung bewahrt werden. Im Jahr 1940 – also während des Zweiten Weltkrieges – fasst Mises genau diese Herausforderung in folgende Worte:

> Die geistigen Führer der Völker in den weniger entwickelten Volkswirtschaften wollen ihren Volksgenossen den Wohlstand schaffen, den sie in (West-)Europa und in Nordamerika sehen. Irregeführt durch die marxistischen und militaristischen Gedankengänge, glauben sie, dass das, worauf es ankommt, die Übernahme der europäisch-amerikanischen Technologie sei. Die Menschen in vielen Teilen der Welt sehen nicht, dass ihnen nicht nur die Produktionstechnik des Westens fehlt, sondern jene Gesellschaftsverfassung, aus der diese Technik hervorgegangen ist. Nicht Traktoren und Dynamos braucht ein zurückgebliebenes Land am dringendsten,

sondern Eigentum, genauer: Privateigentum an den Produktionsmitteln; nicht »Spezialisten«, sondern Unternehmer fehlen ihm. Was Ost und West scheidet, ist die Sozialverfassung, der Geist, der sie geschaffen hat, und der Geist, den sie schafft. Die Freiheit, die Europa in den letzten Jahrhunderten dem Getriebe des Marktmechanismus gelassen hat, der Spielraum, den es den aus dem Sondereigentum an den Produktionsmitteln entspringenden Kräften geöffnet hat, haben die Kultur hervorgebracht, in der der einfache Mann besser leben kann als einst Fürsten, und in der Descartes, Spinoza, Hume, Laplace, aber auch Mozart, Goethe und Beethoven sich entfalten konnten, die Kultur, die die Gedanken des Rechtsstaates und der Gleichheit vor dem Gesetze, der Demokratie, des Roten Kreuzes und des ewigen Friedens gestaltet hat. Nichts, was dieser Kultur zugehört, hatte in einer Welt, die das Sondereigentum nicht frei gewahren lasst, entstehen können und konnte in einer Welt ohne Sondereigentum bestehen bleiben. Wenn die Asiaten in die europäische Kultur wirklich eintreten sollten, werden sie auch die Marktwirtschaft übernehmen müssen.[118]

Der Kapitalismus, nicht der Sozialismus oder seine abgemilderte Vorstufe in Form des Interventionismus ist der Weg, die materielle und kulturelle Fortentwicklung der Menschheit zu ermöglichen. Die aktuelle Bedrohung liegt damit auf der Hand: Wie jedes sozialistisch-planwirtschaftlich-autoritäre Regime hat auch China einen Expansionsdrang, strebt nach räumlicher Ausdehnung, nach Weltgeltung.[119] Die kommunistische Führungselite in China hat damit ein leichtes Spiel, weil ihr in der westlichen Welt kein grundsätzlicher, kein kategorischer Widerstand entgegengebracht wird. Schließlich wendet man sich im Westen zusehends vom Kapitalismus ab, meint, dass durch staatliche Markteingriffe, durch staatliche Lenkungspolitik der materielle Wohlstand gehalten und sogar vermehrt werden kann. Vieles spricht dafür, dass es ein böses Erwachen geben wird, dass Freiheit und Wohlstand der Menschen auf der Welt unter die Räder kommen, wenn kein Umdenken stattfindet, wenn der Antikapitalismus nicht wirksam bekämpft wird.

Kapitel 9

Zeitloses Wissen über ein unverzichtbares Gut:

die Natur und das Wesen des Geldes

»Es wäre ein Irrtum, wollte man annehmen, daß der Bestand der modernen Organisation des Tauschverkehres für die Zukunft gesichert sei. Sie trägt in ihrem Inneren bereits den Keim der Zerstörung. Die Entwicklung des Umlaufsmittels muß notwendigerweise zu ihrem Zusammenbruch führen.«

Ludwig von Mises

Im Jahr 1912 veröffentlicht Ludwig von Mises (1881–1973) seine Habilitationsschrift *Theorie des Geldes und der Umlaufsmittel*. Es ist ein bahnbrechender Wissenschaftsbeitrag, in dem Mises neue und zeitlose geldtheoretische Erkenntnisse vorlegt; es ist eines seiner Meisterwerke. 1924 erscheint eine überarbeitete Version, und 1934 wird die englische Ausgabe mit dem Titel *Theory of Money and Credit* veröffentlicht. 1953 erscheint eine englische Neuauflage, die um einen vierten Teil ergänzt wird, das Kapitel »Monetary Reconstruction«, das Mises 1952 verfasst hatte. Mises gelingt es, die Theorie des Geldes konsequent in die subjektive Wertlehre, wie sie von Carl Menger vorgelegt wurde, einzubetten.[120]

Doch nicht nur das: Mises setzt sich auf der Basis der subjektiven Wertlehre auch eingehend mit vielen bis dato akzeptierten theoretischen Strängen kritisch auseinander, als da wären: die klassische Geldtheorie, die Quantitätstheorie, aber auch Preistheorie, Banktheorie, Konjunktur- und Inflationstheorie. Mises scheut sich nicht, zuweilen hart (aber immer fair) mit den führenden Denkern ins Gericht zu gehen: Adam Smith, David Ricardo, James Mill, Jean-Baptiste Say, Knut Wicksell, Irving Fisher; auch die Argumente, die die »Feinde des Geldes«, die »Money Cranks« wie Pierre-Joseph Proudhon, Silvio Gesell oder Ernest Solvay, anbieten, werden aufgenommen und dann mit wissenschaftlichen Mitteln zurückgewiesen.

Im Folgenden beschränke ich mich darauf, ausgewählte grundlegende Erkenntnispositionen aus Mises' *Theorie des Geldes und der Umlaufsmittel* anzusprechen. Ziel ist ein Überblick, der den Zugang zu Mises□ Werk erleichtern soll.

Beginnen wir mit der Frage: Was ist Geld? Geld, so Mises, ist das allgemein akzeptierte Tauschmittel. Geld ist dabei ein Gut wie jedes andere Gut auch – mit der Besonderheit, dass es die größte Marktfähigkeit hat, dass es das liquideste Gut von allen ist.

Das Geld ist kein Konsumgut, es ist auch kein Produktionsgut. Geld ist ein Gut eigener Art – ein Gut *sui generis*. Die Idee der Dreiteilung – Konsumgut, Produktionsgut und Geldgut – übernimmt Mises von dem deutschen Ökonomen Karl Knies (1821–1898).

Welche Funktion(en) hat Geld? In den Lehrbüchern der Hauptstrom-Ökonomik findet sich auf diese Frage diese Antwort: Das Geld hat drei Funktionen: (1) die Tauschmittelfunktion, (2) die Recheneinheitsfunktion und (3) die Wertaufbewahrungsfunktion.

Mises erklärt jedoch, dass das Geld *eine* und *nur eine* Funktion hat, und das ist die Tauschmittelfunktion. Recheneinheits- und Wertaufbewahrungsfunktionen sind gewissermaßen Spiegelbild der Tauschmittelfunktion.

Die Recheneinheitsfunktion bedeutet, dass die Tauschrelation zwischen Gütern mittels Geld ausgedrückt wird: 1 Apfel kostet 1 Euro; 1 Auto kostet 40.000 US-Dollar.

Die Wertaufbewahrungsfunktion bedeutet eine zeitliche Verschiebung des Tauschens: Das Geld soll nicht heute gegen andere Güter getauscht werden, sondern erst zu einem späteren Zeitpunkt.

Wenn man akzeptiert, dass Geld nur zu Tauschzwecken dient, dann folgt daraus eine logische, eine handlungslogische Schlussfolgerung. Sie lautet:

Die konkrete Größe der Geldmenge in der Volkswirtschaft ist irrelevant. Mit anderen Worten: Es spielt keine Rolle, ob die Geldmenge 1 Milliarde Euro beträgt, 10 Milliarden Euro oder 100 Milliarden Euro.

Jede gerade vorherrschende Geldmenge versieht die Gelddienste so gut wie jede andere Geldmenge auch. Mit jeder gerade vorherrschenden Geldmenge können alle Güterumsätze abgewickelt werden.

Ist die Geldmenge groß (sagen wir 13 Billionen Euro), fallen die Güterpreise hoch aus. Ist die Geldmenge klein (sagen wir 1 Milliarde Euro), sind die Güterpreise gering.

Das heißt aber auch, dass die Geldmenge nicht wachsen muss, damit die Volkswirtschaft wachsen kann. Vielmehr ist genau diese Idee – das die Geldmenge auszudehnen sei, denn nur so sei Wirtschaftswachstum möglich ist – einer der großen Irrtümer in der Hauptstrom-Ökonomie, die weitreichende negative Folgen hat; dazu später mehr.

Warum halten Menschen überhaupt Geld? Sie halten Geld, weil sie unter Unsicherheit handeln und wirtschaften: Man kennt nicht alle künftigen Bedürfnisse und Umstände, und daher möchte man tauschfähig bleiben.

Wenn man die Zukunft kennen würde (es also keine Unsicherheit gäbe), dann wüsste man bereits heute schon alles, was man zum Zwecke seiner Zielerreichung braucht, und dann bräuchte man kein Geld mehr nachzufragen.

Und natürlich ist die Verwendung von Geld höchst produktiv. Diese Einsicht soll hier zusammen mit der Frage »Wie ist Geld entstanden?« behandelt werden.

Carl Menger legt 1871 in *Grundsätze der Volkswirthschaftslehre* (in Kapitel 8 des Buches) eine Theorie der Geldentstehung vor.

Menschen, so Menger, erkennen, wenn sie mit einer Mindestintelligenz ausgestattet sind, dass Arbeitsteilung vorteilhaft ist: Wenn jeder das macht, was er am besten kann, wenn sich alle spezialisieren, steigt die Ergiebigkeit der Arbeit.

Die Spezialisierung der Arbeit erfordert den Tausch der arbeitsteilig erzeugten Güter. Im einfachsten Falle geht das im Zuge des Naturaltauschs: Gut wird gegen Gut getauscht. Doch der Naturaltausch ist beschwerlich.

Damit der Tausch funktioniert, muss jede Tauschpartei das Gut anbieten, das die andere Tauschpartei nachfragt, und umgekehrt. (Es bedarf hier also der »doppelten Koinzidenz«.)

Viel leichter geht der Tausch von der Hand, wenn man zum indirekten Tausch übergeht, also ein indirektes Tauschmittel verwendet. Dann tauscht man das Gut, das man bereit ist herzugeben, in das indirekte Tauschmittel ein, und nachfolgend tauscht man das indirekte Tauschmittel in das eigentlich gewünschte Gut ein.

Anfänglich gibt es vielleicht viele indirekte Tauschmittel. Nach und nach setzt sich aber das marktfähigste, das liquideste indirekte Tauschmittel durch – weil es im Interesse aller ist, es zu Tauschzwecken einzusetzen – und wird zum Geld.

In der Vergangenheit waren es meist Edelmetalle, allen voran Gold und Silber, die sich bei den Menschen, wenn sie die Freiheit hatten, ihr Geld auszuwählen, als Geld durchsetzen.

Menger lehrt uns, dass das Geld spontan aus dem freien Markt entstanden ist – dass es keiner Obrigkeit bedarf, damit Geld entstehen kann; und er lehrt uns auch, dass Geld aus einer Sache, einer Ware hervorgegangen ist.

Mises versieht Mengers Geldentstehungstheorie in *Theorie des Geldes und der Umlaufsmittel* mit einer handlungslogischen Begründung. Das wird folgend dargelegt; den Beginn macht die Erklärung des Geldwertes.

Der Wert des Geldes

Stellen wir die Frage: Wie erklärt sich der Wert des Geldes? Eine Antwort zu finden, wird uns einfacher fallen, wenn wir uns zunächst die Erklärung des Wertes von (Nicht-Geld-)Gütern vor Augen führen.

Ein Gut ist nicht einfach so ein Gut, sondern erst der handelnde Mensch weist ihm einen Wert zu. Der Wert liegt sozusagen in den Augen des Betrachters – und das ist der Kern der subjektiven Wertlehre.

Nicht-Geld-Güter haben einen objektiven Gebrauchswert. Er kommt darin zum Ausdruck, dass ein Gut tatsächlich, also aus technischer Sicht geeignet ist, um ein Ziel zu erreichen. Beispiel: Herr Müller hat Hunger. Wenn er ihn stillen will, hat ein Apfel für ihn einen objektiven Gebrauchswert, ein Stein hingegen nicht.

Neben dem objektiven Gebrauchswert gibt es den subjektiven Gebrauchswert eines Gutes. Er erklärt sich dadurch, dass der Handelnde (in unserem Falle Herr Müller) einem Gut einen Wert beimisst, weil er meint – ob nun richtigerweise oder fälschlicherweise –, mit dem Einsatz des Gutes sein Ziel erreichen zu können.

Neben dem objektiven und subjektiven Gebrauchswert gibt es auch einen objektiven und subjektiven Tauschwert.

Der objektive Tauschwert des Apfels kommt in der Menge anderer Güter zum Ausdruck, die man für die Hingabe des Apfels bekommt: Herr Müller kann zum Beispiel 1 Apfel gegen 2 Birnen tauschen oder 1 Apfel gegen eine halbe Banane.

Der subjektive Tauschwert ist der Nutzen der Güter, den Herr Müller sich gegen Hingabe des Apfels verschaffen kann.

Bei Konsumgütern zählen vor allem der objektive und subjektive Gebrauchswert, meist jedoch weniger der objektive und subjektive Tauschwert.

Beispiel: Für Herrn Müller hat der Apfel einen objektiven Gebrauchswert, weil der Apfel ein Lebensmittel ist und seinen Hunger stillen kann (und das ist hier ja sein Ziel); und der Apfel hat für ihn auch einen subjektiven Gebrauchswert, weil er die hungerstillende Eignung des Apfel auch erkennt.

Ob der Apfel für Herrn Müller aber auch einen objektiven oder subjektiven Tauschwert hat, ist in der Regel unbedeutend, wenn er die Frucht verzehren, sie für die Befriedigung des Endzweckes einsetzen will.

Die Wertgestaltung des Geldes ist allerdings besonders. Geld dient nur als Tauschmittel. Und damit Geld als Tauschmittel dienen kann, muss es einen objektiven Tauschwert haben.

Der objektive Tauschwert des Geldes ist die Anzahl der Güter, die man gegen Hingabe einer Geldeinheit erhält. Und der subjektive Tauschwert korrespondiert mit dem subjektiven Nutzen, den die Güter, die der Geldbesitzer für sein Geld eintauschen kann, ihm stiften.

Damit Geld aber überhaupt einen subjektiven Tauschwert haben kann, muss es bereits einen objektiven Tauschwert besitzen. Anders gesagt: Der objektive Tauschwert des Geldes ist die Voraussetzung für seinen subjektiven Tauschwert. Ohne objektiven Tauschwert kann Geld keinen subjektiven Tauschwert haben. Mises schreibt: »Der Weg der Geldtheorie führt über den subjektiven Tauschwert zurück auf den objektiven Tauschwert.« Wie erklärt sich das?

Die Erklärung beginnt mit dem objektiven Tauschwert des Geldes. Er bestimmt sich durch das Zusammenspiel zwischen Angebot von und die Nachfrage nach Geld. Ein Beispiel:

Wenn Sie in einen Obstladen gehen, bieten Sie zum Beispiel 1 Euro für eine Birne, und der Obsthändler verkauft ihnen die Birne für 1 Euro. Ihre Nachfrage nach Birnen entspricht dem Geldangebot, und das Angebot der Birne des Obsthändlers entspricht der Geldnachfrage.

Der resultierende Preis der Birne – 1 Euro pro Birne – bestimmt die Kaufkraft des Euro. (Würde die Birne nur 0,50 Euro kosten, würde die Kaufkraft von 1 Euro 2 Birnen sein.)

Doch jetzt stellt sich uns ein ernstes Erklärungsproblem: Sie und ich fragen Geld nach, weil sie wissen, dass es bereits einen objektiven Tauschwert, also Kaufkraft, hat.

Doch wir haben soeben gehört, dass die Kaufkraft des Geldes bestimmt wird durch das Zusammenspiel zwischen dem Angebot von und der Nachfrage nach Geld. Haben wir es jetzt nicht mit einem »Huhn-Ei-Problem« zu tun oder, wie Karl T. Helfferich (1872–1924) es beschreibt, einem »Zirkelschluss«?

Denn wir sagen, man fragt Geld nach, weil es Kaufkraft hat. Aber die Kaufkraft des Geldes wird dadurch bestimmt, dass es jemand nachfragt (und jemand es anbietet). Ludwig von Mises löst diesen vermeintlichen »Zirkelschluss« auf.

Er erklärt, dass wir Geld heute nachfragen, weil es gestern Kaufkraft gehabt hat: Wir haben erfahren, dass kurz zuvor mit Geld gekauft werden konnte. Und gestern haben wir Geld nachgefragt, weil das Geld vorgestern Kaufkraft hatte. Und so weiter.

Doch führt diese Erklärung nicht zu einem ewigen Rückwärtsschreiten, zu einem »infiniten Regress«? Die Antwort ist nein. Denn wenn wir uns die Erklärung der Kaufkraft des Geldes rückwärtsdenkend erschließen, dann gelangen wir zu einem definitiven »Endpunkt«.

Dieser Endpunkt ist der Moment, in dem ein Gut erstmalig als Geld eingesetzt wurde. Es ist der Moment, in dem das Gut erstmalig für monetäre Zwecke diente. Zuvor wurde das Gut nur für nicht-monetäre Zwecke verwandt, und sein Marktwert erklärte sich allein aufgrund seiner nicht-monetären Dienste.

Mit diesem sogenannten Regressionstheorem löst Mises den angeblichen »Zirkelschluss« auf, indem er uns erklärt, dass der Tauschwert des Geldes (sein objektiver Tauschwert) eine Zeitdimension hat.

Mises informiert uns mit seinem Regressionstheorem auch darüber, dass Geld aus einem Gut entstanden sein muss, das, bevor es zu monetären Zwecken verwandt wurde, einen Marktwert gehabt haben muss, der nur auf seine nicht-monetären Dienste zurückzuführen ist – und stützt damit die Geldentstehungstheorie von Carl Menger.

Daraus folgt weiterhin, dass sich Geld nicht »von oben«, also *ex machina* einführen lässt. Es muss vielmehr aus dem freien Markt hervorgebracht werden. Damit ein Gut zu Geld werden kann, muss es bereits einen Marktwert haben, der sich allein aufgrund seiner nicht-monetären Dienste erklärt.

Das ist übrigens auch der Grund, warum das heutige Fiat-Geld, ein ungedecktes Geld, nicht natürlich ist: Es konnte nur in die Welt kommen, weil man irgendwann die Eintauschbarkeit von Banknoten und Bankguthaben in das Grundgeld (das Gold) beendet hat – und zwar durch einen betrügerischen Akt, eine Enteignung der Goldbesitzer. Wir kommen noch darauf zurück.

Bleibt noch, den subjektiven Tauschwert des Geldes zu erklären – der gleichzeitig auch seinem subjektiven Gebrauchswert entspricht. Der subjektive Tauschwert des Geldes speist sich aus dem Nutzen der Güter, die sich gegen Geld eintauschen lassen.

Frau Maier tauscht 1 Euro im Obstladen gegen 1 Banane ein – weil aus ihrer subjektiven Sicht die Banane wertvoller ist als 1 Euro. Und der Obsthändler gibt die Banane her, weil sie für ihn weniger wert ist als der 1 Euro.

Der subjektive Tauschwert des Geldes wird – wie der Wert eines jeden anderen Gutes auch – durch das Gesetz des abnehmenden Grenznutzens erklärt: Es besagt: (1) Ein großer Gütervorrat hat einen höheren Nutzen als ein kleiner Gütervorrat; und (2) der Nutzen der zusätzlich erhaltenen Gütereinheit (das ist der Grenznutzen) nimmt mit steigendem Gütervorrat ab.

Damit ist der Geldwert in die subjektive Wertlehre integriert. Es lässt sich nunmehr konsistent argumentieren, dass es die Wünsche und Präferenzen der Marktakteure sind, die ihre Handlungen bestimmen, und dass die Güterpreise am Markt Ausdruck des subjektiven Wertens der Marktakteure sind.

Mit dem Gesetz des abnehmenden Grenznutzens können wir nun auch theoretisch überzeugend erklären, was ein Ausweiten der Geldmenge in der Volkswirtschaft bedeutet.

Zu Mises' Zeiten vertraten viele Ökonomen die Auffassung, dass ein Ansteigen der Geldmenge um, sagen wir, 10 Prozent zu einem Anstieg der Güterpreise in gleicher Höhe führen würde; darin kommt die sogenannte Quantitätstheorie zum Ausdruck.

Mises konnte diese Sicht zurückweisen. Zunächst ist es in der Tat so, dass ein Anstieg der Geldmenge in den Händen der Marktakteure den Grenznutzen der zusätzlich erhaltenen Geldeinheiten herabsetzt – also den Grenznutzen von anderen Gütern gegenüber dem Geld ansteigen lässt.

Und das lässt natürlich das Werten und Handeln der Marktakteure nicht unbeeinflusst. Sie werden Geld gegen Güter anbieten – und folglich steigen die Güterpreise beziehungsweise die Güterpreise fallen höher aus, als sie ausfallen würden, wenn die Geldmenge nicht ausgeweitet worden wäre.

Doch eine Vermehrung der Geldmenge von, sagen wir, 10 Prozent lässt nicht den Schluss zu, dass auch alle Güterpreise um 10 Prozent steigen – wie von den Quantitätstheoretikern behauptet.

Denn unterschiedliche Marktakteure werden das neu erhaltene Geld zu unterschiedlichen Zeitpunkten erhalten und es unterschiedlich bewerten, und sie werden daraufhin auch unterschiedlich handeln, das heißt, sie fragen beispielsweise unterschiedliche Güter nach. Nicht alles neue Geld wird verausgabt, und nicht alle Güter werden gleichermaßen nachgefragt. Eine Ausweitung der Geldmengen um 10 Prozent wird daher die Güterpreise nicht alle gleichermaßen um 10 Prozent in die Höhe treiben, vielmehr werden einige um 10 Prozent, andere um mehr, andere um weniger als 10 Prozent ansteigen.

Mises betont, dass bei einer Geldmengenausweitung nicht alle zur gleichen Zeit an das neue Geld gelangen. Vielmehr gibt es Erstempfänger und Spätempfänger des neuen Geldes.

Die Erstempfänger können das neue Geld gegen Güter eintauschen, deren Preise noch unverändert sind. Im Zeitablauf, wenn das neue Geld gewissermaßen von Hand zu Hand weitergereicht wird, steigen auch die Güterpreise. Folglich können diejenigen, die das neue Geld erst spät bekommen, die Güter nur noch zu erhöhten Preisen kaufen. Wir erkennen: Das Ausweiten der Geldmenge schafft Gewinner (die Erstempfänger) und Verlierer (Spätempfänger). Dieses Phänomen wird auch als »Cantillon-Effekt« bezeichnet, benannt nach dem britisch-französischen Ökonomen Richard Cantillon (1680–1734).

Jetzt können wir auch erahnen, wo die Antwort auf die Frage zu finden ist: Warum steigt die Geldmenge in den modernen Volkswirtschaften immer weiter an?

Wir haben bereits gehört, dass die Geldmenge nicht steigen muss, damit die Wirtschaft wachsen kann. Mises hilft uns bei der Erkenntnis, dass die Motive, die Geldmenge auszuweiten, nicht ökonomische, sondern nur politische sein können.

Das ungedeckte Papiergeldsystem oder auch Fiat-Geldsystem, das heute weltweit verbreitet ist, schafft Gewinner und Verlierer. Und vor allem die Staaten und die Sonderinteressengruppen, die von ihm profitieren, haben ein manifestes Interesse an ungedecktem Papiergeld. Ungedecktes Papiergeld des Staates dient der Bereicherung und Herrschaft einiger über die vielen.

An dieser Stelle wollen wir einen Blick auf die Typologie der Geldarten werfen, die Mises vorgelegt hat – insbesondere auch mit Blick auf die in der Realität vorzufindende Struktur der Geldmärkte. Jörg Guido Hülsmann hat eine sehr hilfreiche Übersicht dazu erstellt, auf die hier zurückgriffen werden soll (siehe die folgende Grafik).

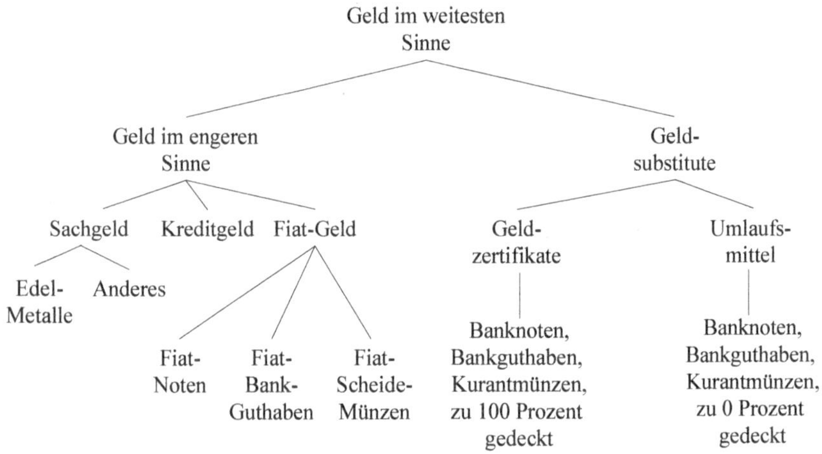

Abbildung 9.1: Typologie der Geldarten nach Ludwig von Mises
Quelle: Hülsmann (2012), Theory of Money and Fiduciary Media, S. 34.

Mises unterscheidet zwischen Geld im engeren Sinne (Grundgeld) und Geld im weiteren Sinne (Geldsubstitute). Zu Geld im engeren Sinne sind zu zählen: (1) Warengeld in Form von Edelmetallen oder anderen Sachgütern; (2) Kreditgeld und Forderungen, die als Geld verwendet werden, die dem Geld, in dem sie denominiert sind, gleich geschätzt werden; und (3) Fiat-Geld, das es in Form von Banknoten, Bankguthaben und Scheidemünzen (deren aufgeprägter Nennwert höher ist als der Metallwert der Münze) gibt.

Bei den Geldsubstituten lässt sich unterscheiden zwischen Geldzertifikaten und Umlaufsmitteln. Geldzertifikate sind zu 100 Prozent durch Grundgeld gedeckt. Sie können die Form von Banknoten, Guthaben und Münzen haben.

Umlaufsmittel, die ebenfalls Banknoten, Guthaben und Münzen sein können, haben eine »Nulldeckung«, sind also nicht durch das Grundgeld gedeckt.

Die große Merkwürdigkeit dabei ist natürlich das Fiat-Geld. Es stellt uns nicht vor große Probleme, zu verstehen, dass Sachgeld und auch Kreditgeld aus dem freien Markt entstehen können. Aber Fiat-Geld?

Wir haben bereits mehrfach festgestellt: Fiat-Geld kann nicht aus freiwilligen Markttransaktionen entstanden sein. Es muss per Zwang installiert werden. Und so war es ja auch: Die Staaten haben die Goldbesitzer irgendwann enteignet und das Goldgeld (per Zwang, muss man betonen) durch ihr staatliches Fiat-Geld ersetzt.

Mises hat sich zu seiner Zeit vor allem mit den wirtschaftlichen Folgen der Umlaufsmittelausgabe auseinandergesetzt – also Geldsubstituten, die keinerlei Deckung durch Grundgeld aufweisen.

In *Theorie des Geldes und der Umlaufsmittel* legt Mises auch die Grundlagen für die monetäre Konjunkturtheorie der Österreichischen Schule. Aufbauend auf den Arbeiten von David Ricardo (1772–1823), Eugen Böhm-Bawerk (1851–1914) und J. G. Knut Wicksell (1851–1926) leitet Mises die wirtschaftlichen Folgen ab, wenn der Bankenapparat (ob nun Zentralbanken und/oder Geschäftsbanken) Umlaufsmittel ausgibt.

Die Ausgabe von Umlaufsmitteln erfolgt durch Zirkulationskredite, wie Mises sie nennt: Bankkredite, die nicht durch echte Ersparnisse gedeckt sind. Um es an dieser Stelle kurz zu halten: Die Ausgabe von Umlaufsmitteln erzeugt zunächst einen Boom, der aber früher oder später in einen Bust umschlagen muss.

Der Boom ist das Ergebnis einer Zinsverzerrung: Die Zirkulationskreditvergabe verfälscht den Marktzins und verlockt die Marktakteure dazu, weniger zu sparen, mehr zu konsumieren und mehr zu investieren.

Es kommt zu Fehlallokationen (durch Überkonsum und Fehlinvestitionen), und es stellt sich eine nicht durchhaltbare Wirtschaftsstruktur ein, die auf Korrektur drängt und sich auch mit einer fortwährenden Inflationspolitik nicht dauerhaft aufrechterhalten lässt.

Mises' geldtheoretische und konjunkturtheoretische Arbeiten, die er in den folgenden Jahren weiter verfeinerte (insbesondere durch seine Zeitpräferenztheorie des Zinses), sind von zeitloser Qualität und Erklärungskraft.

Denn sie stehen auf dem festen Fundament der Praxeologie (die Mises 1912 zwar noch nicht formal ausbuchstabiert hatte, der er aber recht konsequent schon gefolgt war). Mit anderen Worten: Mises' Geldtheorie und vor allem die monetäre Konjunkturtheorie sind handlungslogisch – ihre Aussagen lassen sich als logisch widerspruchsfrei einsehen.

Sie sind – unter Berücksichtigung der jeweils vorherrschenden Bedingungen, unter denen das Handeln und Wirtschaften der Menschen stattfindet – zeitlos anwendbar, damals wie heute, und auch künftig werden sie ihre Relevanz behalten.

Wie hellsichtig Mises die Bedeutung des Geldes für die Struktur des gesamten Wirtschafts- und Gesellschaftslebens erkannte und welche Folgen ein Umlaufsmittel- beziehungsweise Fiat-Geldsystem hat, zeigt das folgende Zitat:

> Es wäre ein Irrtum, wollte man annehmen, daß der Bestand der modernen Organisation des Tauschverkehres für die Zukunft gesichert sei. Sie trägt in ihrem Innern bereits den Keim der Zerstörung. Die Entwicklung des Umlaufsmittels muss notwendigerweise zu ihrem Zusammenbruche führen.[121]

Das Fiat-Geldsystem, das mittlerweile etabliert wurde, gibt angesichts von Mises' geld- und gesellschaftstheoretischen Einsichten Anlass zu allergrößter Besorgnis.

Aber Mises kritisierte nicht nur das Fiat-Geldsystem; vielmehr machte er 1953 in der englischen Ausgabe von *Theorie des Geldes und der Umlaufsmittel* einen Geldreformvorschlag.

Darin fordert Mises die Rückkehr zum Goldgeld – in einer Zeit also, in der formal das System von Bretton Woods gilt. Mises sieht die Probleme dieses Systems, vor allem erkennt er, dass die US-Dollar-Geldmenge hier nicht zu 100 Prozent in Gold gedeckt ist und zudem noch chronisch ausgeweitet wird.

Kurz zusammengefasst sah Mises' Reformplan Folgendes vor: der Goldpreis (der damals noch fixiert war) soll freigegeben werden, damit sich ein »freier Marktpreis« des Goldes einstellen kann. Sobald dieser Preis gefunden ist, ist die US-Dollar-Geldmenge zu diesem Preis in physisches Gold eintauschbar.

Fortan darf die US-Dollar-Geldmenge nicht mehr steigen ohne eine 100-prozentige Golddeckung. Die US-Zentralbank soll geschlossen werden. Zudem soll der US-Dollar auch wieder in Form von Goldmünzen umlaufen.

1953 betrug der offizielle Goldpreis 35 US-Dollar pro Feinunze. Wäre man Mises' Vorschlag gefolgt und hätte das Gold der US-Zentralbank dazu verwendet, um die US-Dollar-Geldmenge M2 zu 100 Prozent zu decken, hätte der Goldpreis bei etwa 374 US-Dollar pro Feinunze gelegen. Das Resultat wäre also ein Anstieg des Goldpreises von ungefähr 970 Prozent gewesen – mehr als eine Verzehnfachung des damaligen offiziellen Goldpreises.

Was würde es bedeuten, wenn man Mises' Vorschlag heute in die Tat umsetzte? Nun, man käme auf einen Goldpreis von knapp 57.000 US-Dollar pro Feinunze – ein Anstieg von ungefähr 3350 Prozent! Würde man mit dem Gold der US-Zentralbank nur M1 decken, müsste der Goldpreis ungefähr 15.000 US-Dollar pro Feinunze betragen – immer noch ein Anstieg von ungefähr 809 Prozent gegenüber dem aktuellen Preis.

Diese Zahlen lassen erkennen, dass das ungedeckte Papiergeldsystem in den letzten Jahrzehnten gewaltig inflationiert worden ist und dass eine Rückkehr zum Goldgeld vermutlich zu einer vollständigen Kaufkraftentwertung der offiziellen Papierwährungen führen würde.

Mises' Geldreformvorschlag speist sich aus seiner Einsicht, dass »gutes Geld«, also Geld, das die Menschen frei im Markt wählen dürfen, auf das Engste mit der Freiheit der Menschen verbunden ist. In der englischen Version von *Theorie des Geldes und der Umlaufsmittel* formuliert er das »Prinzip des guten Geldes« (»Sound money principle«):

> [T]he sound-money principle has two aspects. It is affirmative in approving the market's choice of a commonly used medium of exchange. It is negative in obstructing the government's propensity to meddle with the currency system.[122]

Und weiter:

> It is impossible to grasp the meaning of the idea of sound money if one does not realize that it was devised as an instrument for the protection of civil liberties against despotic inroads on the part of governments. Ideologically it belongs in the same class with political constitutions and bills of right.[123]

Mises klärt uns auf, dass schlechtes Geld, Geld, das der Staat den Menschen aufzwingt, das er nach Belieben vermehren und ausgeben kann, in die Tyrannei führt. Für alle, die um die Folgen des Interventionismus, der antikapitalistischen Folgen wissen, ist diese Schlussfolgerung alles andere als überraschend: Das Fiat-Geld ist ein Fremdkörper, ein antikapitalistisches Element im System der freien Märkte und der freien Gesellschaft – und arbeitet, für viele Außenstehende nicht sichtbar, auf ihre Zerrüttung und Zerstörung hin.

Kapitel 10
Wie der Staat das Geld zerrüttet:
eine kurze Geschichte des Goldgeldes

»Gold is a currency. It is still by all evidences the premier currency, no fiat currency, including the dollar, can match it.«
Alan Greenspan

Ein ganz besonderer Stoff

Gold hat in der Menschheitsgeschichte seit jeher einen festen Platz. Symbolisch steht Gold für Schönheit, Unvergänglichkeit, für Göttlichkeit, Macht, für das Beste – und das seit Jahrtausenden und in einer Vielzahl von Kulturen und Religionen. Physikalisch gesehen ist Gold eines von vielen chemischen Elementen. Es hat das Elementsymbol AU (für lateinisch *aurum*) und die Ordnungszahl 79. Im Periodensystem steht es in der 1. Nebengruppe (Gruppe 11), die auch als Kupfergruppe bezeichnet wird.

Gold ist ein Edelmetall. Das heißt, dass es in natürlicher Umgebung unter Einwirkung von Luft und Wasser dauerhaft chemisch stabil ist. Auch von Säure, mit Ausnahme des »Königswasser« genannten Salzsäure-Salpetersäure-Gemischs, wird Gold nicht angegriffen. Gold hat eine hohe Dichte: 19,30 g/cm^3 (Gramm pro Kubikzentimeter); Silber kommt nur auf 10,49 g/cm^3. Der Schmelzpunkt des Goldes liegt bei 1064 Grad Celsius. Zu kochen beginnt es ab 2700 Grad Celsius. Gold ist leitfähig, und es ist relativ weich und gut formbar.

Aus einem Gramm Gold kann ein mehr als drei Kilometer langer Draht mit einem Durchmesser von 0,006 Millimeter hergestellt werden – ein Menschenhaar ist zehnmal dicker, etwa 0,06 Millimeter. Eine Feinunze

Gold (das sind 31,1034768 Gramm) lässt sich in Blattform ausschlagen mit einer Fläche von etwa 9 Quadratmetern.

Ende 2017 gab es, so die Schätzung, auf der Welt überirdisch rund 190.000 Tonnen Gold, unterirdisch weitere 54.000 Tonnen. Die Menge des überirdischen Goldes entspricht einem Würfel mit einer Kantenlänge von 21,4 Metern.

Wie ist Gold entstanden, wo wird es gefördert?

Wie ist Gold entstanden? Man geht davon aus, dass das Gold vor langer, langer Zeit entstanden ist, und zwar aus der Kollision und Verschmelzung von Neutronensternen. Das Gold ist quasi auf die Erde geregnet. Als die frühe Erde noch keine feste Kruste hatte, ist es aufgrund seiner hohen Dichte in den Erdkern gewandert. Wir kommen heute nur noch an das Gold heran, das nach der Krustenbildung auf die Erde gelangt ist, das beispielsweise durch vulkanische Prozesse wieder an die Oberfläche befördert wurde oder durch Meteoriten auf die Erde gelangte.

Im Jahr 2018 lag die weltweite Goldfördermenge bei 3346,9 Tonnen. Die derzeit bedeutendsten Goldförderländer sind China, Australien, Russland, die USA und Kanada. Gold wird meist gewonnen, indem es aus dem umgebenden Gestein gelöst wird. Durch Fortschritte in der Gewinnung lohnt sich bei den aktuellen Preisen auch der Abbau von Gestein, das weniger als 1 Gramm Gold pro Tonne Gestein enthält.

In den letzten 119 Jahren war das Wachstum der geförderten Goldmenge relativ trendstabil: Es betrug etwa 2 Prozent pro Jahr. Die Wachstumsrate der physischen Goldmenge ist damit viel geringer als beispielsweise das Wachstum der US-Dollar-Geldmenge. Sie legte im Schnitt um 6,4 Prozent pro Jahr zu.

Warum Edelmetalle als Geld?

Gold wird für viele Zwecke nachgefragt: von der Industrie ebenso wie von Schmuckherstellern; es wird zudem in Medizin und Technik eingesetzt und natürlich auch für monetäre Zwecke nachgefragt. Warum sollten Edelmetalle, warum Gold (und auch Silber) als Geld verwendet werden?

Gibt es nichts Besseres? Nun, damit »etwas« als Geld – also als das allgemein akzeptierte Tauschmittel – verwendet wird, muss dieses »etwas« bestimmte Eigenschaften haben.

Es muss zum Beispiel knapp sein, homogen (also von gleicher Art und Güte), haltbar, transportabel, teilbar und prägbar, und es muss einen hohen Wert pro Einheit aufweisen und allgemein wertgeschätzt sein. Im Wettbewerb um die Geldfunktion haben sich in der Vergangenheit immer wieder die Edelmetalle durchgesetzt, insbesondere Gold und Silber, weil sie am relativ besten die genannten Eigenschaften erfüllen, die »gutes Geld« ausmachen.

Zur Geldentstehung

Das führt uns zur Frage: Wie ist Geld eigentlich entstanden? Geld ist im freien Markt entstanden, und zwar spontan und aus einem Sachgut.

Das erklärte der österreichische Ökonom Carl Menger (1840–1921) bereits 1871 in seinem Buch *Grundsätze der Volkswirthschaftslehre*:

> Das Geld ist keine staatliche Erfindung, nicht das Product eines legislativen Actes und die Sanction desselben Seitens der staatlichen Autorität ist demnach dem Begriffe des Geldes überhaupt fremd. Auch die Existenz bestimmter Waaren als Geld hat sich naturgemäss aus den ökonomischen Verhältnissen herausgebildet, ohne dass die staatliche Einflussnahme hiebei erforderlich gewesen wäre.[124]

Bemerkenswert ist der Hinweis, dass das Geld ohne Dazutun des Staates entstanden ist, dass es ein *reines* Marktphänomen ist – eine Einsicht, die heutzutage in der modernen Volkswirtschaftslehre gewissermaßen übergangen, wenn nicht gar verschwiegen wird. Mengers Theorie wurde von Ludwig von Mises (1881–1973) nachfolgend, im Jahr 1912, mit einer logischen Begründung versehen.

Damit »etwas« zu Geld werden kann, muss es bereits einen Marktwert besitzen; und zwar einen Marktwert, der sich allein aufgrund der nicht-monetären Eigenschaften dieses »etwas« erklärt. Der nicht-monetäre Marktwert ist der Anfangspunkt, an dem sich der Tauschwert des Gutes, wenn es zu Tauschzwecken eingesetzt wird, festmacht und von dem sich der Tauschwert des Gutes (weiter)entwickelt.

Der Blick in die Währungsgeschichte zeigt, dass Geld in der Tat stets ein Sachgut war: in Form von Vieh, Muscheln, Salz, Zigaretten, vorzugsweise aber in Form von Edelmetallen wie Gold und Silber.

Edelmetalle, allen voran das Gold, haben nämlich die Eigenschaften, die es zu einem geradezu perfekten Geld machen. Und deshalb wurden sie stets, wenn es den Menschen freistand, als Geld ausgewählt.

Anfänge des Goldgeldes

Die für uns Menschen nachvollziehbare Geschichte des Goldes reicht weit zurück – schätzungsweise bis in die Mitte des 5. Jahrtausends vor Christus. Die frühesten Hinweise, dass Edelmetalle als Geld verwendet wurden, finden sich im Codex Hammurapi des Königs von Babylon, 1870 Jahre vor Christi Geburt. In China verwendete man bereits 1100 Jahre vor Christi Geburt Gold als Geld, und zwar in Form kleiner Würfel.

Die Anfänge der Münzprägung finden sich im östlichen Mittelmeerraum etwa 800 Jahre vor Christi Geburt. Viele der frühen Münzen bestanden aus Elektrum: einer natürlichen Legierung aus Gold und Silber, die später auch künstlich hergestellt wurde. Lassen Sie uns nun einen großen zeitlichen Sprung machen, und zwar geradewegs zum Ende des 18. Jahrhunderts.

Goldgeld in England

Ende des 18. Jahrhunderts war Großbritannien die wirtschaftlich und militärisch mächtigste Nation der Welt. Zu dieser Zeit hatten die Briten einen *Bimetallismus*: Das hieß, sie verwendeten Gold und Silber als Geld.

Das britische Pfund (dessen Ursprung bis in das 8. Jahrhundert zurückreicht) war allerdings bis dato nur in Silber definiert.[125] Und dennoch wurden Gold und Silber als Geld verwendet. Warum?

Das kam so: Der Mathematiker und Physiker Isaac Newton (1643–1727) wurde 1699 zum Herrn der Britischen Münze (Master of the Royal Mint) berufen.

Er sollte die Währungsverhältnisse ordnen, und dazu setzte er im Jahr 1717 das Silber-Goldpreis-Verhältnis auf 15½ : 1. Das heißt, 15 ½ Feinunzen Silber entsprachen 1 Feinunze Gold.

Seit dem 12. Jahrhundert hatte jedoch das Austauschverhältnis zwischen Silber und Gold bei etwa 12 : 1 gelegen.

Newton trifft damit eine folgenreiche Entscheidung. Denn diese führt zu einer offiziellen Unterbewertung des Silbers und zu einer Überbewertung des Goldes. Daraufhin zeigte das sogenannte *Greshamsche Gesetz*[126] Wirkung.

Es besagt, dass bei festen Wechselkursen das (von Seiten des Staates) überbewertete Geld das (von Seiten des Staates) unterbewertete Geld verdrängt. Und so kam es auch. Newtons Entscheidung führte dazu, dass das Gold als Geld umlief und dass das Silber gehortet wurde. Somit war Großbritannien de facto auf einem Goldstandard.[127]

Mit dem Ausbruch des ersten napoleonischen Krieges hebt jedoch die britische Regierung 1797 die Einlösbarkeit des britischen Pfundes in Edelmetall auf und geht auf ein ungedecktes Papiergeldsystem über.

Der Grund: Man will die Kriegsausgaben mit inflationärem Geld finanzieren. Die Bank of England gibt ungedecktes Geld heraus. Es kommt zur Güterpreisinflation.

Chronisch steigende Güterpreise kennen die Briten bis dato nicht. Der britische Ökonom David Ricardo (1772–1823) bringt jedoch Licht ins Dunkel mit seinem berühmten Aufsatz »The High Price of Bullion« aus dem Jahr 1809.

Die Inflation, so erklärt Ricardo, ist ein monetäres Phänomen. Ihre Ursache ist die Ausgabe von neuem Geld, in diesem Falle Geld, das nicht durch Gold oder Silber gedeckt ist.

1816 beschließen die Briten, zur Edelmetalleinlösbarkeit des Pfunds zurückzukehren – und zwar ab dem Jahr 1821. Allerdings soll das Pfund fortan nur noch in Gold, nicht mehr in Silber einlösbar sein.

Das Silber wird entmonetisiert, und von da ab ist Großbritannien offiziell auf einem Goldstandard.

Goldgeld in den USA

Blicken wir nach Amerika. Dort wird durch das Münzgesetz vom 2. April 1792 (»Coinage Act«) der Dollar zur amerikanischen Währungseinheit erklärt.

Der Dollar wird in Gold und Silber definiert. Genauer: 1 US-Dollar entspricht 371,25 Gran Feinsilber (480 Gran = 1 Feinunze = 31,1034768 Gramm) oder 24,75 Gran Feingold. Das feste Austauschverhältnis zwischen Silber und Gold liegt damit bei 15 : 1.

Damit entspricht eine Feinunze Gold 19,3939 US-Dollar, 1 Feinunze Silber 1,2929 US-Dollar.

Die USA sind so offiziell auf einem Bimetall-Standard (Bimetallismus).

Das gesetzlich fixierte Austauschverhältnis zwischen Silber und Gold führte jedoch schon bald zu einem ernsten Problem. Denn im freien Markt steigt die Silber-Gold-Tauschrelation auf über als 15 : 1. Das bedeutet, dass Silber nun offiziell überbewertet ist gegenüber Gold (und dass das Gold unterbewertet ist gegenüber Silber) – und das Greshamsche Gesetz macht sich bemerkbar.[128]

Das überbewertete Silber verdrängt das unterbewertete Gold. Und so läuft bis 1833 Silbergeld, nicht Goldgeld um. Die USA sind de facto auf einem Silberstandard.

Im Jahr 1834 wird jedoch die Münzgesetzgebung geändert und dabei die offizielle Silber-Gold-Tauschrelation auf 16 : 1 gesetzt. Das Goldgewicht des US-Dollar wird dabei auf 23,22 Gran gesetzt, und fortan entspricht 1 Feinunze Gold 20,671835 US-Dollar (= 480/23,22).

Allerdings liegt die Silber-Gold-Tauschrelation im freien Markt bei 15,625 : 1, sodass bei der offiziellen Tauschrelation bei 16 : 1 das Silber nun also offiziell unterbewertet und das Gold überbewertet ist.

Wieder wirkt das Greshamsche Gesetz: Das überteuerte Gold verdrängt das unterbewertete Silber – und die USA sind ab 1834 de facto auf einem Goldstandard.

Aus Silber werden nur noch kleine Münzen geprägt, und der Silberpreis in US-Dollar beginnt zu fallen. Die Gold-Silber-Preisrelation steigt. Daran ändern auch die Goldfunde in Kalifornien in den 1840er-Jahren und in Australien in den 1850er-Jahren nichts.

Das »Verbrechen von 1873«

Im Jahr 1873 kommt es in den USA zu einer Reform des Münzgesetzes, durch die das Silber de facto entmonetisiert wird: Der US-Dollar wird fortan nur noch in Gold, nicht mehr in Silber definiert.

Die Befürworter des Silbergeldes sprechen vom »Verbrechen von 1873« – denn das Silber verliert nun offiziell seinen Geldstatus. Doch nicht nur in den USA wendet man sich zu dieser Zeit vom Silbergeld ab, auch anderswo.

Frankreich, das seit 1803 einen Bimetall-Standard hat, demonetisiert das Silber in den Jahren 1873–1874. Das Gleiche geschieht in den anderen Mitgliedsländern der Lateinischen Münzunion.

Dänemark, Norwegen, Schweden, die Niederlande und Preußen folgen in den Jahren 1875 bis 1876, Österreich 1879. Die Folge: Der Silberpreis verfällt. Betrug er 1834 noch 1,2929 US-Dollar pro Feinunze, sind es Anfang des 20. Jahrhunderts nur noch 0,5 US-Dollar pro Feinunze.[129]

Zäsur: Der Erste Weltkrieg

Der Ausbruch des Ersten Weltkrieges im August 1914 markiert eine große Zäsur im weltweiten Geldsystem.

Im deutschen Kaiserreich war die Mark (auch: Goldmark) seit 1871 gültige Währung. 1 Mark entsprach 0,358423 Gramm Feingold, und als Kurantmünze wurde sie zu 5, 10 und 20 Mark geprägt.

Bei Kriegsausbruch wird sogleich die Goldeinlösbarkeit der Mark aufgehoben. Die Mark wird zur ungedeckten Papiermark, die sich beliebig vermehren lässt. Grund: Die deutsche Regierung will auf inflationäre Weise – durch die Inflationssteuer – einen Teil der Kriegskosten bezahlen.

Die Papiermark wird inflationiert, übersteht aber den Krieg, nicht jedoch die Weimarer Republik, die neue Demokratie. Die Papiermark wird nach Ende des Krieges derart stark vermehrt, dass sie im Sturm einer Hyperinflation untergeht. Sie wird im November 1923 durch die Rentenmark ersetzt.[130]

Die internationale Währungsordnung ist nach dem Ende des Ersten Weltkrieges zerrüttet. Denn nicht nur Deutschland, sondern de facto alle großen Länder wie Großbritannien und Frankreich haben die Goldeinlösbarkeit ihrer Währungen aufgehoben.

Die Ausnahme sind die USA. Zwar erlassen auch die Amerikaner Anfang 1917 kurzzeitig ein Goldexport-Embargo. Aber nach wie vor entsprechen 20,67 US-Dollar 1 Feinunze Gold, und Goldgeld läuft um.

Mit der Währungskonferenz im italienischen Genua im Jahr 1922 sollen die Währungsverhältnisse geordnet werden. Dort einigen sich 34 Länder – die USA nehmen nicht daran teil – aber nur auf eine halbherzige Lösung, den Gold-Devisen-Standard.

Gold-Devisen-Standard

Der Gold-Devisen-Standard sieht vor, dass sich das britische Pfund in Gold und US-Dollar einlösen lässt. Die übrigen europäischen Währungen sind nicht in Gold, sondern in britische Pfund einlösbar.

Das Pfund ist allerdings nicht mehr in Goldmünzen, sondern nur noch in großvolumige Barren einlösbar. Dadurch kann der Normalbürger seine Währung beziehungsweise das Pfund nicht mehr in physisches Gold umtauschen.

Der Gold-Devisen-Standard ist ein großer Etikettenschwindel. Er läuft auf eine Pyramidisierung der US-amerikanischen Goldreserven hinaus. Mit fatalen Folgen, wie sich später herausstellt.

Die britische Regierung unter Premierminister Stanley Baldwin (1867–1937) und Schatzkanzler Winston Churchill (1874–1965) entscheidet 1925, dass Großbritannien wieder zum Goldstandard zurückzukehrt. Das Pfund soll mit der Vorkriegsparität von 4,87 US-Dollar pro Pfund an das Gold angebunden werden.

Zu diesem Kurs ist das Pfund jedoch überbewertet – denn die Güterpreise in Pfund sind während des Krieges stark angestiegen, und das Pfund hat entsprechend im Markt mächtig abgewertet.

Das hat zur Folge, dass die britischen Güterpreise sinken müssen, um wettbewerbsfähig zu bleiben. Doch Politik und Gewerkschaften verhindern die notwendige Preisdeflation. Die Briten bekommen wirtschaftliche Probleme, vor allem hohe Arbeitslosigkeit.

Im Herbst 1929 nimmt dann, beginnend in den USA, die »Große Depression« ihren unheilvollen Lauf und breitet sich nachfolgend auf das Weltwirtschafts- und Finanzsystem aus.

Im Mai 1931 wird die Wiener Creditanstalt zahlungsunfähig. Es kommt zum »Bank-Run«. Es wird offenkundig, dass der Kaiser keine Kleider anhat: Die Banken haben mehr Geld in Umlauf gebracht, als Kunden Gold bei ihnen eingelagert haben. Sie können die Geldscheine, die die Kunden ihnen vorlegen, nicht mehr in physisches Gold eintauschen.

Die Bank of England sieht sich außerstande, den anschwellenden Wünschen nach Goldeinlösung ihrer Währung nachzukommen. Im September 1931 beendet sie daher die Goldeinlösbarkeit des britischen Pfundes. Der Gold-Devisen-Standard ist aufgehoben.

US-Goldverbot

Wie bereits erwähnt, im Ersten Weltkrieg und auch danach bleibt der US-Dollar goldgedeckt. Die große Zäsur in den USA kommt 1933, am Ende der Großen Depression, als Präsident Franklin D. Roosevelt den US-Bürgern den Goldbesitz verbietet: Das Gold ist bis zum 1. Mai 1933 an den Staat abzugeben, dafür erhalten die Goldbesitzer US-Dollar-Guthaben und -Noten.

Im Jahr 1934 wertet Roosevelt zudem den US-Dollar gegenüber dem Gold ab: Fortan sind 35 US-Dollar für 1 Feinunze Gold zu bezahlen. Durch diesen Handstreich inflationiert die Regierung in Washington die US-Dollar-Geldmenge und nachfolgend auch die Güterpreise im Land.

Der US-Dollar bleibt jedoch, zumindest formal, an das Gold gebunden. Aber es ist nun aus dem Tagesgeschäft der Menschen verschwunden. Das Goldverbot für Privatleute bleibt bis 1974 in Kraft. Erst dann wird es von US-Präsident Gerald Ford (1913–2006) aufgehoben.

Chinas Kommunismus

Doch damit sind wir schon etwas zu weit vorangeschritten. Im Jahr 1933 treffen die Amerikaner eine folgenreiche Entscheidung – und zwar eine, die dazu beigetragen hat, China dem Kommunismus in die Hände zu treiben, wie einige Wirtschaftshistoriker meinen.

Die US-Regierung beschließt nämlich 1933, Silber aufzukaufen – um diejenigen US-Bundesstaaten, die Silber produzieren, zu subventionieren und gleichzeitig die heimischen Güterpreise in die Höhe zu treiben.

Die US-Münze erhält den Auftrag, Silber zum Preis von 1,2929 US-Dollar pro Feinunze zu kaufen. Der Weltmarktpreis des Silbers steht zu dieser Zeit jedoch bei nur 0,70 US-Dollar pro Feinunze.

Das führt dazu, dass der Marktwert vieler Silbermünzen ihren Nennwert übersteigt. Die Folgen treffen insbesondere China. Denn China ist das letzte Land, das noch auf einem Silberstandard ist. Indien hat seinen Silberstandard bereits 1893 verlassen und 1899 den Goldstandard angenommen.

Der gestiegene Silberpreis in US-Dollar verursacht in China, wo Silber als Geld verwendet wurde, nun eine Deflation und Krise. Warum? Das Silbergeld wird in die USA exportiert und dort eingeschmolzen. Die Silbergeldmenge in China schrumpft und mit ihr sinken die Güterpreise, vor allem in der Industrie und der Landwirtschaft. Es kommt zur Wirtschaftskrise. Im November 1935 beendet die Zentralbank von China den Silberstandard und führt einen ungedeckten Papiergeldstandard ein.

Dieser Schritt erfolgt zu einer besonders kritischen Zeit: 1937 beginnt der zweite Chinesisch-Japanische Krieg, und die Kriegsausgaben finanziert die chinesische Nationalregierung unter Führung von Chiang Kai-shek (1887–1975) mit der Notenpresse.

Von 1937 bis 1945 steigt die Yuan-Geldmenge um das 300-fache (oder 100 Prozent pro Jahr). Es kommt zur Hyperinflation, die der chinesischen Bevölkerung großes Leid beschert, und das wiederum treibt sie 1949 den Kommunisten unter Mao Zedong in die Hände.[131]

Zwar wäre es vermutlich auch ohne das US-Silberaufkaufprogramm kriegsbedingt zur großen Inflation in China gekommen, doch hätten die Amerikaner das Silber nicht zu einem künstlich erhöhten Preis aufgekauft, hätte die chinesische Nationalregierung vielleicht noch zwei Jahre mehr gehabt, in denen die heimischen Währungsverhältnisse akzeptabel geblieben wären. Und wer weiß: Vielleicht wäre dann die Inflation nicht so stark ausgefallen; und der Aufstieg des Kommunismus in China wäre erschwert oder vielleicht sogar verhindert worden.

Das System von Bretton Woods

Doch wir sind auf der Zeitachse etwas zu weit vorangeschritten. Lassen Sie uns zum Jahr 1944 zurückkehren.

Vom 1. bis 22. Juli 1944 treffen sich im US-Bundesstaat New Hampshire in dem kleinen Ort Bretton Woods die Abgesandten von 44 Nationen und beschließen dort ein Weltwährungssystem für die Nachkriegszeit.

Das System von Bretton Woods sieht Folgendes vor: (1) Der goldgedeckte US-Dollar wird zur Weltleitwährung. 35 US-Dollar entsprechen 1 Feinunze Gold. (2) Alle Währungen sind konvertierbar in US-Dollar. (3) Es gelten feste, aber anpassbare Wechselkurse zwischen dem US-Dollar und allen anderen Währungen. Auf diese Weise sind alle Währungen einlösbar in physisches Gold.

Das System von Bretton Woods hat zwar Konstruktionsfehler, aber es funktioniert. Dann jedoch beginnen die USA, sich mehr und mehr in einer kriegerischen Außenpolitik zu verzetteln, am prominentesten im Koreakrieg (1950–1953) und im Vietnamkrieg (1955–1975).

Zur Finanzierung geben die USA US-Dollar aus, die nicht durch Gold gedeckt sind. Die Inflation zieht an. Dollar-Besitzer wollen nun doch lieber Gold als Dollar halten. Die Nationen beginnen, ihre US-Dollar-Guthaben bei der US-Zentralbank in Gold einzulösen.

Daraufhin schwinden die amerikanischen Goldbestände. Und bald wird deutlich: Wenn die US-Dollar, die die Ausländer halten, allesamt in physisches Geld eingetauscht werden sollen, ist Amerika zahlungsunfähig.

Das ungedeckte Papiergeldsystem

Am 15. August 1971 zieht US-Präsident Richard Nixon die Notbremse: In einer abendlichen Fernsehansprache verkündet er, dass der US-Dollar von nun an vorübergehend nicht mehr in Gold einlösbar sei.

Mit dieser unilateralen Entscheidung entzieht die US-Regierung dem US-Dollar die Golddeckung. Der US-Dollar und mit ihm alle anderen Währungen der Welt werden zu nicht einlösbarem Papiergeld.

Seither sind alle Währungen der Welt nicht einlösbares Papiergeld. Geld, das intrinsisch wertlos ist und das in beliebiger Menge ausgegeben werden kann, vorzugsweise durch Bankkredite.

An dieser Stelle ist es angebracht, zwei, wie ich meine, besonders wichtige Erkenntnisse herauszustellen, die sich aus der Währungsgeschichte ablesen lassen.

(1) Der Staat hat immer wieder in das Geldwesen eingegriffen und damit immer wieder schwere wirtschaftliche und auch gesellschaftliche Störungen verursacht. Nicht das Gold- und Silbergeld war das Problem, vielmehr war der Staat das Problem. Er hat immer wieder das reibungslose Funktionieren des Edelmetallgeldes torpediert.

(2) Mit Blick auf die Währungsgeschichte wird häufig von der Phase des Goldstandards gesprochen. Das verzerrt jedoch die Tatsachen. In der jüngeren Währungsgeschichte gab es bestenfalls so etwas wie Schein-Goldstandards oder Pseudo-Goldstandards. Keiner von ihnen hat den Namen Goldstandard verdient. Ein echter Goldstandard zeichnet sich durch eine zentrale Eigenschaft aus: Geld ist zu 100 Prozent durch Gold gedeckt. Das

aber war nie der Fall. Denn die Staaten erlaubten es den Banken, Geld per Kredit zu schaffen – also Geld auszugeben (in Form von Banknoten oder Giroguthaben), das nicht zu 100 Prozent durch physisches Gold gedeckt war. Diese politisch bewusst herbeigeführte Unterwanderung des Goldstandards führte immer wieder zu großen wirtschaftlichen und sozialen Krisen – die dann fälschlicherweise dem Edelmetallgeld in die Schuhe geschoben wurden, nicht aber den staatlichen Eingriffen.

Probleme des ungedeckten Geldes

Dass man heute weltweit ein ungedecktes Geldsystem vorfindet, bei dem die Währungen beim Währungsemittenten in Nichts einlösbar sind, ist keinesfalls – und das sollte deutlich geworden sein – mit rechten Dingen zugegangen.

Das Goldgeld wurde nicht etwa abgeschafft, weil es ökonomisch nicht funktioniert hätte.

Nein! – das Goldgeld wurde abgeschafft, weil es den wirtschaftlichen und machtpolitischen Interessen der Staaten und den von ihnen begünstigten Gruppen entgegenstand.

Das heutige ungedeckte Papiergeldsystem wurde durch eine Enteignung der Goldbesitzer durch den Staat aus der Taufe gehoben. Und so ist es vielleicht nicht ganz verwunderlich, dass das ungedeckte Geld unter schweren ökonomischen und ethischen Defekten leidet – zum Schaden vieler Menschen auf dieser Welt.

Fiat-Geld ist inflationär, es verliert seine Kaufkraft im Zeitablauf. Es bereichert einige in ungerechtfertigter Weise auf Kosten vieler. Fiat-Geld verursacht Wirtschaftsstörungen, die sogenannten Boom-und-Bust-Zyklen. Es sorgt dafür, dass die Schuldenlasten der Volkswirtschaften immer weiter in die Höhe steigen.

Und nicht zuletzt lässt das Fiat-Geld den Staat immer weiter anschwellen zulasten der bürgerlichen und unternehmerischen Freiheiten – und der »tiefe Staat« wird zu einer akuten Gefahr für das friedvolle und kooperative Zusammenleben national wie international.

Renaissance des Goldgeldes

Spätestens seit der internationalen Finanz- und Wirtschaftskrise 2008/09 sind die wachsenden Probleme des ungedeckten Geldes für viele Menschen sichtbar geworden, und eine Suche nach besserem Geld hat eingesetzt.

Das Aufkommen der Kryptoeinheiten ist ein Indiz dafür. Die Entwicklung zielt in die richtige Richtung: nämlich einen freien Markt für Geld zu schaffen, in dem es den Menschen freisteht, dasjenige Geld zu wählen, das ihren Wünschen am besten genügt.

Das Gold ist im Wettbewerb um das bessere Geld nach wie vor ein ernstzunehmender Kandidat. Es gibt bereits viele unternehmerische Anstrengungen, goldbasierte Zahlungssysteme auf den Weg zu bringen.

Beispielsweise hat die Britische Münze, The Royal Mint, die technischen Möglichkeit geschaffen, um das Gold, das bei ihr gelagert ist, per Blockchain handelbar zu machen.

Wer sein Gold bei der Royal Mint einlagert, dem wird ein handelbares digitales Zertifikat in sein elektronisches Portemonnaie (»Wallet«) gebucht. Das ist der Weg zur Digitalisierung des Goldgeldes!

Das US-Unternehmen Facebook arbeitet, wie zu hören ist, an einer eigenen Währung. Würde sie goldgedeckt, wäre ihr sogleich ein großer weltweiter Markt geöffnet.

Ob nun aber Facebook, Amazon, Google oder ein anderer Anbieter: Ein freier Markt für Geld ist nicht nur möglich, er würde auch absehbar besseres Geld hervorbringen.

Gold und Freiheit

Die Währungsgeschichte zeigt es, und auch die ökonomische Theorie zeigt es: Ungedecktes Papiergeld, staatlich monopolisiert, ist kein gutes Geld.

Es verträgt sich nicht mit dem Ideal einer dauerhaft friedvollen und produktiven Kooperation zwischen den Menschen, national und international.

Schließen soll dieses Kapitel mit einem Zitat, das noch einmal eindrücklich die Bedeutung des Goldes, besser: des guten Geldes, für den Erhalt des Eigentums und damit auch unser aller Freiheit verdeutlicht. Es stammt von Alan Greenspan, dem ehemaligen Vorsitzenden der US-Zentralbank, aus dem Jahre 1966:

> Ohne den Goldstandard gibt es keine Möglichkeit, die Ersparnisse vor der Enteignung durch Inflation zu schützen. Es gibt dann kein sicheres Wertaufbewahrungsmittel mehr. [...] Die Finanzpolitik des Wohlfahrtsstaates verlangt es, dass es für die Besitzer von Vermögen keine Möglichkeit gibt, sich zu schützen. Dies ist das schäbige Geheimnis, das hinter der Verteufelung des Goldes durch die Verfechter des Wohlfahrtsstaates steckt. Kreditfinanzierte Staatsausgaben sind schlicht und ergreifend ein System zur ›versteckten‹ Enteignung von Vermögen. Gold steht diesem hinterhältigen Prozess im Weg. Es steht für den Schutz des Eigentums. Wenn man das begriffen hat, versteht man auch die Feindschaft der Etatisten gegen den Goldstandard.[132]

Greenspans Worte lassen keine Zweifel aufkommen: Dass die Staaten das Goldgeld mutwillig abgeschafft haben, ist unvereinbar mit einer kapitalistischen Wirtschafts- und Gesellschaftsordnung. Es vielmehr ein eklatanter Verstoß gegen den Kapitalismus, ist Ausdruck des Antikapitalismus.

KAPITEL 11

DIE WÄHRUNGSGESCHICHTE DER DEUTSCHEN:

ein Trauerspiel in fünf Akten

»Die Banknote oder das Staatspapiergeld haben sich nur dadurch einführen können, daß der Staat oder die Notenbank versprachen, den ausgegebenen Papiergeldschein jederzeit in Gold umzutauschen. Diese Möglichkeit der Einlösung in Gold jederzeit sicherzustellen, muss also das Bestreben aller Papiergeldherausgeber sein. Ein Staat oder eine Notenbank, die diese Möglichkeit durch Fahrlässigkeit oder Willkür verscherzen, versündigen sich gegen die Staatsbürger.«

Hjalmar Schacht

Prolog

Die Ursprünge des britischen Pfunds reichen in das 8. Jahrhundert nach Christi Geburt zurück, und noch heute ist es das Geld der Briten. Der US-Dollar ist seit 1792 – also seit 228 Jahren – das Geld der Amerikaner. Der Franc wurde 1795 zum Geld der Franzosen, und er hatte den Menschen der Grande Nation immerhin bis Ende 1998 gedient, also mehr als 200 Jahre. Der Schweizer Franken erblickte 1850 das Licht der Welt – und ist damit seit gut 170 Jahren im Dienst. Der japanische Yen wurde 1871 eingeführt, und er wird bis auf den heutigen Tag verwendet.

Und die Deutschen? In den letzten knapp 150 Jahren haben sie auffällig viele Währungen gehabt, viel mehr als andere große Volkswirtschaften. Die Deutschen hatten: Goldmark, Papiermark, Rentenmark, Reichsmark, D-Mark und – aktuell – den Euro. Viele Ostdeutsche kennen außerdem noch die DDR-Mark, und hinzuzählen müsste man eigentlich auch das Notgeld und die Alliierte Militärmark.

In den letzten knapp anderthalb Jahrhunderten gab es für die Deutschen im Durchschnitt alle 25 Jahre ein neues Geld. Die Währungsgeschichte der Deutschen war so gesehen äußerst unstet. Wer ein wenig Einblick in die Geldtheorie hat, der kann erahnen, wie schwerwiegend ein Währungswechsel für ein entwickeltes Gemeinwesen ist, welche wirtschaftlichen und politisch-sozialen Beschädigungen damit einhergehen.

Die Fragen, die sich hier stellen, lauten: Waren die politischen Geschicke der Deutschen ursächlich für ihre unstete Währungsgeschichte? Oder verhält es sich umgekehrt: Waren es die unsteten Währungsverhältnisse der Deutschen, die ihnen politisch immer wieder zu großem Schaden (Krieg, Tyrannei, Vertreibung, Spaltung) gereichten?

Meine Antwort auf diese Fragen ist die: Es war der Staat, der dem Geld der Deutschen immer wieder zum Verhängnis wurde. Genauer gesagt war es ihre unheilvolle Staatsbegeisterung, die die Deutschen immer wieder zur Beute sozialistischer Großprojekte hat werden lassen, welche mit wiederkehrender Regelmäßigkeit ihr Geld ruinierten. So gesehen ist der Euro die Fortführung einer traurigen Währungsgeschichte, die den Deutschen, wenn kein Umsteuern einsetzt, nichts Gutes verspricht für ihre wirtschaftliche und politische Zukunft.

Damit ist die Katze aus dem Sack: Denn genau das ist das Bild, das ich Ihnen unter der Überschrift »Ein Trauerspiel in fünf Akten« vermitteln möchte. Doch bitte lesen Sie weiter! Ich bin überzeugt, die folgenden Zeilen werden Ihnen genügend Lesenswertes bieten. Daher Vorhang auf für den 1. Akt des Trauerspiels.

1. Akt

Das Gold ist in der zweiten Hälfte des 19. Jahrhunderts mehr denn je als Geld gefragt; fast die ganze Welt befindet sich in einer Art »Goldrausch«.

Seit der Reform des US-amerikanischen Münzgesetzes im Jahr 1873 wird der US-Dollar nur noch in Goldgewicht definiert: 20,67 US-Dollar entsprechen 1 Feinunze Gold.

Das britische Pfund ist schon seit dem Ende der napoleonischen Kriege zu einer Goldwährung geworden, offiziell seit dem Jahr 1816.

In Frankreich hat man bereits im Jahr 1795 eine Franc-Goldmünze geprägt und in Umlauf gebracht.

Und die Deutschen? Im Deutschen Bund nach 1815 verwendet man Silbergeld. Das ändert sich nach dem Sieg Preußens über Frankreich im Krieg von 1870/71 und der Gründung des Deutschen Reiches. Frankreich muss Reparationen an Deutschland in Höhe von 5 Milliarden Franc in Gold zahlen. Mit diesem Gold stellt das Reich auf Goldgeld um.

Mit Beschluss vom 4. Dezember 1871 wird die Reichsgoldwährung geprägt (die auch als »Goldmark« bezeichnet wird), mit der Reicheneinheit »Mark« zur offiziellen Währung des Kaiserreichs erklärt und zum 1. Januar 1876 im gesamten Reichsgebiet eingeführt. 1 Goldmark entspricht 0,358423 Gramm Feingold (oder 1000/2790 Gramm Feingold).

Am 1. Januar 1876 wird die Reichsbank mit Sitz in Berlin gegründet; sie geht aus der Preußischen Bank hervor und wird Zentralbank des Reiches. Warum eine Zentralbank?

Im Deutschen Reich ist es gang und gäbe, dass Banken per Kredit Banknoten und Giroguthaben ausgeben, die sie nicht (wie eigentlich versprochen) vollumfänglich in Edelmetall eintauschen können. Dieses sogenannte Teilreservesystem beschwört immer wieder Vertrauensverluste, Bankenpleiten und Wirtschaftsstörungen herauf.

Die Reichsbank soll als »Kreditgeber in der Not« dienen, soll die Teilreservepraxis ungestraft möglich machen. Allerdings hat auch die Reichsbank keine Volldeckung. Auch sie operiert mit einer Teilreserve: Laut Reichsbankgesetz (§ 17) muss nur ein Drittel der umlaufenden Reichsbanknoten gedeckt sein: durch gültiges deutsches Geld, also Goldmark, Reichskassenscheine, Gold in Barren oder ausländische Münzen; die übrigen zwei Drittel sind in Form von diskontierten Wechseln und Schecks vorzuhalten. Wenn man also davon spricht, das Kaiserreich hätte einen klassischen Goldstandard gehabt, dann ist das eine falsche Deutung der Fakten. Es handelte sich vielmehr um einen Mogel- oder Pseudo-Goldstandard!

Das Kaiserreich ist übrigens kein Einzelfall. Auch in den USA, England, Frankreich und anderswo operieren Zentralbanken und Geschäftsbanken mit einer Teilreserve!

Halten wir an dieser Stelle kurz inne und führen uns vor Augen, welche Verbindung zwischen Staat, Geld und Zentralbank besteht.

Aus dem Deutschen Bund von 1815 ist 1871 ein Großstaat geworden. Nicht durch Freiwilligkeit der Menschen zusammengebracht, sondern durch Gewalt und Aggression. Preußen und seine Verbündeten führten drei Einigungskriege: den Deutsch-Dänischen Krieg 1864, den Deutschen Krieg gegen Österreich und den Deutschen Bund 1866 und den eben erwähnten Deutsch-Französischen Krieg.

Dass der Weg zum Großstaat gewaltsam war, ist alles andere als überraschend, denn der Staat ist ein Aggressor, er ist ein territorialer Zwangsmonopolist mit Letztentscheidungsmacht über alle Konflikte in seinem Gebiet. Und als aggressive Instanz dehnt der Staat sich aus, wo er nur kann. Wie auch immer die Machtexpansion im Einzelfall aussieht: Stets beansprucht der Staat das Geldmonopol. So war es auch im Kaiserreich. Im Zuge seines monetären Eroberungsfeldzuges monopolisiert der Staat die Münze und damit das Geld. Er etabliert eine Zentralbank, um die Gewinne des Teilreservebanksystems, von der vor allem er profitiert, bestmöglich auszuschöpfen. Mit der Reichsbank werden die monetären Missbrauchsmöglichkeiten des Kaiserstaates auf eine bisher nicht dagewesene Stufe gehoben – und zwar mit fatalen Folgen für das deutsche Geld und die Deutschen, wie der 2. Akt zeigt.

2. Akt

Am 4. August 1914 beginnt der Erste Weltkrieg.

Die deutsche Regierung stellt die Goldeinlösbarkeit der Mark sofort ein. Die Goldmark wird zur Papiermark, denn das Kaiserreich will den Krieg auch mit der Ausgabe von Papiergeld finanzieren.

Von 1914 bis 1918 steigt die Geldmenge erst langsam, dann immer schneller: von 5,9 auf letztlich 32,9 Milliarden Mark – insgesamt eine Verfünffachung der Papiermarkgeldmenge.

Als Folge verdoppeln sich die deutschen Großhandelspreise in dieser Zeit – die Kaufkraft der Papiermark halbiert sich also. Der Außenwert der Papiermark (bei Kriegsausbruch sind 4,2 Goldmark für 1 US-Dollar zu zahlen) fällt gegenüber dem Greenback um die Hälfte.

Weil man in Berlin siegessicher ist, setzt man zur Kriegsfinanzierung vor allem auf Verschuldung – im Vertrauen darauf, dass nach dem Sieg die unterlegenen Gegner die Rechnung bezahlen.

Im Jahr 1914 beträgt die Staatsverschuldung des Reichs 5,2 Milliarden Mark, im Jahr 1918 sind es 105,3 Milliarden Mark. Die Schulden haben sich als verzwanzigfacht. Die öffentliche Schuldenlast beläuft sich nun auf schätzungsweise fast 150 Prozent der Wirtschaftsleistung des Kaiserreiches.

Hinzu kommen die Reparationszahlungen, die im Versailler Vertrag dem Reich auferlegt und 1921 auf 132 Milliarden Mark festgesetzt werden.

Im Grunde sind die Deutschen damit finanziell überfordert, ruiniert.

(Ich möchte an dieser Stelle einwerfen: Ohne ungedecktes Papiergeld hätte der Erste Weltkrieg ganz bestimmt nicht dieses schreckliche Ausmaß annehmen können, die Kosten wären einfach zu hoch und zu schmerzlich für die Bevölkerungen gewesen. Die Abkehr vom Goldgeld, für die die Staaten gesorgt haben, hat das verheerende industrielle Schlachten erst möglich gemacht.)

Doch die monetäre Katastrophe der Deutschen wird sich erst fünf Jahre nach Kriegsende zutragen. Und das kommt so:

Am 28. November 1918, 19 Tage nach Ausrufung der Republik, dankt der deutsche Kaiser ab. Es ist ein erzwungener, ein gewaltsamer Sturz, durch den die Weimarer Republik aus der Taufe gehoben wird.

Die demokratischen Parteien und deren Elemente, die nun die Bühne betreten, buhlen um die Gunst der Wähler. Teure Versprechungen werden gemacht. Das findet Gehör, zumal die Zeiten hart sind: Millionen versehrter und traumatisierter Männer kehren aus den Schützengräben in die Heimat zurück.

Die Kriegswirtschaft hat das Reich ausbluten lassen. Die Siegermächte demontieren die Industrie; das Reich muss Gebiete im Osten abtreten; der deutsche Export wird gegängelt.

Die wechselnden Regierungen in der Weimarer Republik (von 1919 bis 1933 hat es 21 Reichsregierungen gegeben!) geben viel Geld aus, Geld, das sie nicht haben und das die Bürger ihnen per Steuerzahlung auch nicht geben wollen.

Finanziert werden die Staatsausgaben ab 1920, indem die Reichsbank die Notenpresse rotieren lässt: Von Dezember 1919 bis Oktober 1922 steigt die Papiermark-Geldmenge von 68 auf 485 Milliarden Mark – ein Zuwachs von 613 Prozent in knapp drei Jahren (oder knapp 93 Prozent pro Jahr).

Es gelingt nicht, das öffentliche Defizit zu beenden. Die Lage spitzt sich zu, als Außenminister Walther Rathenau (1867–1922) am 24. Juni 1922 in Berlin ermordet wird. Schlagartig schwindet das internationale Vertrauen in die Weimarer Republik. Innerhalb eines Monats, von Juni bis Juli des Jahres, halbiert sich der Außenwert der Papiermark fast.

Als jedoch am Ende des Jahres Deutschland beschuldigt wird, mit seinen Reparationen im Rückstand zu sein, beginnt die Lage zu eskalieren, und im Januar 1923 besetzen französische und belgische Truppen das Ruhrgebiet.

Reichskanzler Wilhelm Cuno (1876–1933) ruft zum passiven Widerstand auf. Er verspricht, die Löhne der Arbeiter, Angestellten und Beamten mit neu gedrucktem Geld zu bezahlen. Die Reichsbank gibt immer mehr Banknoten aus, um die Finanzierungswünsche der Reichsregierung zu erfüllen. Bald gibt es kein Halten mehr.

Mit immer größeren Raten steigen die Geldmenge und als Folge die Güterpreise an. Aus hoher Inflation wird eine galoppierende Inflation, dann eine Hyperinflation, die ihren Hochpunkt im Herbst 1923 erreicht. Das ist ein Albtraum für die breite Bevölkerung. Ersparnisse und Existenzen werden zerstört, die Gesellschaft wird wirtschaftlich und moralisch zerrüttet.

Man fragt sich: Warum hat man es so weit kommen lassen? Wie konnte es zu dieser Hyperinflation, die von Deutschen für Deutsche angerichtet wurde, kommen?

Die Antwort lautet: Durch die Politik der hohen Inflation ließ sich die Arbeitslosigkeit niedrig halten, und so wurde die Weimarer Demokratie vor dem Offenbarungseid geschützt.

Im Jahr 1919 betrug die Arbeitslosenquote durchschnittlich 3,7 Prozent, 1920 3,8 Prozent, 1921 2,8 Prozent und 1922 sogar nur 1,5 Prozent. Doch dann, im Sommer 1923, als die Inflation zur Hyperinflation wird, kollabiert die Wirtschaft. Die Arbeitslosigkeit steigt von 3,5 Prozent im Juli auf 9,9 Prozent im September, auf 23,4 Prozent im November und auf 28,2 Prozent im Dezember.

Deutschland ist jetzt am Rande des Bürgerkriegs. Auf den Straßen wird blutig gekämpft.

Und es wird nicht nur um die Macht in Berlin gekämpft. Auch um Sezession wird gekämpft. Kurt Tucholsky (1890–1935) beschreibt 1929 die Situation im Rheinland in einem Beitrag für die Zeitschrift *Die Weltbühne* wie folgt:

> Lawinenartig wuchs inzwischen die separatistische Bewegung, proportional der Inflation. […] Zu Frankreich hinüber wollte keiner, bei Preußen bleiben wenige. Was sie wollten und wozu sie damals auch ein Recht hatten, war Befreiung aus der Hölle der Inflation und Schaffung einer eignen Währung, einer eignen autonomen Republik.[133]

Doch Sezession wird in Berlin nicht geduldet. Die Demokraten gehen unerbittlich gegen die Austrittsbefürworter vor. Wieder zeigt der deutsche Staat sein aggressives Gesicht: Das Selbstbestimmungsrecht der Austrittswilligen wird gewaltsam unterdrückt.

Am 14. August 1923 übernimmt Gustav Stresemann (1878–1929) als Reichskanzler die Regierungsgeschäfte. Er erkennt: Die Inflation muss gestoppt werden. Doch der Präsident der Reichsbank, Rudolf Havenstein (1857–1923), weigert sich, die Vermehrung der Papiermark zu drosseln. Havenstein und sein Zentralbankrat halten an falschen Theorien fest. Sie machen Zahlungsbilanz und Reparationen verantwortlich für die Inflation; und sie meinen, man müsse die Geldmenge ausweiten, weil ja angesichts des astronomischen Anstiegs der Güterpreise das Geld knapp geworden sei. Absetzen kann man Havenstein nicht, er ist auf Lebenszeit ernannt, und die Reichsbank ist seit 1922 (auf Drängen der Alliierten) unabhängig.

Am 17. Oktober leitet daher die Stresemann-Regierung eine Umgehungsstrategie ein. Der Staat gründet die Rentenbank, die die Rentenmark ausgibt, eine Währung, die durch die Grundschuld des Deutschen Reiches gedeckt beziehungsweise mengenmäßig begrenzt ist. Dabei wird festgesetzt, dass 1 Rentenmark 1 Billion Papiermark (1 Billion = 10^12 oder eine »1« gefolgt von 12 Nullen) entspricht. Am 12. November 1923 ernennt Stresemann Hjalmar Schacht (1877–1970) zum Währungskommissar und beauftragt ihn, eine Währungsreform durchzuführen.

Als Erstes macht Schacht Schluss mit dem »Notgeld«, das Städte und Gemeinden und Unternehmen herausgeben. Das Notgeld ist zwar kein gesetzliches Zahlungsmittel, dient aber als Geld im Alltag, und es wird von der Reichsbank in Reichsbanknoten eingetauscht. Ende 1923 erreicht der Notgeldumlauf schätzungsweise 400 bis 500 Trillionen Rentenmark – und ist damit so groß wie das ausstehende Volumen der Reichsbanknoten.

Am 15. November 1923 hört die Reichsbank endlich auf, die Staatsschulden zu monetisieren. Am 20. November 1923 – Havenstein stirbt an genau diesem Tag an Herzversagen – muss man auf dem Devisenmark 4,2 Billionen Papiermark für 1 US-Dollar bezahlen. Diesen Kurs verkündet Schacht als offizielles Austauschverhältnis: Für 4,2 Billionen Papiermark bekommt man bei der Reichsbank 1 US-Dollar. Und damit – Abrakadabra! – entsprechen nun 4,2 Rentenmark 1 US-Dollar – so wie vor Kriegsbeginn der Kurs 4,2 Mark für 1 US-Dollar war.

Doch die Abwertungserwartung der Papiermark in den Terminmärkten geht weiter. Die Papiermark fällt in der Spitze auf 12 Billionen pro 1 US-Dollar. Aber mittels eines geschickten Zugs bricht Schacht die Spekulation, und die Reichsbank kann den Außenwert der Papiermark bei 4,2 Billionen für 1 US-Dollar halten.

Mit dem Ende der Notgeldausgabe, dem Stillstand der Reichsbank-Notenpresse und der Rentenmark ist die Hyperinflation vorbei.

Doch schon bald gibt es wieder neues Geld: Am 30. August 1924 wird die Reichsmark eingeführt, und zwar mit einem Wechselkurs von 1 : 1 gegenüber der Rentenmark.

Auch die Reichsmark – wen wundert es: sie ist natürlich wieder Staatsgeld – wird die Deutschen bitter enttäuschen. Vorhang auf für den 3. Akt.

3. Akt

Die Reichsmark ist ungedecktes Geld, die Reichsbank löst sie in nichts ein.

Anfänglich gelingt es der Reichsbank unter Schacht, die Ausweitung der Reichsmark-Geldmenge im Zaume und so die Güterpreisinflation niedrig zu halten. Doch schon bald ziehen zwei dunkle Wolken am Horizont auf.

Die erste dunkle Wolke: Die staatlichen Stellen im Reich – Kommunen und Städte – verschulden sich zusehends im Ausland, vorzugsweise in US-Dollar. Die Auslandskredite werden vor allem für konsumptive Zwecke eingesetzt. Und für ihre Rückzahlung werden keine Devisen verdient. (Devisen sind für das Reich knapp, weil der deutsche Export, durch den ja Auslandswährung verdient werden kann, durch die Kriegssiegermächte sabotiert wird.)

Die zweite dunkle Wolke: In Europa haben sich 1922 die Staaten, maßgeblich auf Druck Großbritanniens, auf einen sogenannten Gold-Devisen-Standard geeinigt. Das bedeutet: Die Bank of England löst das britische Pfund in Gold oder US-Dollar ein, alle anderen Zentralbanken in Europa tauschen ihre Währungen in britische Pfund ein.

Dieses monetäre Kartenhaus kollabiert im Zuge der Großen Depression, die, ausgehend von den USA, Ende 1929 die Welt erfasst. Die Weltwirtschaftskrise trifft die Deutschen besonders hart, nicht zuletzt auch wegen der hohen Auslandsverschuldung des Reiches. Die Produktion bricht ein, die Arbeitslosigkeit steigt auf mehr als 6,1 Millionen im Februar 1932 – mehr als 31 Prozent der Erwerbstätigen haben keinen Job mehr.

Die wirtschaftliche Not der Bevölkerung ist groß. Was daraufhin politisch passiert, ist hinreichend bekannt.

In demokratischen Wahlen wird die Nationalsozialistische Deutsche Arbeiterpartei (NSDAP) zur stärksten Kraft. Am 30. Januar 1933 wird Adolf Hitler zum Reichskanzler ernannt; nachfolgend errichtet er die Diktatur des Nationalsozialismus.

Mit Arbeitsdiensten und Rüstungsausgaben gelingt es den Nationalsozialisten, die Arbeitslosigkeit bis 1937 auf unter 1 Million abzusenken. Die Beschäftigungspolitik der Nationalsozialisten wird anfänglich nicht so sehr durch eine Geldmengenausweitung finanziert. Von Ende 1932 bis 1938 steigt der Bargeldumlauf von 5,6 auf 10,4 Milliarden Reichsmark – das entspricht einem jahresdurchschnittlichen Zuwachs von 11 Prozent.

Die Nationalsozialisten setzen auf die »Mefo-Wechsel«. Dabei handelt es sich um Wechselkredite, die auf die im Juli 1933 gegründete Metallurgische Forschungsgesellschaft (Mefo) gezogen werden und die bei der Reichsbank diskontiert werden können. Mit der Ausgabe der Mefo-Wechsel gelingt es – weil sie von den Investoren bereitwillig gehalten und nicht bei der Reichsbank eingelöst werden –, die Umlaufgeschwindigkeit des Geldes und damit die Gesamtnachfrage zu erhöhen.

Die Nationalsozialisten greifen aber vor allem auch auf Bankkredite und Anleihen zurück. Durch sie werden die Ersparnisse aufgesogen und in die Rüstung gelenkt.

Während des Zweiten Weltkriegs plündern die Nationalsozialisten systematisch die besetzten Gebiete aus (eindrücklich hat das der Historiker Götz Aly in seinem Buch *Hitlers Volksstaat* (2005) herausgearbeitet). Auf diese Weise wird die Belastung der deutschen Bevölkerung mit Inflation und Steuern relativ gering gehalten; und das hält den Widerstand gegen das Regime und den Krieg klein.

Im Reichsgebiet installieren die Nationalsozialisten eine Befehls- und Lenkungswirtschaft. Löhne, Mieten, Zinsen, Gewinne und Güterpreise: alles wird von zentraler Stelle diktiert. Preiskontrollen verhindern, dass die Güter sich verteuern. Das Ergebnis ist zurückgestaute Preisinflation. Mit Verschärfung der Kriegswirtschaft nimmt dann aber die Geldmengenvermehrung drastisch zu.

Die Reichsmark wird von den Nationalsozialisten rücksichtslos für die eigenen totalitären Zwecke eingesetzt – die Reichsbank wird Hitler unterstellt. Bis Kriegsende ist die Bargeldmenge auf 73 Milliarden Reichsmark gewachsen – ein Anstieg um mehr als 660 Prozent seit Ausbruch des Krieges.

Als das Regime am 8. Mai 1945 kapituliert, sind die Deutschen wieder ruiniert. Millionen Tote; Städte und Produktionsanlagen liegen in Schutt und Asche; die Staatsschulden sind erdrückend; die Entwertung der Reichsmark tritt in stark steigenden Schwarzmarktpreisen zutage. Die Not der Bevölkerung ist groß. Flucht und Vertreibungen bringen in den ersten Nachkriegsjahren etwa 14 Millionen Menschen in das verbliebene, weithin zerstörte Deutschland. Es gibt Versorgungsengpässe. Hunderttausende sterben im Winter 1946/47 an Hunger, Erschöpfung und Kälte.

Nach Ende der Kriegshandlungen halten die Alliierten an den Preiskontrollen, die die Nationalsozialisten erlassen hatten, fest. So fehlen die Anreize zur Produktionsausweitung. Die Schattenwirtschaft blüht. Die Reichsmark erweist sich als stark entwertet, und die Menschen weichen auf Ersatzwährungen wie Zigaretten aus.

Die Reichsmark verliert ihre Kaufkraft vor allem auch deswegen, weil die USA und die Sowjetunion Militärmark im Reichsgebiet ausgeben. Die Militärmark kann 1 : 1 in Reichsmark getauscht werden. Es ist zu vermuten, dass gerade die Russen, die von den Amerikanern 1944 die Reichsmark-Druckplatten erhielten, die Menge der Reichsmark in gewaltigem Ausmaß erhöhten und so die Kaufkraft der Währung zerstörten.

Mit großer zeitlicher Verzögerung leiten die Alliierten eine Währungsreform ein, die mit der Reichsmark kurzen Prozess machen wird. Der 4. Akt beginnt.

4. Akt

Am 20. Juni 1948 ersetzt in der Besatzungszone der Westalliierten die D-Mark die Reichsmark.

Vier Tage später wird in der Sowjetischen Besatzungszone die Deutsche Mark der Deutschen Notenbank, später Mark der DDR, eingeführt.

Die Deutschen haben an der Währungsreform nur insoweit Anteil, als dass sie die Vorgaben der Alliierten in deutsche Gesetzessprache übertragen. Aber warum eigentlich der Währungswechsel?

Die Kaufkraft der Reichsmark ist stark abgesunken, und durch die Freigabe der Preise hätte es vermutlich einen großen (wenn auch nur vorübergehenden) Inflationsschub gegeben, der die Kaufkraft der Reichsmark noch weiter reduziert hätte. Auf alliierter Seite fürchtete man, es könnte politisch turbulent in Deutschland werden, wenn das Geld der Deutschen erneut inflationiert. Deshalb soll die Währungsreform sicherstellen, dass der Reichsmark-Geldüberhang nicht durch einen Preisauftrieb, sondern durch eine Herabsetzung der Geldbestände abgebaut wird.

Nun hätte man aber das Gleiche auch erreicht, wenn die Reichsmark erhalten geblieben wäre. Der Schluss liegt daher nahe: Das »Dritte Reich« sollte das letzte Reich der Deutschen sein. Das »Reich« vor der Mark soll fallen, deshalb wird die »D-Mark« eingeführt – eine Wortprägung des US-Amerikaners Edward A. Tenenbaum (1921–1975), der dem Stab des Militärgouverneurs der amerikanischen Besatzungszone, General Lucius D. Clay (1898–1978), angehört.

Wichtiger als die Einführung der D-Mark ist allerdings die nahezu gleichzeitige Freigabe der Güterpreise, für die Ludwig Erhard (1897–1977) sorgt. Erst dadurch wird der Wiederaufbau Deutschlands, wird das deutsche »Wirtschaftswunder« möglich.

Die D-Mark ist – wie zuvor die Papiermark, die Rentenmark und die Reichsmark – wieder eine staatlich monopolisiert ungedeckte Papierwährung. Ab 1952 ist sie allerdings eingebettet in das System von Bretton Woods – das zumindest anfänglich noch eine gewisse Verankerung im Golde hatte.

Rückblickend hat sich die D-Mark in ihrem 50-jährigen Bestehen zwar als ein relativ erfolgreiches Geld für die Deutschen erwiesen. Ihr Schicksalsweg steht jedoch im Grunde schon seit den 1960er-Jahren fest – wie übrigens auch der vieler anderer staatlicher Währungen in Europa.

Als das System von Bretton Woods Anfang der 1970er-Jahre zusammenbricht, geht man in Europa dazu über, die nationalen Wechselkurse zu koordinieren, um eine einheitliche Geldpolitik in Europa herbeizuführen. Der Europäische Währungsverbund wird 1971 geschaffen – und mit ihm die Europäische Rechnungseinheit. Im Grunde ist sie der Nukleus einer Einheitswährung in Europa. 1979 entsteht das Europäische Währungssystem, und die Europäische Rechnungseinheit wird durch die Europäische Währungseinheit ECU (European Currency Unit) ersetzt. Der große Traum der Wechselkurskoordinatoren ist es, die nationalen Währungen abzuschaffen und eine politisierte Einheitswährung in Europa zu etablieren. Man wartet auf die Gelegenheit.

Die kommt mit dem Mauerfall am 9. November 1989. Am 1. Juli 1990 wird die D-Mark in der DDR eingeführt. Löhne, Mieten, Renten und Schulden werden 1 : 1 umgetauscht. Übrigens ein Wechselkurs, zu dem die DDR-Mark völlig überbewertet ist, der aber seitens der Regierung Kohl politisch gewünscht ist. Ostdeutschland wird deindustrialisiert und auf Jahrzehnte hin zum Subventionsempfänger.

Die »sozialistischen Schläfer«, die lange von einer europäischen Einheitswährung geträumt haben, und die vor allem die D-Mark loswerden wollen, ergreifen in der Euphorie der Wiedervereinigung ihre Chance und machen bitteren Ernst. Damit kommen wir zum 5. Akt der Währungsgeschichte der Deutschen.

5. Akt

Ein staatliches Einheitsgeld für Europa – dieses größenwahnsinnige Vorhaben wird am 1. Januar 1999 tatsächlich in die Tat umgesetzt: 11 nationale Fiat-Währungen gehen an diesem Tag unwiderruflich im Euro auf – einem staatlichen ungedeckten Geld, einem Fiat-Geld, dessen Produktionsmonopol in den Händen der Europäischen Zentralbank (EZB) liegt.

Mittlerweile haben 19 Länder mit einer Bevölkerungszahl von 342 Millionen Menschen ihre Selbstbestimmung bei der Währungswahl an die EZB abgegeben, einer supranationalen Institution, deren Politik sie de facto gar nicht mehr kontrollieren können. Zählt man alle hinzu, die sich offen oder versteckt, direkt oder indirekt an den Euro gebunden haben, dann hängen über 539 Millionen Menschen am Euro.

Der Einstieg in das europäische Einheitsgeld, das ein Fiat-Geld ist, lässt sich mit ökonomischem Sachverstand nicht rechtfertigen. Fiat-Geld ist inflationär, sozial ungerecht, es verursacht Wirtschaftsstörungen, treibt die Volkswirtschaften in die Überschuldung. Warum also überhaupt der Euro?

Bestenfalls lässt sich der Einstieg in den Euro einer falschen Theorie zuschreiben, die da lautet: Frieden und Wohlstand in Europa lassen sich nur mit einem monopolisierten Einheitsgeld schaffen.

Schlimmstenfalls ist der Einstieg in den Euro Ausdruck des Bestrebens, in Europa eine kollektivistische-sozialistische Befehls- und Zwangswirtschaft quasi durch die Hintertür einzuführen.

Leider ist der Verdacht, dass Letzteres zutrifft, geradezu erdrückend: Die Krisenträchtigkeit des Euro und die Krisenzwänge, die er verursacht, bewirken nämlich genau das.

Seit dem Ausbruch der Finanz- und Wirtschaftskrise 2008/09, spätestens aber seit der Banken- und Staatsschuldenkrise 2010 liegt der Euro auf der Intensivstation. Die EZB und die »Rettungspolitiken« der Regierungen schalten die Korrekturkräfte der Marktwirtschaft zusehends aus und ketten die Nationen immer enger aneinander – durch den Europäischen Stabilitätsmechanismus, die TARGET2-Salden, die Bankenunion etc. – und erhöhen damit die Scheidungskosten. Die Regierungseliten, die Bürokraten und der EZB-Rat werden früher oder später vorgeben, was wann wo und wie zu produzieren ist und wer was wann und in welcher Menge konsumieren kann. Es ist wohl keine Übertreibung, wenn man sagt, dass Karl Marx sich vermutlich begeistert im Grabe herumdrehen würde, könnte er den Euro und dessen Folgewirkungen sehen.

Doch bevor der Vorhang fällt, sei noch ein kurzer Epilog gestattet.

Epilog

Was die Deutschen aus ihrer Währungsgeschichte lernen können, ist das: Die Hoheit des Staates über das Geld hat sich für die Deutschen als desaströs erwiesen: Der Staat – ob Kaiserstaat, Republik oder Diktatur – hat seine Monopolstellung über das Geld immer wieder missbraucht, wenn es ihm zupasskam. Das Geld dem Staat anzuvertrauen, war und ist eine große Torheit.

Vielleicht wenden Sie nun ein, liebe Leser: Ist es nicht beruhigend, dass die Deutschen ihre Währungssouveränität, die sie in der Vergangenheit so unklug gehandhabt haben, nun endgültig aus der Hand gegeben, sie an eine supranationale Institution delegiert haben?

Die Antwort lautet: Nein. Auch mit dieser Entscheidung haben die Deutschen ihr Geld leider nicht in verlässliche Hände gelegt.

Schließlich steht die Euro-Einheitswährung nicht für gutes Geld, nicht für die Krönung eines freiheitlichen Europas.

Der Euro ist vielmehr der »Zwingmeister« eines sozialistischen Großprojektes, das Bürger und Nationen in Europa entmachten und eine Einheitszivilisation hervorbringen soll, gelenkt und beherrscht von zentraler Stelle.

Doch die Währungsgeschichte der Deutschen, die ich als ein Trauerspiel inszeniert habe, kann eine Wendung zum Besseren nehmen.

Die Lösung des Währungsproblems ist denkbar einfach. Sie lautet: Beendet das staatliche Geldmonopol und eröffnet einen freien Markt für Geld!

Ein freier Markt für Geld bedeutet nicht mehr und nicht weniger, als jeder die Freiheit hat, das Geld wählen zu können, das er zu verwenden wünscht.

Und dass jeder die Freiheit hat, Güter anbieten zu dürfen, von denen er meint, sie werden von den Nachfragern als Geld gewünscht.

Ein freier Markt für Geld ist Ausdruck eines Selbstbestimmungsrechtes, das jedem Menschen zusteht; und er ist Garant für Frieden und Wohlstand.

Das ist eine wirkungsmächtige Wahrheit, über die es aufzuklären gilt, und jeder Mensch hat ein Anrecht auf diese Wahrheit. Aufzuklären und damit ein Umdenken herbeizuführen, dabei hilft ein kritisches Aufarbeiten der Währungsgeschichte, das heißt die Währungsgeschichte mit solider ökonomischer Theorie von allen Beschönigungen und Fehlinterpretationen zu befreien, sie richtigzustellen – und dabei auch herauszuarbeiten, wie unheilvoll der Staat (wie wir ihn heute kennen) ist, insbesondere auch für das Geld der Menschen. Die voranstehenden Ausführungen sollen dazu einen Beitrag leisten.

Kapitel 12
Ein umstrittenes Phänomen:
was es mit dem Zins auf sich hat

»[D]er ursprüngliche Zins oder Urzins, das ist der Preisabschlag, den künftige Güter gegenüber gegenwärtigen Gütern erleiden«.
Ludwig von Mises

Zankapfel Zins

Es gibt wohl kaum ein ökonomisches Phänomen, das so kontrovers diskutiert wird wie der Zins. Antikapitalisten ist der Zins suspekt, ein Dorn im Auge; den deutschen Nationalsozialisten etwa schwebte sogar die »Brechung der Zinsknechtschaft« vor. Interessanterweise gibt es nach wie vor keine Übereinstimmung unter den Ökonomen, welche der vielen Zinstheorien denn die richtige ist. Der Zins ist nach wie vor ein Zankapfel in der ökonomischen Theorie.

Das liegt vermutlich vor allem daran, dass die ökonomische Theorie allein nicht ausreicht, um das Zinsphänomen abschließend zu erklären. Es lässt sich nur verstehen, wenn man daneben auf Einsichten der Erkenntnistheorie zurückgreift – und das geschieht häufig leider nicht.

Im Folgenden wird aufgezeigt, dass der Zins zu den logisch unbestreitbaren Erkenntnissen zu zählen ist; der preußische Philosoph Immanuel Kant (1724–1804), der Kritiker der reinen Vernunft, hätte den Zins vermutlich als eine Bedingung der Möglichkeit objektiver Erfahrung bezeichnet.

Damit ist gemeint, dass sich der Zins so wenig wegdenken oder verneinen lässt, wie der Satz des ausgeschlossenen Widerspruchs bestritten werden kann.

Der Satz des ausgeschlossenen Widerspruchs, wie der griechische Philosoph Aristoteles ihn formulierte, hat beispielsweise die folgende Form: »Es ist der Fall, dass die Erde eine Scheibe ist, und es ist gleichzeitig nicht der Fall, dass die Erde eine Scheibe ist.« Man erkennt sogleich, dass dieser Satz logisch widersprüchlich und damit falsch ist.

Die Logik des Handelns

Beginnen wir mit der Logik des menschlichen Handelns. Damit ist nicht gemeint, dass Menschen immer und überall logisch handeln. Vielmehr entfaltet die Logik des menschlichen Handelns die logischen Einsichten, die sich aus dem Satz »Der Mensch handelt« ableiten lassen.

Der Satz »Der Mensch handelt« beansprucht strenge Allgemeingültigkeit, er lässt sich widerspruchsfrei nicht verneinen, denn ihn verneinen zu wollen, würde seine Gültigkeit voraussetzen.

Aus dem unbestreitbar wahren Satz »Der Mensch handelt« lassen sich weitere wahre (logisch widerspruchsfreie) Aussagen ableiten. Beispielsweise dass menschliches Handeln stets zielbezogen ist. Würde man sagen: »Der Mensch kann nicht zielbezogen handeln«, so wäre das Ausdruck eines zielbezogenen Handelns und damit widersprüchlich.

Wer handelt, der muss Mittel einsetzen, um seine Ziele zu erreichen, und Mittel sind knapp (sonst wären sie keine Mittel und müssten nicht bewirtschaftet werden).

Zeit ist ein unverzichtbares Mittel, denn zeitloses Handeln lässt sich nicht widerspruchsfrei denken. Wäre Handeln zeitlos, wären alle Ziele sofort und unmittelbar erreicht, und man könnte nicht handeln; das aber wäre ein logischer Widerspruch.

Weil Handeln nun aber notwendigerweise Knappheit impliziert (Mittel sind knapp), wertet der Handelnde notwendigerweise einen größeren Gütervorrat (also mehr Mittel) höher als einen kleineren Gütervorrat (also weniger Mittel).

Und weil Zeit ein knappes Mittel ist, zieht der Handelnde eine frühere Zielerreichung einer späteren Zielerreichung vor. Genau darin kommt nun die sogenannte Zeitpräferenz zum Ausdruck, und ihre Manifestation ist der Zins, genauer: der Urzins.

Zeitpräferenz und Urzins

Zeitpräferenz und Urzins stehen für den Wertabschlag, den die spätere Erfüllung der Bedürfnisse gegenüber der früheren Erfüllung der Bedürfnisse (von gleicher Art und Güte und unter gleichen Bedingungen) erleidet.

Sie stehen für das Wertverhältnis, das der Handelnde Gegenwartsgütern relativ zu Zukunftsgütern (gleicher Art und Güte) zuweist. Sie besagen, dass ein gegenwärtig verfügbares Gut mehr wert ist als das Gut (gleicher Art und Güte), das erst künftig verfügbar ist.

Wird das Gegenwartsgut relativ zum Zukunftsgut sehr hoch bewertet, sind Zeitpräferenz und Urzins hoch; und wird das Gegenwartsgut relativ zum Zukunftsgut niedrig bewertet, sind Zeitpräferenz und Urzins niedrig.

Zeitpräferenz und Urzins sind von Mensch zu Mensch durchaus unterschiedlich, und sie können sich auch im Verlaufe des Lebens eines Menschen verändern.

Zum Beispiel haben junge Menschen in der Regel eine hohe Zeitpräferenz. Menschen, die ganz besonders zukunftsorientiert handeln, beispielsweise sorgende Eltern, haben eine vergleichsweise niedrige Zeitpräferenz.

Es ist übrigens nicht der Urzins – das sei hier betont –, der den Handelnden zum Sparen und Konsumieren treibt; der Urzins ist nicht die Ursache des Sparens. Vielmehr ist der Urzins Ausdruck der Tatsache, dass die Handelnden der gegenwärtigen und künftigen Bedürfniserfüllung eine unterschiedliche Rangstellung geben, sie unterschiedlich bewerten.

Ein positiver (aber nicht unendlich) hoher Urzins bedeutet, dass aus dem Einkommen ein Teil konsumiert und ein Teil gespart (also investiert) wird.

Bei einem Urzins, der ins Unendliche strebt (der sich einstellen würde, wenn die Menschen erwarten, dass die Welt morgen endet), hört das Sparen auf, das gesamte Einkommen wird nur noch konsumiert; der Wert der Kapitalgüter verfällt.

Wir hatten bereits gehört: Der Urzins lässt sich nicht wegdenken, er kann nicht verschwinden, kann nicht null werden. Denn was würde es bedeuten, wenn der Urzins null wäre?

Es würde bedeuten, dass der Handelnde sich nur noch von »mehr ist besser als weniger«, nicht aber mehr von »lieber früher als später« leiten lässt. Mit anderen Worten: Wäre der Urzins null, würde der Handelnde zwei Äpfel, sagen wir in einem oder auch 1000 Jahren, einem Apfel heute vorziehen.

Das lässt sich auch so ausdrücken: Wenn sein Urzins null wäre, würde der Handelnde sein gesamtes Einkommen sparen, er würde nichts konsumieren, sondern alles investieren; er würde heute nicht konsumieren, aber auch morgen nicht und übermorgen nicht und auch nicht in einem Monat oder zehn Jahren.

Das klingt nicht nur absurd, das ist es auch: denn die Idee, der Urzins sei null, steht im Widerspruch, dass das Handeln stets unter Knappheit stattfindet – und ist folglich ein logischer Widerspruch.

Wenn Mittel knapp sind, gibt es stets unerfüllte Bedürfnisse in der Gegenwart wie auch in der Zukunft. Dass für die Zukunft nicht besser vorgesorgt wird, folgt daraus, dass die verfügbaren Mittel (die knapp sind) auf die Erfüllung gegenwärtiger und künftiger Bedürfnisse aufgeteilt werden – und genau darin kommt das Urzinsphänomen zum Ausdruck.

Die Idee, der Urzins könnte negativ werden, ist ebenfalls – wie zuvor die Idee eines nicht vorhandenen Urzinses – logisch falsch, sie kommt einer Verneinung des unbestreitbar wahren Satzes »Der Mensch handelt« gleich. Was ein negativer Urzins bedeuten soll, lässt sich logisch, lässt sich handlungslogisch gar nicht verstehen.

Wir können an dieser Stelle festhalten:

1. Die Idee eines positiven Urzinses folgt aus der Logik des menschlichen Handelns, er bedeutet, dass der Handelnde konsumiert und spart.
2. Ein Urzins von null steht im Widerspruch zur Logik des menschlichen Handelns, weil er das Handeln unter Knappheit verneint; er bedeutet, dass der Handelnde nur spart, aber niemals konsumiert.
3. Ein negativer Urzins verstößt ebenfalls gegen die Logik des menschlichen Handelns, er bedeutet, dass der Handelnde nicht handelt, und das ist logisch widersprüchlich und damit falsch.

Intertemporales Tauschen mit Waren

Es gibt jedoch Ökonomen, die sagen, der Urzins könnte negativ werden (sie verwenden meist den Ausdruck »neutraler Zins«). Dazu führen sie häufig Beispiele an, die zeigen sollen, dass Zeitpräferenz und Urzins auch negativ sein können. Beispielsweise das folgende: »Ich bevorzuge den Verzehr des Apfels morgen und nicht heute, deshalb ist der Apfel morgen mir mehr wert als der Apfel heute – und folglich ist doch der Urzins negativ.«

Oder dieses Beispiel: »Die Renditen für 10-jährige Anleihen sind negativ, und das zeigt ja wohl, dass der soziale Urzins auch negativ sein kann!«

Im Folgenden erkläre ich, dass diese (und andere) Beispiele nicht überzeugen können, dass sie nicht das erklären, was sie vorgeben zu erklären. Dazu sollen zunächst die Arbeiten des US-Ökonomen Frank A. Fetter (1863–1949) berücksichtigt werden. Fetter hat in seiner Interpretation der »Zeitpräferenztheorie des Zinses« den Zins gedanklich in zwei Komponenten zerlegt: (1) in den Urzins (die »reine Zeitpräferenzrate«) und (2) in einen (Bewertungs-)Faktor (»Timing factor«), der die besonderen Umstände zum Zeitpunkt der Verwendung des betreffenden Gutes berücksichtigt.

Warum ist diese »Zerlegung« des Zinsphänomens wichtig? Sie ist deshalb von Bedeutung, weil es einen kategorischen Unterschied macht, ob beim intertemporalen Tausch Sachgüter oder Geld getauscht wird.

Betrachten wir zunächst den intertemporalen Tausch von Sachgütern: Das Gegenwartsgut (eine Banane heute) wird gegen das Zukunftsgut (eine Banane in einem Jahr) getauscht. Ein positiver Urzins bedeutet hier, dass der Handelnde bereit ist, eine geringere Menge eines Gegenwartsgutes gegen eine größere Menge des Zukunftsguts zu tauschen: Ich bin bereit, heute auf 95 Bananen zu verzichten, wenn ich dafür in einem Jahr 100 Bananen (gleicher Art und Güte) erhalte.

Dieses Beispiel ist der »plausible Normalfall«. Wie aber ist der folgende Fall zu behandeln: Ich bin bereit, 110 Äpfel heute gegen 100 Äpfel in einem Jahr einzutauschen. Der Grund: In einem Jahr feiere ich meinen 50. Geburtstag. An diesem Tag und nicht heute bevorzuge ich es, mit meinen geladenen Gästen 100 Äpfel zu verspeisen. Und um das sicherzustellen, bin ich bereit, heute 10 Äpfel mehr hinzugeben, als ich in einem Jahr verfügbar habe. Sind in diesem Beispiel Zeitpräferenz und Urzins negativ? Die Antwort lautet nein.

Neben meinem (immer und überall positiven Urzins) ist diesem Beispiel ein zweites Bewertungselement beigemischt, und zwar die »besonderen Umstände«, unter dem das künftige Handeln im Vergleich zu den gegenwärtig vorherrschenden Umständen stattfindet.

Der besondere Umstand, der in einem Jahr vorherrscht, hat für mich einen Wert, in diesem Beispiel beziffert er sich auf 10 Äpfel. Mein positiver Urzins zeigt sich darin, dass ich heute auf 95 Äpfel verzichte im Tausch gegen 100 Äpfel (gleicher Art und Güte und unter gleichen Umständen) in 1 Jahr. Und eben dafür dass ich in einem Jahr – zu einem für mich ganz besonders wichtigen Zeitpunkt – mit meinen Gästen 100 Äpfel konsumieren kann, bin ich bereit, heute auf 110 Äpfel zu verzichten.

Mein Urzins ist und bleibt jedoch positiv: Er kommt in (sagen wir) 5 Äpfeln zum Ausdruck, die ich verlange, damit ich heute auf 95 Äpfel verzichte im Tausch gegen 100 Äpfel (von gleicher Art und Güte und unter gleichen Umständen) in einem Jahr. Und der besondere Umstand, unter denen künftig gehandelt wird – der Verzehr von 100 Äpfeln mit Gästen auf meiner Feier in einem Jahr –, ist mir den Verzicht auf 10 Äpfel heute wert. So weit, so gut. Ändert sich etwas in einer Geldwirtschaft?

Intertemporales Tauschen mit Geld

In einer Geldwirtschaft wird Geld als das allgemein akzeptierte Tauschmittel verwendet: Waren und Dienste werden durch Vermittlung, durch Zwischenschaltung des indirekten Tauschmittels, des Geldes, abgewickelt. Das gilt sowohl für Tauschakte, die in der Gegenwart abgewickelt werden, als auch für intertemporales Tauschen, wie zum Beispiel der Tausch von 1 Euro heute gegen 1,05 Euro in einem Jahr.

Würden Sie aber 1 Euro, über den Sie heute verfügen, geringer bewerten als 0,95 Euro, die Sie erst in einem Jahr erhalten? Würden Sie also 1 Euro heute gegen 0,95 Euro in einem Jahr eintauschen? Vermutlich nicht, wenn Sie recht bei Sinnen sind. Denn Sie werden mehr Geld haben, wenn Sie diesen Tausch nicht machen. Und nicht nur Sie, sondern auch viele andere werden vermutlich diesen Tausch ausschlagen – weil Sie und alle anderen einen positiven Urzins haben. Das mag plausibel klingen, ist aber noch kein überzeugender Beweis.

Kann es nicht doch den Fall geben, in dem 1 Euro in einem Jahr höher wertgeschätzt wird als 1 Euro heute? Die Antwort ist nein. Der Grund: Der Urzins ist immer und überall positiv. Und anders als bei allen anderen Waren und Diensten – und das ist ganz wichtig zu verstehen – spielen beim Geld die besonderen Umstände, die zum Zeitpunkt seiner Verwendung herrschen, keine Rolle für den Nutzen beziehungsweise den Wert einer Geldeinheit heute im Vergleich zum Wert einer Geldeinheit in der Zukunft.

Für den persönlichen Nutzen, den der Verzehr eines Apfels mir stiftet, können die besonderen Umstände, die zum Zeitpunkt des Apfelverzehrs herrschen, sehr wohl bedeutsam sein: Der Verzehr des Apfels am, sagen wir, 6. Mai des nächsten Jahres mag für mich genussvoller sein als der Verzehr des Apfels heute, am 6. Mai diesen Jahres, und aus eben diesem Grunde bin ich bereit, zum Beispiel zwei Äpfel heute gegen einen Apfel in einem Jahr einzutauschen. (Wie voranstehend gezeigt, heißt das aber nicht, dass meine Zeitpräferenz und mein Urzins negativ wären!)

Die besonderen Umstände, die den Nutzen der Güter im intertemporalen Tausch beeinflussen, haben nun aber für den Nutzen des Geldes (anders als bei allen anderen Nicht-Geld-Gütern) keine Bedeutung. Um das zu verstehen, mache man sich zunächst klar, dass das Geld nur eine Funktion hat: die Tauschmittelfunktion. Geld ist weder Produktions- noch Konsumgut, es ist ein Gut eigener Art, es ist das Tauschgut.

Die Tauschfunktion ist die einzige Funktion des Geldes; Recheneinheits- und Wertaufbewahrungsfunktion des Geldes sind keine eigenständigen Funktionen, sie sind nur Ausdruck (oder auch: Unterfunktionen) der Tauschmittelfunktion des Geldes. Der Nutzen des Geldes besteht also allein darin, als Tauschmittel zu dienen.

Als Tauschmittel ist Geld die allgemeine Bezugseinheit (der Numéraire), das heißt, die Tauschrelation der Güter wird in Geldeinheiten ausgedrückt (eine Birne lässt sich eintauschen gegen 1,50 Euro). Und nur weil jede einzelne Geldeinheit wertgleich mit jeder anderen ist (Frank A. Fetter spricht von »value-equivalence«), kann Geld überhaupt als allgemeine Bezugseinheit dienen und einen Vergleich zwischen den Werten verschiedener Güter (ausgedrückt in Geldeinheiten, also Geldpreisen) möglich machen; das gilt für Tauschakte in der Gegenwart wie auch für Tauschakte, die sich von der Gegenwart in die Zukunft erstrecken.

Wenn von besonderen Umständen gesprochen wird, so sind damit die unterschiedlichen Umstände gemeint, die zu unterschiedlichen Zeitpunkten, an dem gehandelt wird, vorherrschen, und die der Wertgleichheit von (Sach-)Gütern zu unterschiedlichen Zeitpunkten entgegenstehen können. Die aber betreffen nicht das Geld, weil jede Geldeinheit heute und morgen und übermorgen in gleicher Weise als Tauschmittel dient; der Nutzen einer Geldeinheit, als Tauschmittel zu dienen, ist unabhängig davon, zu welchem Zeitpunkt sie als Tauschmittel dient.

Weil also jede Geldeinheit für das Tauschen gleichermaßen dienlich ist, wird 1 Euro heute höher bewertet als 1 Euro, der erst in einem Jahr verfügbar ist: Weil der Urzins immer und überall positiv ist, erleidet der Euro, der erst in einem Jahr verfügbar ist, einen Wertabschlag gegenüber dem Euro, der gegenwärtig zur Verfügung steht.

Übrigens: Werden Sachgüter intertemporal getauscht, gibt es viele einzelne Tauschrelationen (wie zum Beispiel eine Birne heute gegen anderthalb Birnen in einem Jahr; oder ein Auto heute gegen zwei Autos in zwei Jahren), aber es bildet sich kein einheitlicher Marktzins heraus.

Erst die Verwendung von Geld im intertemporalen Tausch bringt überhaupt erst das Phänomen eines einheitlichen Marktzinses hervor. Ohne Geld gäbe es das Phänomen des einheitlichen Marktzinses gar nicht. Damit lässt sich zusammenfassend sagen: Der Zins, oder besser: der Urzins, ist eine Kategorie des menschlichen Handelns – also eine Grundvoraussetzung für alle unsere Erfahrungen. Wir können nicht widerspruchsfrei denken, dass es eine Welt ohne Zins geben könnte. Der Urzins ist immer positiv, er kann nicht auf null fallen, geschweige denn negativ werden. Die folgende Abbildung fasst die Ergebnisse zusammen.

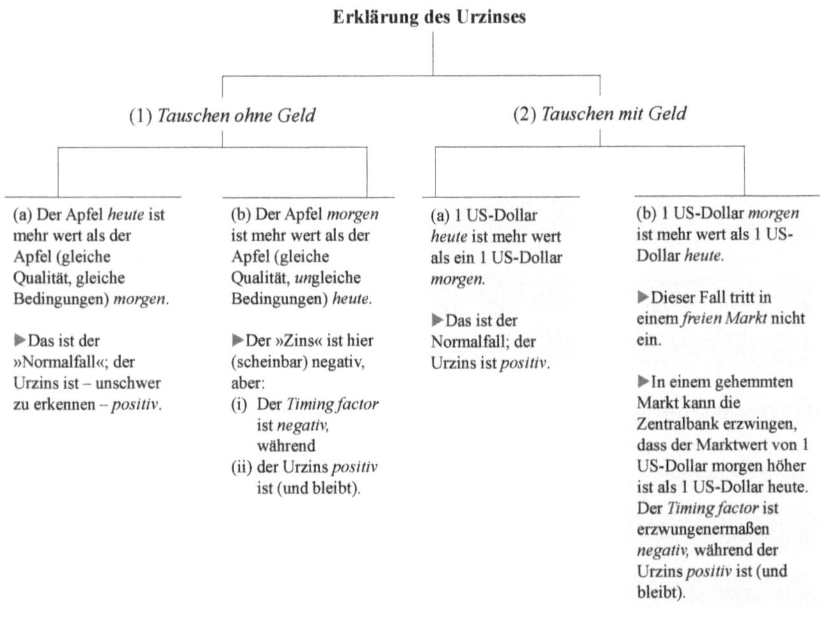

Abbildung 12.1: Erklärung des Urzinses
Quelle: eigene Darstellung

Negative Marktzinsen

In einem freien Markt bildet sich durch das Angebot von und die Nachfrage nach Ersparnissen ein »gesellschaftlicher Urzins« heraus. Der Marktzins entspricht hier dem Urzins. In einem freien Markt, in dem die Menschen Geld als Tauschmittel verwenden, kann der Marktzins nicht auf oder unter die Nulllinie fallen. Doch die Kreditmärkte sind nicht mehr frei, sie sind gehemmte Märkte. Die Zentralbanken greifen auf vielfältige Weise in die Marktzinsbildung ein. Vor allem im Zuge der internationalen Finanz- und Wirtschaftskrise 2008/09 haben die Zentralbanken weltweit in bisher nicht dagewesener Weise in die Kreditmärkte eingegriffen.

Einige Zentralbanken haben beispielsweise ihre Leitzinsen auf beziehungsweise unter die Nulllinie abgesenkt, also für Negativzinsen gesorgt. Das hat einen Abwärtsdruck auf alle anderen Marktzinsen ausgeübt, sodass auch die Zinsen für zum Beispiel kurzlaufende Schuldpapiere von Staaten und auch einigen Großunternehmen in den Negativbereich gezogen wurden. Die Null- oder Negativzinsen sind nicht etwa auf natürlichem Wege zustande gekommen, vielmehr sind sie das Ergebnis der Zinssetzung – der Zinsmanipulation – durch die Zentralbanken.

Wenn eine Zentralbank den Banken einen negativen Marktzins auferlegt (beispielsweise dadurch, dass sie sie durch einen negativen Einlagenzins zur Kasse bittet), werden die Geldhäuser über kurz oder lang diese Kostenbelastung auf ihre Kunden abwälzen (müssen). Die Bankguthaben werden dadurch entwertet, und der gutgläubige Bankkunde wird der Dumme sein. Belasten die Banken ein Kundenguthaben von 10.000 Euro mit einem Negativzins von, sagen wir, 2 Prozent pro Jahr, so sind nach zwölf Monaten nur noch 9800 Euro übrig. Hinzu kommt natürlich noch der Kaufkraftverlust des Geldes durch die laufende Teuerung.

Nimmt man eine Inflation von beispielsweise 2 Prozent pro Jahr an, so wird unter dem Negativzins von 2 Prozent die Kaufkraft des Geldes nach zehn Jahren bereits um 33 Prozent, nach 20 Jahren sogar schon um 55 Prozent gefallen sein. Der Sparer wird, wenn er an seinen Guthaben festhält, im Zeitablauf quasi ausgeblutet; seine Altersvorsorge zerrinnt ihm zwischen den Fingern. Doch es gibt auch Gewinner: Die Negativzinspolitik verschiebt das Vermögen der Sparer in die Hände der EZB und der Staaten. Damit nicht genug. Die EZB kann ihre Negativzinspolitik auch so weit treiben, dass Konsum-, Hausbau- und Unternehmenskredite zu einem Negativzins angeboten werden.

Dazu gewährt die EZB den Euro-Banken beispielsweise Kredite für minus 2 Prozent pro Jahr: Die Banken leihen sich 100 Euro von der EZB und zahlen nach einem Jahr 98 Euro zurück. Die EZB wird aber Kredite zu Minuszinsen nur unter der Bedingung vergeben, dass die Banken das Geld verleihen. Denken wir das Beispiel zu Ende: Eine Bank beschafft sich 100 Euro für ein Jahr zu minus 2 Prozent pro Jahr bei der EZB. Sie verleiht das Geld an Konsumenten zu einem Zins von, sagen wir, minus 1 Prozent (sie verleiht also 100 Euro und erhält nach einem Jahr 99 Euro zurück). Insgesamt gesehen macht die Bank einen Gewinn von 1 Euro: Sie verdient durch die Kreditaufnahme bei der EZB 2 Euro, notgedrungen verliert sie im Kreditgeschäft 1 Euro.

Wenn die Zentralbank die Marktzinsen in den Negativbereich herunterdrückt, blähen sich die Preise für die Bestandsgüter – hierzu zählen Aktien, Häuser und Grundstücke – auf beziehungsweise fallen die Preise höher aus im Vergleich zu einer Situation, in der die Marktzinsen nicht künstlich abgesenkt worden wären. Denn je niedriger der Zins ist, desto höher sind auch die Barwerte der künftigen Zahlungen und damit auch die Marktpreise der Vermögensgüter. Das beschert den Investoren zunächst hohe Renditen. Gleichzeitig jedoch verschlechtern sich dadurch die künftigen Renditeaussichten für die Investitionen.

Das erklärt sich wie folgt: Die Null- und Negativzinsen lassen die Preise von beispielsweise Aktien und Häusern so weit ansteigen, bis die erwartete Rendite, die diese Anlageklassen versprechen, sich dem Niedrig- beziehungsweise Negativzins, den die Zentralbank setzt, angenähert hat. Im Extremfall fallen die erwarteten Marktrenditen sogar auf oder gar unter die Nulllinie. Wenn aber die Zentralbank alle Renditen auf oder unter die Nulllinie gedrückt hat, ist das, was von der freien Marktwirtschaft noch übrig ist, am Ende. Ohne einen positiven Marktzins, ohne eine positive Rendite in Aussicht zu haben, hört das Sparen und Investieren auf – schließlich hat ja jeder Konsument, jeder Unternehmer einen positiven Urzins, das heißt, er verlangt einen positiven Ausgleich für seinen Konsumverzicht.

Bei Marktzinsen von null oder weniger als null kommt die arbeitsteilige Volkswirtschaft zum Erliegen. Ersatz- und Erweiterungsinvestitionen bleiben aus. Maschinen, Werkshallen, Häuser – alles verrottet. Kapitalaufzehrung setzt ein. Die moderne Volkswirtschaft fällt zurück in eine primitive Subsistenzwirtschaft. Das ist – konsequent zu Ende gedacht – das Ergebnis einer Negativzinspolitik: Sie zerstört das kapitalistische Wirtschaften, wie es in der westlichen Welt im Zuge der industriellen Revolution im 19. Jahrhundert entstanden ist und den Menschen einen beispiellosen wirtschaftlichen und kulturellen Fortschritt gebracht hat. Ob die antikapitalistisch gesinnten Zinsgegner wirklich wissen, was ihre Forderung nach Abschaffung des Zinses anrichtet?

Kapitel 13
Wie unser Geldsystem funktioniert:
Geldschaffen aus dem Nichts

»Die Schwankungen im Weltpreise der Edelmetalle scheinen mir gegenwärtig immer noch geringere Gefahren in sich zu schließen als die Regelung des inneren Tauschwertes des Geldes durch Regierungen oder soziale und politische Parteien.«

Carl Menger

Kapitalistisches Geld

Der »reine Kapitalismus« – wenn es ihn gäbe – hätte einen *freien Markt für Geld*. Das bedeutet, dass jeder die Freiheit hat, das Geld zu verwenden, das seinen Bedürfnissen am besten entspricht, und dass jeder die Freiheit hat, Güter anzubieten, von denen er meint, sie werden als Geld nachgefragt. In einem freien Markt für Geld ist der Geldnachfrager der Souverän. Denn die Geldnachfrager sind es, die darüber befinden, was sich als Geld – als das allgemein akzeptierte Tauschmittel – durchsetzt. Und sie werden natürlich ein Gut als Geld nachfragen, das sie als »gutes Geld« ansehen; »schlechtes Geld« werden sie nicht akzeptieren – genauso wie die Menschen gute und keine schlechten Schuhe, Filme und Urlaubsreisen nachfragen.

Was aber macht gutes Geld aus? Gutes Geld muss knapp sein, homogen, haltbar, teilbar, prägbar, transportabel, darf nicht verderben, muss allgemein wertgeschätzt sein. Blickt man in die Währungsgeschichte, so zeigt sich, dass die Menschen, wann immer es ihnen freistand, Edelmetalle als Geld gewählt haben. Denn diese, allen voran Gold und Silber, erfüllen die Anforderungen, die Menschen an gutes Geld stellen, in besonders guter Weise. So gesehen lässt sich das Edelmetallgeld als so etwas wie eine währungshistorische Norm deuten. Auch heute noch – im Zeitalter der Digitalisierung – wäre in einem »reinen Kapitalismus« Gold vermutlich nach wie vor ein aussichtsreicher Bewerber um den Status des Geldes, künftig vielleicht aber auch eine Cybereinheit.

Im »reinen Kapitalismus« wird Geld genauso produziert wie jedes andere Gut auch: Es ist das Ergebnis unternehmerischer Tätigkeit, man investiert Arbeitskraft und Kapital, um es zu gewinnen. Betrachten wir an dieser Stelle das Goldgeld: Die Produktion des Goldgeldes (die Förderung durch Minenbetriebe) steht in direkter Konkurrenz zur Produktion aller anderen Güter. Investoren werden nur dann neues Goldgeld produzieren, wenn die Investitionsrendite, die sie mit der Goldproduktion erzielen können, *mindestens* so hoch ist wie die Rendite, die sie mit alternativen Investitionen verdienen können. Die Produktion des Goldgeldes ist so gesehen *konsistent* eingebunden in die marktwirtschaftliche Güterproduktion.

Dabei ist nun allerdings das Folgende zu beachten: Wenn der Marktpreis eines Gutes (ob Schuh, Bleistift oder Schiff) steigt, wird seine Produktion ausgeweitet; und wenn der Marktpreis sinkt, wird die Produktion eingeschränkt.[134] Das aber gilt *nicht*, wenn Gold als Geld verwendet wird. Ist Gold Geld, werden die Güterpreise in, sagen wir, Goldgramm oder Feinunzen ausgewiesen oder in US-Dollar, wenn der US-Dollar eine vorab festgelegte Menge physisches Feingold repräsentiert. Das bedeutet, dass der Marktpreis des Goldes sich nicht verändert, egal ob das Goldangebot relativ zur Goldnachfrage steigt oder fällt. Lediglich die in Gold ausgedrückten Güterpreise ändern sich, wenn das Goldangebot von der Goldnachfrage abweicht.

Wenn Gold als Geld dient, bestimmen allein die Produktionskosten der Minenbetreiber die Investitionsrendite und damit die Förderaktivität der Goldförderer. Die Goldproduktion wird erhöht, wenn die Güterpreise fallen (wenn also die Kaufkraft des Goldes steigt); und die Goldproduktion wird eingeschränkt, wenn die Güterpreise steigen (wenn also die Kaufkraft des Goldes abnimmt). Nehmen wir an, die Nachfrage nach Gold steigt relativ zum Goldangebot. Folglich bieten die Menschen verstärkt andere Güter am Markt an (zum Beispiel ihre Arbeitskraft, Aktien, Häuser etc.), um sie gegen Gold einzutauschen. Die Folge ist, dass die in Gold ausgedrückten Löhne und Güterpreise fallen. Für die Minenbetreiber wird daraufhin das Ausweiten der Goldförderung attraktiver – weil sie geringere Produktionskosten haben und folglich ihre Investitionsrendite steigt. Das Ausweiten der Gold-

und damit Geldmenge arbeitet dem Güterpreisrückgang entgegen, es sorgt im Zeitablauf tendenziell also für gleichbleibende Güterpreise.

Selbstverständlich kann auch in einem reinen Kapitalismus ein anderes Gut als Gold zum Geld gewählt werden; schließlich erfolgt die Auswahl des Geldes im Zuge eines Entdeckungsverfahrens, dessen Ergebnis man im Vorfeld nicht kennt. In jedem Falle werden es im reinen Kapitalismus aber, wie erwähnt, die Geldnachfrager sein, die bestimmen, was sich als Geld durchsetzt. Sie allein wählen, was als Geld verwendet wird und was nicht. Vor allem gibt es im reinen Kapitalismus keine Wettbewerbsbeschränkungen im freien Markt für Geld: Es herrscht freier Marktzutritt und -austritt. Es gibt kein erzwungenes Angebotsmonopol, keine Person oder Institution, die das alleinige Recht für sich beanspruchen kann, der einzige Geldanbieter zu sein.

Antikapitalistisches Geld

Vor dem Hintergrund des Gesagten wird deutlich, dass das Geld, das man heutzutage weltweit vorfindet, kein kapitalistisches Geld ist und sein kann, sondern dass es sich im wahrsten Sinne des Wortes um *antikapitalistisches Geld* handelt: Geld, das mit den Prinzipien des reinen Kapitalismus nicht verträglich ist, vielmehr sogar einen Verstoß gegen diese darstellt. Das heutige Geld ist staatlich monopolisiertes Geld. Ob US-Dollar, Euro, japanischer Yen oder britisches Pfund: Das Geld wird nicht im Wettbewerb frei gewählt, sondern es wird den Geldverwendern von den Staaten aufoktroyiert. Die verhindern vielmehr einen freien Markt für Geld – vorzugsweise durch steuerliche Benachteiligungen alternativer Tauschmittel.

Aber nicht nur die freie Geldwahl verhindern die Staaten, sie diktieren auch die Geld*menge,* die sie der Volkswirtschaft verabreichen. Die Zentralbanken legen fest, wie viel Geld in Umlauf gebracht wird. Die Bedürfnisse der Geldnachfrager spielen dabei keine oder nur eine untergeordnete Rolle.

Nun könnte man folgendes Argument anführen: Die Zentralbank ist bemüht, die Geldmenge in einer Weise auszuweiten, dass ihr Anstieg die Konsumgüterpreise um nicht mehr als 2 Prozent pro Jahr in die Höhe befördert. Ist das nicht im Sinne der Geldverwender? Die Antwort ist nein.

Jeder Geldverwender, der alle Sinne beisammen hat, wird ein Geld bevorzugen, das seine Kaufkraft im Zeitablauf *nicht* verliert. Aber das Geld, das die Zentralbank ausgibt, zeichnet sich durch einen chronischen Kaufkraftschwund aus – weil die Zentralbank die Geldmenge fortwährend ausdehnt und dadurch die Güterpreise in die Höhe treibt. Alle großen Zentralbanken der Welt gehen in gleicher Weise vor: Sie produzieren Geld, das seine Kaufkraft im Zeitablauf verliert, inflationäres Geld also – und haben dabei übrigens keinerlei Scheu, der Öffentlichkeit diese Tat als eine wohlwollende »Preisstabilitätspolitik« anzupreisen.

Das Geld, das die Zentralbanken produzieren, ist das schon mehrfach erwähnte »Fiat-Geld«. Es zeichnet sich durch drei Eigenschaften aus: (1) Fiat-Geld ist staatlich monopolisiertes Geld, die staatlichen Zentralbanken haben das Produktionsmonopol des Geldes. (2) Fiat-Geld wird in der Regel durch Kreditvergabe geschaffen, der keine echte Ersparnis gegenübersteht. Es wird also aus dem Nichts geschaffen, oder *ex nihilo*, wie der Lateiner sagt. Und (3): Fiat-Geld ist entmaterialisiertes Geld. Es hat die Form von bunt bedruckten Papierzetteln (genauer: Baumwollstücken) und Einträgen auf Computerfestplatten (Bits und Bytes). Ob US-Dollar, Euro, chinesischer Renminbi, japanischer Yen, britisches Pfund oder Schweizer Franken: Sie alle sind Fiat-Geld.

Die staatlichen Zentralbanken haben das Geldproduktionsmonopol inne. Sie produzieren das Fiat-Grundgeld, das auch als *Zentralbankgeld* bezeichnet wird. Zentralbankgeld gibt es in Form von Bargeld (Noten und Münzen) und in Form von Kontoguthaben bei der Zentralbank. Die Geschäftsbanken erhalten eine Lizenz vom Staat, die es ihnen erlaubt, auf Basis des Zentralbankgeldes eigenes Geld, das sogenannte Geschäftsbankengeld, zu produzieren. Das heutige Fiat-Geldsystem wird daher im Fachjargon auch als ein sogenanntes *einstufiges Mischgeldsystem* bezeichnet. Sowohl das Fiat-Grundgeld als auch das Geschäftsbanken-Fiat-Geld werden vorzugsweise durch Kreditvergabe geschaffen, durch ein Geldschaffen »aus dem Nichts«. Wie das abläuft, zeigt das folgende Beispiel.

Das Geldschaffen »aus dem Nichts«

Nehmen wir an, es gibt eine Zentralbank, und sie hat das Monopol für die Produktion von Zentralbankgeld. Das Zentralbankgeld benötigen die Geschäftsbanken, um durch Kreditvergabe neues Geld, das heißt Geschäftsbankengeld, zu schaffen. Denn Geschäftsbanken sind gesetzlich verpflichtet, einen Teil ihrer jederzeit abrufbaren Verbindlichkeiten gegenüber Kunden in Form von Zentralbankgeld vorzuhalten; man spricht hier von einer *Mindestreserve*. Betrachten wir dazu ein konkretes Zahlenbeispiel.

Die Geschäftsbank *A* erhält von der Zentralbank einen Kredit in Höhe von 400 Euro. Das ist ihre Überschussreserve, und die setzt sie nun ein, um einen Kredit (an ein Unternehmen) in Höhe von 400 Euro zu vergeben. Im Zuge der Kreditgewährung räumt die Bank *A* ihrem Kunden also ein Guthaben in Höhe von 400 Euro ein. Von diesem Guthaben zieht der Kunde annahmegemäß 25 Prozent in bar ab, also 100 Euro; sein Kontostand bei Bank *A* sinkt dadurch von 400 auf 300 Euro.

Aktiva	Zentralbank			Passiva
Kredit an Bank A	+400	Basisgeld Bank A		+400

Aktiva		Bank A		Passiva
Basisgeld bei Zentralbank	+400			
Davon: Mindestreserve	0			
Überschussreserve	*+400*			
Kredit	+400	Sichtguthaben		+400
		Bargeldabzug		-100
Basisgeld bei Zentralbank	300		*Saldo:*	*300*
Davon: Mindestreserve	*60*			
Überschussreserve	*240*			
		Sichtguthaben		-150
Basisgeld	150		*Saldo:*	*+150*
Davon: Mindestreserve	*30*			
Überschussreserve	*120*			

Aktiva		Bank B		Passiva
		Sichtguthaben		+150
		Bargeldabzug		-37,5
Basisgeld	112,5		Saldo	+112,5
Davon: Mindestreserve	*22,5*			
Überschussreserve	*90*			
Kredit	90	Sichtguthaben		+90
		Bargeldabzug		-22,5
Basisgeld	67,5		Saldo	+67,5
Davon: Mindestreserve	*13,5*			
Überschussreserve	*54*			

Auf die Sichtguthaben des Kunden muss Bank *A* eine Mindestreserve von, sagen wir, 20 Prozent, also 60 Euro, halten. Da Bank *A* ihrem Kunden 100 Euro in bar ausgezahlt hat, verbleiben ihr von der ursprünglichen Überschussreserve in Höhe von 400 Euro noch 240 Euro (400 Euro minus Barauszahlung von 100 Euro minus Mindestreserve von 60 Euro). Daraufhin überweist der Kunde 150 Euro von seinem Konto auf ein Konto, das bei Bank *B* gehalten wird.

Die Sichtguthaben bei Bank *A* sinken auf 150 Euro, und dafür muss Bank *A* eine Mindestreserve von 30 Euro halten. Das Guthaben von Bank *A* bei der Zentralbank sinkt auf 150 Euro, und folglich beträgt ihre Überschussreserve nur noch 120 Euro. Bank *B* kommt nun in den Besitz eines Zentralbankguthabens in Höhe von 150 Euro. Da ihr Kunde nun aber sogleich 25 Prozent seines Guthabens in bar abzieht, also 37,5 Euro, verbleiben auf dem Kundenkonto noch 112,5 Euro (150 minus 0,25 × 150 Euro).

Bank *B* verfügt damit noch über Zentralbankgeld in Höhe von 112,5 Euro. Davon muss sie eine Mindestreserve in Höhe von 22,5 Euro halten (112,5 Euro × 0,20), sodass ihre Überschussreserve 90 Euro beträgt (112,5 minus 22,5 Euro). Bank *B* kann damit Kredit und Geld in Höhe von 90 Euro schaffen. Wenn daraufhin der Kontobesitzer wieder 25 Prozent seines Guthabens, also 22,5 Euro in bar, abzieht, bleibt Bank *B* Zentralbankgeld in Höhe von 67,5 Euro. Zieht sie davon die Mindestreserve von 13,5 Euro ab, die sie für die verbliebene Sichtverbindlichkeit von 67,5 Euro zu halten hat, beträgt ihre Überschussreserve 54 Euro.

Das Beispiel lässt sich natürlich noch beliebig weiterführen – indem man Überweisungen an Bank C und deren Kredit- und Geldschaffung, und Überweisungen von Bank C an Bank D betrachtet und so weiter. Doch worauf läuft das hinaus? Die Antwort lässt sich ganz einfach entwickeln. Wenn wir annehmen, dass es keine Bargeldabhebung gibt, haben wir es mit folgender Formel zu tun:

$$M = \frac{1}{r} \times ÜR,$$

wobei M = Geschäftsbankengeldmenge, r = Mindestreservesatz in Prozent und ÜR = Überschussreserve. Nimmt man an, dass ÜR = 400 und r = 0,20 ist, dann ergibt sich für M = 2000. Wenn wir annehmen, dass die Bargeldabhebung (c) 25 Prozent der Sichtguthaben beträgt, ist die Formel:

$$M = \frac{1}{(r + c)} \times ÜR,$$

Beträgt ÜR = 400, r = 0,20 und c = 0,25, dann beträgt die maximale Geldschaffung der Banken 888,89 Euro.

Man erkennt: Je *geringer* also die Mindestreserve *r* ist, desto *größer* ist die Geldschaffungsmöglichkeit der Banken bei gegebener Überschussreserve;

und je *geringer* der Bargeldabzug der Kunden *c* ist, desto *größer* ist die Geldschaffung der Banken. Da es für die Geschäftsbanken besonders attraktiv ist, wenn *r* und *c* niedrig sind, ist es nicht verwunderlich, dass die Zentralbanken (als Hausbanken der Geschäftsbanken) die Mindestreservesätze immer weiter abgesenkt haben und dass es auch sehr im Interesse der Bankwirtschaft liegt, wenn der Bargeldzahlungsverkehr zurückgedrängt wird zugunsten von elektronischen Zahlungen (hier treffen sich die Interessen der Staaten mit denen der Geschäftsbanken also ganz deutlich).

Vor diesem Hintergrund könnte man nun meinen, die Kredit- und Geldschaffung der Banken hinge nur an *ÜR* und *r* (die die Zentralbank direkt beeinflussen kann) und *c* (die die Zentralbank *nicht* direkt beeinflussen kann). Doch Geschäftsbanken brauchen auch noch etwas anderes, um neues Geld per Kredit in Umlauf zu bringen: und zwar Eigenkapital. Letzteres kann sich eine Bank grundsätzlich entweder von außen beschaffen, indem sie neue Aktien ausgibt, oder durch das Einbehalten erzielter Gewinne.

Die Eigenkapitalrestriktion der Banken

Geschäftsbanken unterliegen der staatlichen Verpflichtung, Eigenkapital (als Verlustpuffer) in einem bestimmten Prozentsatz zu ihren Krediten vorzuhalten. Diese staatliche (regulatorische) *Eigenkapitalanforderung* macht die Kredit- und Geldschaffungsmöglichkeit des Bankenapparates abhängig vom vorhandenen Eigenkapital der Banken. Woher stammt das Eigenkapital der Banken? Antwort: aus einbehaltenen Gewinnen und Zuführungen von außen. Vereinfacht gesprochen sind Banken verpflichtet, ihre »Risikoaktiva« mit Eigenkapital in Höhe von 8 Prozent zu unterlegen.

Das heißt, dass eine Bank, die 1 Euro Eigenkapital hat, damit Kredit und Geld in Höhe von 12,5 Euro produzieren kann (also 1 / 0,08). Nun werden allerdings unterschiedliche Kredite mit unterschiedlichen Prozentsätzen auf das Eigenkapital der Banken »angerechnet«. Nehmen wir an, ein Kredit ist nur zu 25 Prozent mit Eigenkapital zu unterlegen. Dann lassen sich mit einem Bankeigenkapital von 1 Euro Kredite und Geld in Höhe von 50 Euro schaffen (also 1 / 0,08 × 1 / 0,25). Man erkennt sogleich: Je *geringer* die Eigenkapitalanforderung der Banken und je *geringer* die Risikoanrechnung ausfällt, desto *größer* ist die Kredit- und Geldschaffungsmöglichkeit der Banken.

Damit wird auch deutlich, wie problematisch es ist, wenn der Bankensektor Eigenkapital durch Verluste (weil zum Beispiel ein Kreditnehmer seinen Schuldendienst nicht mehr leisten kann) einbüßt. Wenn eine Bank zum Beispiel 1 Euro Eigenkapital verliert *und* es nicht ersetzen kann, dann muss die Bank – weil sie stark *gehebelt* ist – ihr Kredit- und Geldmengenangebot um 50 Euro zurückführen. Genau das aber zieht ein großes Problem nach. Denn das vorherige Ausweiten der Kredit- und Geldmenge durch die Zentralbank und Geschäftsbanken hat zu einem Ansteigen der Güterpreise, zu Güterpreisinflation geführt.

Es ist sofort einsichtig, dass ein Ausweiten der Geldmenge zu steigenden Güterpreisen führt. Geld ist das allgemeine Tauschmittel. Steigt die Tauschmittelmenge in den Händen der Menschen, tauschen sie sie gegen andere Güter ein. Die Folge ist, dass die Güterpreise steigen – weil die Menschen nunmehr bereit sind, mehr Geld pro Gut einzutauschen. Was aber geschieht, wenn die ausstehende Geldmenge schrumpft, weil Banken, angesichts ihres zu geringen Eigenkapitals, fällige Kredite nicht erneuern, sondern die Kreditkunden zur Rückzahlung ihrer Schulden auffordern? Dann kommt es zu einer Schrumpfung der ausstehenden Geldmenge, und die Preisinflation schlägt in eine *Güterpreisdeflation* um.

Fallen die Güterpreise auf breiter Front, geraten Schuldner in Bedrängnis. Man denke nur einmal an Firmen, die sich verschuldet haben. Geben die Absatzpreise der Güter nach, sinken die Einnahmen. Das erschwert es dem Unternehmen, seine Zins- und Tilgungszahlungen zu leisten. Etwas Ähnliches zeigt sich bei verschuldeten Privathaushalten: Bei sinkenden Lohneinkommen wird es für sie schwieriger, ihren Schuldendienst zu leisten. Oder man denke an einen Preisverfall kreditfinanzierter Immobilien: Verfallen die Beleihungswerte, fordern die Banken Nachbesicherung. Können die Sicherheiten nicht gestärkt werden, droht die Kreditkündigung.

Rufe nach Krisenbekämpfung

Wenn die Banken nicht mehr bereit oder in der Lage sind, mit ihrem Eigenkapital neue Kredite zu vergeben, oder gar die Kreditnehmer auffordern, ihre fälligen Darlehen zurückzuhalten, kippt der inflationäre Boom, der zuvor mit der Ausgabe von neuem Geld, das per Kreditvergabe »aus dem Nichts« geschaffen wurde, zusammenbricht. Denn versiegt der Zustrom von neuen

Krediten und neuem Geld, wird der ganze Spuk entzaubert, und die Produktions- und Beschäftigungsstruktur, die sich im Zuge des inflationären Booms aufgebaut hat, kollabiert, schlägt in einen »Bust« um.

Daher ist es nicht schwer zu verstehen, dass ein inflationärer Boom, der umzukippen droht, Rufe nach einer »Bekämpfung der Krise« seitens der Arbeitnehmer, Unternehmer, Gewerkschaften, Beamten, Sparer und Politiker laut werden. Man fordert die Zentralbank auf, die Zinsen noch weiter zu senken und noch mehr Kredit und Geld bereitzustellen, um die Konjunktur »anzukurbeln«. Alle fürchten sich vor den Verlusten, die ihnen in der einen oder anderen Form entstehen, sollte das Fiat-Geldsystem kollabieren – und genau das würde ein Bust, wenn man ihn zulässt, ja auch bewirken. Das Fiat-Geld hat alle von sich abhängig gemacht, verursacht eine »kollektive Korruption«: Man verbündet sich mit dem Fiat-Geldsystem, wird zu seinem stillen oder auch offen ausgesprochenen Komplizen.

Verständlicherweise will niemand für die Schäden, den das Fiat-Geldsystem angerichtet hat, haften; und zudem wissen vermutlich viele Menschen nicht genau, ob sie nun zu den Netto-Profiteuren oder den Netto-Verlierern des Fiat-Geldsystems zählen. Die Netto-Profiteure – Regierungen, Banken- und Finanzindustrie und »Big Business«, das »Establishment« eben – wissen das für ihre Zwecke zu nutzen. Unter ihrer intellektuellen Führung wird ein öffentlicher Zielkonsens herbeifabuliert, das Fiat-Geldsystem müsse am Leben gehalten werden. Und zwar mit allen Mitteln; und diesem Ziel müsse alles andere untergeordnet werden.

Fiat-Geld ist zerstörerisch

Wohin das führt, liegt auf der Hand: Die freien Marktkräfte, die die Ungleichgewichte und Schäden des Fiat-Geldsystems korrigieren könnten, werden nach und nach ausgeschaltet – durch immer mehr Verordnungen, Ge- und Verbote, Gesetze und Steuern, die der Staat dem Wirtschaften auferlegt: Banken und Investoren werden zusehends reguliert, ja regelrecht stranguliert, ihr Handeln auf den Erhalt des Fiat-Geldsystems getrimmt; insbesondere die Zinsen werden heruntermanipuliert, um die Schuldenpyramide, die sich im Fiat-Geldsystem unweigerlich aufbaut, vor dem Zusammenbruch zu bewahren. Das Fiat-Geldsystem erweist sich als unvereinbar mit einem freien Marktsystem.

Je länger allerdings der Boom durch politische Maßnahmen in Gang gehalten wird, desto größer und schmerzlicher werden die Kosten in Form von Produktions- und Arbeitsplatzverlusten sein, wenn die Krise dann doch kommt. Und sie wird kommen. Bereits vor 80 Jahren schrieb Ludwig von Mises dazu Folgendes:

> Doch endlos hätte man den Aufschwung der Konjunktur durch Festhalten an der Kreditausweitung nicht verlängern können. Früher oder später muss es zum Zusammenbruch des durch die Kreditausweitung ausgelosten Aufschwungs kommen, und der Anpassungsprozess, den man Niedergang der Konjunktur nennt, wird umso schmerzlicher sein und umso mehr Zeit beanspruchen, je länger die Kreditausweitung fortgesetzt worden war und je grösser der Umfang der durch sie bewirkten Kapitalfehlleitung gewesen ist.[135]

Wenn man die ganze Sache bis zum Ende durchdenkt, kommt man unweigerlich zu dem Schluss: Das Fiat-Geldsystem, in dem die Zentral- und Geschäftsbanken die Geldmenge per Kredit ausweiten, ist ein Zerstörungswerk. Produktion und Beschäftigung können zwar durch das Ausgeben von neuem Fiat-Geld kurzfristig ausgeweitet werden. Das aber nur zum Preis von *Fehlinvestitionen*. Knappe Ressourcen werden verstärkt in die Investitionsgüterbranche umgelenkt zulasten der Konsumgüterproduktion. Die Güterausstattung der Volkswirtschaft wird dann aber nicht mehr zur Deckung der dringlichsten Bedürfnisse ausgerichtet. Die Güterversorgung fällt hinter das Niveau zurück, das sich ohne die Ausweitung der Geldmenge durch Kreditvergabe eingestellt hätte.

Das Fiat-Geld – eine durch und durch antikapitalistische Erfindung – sät die Saat zur Zerstörung der freien Marktwirtschaft, der kapitalistischen Produktionsweise. Denn gerade die Abfolge von Boom und Bust, für die das Fiat-Geld sorgt, zermürbt die Menschen, untergräbt ihr Vertrauen in die freie Marktwirtschaft. Vor allem weil die Ursache der Krisen, für die das Fiat-Geld sorgt, von »antikapitalistischen Experten« uminterpretiert wird: Sie erklären, der freie Markt, der Kapitalismus sei ursächlich für Rezession und Deflation, und verkünden, dass die Misere nur durch staatliche Eingriffe bereinigt werden könnte. Und das findet meist auch Gehör – weil der ökonomische Sachverstand in der breiten Bevölkerung meist recht gering ausgeprägt ist. Das Fiat-Geld erweist sich gewissermaßen als ein Totengräber für die freie Marktwirtschaft und damit letztlich für die freie Gesellschaft.

Kapitel 14[136]

Was wir über Boom und Bust wissen:

die monetäre Konjunkturtheorie der Österreichischen Schule

»Wenn der unerwünschte Zustand der wirtschaftlichen Verhältnisse in einer als unerträglich empfundenen Notlage weitester Kreise der Bevölkerung in der Mehrzahl aller Erzeugungszweige besteht, so spricht man von einer Wirtschaftskrise.«

Fritz Machlup

Krisenerklärung

Die Frage, warum es immer wieder zu großen und schweren Finanz- und Wirtschaftskrisen kommt, ist gewissermaßen ein Dauerbrenner in der Volkswirtschaftslehre. Das ist verständlich: Krisenhafte Erschütterungen sind mit hohen volkswirtschaftlichen Kosten verbunden. Nicht nur die Produktion geht zurück. Krisen verursachen vor allem auch Leid bei vielen Menschen: Unternehmer müssen Konkurs anmelden, Kreditnehmer können ihren Schuldendienst nicht mehr leisten, Arbeitnehmer verlieren ihre Anstellung, Familien werden von finanzieller Not heimgesucht. Es gibt folglich gute und drängende Gründe für das intellektuelle Bestreben, die Ursachen von Krisen zu identifizieren und zu verstehen, damit man, sollten die Ursachen im Bereich des menschlichen Einflusses liegen, derartige Krisen künftig verhindern kann.

Mit Blick auf die Erfahrung, die man mit Finanz- und Wirtschaftskrisen gemacht hat (und die jüngste Vergangenheit bietet reichhaltiges Anschauungsmaterial), sollte eine erklärende Theorie mindestens dreierlei leisten.[137] Erstens: Die Krisentheorie muss verständlich machen, warum nicht nur einige Geschäftssektoren, sondern die *gesamte* Wirtschaft plötzlich und unerwartet von einer Krise heimgesucht werden. Zweitens: Sie muss erklären, warum die Krise (deutlich) stärker die Investitionsgüterindustrie als die Konsumgüterindustrie erfasst. Und drittens: Sie muss aufzeigen, warum das Wachstum der Kredit- und Geldmengen vor der Krise hoch ist und, wenn die Krise einsetzt, es sich verlangsamt oder gar rückläufig wird.

Der österreichische Ökonom Ludwig von Mises (1881–1973) hat auf dem Gebiet der *monetären Konjunkturtheorie* wichtige und zeitlose Erkenntnisbeiträge vorgelegt; er kann daher mit Fug und Recht als der Begründer der monetären Konjunkturtheorie der Österreichischen Schule der Nationalökonomie bezeichnet werden. Mises hat dazu drei bis dahin separate Theorien miteinander verbunden: die englische »Currency School«, die Kapital- und Zinstheorie von Eugen von Böhm-Bawerk (1851–1914) und die zinsverursachte Konjunkturtheorie von Knut Wicksell (1851–1926). Dieses Kapitel beschäftigt sich mit den »Stärken« der monetären Krisentheorien der »Österreicher« und verdeutlicht die Relevanz dieser *Krisentheorie* für die heutige Zeit.[138]

Das heutige Geld- und Kreditsystem

Das heute weltweit vorherrschende Geld- und Kreditsystem ist ein ungedecktes Papiergeldsystem oder auch: Fiat-Geldsystem. Rufen wir uns noch einmal die Definition von *Fiat-Geld* aus Kapitel 12 in Erinnerung, wonach sich dieses vor allem durch drei Eigenschaften auszeichnet: (1) Fiat-Geld ist staatlich monopolisiertes Geld. Die staatlichen Zentralbanken haben das Produktionsmonopol des Geldes. (2) Fiat-Geld wird *ex nihilo* durch Kreditvergabe, der keine echte Ersparnis gegenübersteht, geschaffen. (3): Fiat-Geld ist entmaterialisiertes Geld. Es hat die Form von bunt bedruckten Papierzetteln (genauer: Baumwollstückchen) und Einträgen auf Computerfestplatten (»Bits und Bytes«). Ob US-Dollar, Euro, chinesischer Renminbi, japanischer Yen, britisches Pfund oder Schweizer Franken: Sie alle sind Fiat-Geld.

Das Fiat-Geldsystem ist nicht auf »natürlichem« Wege in die Welt gekommen; die natürliche Geldordnung ist ein Sach- oder Warengeldsystem, vor allem in Form des Gold- und Silbergeldes.[139] Das Fiat-Geldsystem ist währungshistorisch betrachtet eine recht junge Erscheinung. Es wurde erst Anfang der 1970er-Jahre etabliert. Die US-Regierung unter Präsident Richard Nixon (1913–1994) beendete am 15. August 1971 die Einlösbarkeit des US-Dollar in physisches Gold. Durch diese unilaterale Entscheidung wurden der US-Dollar und mit ihm alle anderen wichtigen Währungen der Welt zu Fiat-Geld degradiert. Diese Entscheidung war im Grunde der größte monetäre Enteignungsakt in der neueren Währungsgeschichte, und die Folgen dieses Coups zeigen sich bis in die heutige Zeit.

Es waren nicht etwa ökonomische, sondern politische Gründe, die für den Wechsel von Goldgeld zum Fiat-Geld verantwortlich waren. Regierungen wollen die Hoheit über die Geldproduktion, um nach Gutdünken in das Wirtschafts- und Gesellschaftsgefüge eingreifen zu können, um zum Beispiel die Konjunkturen oder die Einkommens- und Vermögensverteilung zu beeinflussen. Das Warengeld beziehungsweise das Goldgeld steht solchen Machenschaften im Wege – und daher musste es weichen. Doch das Fiat-Geldsystem leidet unter ökonomischen und ethischen Defekten. Beispielsweise ist es inflationär und sorgt für eine nicht marktkonforme Umverteilung von Einkommen und Vermögen; so gesehen ist es sozial ungerecht. Ein Weg, die ganze Problematik des Fiat-Geldsystems offenzulegen, verläuft über das Verständnis des Zinses.

Die Zeitpräferenztheorie des Zinses

Es gibt vermutlich kaum ein ökonomisches Phänomen, das in Theorie und Praxis so kontrovers diskutiert wird wie der Zins; und bis heute hat sich immer noch kein Konsens in der Volkswirtschaftslehre über die »richtige« Zinstheorie herausgebildet.[140] Daher gibt es nach wie vor eine ganze Reihe von (miteinander konkurrierenden) Theorien, die herangezogen werden können, um das Zinsphänomen zu erklären. Hierzu zählen beispielsweise die Abstinenztheorie des Zinses, die Produktivitätstheorie des Zinses, die Liquiditätspräferenztheorie des Zinses und die (reine) Zeitpräferenztheorie des Zinses. In diesem Kapitel steht die (reine) Zinspräferenztheorie im Mittelpunkt, weil sie sich *handlungslogisch* begründen lässt – und damit über ein widerspruchsfreies, nicht »hintergehbares« Erklärungsfundament verfügt.

Die Zeitpräferenztheorie des Zinses leitet sich aus der nicht widerlegbaren Erkenntnis ab, dass der Mensch handelt.[141] Wie wir bereits gesehen haben, lässt sich der Satz »Der Mensch handelt« nicht widerspruchsfrei verneinen. Wer sagt: »Der Mensch handelt *nicht*«, der handelt, und damit widerspricht er dem Gesagten. Der Satz »Der Mensch handelt« ist evident, apodiktisch wahr, er gilt *a priori*. Aus ihm lassen sich im Zuge der logischen Deduktion weitere wahre Aussagen ableiten. Beispielsweise die Aussage, dass menschliches Handeln stets zielgerichtet ist, und dass es den Einsatz von Mitteln erfordert. Mittel sind notwendigerweise knapp. Wären sie es nicht, so wäre auch die Notwendigkeit der Bedürfnisbefriedigung weggedacht, und es gäbe kein menschliches Handeln – was aber widerspruchsfrei nicht gedacht werden kann.

Die *Zeit* ist ein unverzichtbares Mittel des menschlichen Handelns. Menschliches Handeln erfordert immer und überall Zeit. Zeitloses menschliches Handeln lässt sich nicht widerspruchsfrei denken. Wenn Handeln keine Zeit erforderte, dann wären die Ziele immer schon sofort und unmittelbar erreicht, und der Mensch könnte gar nicht mehr handeln – aber das ist ein logischer Widerspruch und damit falsch. Weil Zeit ein Mittel (und damit knapp) für menschliches Handeln ist, hat der Handelnde auch immer und überall eine positive *Zeitpräferenz*. Das heißt, er bevorzugt eine frühere Erfüllung seiner Ziele gegenüber einer späteren Erfüllung. Und folglich wertet er auch das gegenwärtig verfügbare Mittel höher als das Mittel (in gleicher Qualität und unter sonst gleichen Bedingungen), das erst zu einem späteren Zeitpunkt verfügbar ist.

Die Zeitpräferenz manifestiert sich im *Urzins*. Er steht für den Bewertungsabschlag, den Zukunftsgüter gegenüber Gegenwartsgütern erleiden. Handelt 1 Euro, den man erst in einem Jahr erhält, heute zu 0,95 Euro, so beträgt der Urzins ungefähr 5,263... Prozent [1 / 0,95 = (1 + *r*), wobei r = Urzins]. Der Urzins steckt gewissermaßen in jedem handelnden Menschen, er kann aus seinem Werten und Handeln nicht widerspruchsfrei weggedacht werden. Der individuelle Urzins kommt in der Entscheidung des Handelnden zum Ausdruck, sein Einkommen (Gütervorrat) zu konsumieren oder zu sparen (und damit zu investieren). Wenn aus dem Einkommen viel konsumiert und wenig gespart wird, sind Zeitpräferenz und Urzins *hoch*. Wenn wenig konsumiert und viel gespart wird, sind Zeitpräferenz und Urzins *niedrig*.

Zeitpräferenz und Wirtschaftswachstum

Auf einem freien Markt, auf dem Ersparnisse angeboten und nachgefragt werden (für Investitionszwecke), bildet sich ein *volkswirtschaftlicher Urzins* heraus. Er stellt sicher, dass die Ersparnisse zur Verfügung stehen, mit denen die Investitionen auch realisiert werden können. In einer Geldwirtschaft werden die Ersparnisse in Form von Geldbeträgen angeboten und für Investitionszwecke nachgefragt. Das geschieht vor allem über die Kreditmärkte. (Aber auch über die Märkte für Unternehmensbeteiligungen, also Aktien, finden Sparen und Investieren statt; und auch hier zeigt sich und wirkt der Urzins, der das Angebot von und die Nachfrage nach Ersparnissen in Einklang bringt.)

In modernen arbeitsteiligen Volkswirtschaften werden die Ersparnisse nicht gehortet, sondern investiert. Erst das kapitalistische Sparen macht es möglich, die künftigen Konsummöglichkeiten zu erhöhen: Durch das Investieren der Ersparnisse lassen sich die künftigen Produktionsmöglichkeiten ausweiten, und/oder es lassen sich Produkte erzeugen, die ohne die Spar- und Investitionstätigkeit nicht hätten hergestellt werden können. Konsumverzicht, Sparen und Investieren sind folglich notwendige Bedingungen für die Zunahme der materiellen Güterausstattung in der Volkswirtschaft. Den Zusammenhang zwischen Zeitpräferenz sowie Konsumieren, Sparen und Investieren zeigt Abbildung 14.1.

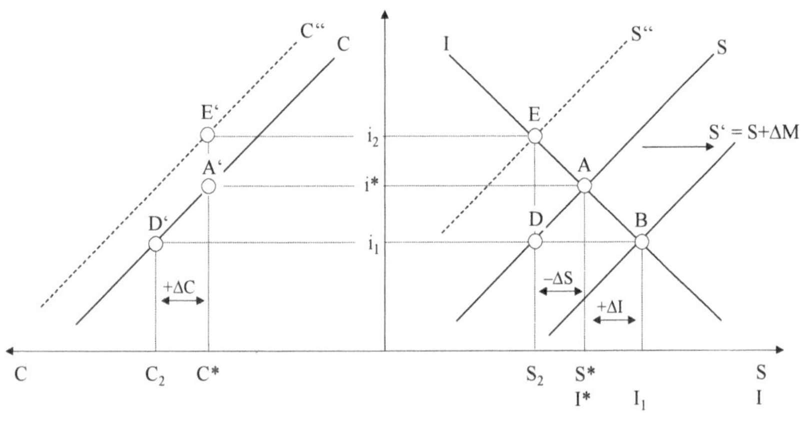

Abbildung 14.1: Die Zeitpräferenz nimmt ab
Quelle: eigene Darstellung

Auf der rechten Seite sind Sparen und Investieren in Abhängigkeit des Urzinses (*i*) abgetragen. Das Sparen (*S*) ist positiv mit *i* verbunden, das Investieren (*I*) negativ – und beides erklärt die Zeitpräferenz. Der *Sparer* bietet Gegenwartsgüter an im Tausch für Zukunftsgüter. Je mehr Gegenwartsgüter er anbietet, desto »schmerzlicher« wird der Konsumverzicht (aufgrund des *Gesetzes vom abnehmenden Grenznutzen*), und folglich nimmt mit steigendem Sparen der Wertabschlag zu, den Zukunftsgüter gegenüber Gegenwartsgütern erleiden. Das Sparen ist daher *positiv* mit dem Urzins verbunden. Der *Investor* hingegen fragt Gegenwartsgüter nach und bietet Zukunftsgüter an. Je mehr Gegenwartsgüter er im Tausch für ein Zukunftsgut erhält, desto geringer fällt (ebenfalls aufgrund des *Gesetzes vom abnehmenden Grenznutzen*) der Wertabschlag aus, den das Zukunftsgut gegenüber dem Gegenwartsgut erleidet. Die Investitionsnachfrage ist folglich *negativ* mit dem Urzins verbunden.[142]

In Punkt A–A' kommen *S* und *I* zum Ausgleich, der volkswirtschaftliche Urzins ist i^*. Hier beträgt das Sparen S^* und die Investitionen I^*. Der Konsum ist C^*, er ist in der Abbildung auf der linken Seite in Abhängigkeit des Zinses abgetragen.

Nun nehmen wir an, die Zeitpräferenz der Menschen nimmt ab. Das bedeutet, dass die Marktakteure bei gegebenem Einkommen mehr sparen und investieren und weniger konsumieren als bisher. (Ein Grund für das Absinken der Zeitpräferenz könnte zum Beispiel sein, dass sich die Gesetzeslage und Rechtsprechung verbessern, die Planungssicherheit sich erhöht.) Die Kurve *S* verschiebt sich nach rechts auf *S'*. Der Zins fällt auf i_1. In Punkt B–B' sind Ersparnis und Investitionen gestiegen (auf S_1 und I_1), und C hat sich auf C' verschoben, so dass C^* auf C_1 zurückgeht. Der Rückgang der Zeitpräferenz und des Urzinses steht symptomatisch für einen »gesunden Wachstumsweg« der Volkswirtschaft.

Manipulation des Marktzinses und Wirtschaftsstörung

Nun betrachten wir den Fall, in dem die Zentralbank (allein oder in Kooperation mit den Geschäftsbanken) neue Kredite vergibt, denen keine echten Ersparnisse (also Konsumverzicht) gegenüberstehen, und dadurch die ausstehende (Fiat-)Geldmenge (*M*) um ΔM erhöht. In Abbildung 14.2 verschiebt sich ausgehend von Punkt A *S* nach rechts auf *S'* (und entspricht damit $S + \Delta M$). Der Marktzins fällt von i^* auf i_1. In Punkt B ist das Sparen auf S_2 gefallen, die Investitionen sind auf I_1 gestiegen, und gleichzeitig hat sich auch noch der Konsum auf C_2 erhöht. Und das heißt: *Die Volkswirtschaft lebt sprichwörtlich über ihre Verhältnisse.* Die Volkswirtschaft befindet sich in einem (Schein-)Gleichgewicht.

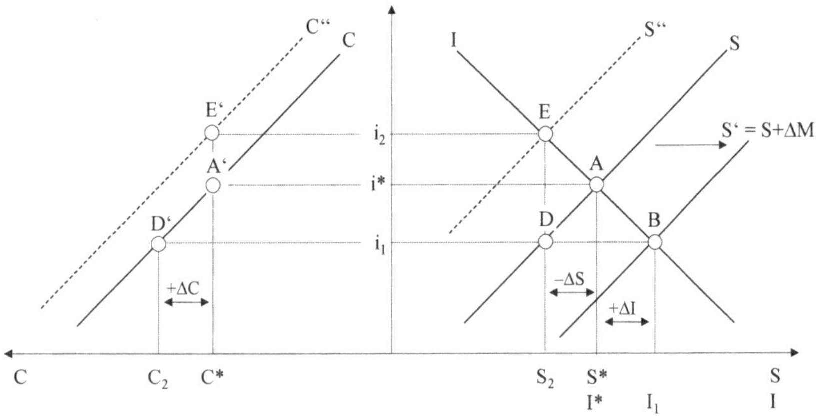

Abbildung 14.2: Ausweitung der Kredit- und Geldmenge »aus dem Nichts«
Quelle: eigene Darstellung

Die Ausgabe von neuem Geld, das die Volkswirtschaft über den Kreditmarkt erreicht, führt zu einer Produktions- und Beschäftigungsausweitung (»Boom«). Aber der Boom ist nicht von Dauer. Sobald der *einmalige* Geldmengeneinschuss seine Wirkung entfaltet hat, sich in einer Erhöhung der Güterpreise gezeigt hat, kommt es zu einer *Rückabwicklung* des Booms. Die Unternehmen bemerken, dass sich ihre Investitionen nicht rechnen, wie sie es ursprünglich geplant hatten. Die Arbeitsplätze, die im Boom geschaffen wurden, müssen wieder abgebaut werden. Insgesamt zeigt sich, dass die Einkommen nicht dauerhaft gestiegen sind und dass die Zeitpräferenz der Marktakteure gar nicht gefallen ist.

Die Marktakteure kehren zur ursprünglichen Konsum-Ersparnis-Investitions-Relation zurück, die Volkswirtschaft bewegt sich von Punkt B–D' wieder auf Punkt A–A' zurück. Diese Rückbewegung repräsentiert den »Bust«: Er korrigiert die *Fehlallokationen*, die der Boom verursacht hat: *Überkonsum* und *Kapitalfehlenkung*. Zu beachten ist zudem, dass im Boom die Konsumgüternachfrage *und* gleichzeitig die Investitionsgüternachfrage steigen. Bedeutsam ist nun Folgendes: Der künstlich gesenkte Zins verlockt die Unternehmer, vor allem *zeitintensive Investitionen* (deren Gewinnpotenziale weit in der Zukunft liegen) per Kredit zu finanzieren.[143] Daher sind Firmen aus der Investitionsgüterbranche gewillt, höhere Preise für Arbeit zu zahlen als Unternehmen aus der Konsumgüterbranche. Knappe Ressourcen werden so vor allem in den Investitionsgütersektor gelenkt. Der Boom fällt folglich in der Investitionsgüterbranche stärker aus als in der Konsumgüterbranche. Und der nachfolgende Bust trifft die Investitionsgüterbranche härter als die Konsumgüterbranche.

Effekt auf die Zeitpräferenz

Damit ist die Verzerrung, für die die Vermehrung der Kredit- und Geldmenge »aus dem Nichts« sorgt, aber noch nicht vollständig illustriert. Denn was geschieht, wenn der Marktzins auf *i1* fällt? Wenn bei gegebenem Einkommen das Sparen ab- und der Konsum zunimmt, so bedeutet das nichts anderes, als dass die *Zeitpräferenz* der Menschen angestiegen ist; dass also die Zeitpräferenz durch den Einschuss der Fiat-Geldmenge künstlich in die Höhe getrieben wurde. Diese Konsequenz lässt sich ebenfalls anhand von Abbildung 14.2 illustrieren. Das Ansteigen der Zeitpräferenz, verursacht durch den Zustrom des Fiat-Geldes, zeigt sich in der Verschiebung der Kurven von S nach links auf S" und von C nach links auf C".

In Punkt E–E‘ zeigt sich der *tatsächliche* Urzins *i2*. Er ist *höher* im Vergleich zur Ausgangssituation in Punkt A (*i**) und natürlich auch höher als in Punkt B (*i1*). Das erhöhte Konsumieren und verminderte Sparen bei gegebenem Einkommen steht für einen Anstieg der *tatsächlichen* Zeitpräferenz und damit des *tatsächlichen* Urzinses. Man erkennt: Die Ausweitung der Fiat-Geldmenge per Kreditvergabe sorgt zwar für ein Absinken des Marktzinses und suggeriert so eine Abnahme der Zeitpräferenz. De facto verhalten sich die Marktakteure nun jedoch so, als ob ihre Zeitpräferenz angestiegen wäre. Die wirtschaftlichen und sozialen Konsequenzen der künstlich erhöhten Zeitpräferenz sind weitreichend.

Es kommt zu einer – wie es Friedrich Nietzsche (1844–1900) formulierte – »Umwertung aller Werte«. Die irregeleiteten Konsum-, Spar- und Investitionsentscheidungen sowie das Aufblähen der Finanzmarktpreise – allesamt Ausdruck des Wertens und Handelns – sind dabei nur ein Symptom des künstlich gesenkten Zinses.[144] Dahinter verbirgt sich die *Entwer-*

tung des Zukünftigen: Das Hier und Heute wird noch wichtiger »gemacht« als das Morgen.[145] Das beeinflusst das menschliche Handeln in vielen Bereichen. So ermuntert das Herabdrücken des Zinses ein Leben auf Pump. Die Tugend der Sparsamkeit gerät aus der Mode, »Dauerschuldnerei« wird moralisch akzeptabel. Ganz grundsätzlich wird das Erreichen von Kurzfristzielen für die Menschen wichtiger im Vergleich zum Erreichen von längerfristigen Zielen.

Beispielsweise nimmt die Leistungsbereitschaft ab, weil Freizeit zusehends höher wertgeschätzt wird als »Arbeitsleid«. Auch werden Scheidungen zur »Lösung« von Eheproblemen attraktiver; Anstrengungen, über partnerschaftliche Schwierigkeiten hinwegzukommen, werden zusehends gescheut. Die Qualität der Ausbildung leidet: Wenn das Hier und Jetzt so wichtig ist, wendet man eben auch weniger Zeit auf, um sich über den Tag hinaus, auf zeitintensiven Wegen zu bilden und reifen zu lassen. Die Sitten verfallen: Rücksicht und Manieren sind aufwendige Tätigkeiten im zwischenmenschlichen Umgang und zahlen sich häufig erst langfristig aus. Die Ästhetik verkommt: Modische Eintagsfliegen haben es leicht(er), Käufer zu finden, das Brechen mit »bewährten Klassikern« wird erleichtert. Das Fiat-Geldsystem verursacht auch diese weniger offensichtlichen *dezivilisierenden* Folgen, weil es die Zeitpräferenz der Menschen künstlich erhöht.

Exkurs: Warum der Urzins nicht negativ werden kann

Es wurde bereits in Kapitel 1 gesagt: Die Zeitpräferenz und seine Manifestation, der Urzins, lassen sich aus handlungslogischen Gründen nicht aus dem Werten und Handeln der Menschen wegdenken. Als Kategorien des menschlichen Handelns sind Zeitpräferenz und Urzins immer und überall positiv. Es ist durchaus möglich, dass Zeitpräferenz und Urzins sich im Zeitablauf verändern, dass sie beispielsweise absinken. Sie können aber niemals auf null fallen, verschwinden oder negativ werden.[146] Dieser Aussage liegt keine willkürliche Verhaltensannahme zugrunde, sie ist abgeleitet aus der *Logik des menschlichen Handelns*; Zeitpräferenz und der Urzins als ihre Manifestation sind denknotwendig, lassen sich nicht widerspruchsfrei verneinen.

Dies lässt sich mit der logischen Schlussfigur des *Modus* (*tollendo*) *tollens* erklären: Eine akzeptierte bedingte Aussage sei »Wenn *p* dann *q*«. Angenommen, wir beobachten (oder sagen) »nicht-*q*«, dann schließen wir auf die Negation des Antezedens, also auf »nicht-*p*«. Nehmen wir an, *p* steht für die Aussage »Der Mensch handelt« und *q* für die Aussage »Der Ur-Zins ist immer und überall positiv«. Wenn wir sagen »nicht-*q*« (also: »Der Ur-Zins ist *nicht* immer und überall positiv«), dann muss »nicht-*p*« gelten (das heißt: »Der Mensch kann *nicht* handeln«).[147] »Nicht-*p*« ist jedoch (praxeo-)logisch falsch: Man kann den Satz »Der Mensch handelt« nicht widerspruchsfrei verneinen: Wer sagt »Der Mensch handelt *nicht*«, der handelt und widerspricht damit dem Gesagten. Die Vorstellung, der Urzins könnte auf null fallen oder gar negativ werden, ist logisch falsch.

Nehmen wir an dieser Stelle die Position des *advocatus diaboli* ein und durchdenken, was es bedeutet, wenn der Ur-Zins in der Volkswirtschaft tatsächlich auf null fallen würde. Bei einem Urzins von null würden die Menschen zum Beispiel 2 Euro in 100 Jahren oder 1000 Jahren 1 Euro in der Gegenwart vorziehen. Ihr Werten und Handeln werden dann nur noch durch »mehr ist besser als weniger« bestimmt, während »früher ist besser als später« keine Bedeutung hat. Der Gedanke, der Urzins könnte null sein, ist daher völlig grotesk: Er besagt, dass die Menschen ihr gesamtes Einkommen sparen – dass sie nicht nur heute nicht konsumieren, sondern auch morgen nicht, übermorgen nicht und auch nicht in einem Monat, nicht in einem Jahr, nicht in zehn Jahren!

Wäre der volkswirtschaftliche Urzins null, so wäre in einem ungehemmten Markt auch der Marktzins null. Der Preis von Grundstücken, soweit sie eine (nach menschlichem Ermessen) unendliche Nutzungsdauer haben, würde dann unendlich hoch sein: Der Barwert der abgezinsten künftigen Erträge (Bodenrenten) würde ins Unermessliche steigen und damit auch der Marktpreis der Grundstücke. Die Grundstücke könnten dann nicht mehr gegen Geld, sondern nur noch gegen andere Grundstücke getauscht werden. Dass aber Grundstücke wie andere Güter in einem freien Markt einen »bezahlbaren« Preis haben, ist ein untrügliches Indiz dafür, dass die handelnden Akteure einen positiven Urzins haben.

Man stelle sich weiterhin vor, was passieren würde, wenn die Zentralbank den Marktzins auf oder unter die Nulllinie senken würde (etwas, was sie als Monopolist der Geldproduktion zweifellos in bestimmten Kreditmarktsegmenten bewerkstelligen kann). Weil aber die handelnden Akteure stets und überall einen positiven Urzins haben, hört bei einem Marktzins von null das Sparen auf. Die Menschen konsumieren ihr Einkommen, es kommt zu Kapitalverzehr: Vorhandene Kapitalgüter werden abgenutzt, Ersatz-, Erweiterungs- oder Neuinvestitionen bleiben aus. Bei einem Marktzins von null hört die Arbeitsteilung auf, und die Volkswirtschaft fällt in eine primitive Subsistenzwirtschaft zurück. Ein Albtraum!

Der Boom-und-Bust-Zyklus

Es bleibt noch zu klären, warum es – wie die Erfahrung gezeigt hat – zu wiederkehrenden Abfolgen von Boom und Bust, also zu sogenannten Boom-und-Bust-Zyklen kommt. Die Erklärung beginnt mit dem Boom, für den die Zentralbank unweigerlich sorgt, wenn sie Fiat-Geld per Kreditvergabe ausgibt. Sobald der Boom zu enden droht, beginnt die Zentralbank den herannahenden Bust zu »bekämpfen«, indem sie die Zinsen noch weiter absenkt – in der Absicht, auf diese Weise der Konjunktur wieder zum Aufstieg zu verhelfen. Der Bust soll abgewehrt werden, indem ein neuerlicher Boom auf den Weg gebracht wird – der aber früher oder später ebenfalls in einen Bust umschlägt. Eine solche Geldpolitik bereinigt natürlich nicht die Fehlentwicklungen, die zuvor im Boom aufgelaufen sind, sondern verschärft sie und/oder verursacht neue Fehlentwicklungen.

Dass die Geldpolitik der Zentralbank in dieser Weise betrieben wird, speist sich vor allem aus dem Einfluss der keynesianischen Theorie. Die vorherrschende Meinung ist hier, mit niedrigen Zinsen, mit einer Ausweitung der Kredit- und Geldmengen ließe sich die gesamtwirtschaftliche Nachfrage und damit Produktion und Beschäftigung beleben. Deshalb sei es vor allem in Zeiten einer Wirtschaftskrise, in der Unterbeschäftigung herrscht, geboten, eine expansive Geldpolitik zu betreiben oder aber – wenn Zinsimpulse zu versagen drohen – für eine expansive Nachfragepolitik des Staates zu sorgen. Das Krisenproblem wird folglich auf eine zu geringe gesamtwirtschaftliche Nachfrage zurückgeführt.

Ganz anders fallen Ursachendiagnose und Politikempfehlung aus Sicht der Österreichischen Schule der Nationalökonomie aus. Zum einen identifiziert sie die Ursache der Krise in einer Geldmengenvermehrung »aus dem Nichts«, die der Volkswirtschaft über den Kreditmarkt verabreicht wird und die – wie bereits aufgezeigt – zu Verzerrungen im Zinsmarkt führt. Zum anderen begreift die Österreichische Schule der Nationalökonomie die Krise als Folge von *Überkonsum* und *Fehlleitung der Investitionen*. Die Ressourcen sind nicht zur Befriedigung der dringlichsten Nachfrage verwendet worden, sie sind für weniger dringende Dinge verarbeitet worden, vielfach sind sie verschwendet (»Bauruinen«). Der Boom, ausgelöst durch ein künstliches Absenken des Zinses, führt so zu einer *Verarmung der Volkswirtschaft*.[148]

Der Verarmungseffekt tritt im Bust zutage: entweder in einem relativ geringeren Güterangebot oder in einer absolut verringerten materiellen Ausstattung (im Vergleich zur Wirtschaftsentwicklung, wenn sie nicht vom Boom erfasst worden wäre). Die Kapitalfehllenkung im Boom bedeutet nämlich, dass es in einigen Produktionszweigen zu *Über*investition und in anderen zu *Unter*investition kommt. Um das Missverhältnis, das durch Fehlleitung verschwendete Kapital, zu bereinigen, müssen sich die Preise der Produktionsfaktoren ändern, und es muss auch neues Kapital gebildet und so eingesetzt werden, dass es der Marktnachfrage entspricht. Dazu ist es erforderlich, dass die Einkommen nicht konsumiert, sondern gespart werden, damit sie in die Erstellung neuer Produktionswege investiert werden können.

In einem Bust lautet die Empfehlung der Österreichischen Schule der Nationalökonomie daher auch, den Marktkräften völlig freien Lauf zu lassen und keinerlei staatliche Eingriffe vorzunehmen. Wenn beispielsweise Güter nicht verkäuflich sind, müssen die Verkaufspreise gesenkt werden; wenn Investitionen sich nicht rechnen, müssen sie liquidiert werden – und Investoren werden sich finden, die die Projekte erfolgreichen Verwendungen zuführen; und wenn Arbeitslosigkeit herrscht, müssen die Löhne sinken. Zinssenkungen und das Ausweiten der Kredit- und Geldmengen lösen das Problem der aufgelaufenen Fehlallokation nicht. Sie stören nur die notwendigen Preis- und Strukturanpassungen, verlängern die Krise oder verschlimmern sie. Dass die Empfehlung, man solle im Bust die Märkte sich selbst überlassen, meist keine Beifallstürme auslöst, ist wenig verwunderlich.

Die Zinspolitik der Zentralbank findet schließlich nicht im »luftleeren Raum« statt, sondern viele Interessengruppen wollen sie für ihre Zwecke eingesetzt wissen. Regierungen mögen den Bust nicht: Rezession und Arbeitslosigkeit erschweren das Regieren, machen unbeliebte Maßnahmen erforderlich, gefährden Ämter und Pöstchen. Auch die Unternehmer scheuen den Bust: Sie wollen keine Verluste machen, sich keine Fehler eingestehen, ihr Firmenkapital oder gar ihre Existenz nicht verlieren. Ebenso wünschen die Arbeitnehmer, dem Bust zu entkommen. Sie alle haben ein ökonomisches Interesse daran, dass der Boom, wenn er erst einmal in Fahrt gekommen ist, nicht in einem Bust endet. Und sie alle werden nach der ihnen genehmsten Krisenbekämpfung rufen – und das sind Zinssenkungen.

Es ist daher unmittelbar einsichtig, dass im Fiat-Geldsystem so etwas wie »kollektive Korruption«[149] entsteht: Die Menschen werden wirtschaftlich-sozial geradezu abhängig von der Fortführung des Fiat-Geldsystems. Deshalb befürworten sie aus Eigeninteresse heraus Maßnahmen, die das Fiat-Geldsystem und die von diesem geschaffenen Strukturen aufrechterhalten werden, dass ein Zusammenbruch abgewendet wird – selbst wenn dadurch die freie Marktwirtschaft demontiert wird. Die bevorzugten Maßnahmen sind daher die Politiken des Zinssenkens und des Ausweitens der Kredit- und Geldmengen.[150] Doch den Boom auf diese Weise in Gang halten zu wollen, zögert die Krise nur zeitlich hinaus und macht sie dadurch noch größer. Ludwig von Mises formuliert das wie folgt:

> Wahrscheinlich hätte der Aufschwung noch für einige Zeit verlängert werden können, wenn die Banken ihre Kreditausweitungspolitik fortgesetzt hätten. Doch endlos hätte man den Aufschwung der Konjunktur durch Festhalten an der Kreditausweitung nicht verlängern können. Früher oder später muss es zum Zusammenbruch des durch die Kreditausweitung ausgelösten Aufschwungs kommen, und der Anpassungsprozess, den man Niedergang der Konjunktur nennt, wird umso schmerzlicher sein und umso mehr Zeit beanspruchen, je länger die Kreditausweitung fortgesetzt worden war und je grösser der Umfang der durch sie bewirkten Kapitalfehlleitung gewesen ist.[151]

Boom-und-Bust-Zyklen und die Zerstörung der freien Marktwirtschaft

Das Fiat-Geldsystem ist nicht nur – wie einführend bereits angeklungen ist – unvereinbar mit dem System freier Märkte. Die Boom-und-Bust-Zyklen, die es verursacht, untergraben das Vertrauen in die freie Marktwirtschaft, tragen dazu bei, sie zu zerstören. Der Grund ist: Markt- und freiheitsfeindlichen Ökonomen und Agitatoren gelingt es regelmäßig, die Ursache der

Krisen dem System der freien Märkte – oder besser: dem *Kapitalismus* und neuerdings auch dem *Neoliberalismus* – in die Schuhe zu schieben.[152] Das stößt in der Öffentlichkeit meist auf offene Ohren; unzureichendes Wissen in ökonomischer Theorie und weitverbreitete antikapitalistische Reflexe tragen vermutlich dazu bei. Aus dieser Fehldeutung erwächst die Unterstützung für marktwirtschaftsfeindliche Politiken.

Die Staaten erhalten quasi *Carte blanche*, dem Wirtschafts- und Gesellschaftsleben immer mehr Fesseln anzulegen – durch neue Ge- und Verbote, Verordnungen, Gesetze, Steuern und so weiter –, alles unter dem Vorwand, die Volkswirtschaft »krisensicherer« zu machen. Dadurch wird das Eigentum beziehungsweise werden die Eigentumsrechte der Eigentümer ausgehöhlt – und das Eigentum besteht nur noch formal, nicht aber mehr in wirtschaftlicher Hinsicht. Die zuvor freie beziehungsweise noch relativ freie Marktwirtschaft wird im Zuge der Boom-und-Bust-Zyklen so immer mehr in eine *Befehls- und Lenkungswirtschaft* transformiert, in der es letztlich der Staat ist, der quasi (mit-)bestimmt, was wann wie und wo und unter welchen Bedingungen produziert wird – und der Antikapitalismus triumphiert. Das Fiat-Geldsystem entpuppt sich durch die wirtschaftlichen Störungen, die es verursacht, als ein »Trojanisches Pferd«: Es bringt den Menschen letztlich staatliche Zentralplanung, Mangel und Unfreiheit.

Die monetäre Konjunkturtheorie der Österreichischen Schule, wie sie voranstehend skizziert wurde, ist also mehr als »nur« eine Theorie von Boom und Bust. Sie beantwortet nicht nur die zentralen Fragen, die an eine gehaltvolle *positive* Konjunkturtheorie zu stellen sind, sondern sie erlaubt es auch, die polit-ökonomischen Konsequenzen des Fiat-Geldsystems einzubeziehen und sichtbar machen zu können – dass nämlich das Fiat-Geldsystem zu Boom-und-Bust-Zyklen führt und dass die daraus resultierenden politischen Reaktionen die freie Marktwirtschaft nach und nach abschaffen. Ludwig von Mises erkannte das bereits 1912: »Es wäre ein Irrtum, wollte man annehmen, daß der Bestand der modernen Organisation des Tauschverkehrs für die Zukunft gesichert sei. Sie trägt in ihrem Inneren bereits den Keim der Zerstörung. Die Entwicklung des Umlaufsmittels [des Fiat-Geldes, *A. d. V.*] muss notwendigerweise zu ihrem Zusammenbruch führen.«[153]

Die (polit-)ökonomischen Erkenntnisse, die die monetäre Konjunkturtheorie der Österreichischen Schule bereitstellt, lassen sich in eine handfeste Empfehlung fortschreiben: Wenn die freie Marktwirtschaft und damit die produktive und friedvolle Kooperation der Menschen national wie international erhalten und gefördert werden soll, *muss man dem Fiat-Geldsystem ein Ende setzen.* Es gibt zahlreiche Vorschläge, die die Ökonomen der Österreichischen Schule zu diesem Zweck vorgelegt haben. Auch wenn die *Geldreformkonzepte* sich durchaus im Einzelnen unterscheiden, so haben sie doch eine Gemeinsamkeit: Sie zielen darauf ab, dem Staat das Geldmonopol zu entziehen, das Fiat-Geldsystem zu beenden, einen freien Markt für Geld zu schaffen, in dem die Menschen ihr *Selbstbestimmungsrecht bei der Geldwahl* ungehindert ausüben können.[154]

Und nicht zuletzt legt die monetäre Konjunkturtheorie der Österreichischen Schule auch die Bedeutung offen, die »gutes Geld« für das Wohlergehen der Gemeinschaft, für Prosperität und Frieden hat. Ludwig von Mises formuliert in diesem Zusammenhang das »Prinzip des guten Geldes«: »Das Prinzip des guten Geldes hat zwei Aspekte. Es ist positiv, als daß es der Wahl des allgemein akzeptierten Tauschmittels im Markt zustimmt. Es ist negativ, als daß es der Neigung des Staates entgegentritt, sich in das Geldsystem einzumischen.«[155] Und weiter: »Es ist unmöglich, die Idee des guten Geldes zu erfassen, wenn man nicht realisiert, dass es ersonnen wurde als ein Instrument für den Schutz der bürgerlichen Freiheiten gegen despotische Überfälle durch die Staaten. Ideologisch gehört es in die gleiche Klasse wie politische Verfassungen und ›Bills of Rights‹.«[156]

Das Wissen um die desaströsen ökonomischen Konsequenzen des Fiat-Geldsystems, das die monetäre Konjunkturtheorie der Österreichischen Schule zutage befördert, ist eine notwendige Bedingung, um eine echte Reform des Geldwesens in Gang zu setzen. Erforderlich ist zudem, dass sich Wesentliches ändert. Dazu gehört vor allem die Abkehr von kollektivistischen-sozialistischen Ideologien und falschen volkswirtschaftlichen Lehren. Hans F. Sennholz (1922–2007) bringt es auf den Punkt: »To reverse the trend and reduce the role of government in our lives ... is a giant educational task.«[157] Zugegeben, ein schwieriges, aber doch kein aussichtsloses Unterfangen. Denn es sind letztlich Ideen und Theorien, die das menschliche Handeln leiten. Und Ideen und Theorien können sich verändern – nicht nur zum Schlechten, sondern auch zum Guten.

Kapitel 15
Eine Dystopie bahnt sich ihren Weg: *der Drang zur Fiat-Weltwährung*

»Gott war erzürnt über den Turm von Babel. Die Dolmetscher jedoch freuten sich.«
Manfred Schröder

1. Teil

»There is no global anthem. No global currency. No certificate of global citizenship.« Übersetzt heißt das: »Es gibt keine globale Hymne, keine globale Währung, keinen Ausweis für eine globale Bürgerschaft.« So sprach US-Präsident Donald J. Trump am 1. Dezember 2016 zu seinen Anhängern im US-Bundesstaat Ohio. Damit teilte er den »politischen Globalisten«, dem »Establishment«, der »Elite von Davos«, eine klare Absage.

Denn deren Bestreben zielt nicht nur auf eine »Politik der offenen Grenzen« und der Überwindung der Nationalstaaten ab, sondern sie läuft in letzter Konsequenz auch auf das Schaffen einer einheitlichen Weltwährung hinaus.[158] Das »Projekt Weltwährung« ist in der Tat kein willkürlicher Verdacht. Es ist vielmehr die logische Langfristkonsequenz der heute weltweit dominierenden Ideologie: des demokratischen Sozialismus, auf dem vor allem auch der Antikapitalismus gedeiht.

Wie jede Form des Sozialismus strebt der demokratische Sozialismus nach Gleichheit. Der demokratische Sozialismus sieht vor, den Sozialismus nicht durch einen plötzlichen gewalttätigen Umsturz, sondern nach und nach über parlamentarische Mehrheiten zu erreichen. Das Eigentum der Produktionsmittel soll zwar formal bestehen bleiben. Aber niemand soll mehr ein 100-prozentiges Anrecht auf die Erträge seines

Eigentums haben. Vielmehr ist der Eigentümer verpflichtet, einen Teil seiner Erträge in Form von Steuern an den Staat abzutreten. Zudem wird seine Verfügungsgewalt über sein Eigentum durch eine Vielzahl von Ge- und Verboten, Gesetzen, Verordnungen und Regulierungen eingeschränkt.

Wie alle Sozialisten erheben auch die demokratischen Sozialisten einen Weltgeltungsanspruch. Aus ihrer Sicht genügt es nicht, wenn die von ihnen angestrebte Gleichheit nur in ihrem Land erreicht wird. Sie wollen ihrem Gleichheitsideal überall zum Durchbruch verhelfen. Deshalb kann der demokratische Sozialismus keine Konkurrenz dulden.

Wenn die demokratischen Sozialisten beispielsweise nur in ihrem Geltungsbereich Steuern erheben, drohen Unternehmen und Talente abzuwandern, und zwar in andere Teile der Welt, in denen sie nicht (so hoch) besteuert werden. Wie aber lässt sich der unerwünschte Wettbewerb zwischen den Regionen der Welt ausschalten?

Eine Möglichkeit ist die Kartellbildung zwischen Staaten. Doch ein Kartell ist notorisch instabil: Die leistungsfähigen Staaten haben einen Anreiz, aus dem Kartell mit den weniger leistungsfähigen Staaten auszusteigen. Stabil wird die Front gegen Konkurrenz, gegen den Standortwettbewerb zwischen den Weltregionen erst dann, wenn es gelingt, eine Einheitsregierung, am besten eine Weltherrschaft, einen Weltstaat, zu errichten.

Doch dem Weltstaat stehen bislang Hürden entgegen, insbesondere in Form der Nationen beziehungsweise Nationalstaaten. Der Grund ist der: Ein demokratischer Sozialismus unter einheitlicher Führung zieht weitreichende internationale Umverteilungen von Einkommen und Vermögen nach sich. Dem werden sich die Menschen, solange sie sich unterschiedlichen Nationen zugehörig fühlen, widersetzen.

Die demokratischen Sozialisten könnten nun zwar auf die Idee kommen, die nationalen Unterschiede in den Bevölkerungen durch Wanderungen zu verringern. Unter demokratischen Bedingungen ist das jedoch ein schwieriges, langwieriges, vielleicht auch unerreichbares Unterfangen.

Weitaus aussichtsreicher ist da das Schaffen einer Einheitswährung, deren ökonomische Zwänge die teilnehmenden Nationalstaaten letztlich unter eine einheitliche Führung zwingen. Der gewissermaßen erste Schritt in diese Richtung ist den demokratischen Sozialisten in Europa mittlerweile gelungen: Anfang 1999 haben elf Nationen ihre Währungen gegen die Euro-Einheitswährung eingetauscht. Was im Kleinen geklappt hat, lässt sich natürlich auch im Großen praktizieren. An Vorschlägen, wie man dabei vorgehen kann, mangelt es nicht.

So tritt etwa der kanadische Ökonom Robert Mundell (*1932) für das Schaffen der Weltwährung »Intor« ein, indem die großen Währungen der Welt – US-Dollar, Euro, chinesischer Renminbi und japanischer Yen – gegenüber dem Intor fixiert und nachfolgend durch eine einheitliche Geldpolitik gesteuert werden. Auch andere Währungen sollen später im Intor aufgehen können.

Mit dem Aufkommen des digitalen Zentralbankgeldes (»Central Bank Digital Currency«) hat sich jüngst der ehemalige Gouverneur der Bank of England, Mark Carney (*1965), für das Schaffen einer Weltwährung in Form einer »Synthetischen Hegemonialen Währung« (»Synthetic Hegemonic Currency«) ausgesprochen. Nicht zuletzt um zu verhindern, dass künftig private Angebote von Firmen, die Kryptowährungen lancieren oder eigene Stablecoins auf den Markt bringen, wie sie etwa das soziale Netzwerk Facebook mit der Libra plant, das staatliche Geldmonopol erodieren lassen und ein staatliches Weltgeld unerreichbar machen.

Die politischen Globalisten setzen alles daran, die Herrschaft über das Geld bei den staatlichen Zentralbanken zu belassen beziehungsweise das Weltgeld einer Weltzentralbank zuzuschanzen. Doch was wäre so schlimm daran, wenn es künftig nur *ein* Weltgeld gäbe? Ein Geld auf der Welt wäre ökonomisch gesehen zunächst einmal großartig: Wenn alle mit demselben Geld handeln, werden Tauschgeschäfte erleichtert, wird die produktive Kraft des Geldes maximiert.

Nun ist dabei aber ganz entscheidend, *wer* das Weltgeld produziert. Wenn es nicht der freie Markt ist, der entscheidet, was das Weltgeld sein soll (also Gold, Silber oder vielleicht eine Kryptoeinheit), sondern die Staaten darüber befinden, dann ist große Gefahr im Verzug. Beispielsweise wäre ein ungedecktes Weltgeld – ein Fiat-Weltgeld – nicht nur mit allen ökonomischen und ethischen Defekten behaftet wie die nationalen Fiat-Währungen auch. Die Schäden, die ein Fiat-Weltgeld verursachen würde, wären kolossal. Weil die disziplinierende Kraft des Wettbewerbs zwischen unterschiedlichen Währungen entfällt, wäre ein Fiat-Weltgeld inflationärer als die nationalen Fiat-Währungen, würde größere Fehlallokationen bewirken und würde zudem schwere Konflikte zwischen den Nationen provozieren.

Die politische Macht einer Weltzentralbank, die das Fiat-Weltgeld als Monopolist herausgibt, wäre geradezu furchterregend. Weil die Weltzentralbank keine Konkurrenz mehr hat (und die Geldverwender dem Weltgeld nicht ausweichen können), können Interessengruppen sie rücksichtslos für ihre Belange einspannen. So könnten die Regierungen hoch verschuldeter Staaten darauf drängen, dass die Zentralbank den Weltleitzins möglichst niedrig setzt. Das erlaubt es ihnen, sich weiterhin billig zu verschulden, mit kreditfinanzierten Ausgaben Wählerstimmen zu kaufen, um ihre Macht zu erhalten und auszuweiten.

Auch wäre es ein Leichtes für eine Weltzentralbank, das Bargeld abzuschaffen. Dann wäre es nicht nur endgültig um die finanzielle Privatsphäre der Menschen geschehen. Die Bürger wären auch der Gefahr der finanziellen Repression durch Negativzinsen schutzlos ausgeliefert. Ein Fiat-Weltgeld, bereitgestellt von einer Weltzentralbank, übt zudem großen Druck auf die Nationen aus, ihre Souveränität aufzugeben, ihre legislativen, judikativen und exekutiven Zuständigkeiten an eine supranationale Instanz zu übertragen.

Beispielsweise müssten in Krisenphasen, für die das Fiat-Geld immer wieder sorgt, die Nationen auf ihre Selbstbestimmungsrechte verzichten, um von der Weltzentralbank »gerettet« zu werden. Der »Rettung« von Griechenland und anderer Länder in der Eurokrise, die deren nationale Souveränität erheblich einschränkte, mag hier wegweisende Bedeutung zukommen. Es entstünde vermutlich zunächst so etwas wie ein »Welt-Rat«, eine Gemeinschaftsvertretung, aus der dann – in der logischen Konsequenz – eine Weltherrschaft, ein Weltstaat hervorgeht. Ein bedrohliches Szenario – denn ein Weltstaat, der das Monopol für Recht und Sicherheit beansprucht, führt absehbar in die Tyrannei.

Ist nun aber der Weg zum Fiat-Weltgeld und damit zu einem Weltstaat, wie er gerade skizziert wurde, vorgezeichnet? Die Gefahr ist durchaus real. Doch zwangsläufig ist der Weg nicht. Er stellt vielmehr eine bedingte Zukunftsskizze dar, ein logisches Ergebnis des bisherigen Entwicklungspfades, sollte dem demokratischen Sozialismus, wie er sich in den vergangenen Jahrzehnten durchgesetzt hat, nicht Einhalt geboten werden – und die Menschen sich nicht begeistern für ein Wirtschafts- und Gesellschaftsmodell, in dem das Eigentum eines jeden an Leib und Gut nicht mehr infrage gestellt und relativiert, sondern unbedingt respektiert wird.

Ein solches Gegenmodell zum demokratischen Sozialismus, das auf Freiheit statt Gleichheit, auf Wettbewerb statt Harmonisierung und auf Vielfalt statt Einheit setzt, ist die »Privatrechtsgesellschaft«. Die Ökonomen Murray N. Rothbard (1926–1995) und Hans-Hermann Hoppe (*1949) haben bereits richtungsweisende Ausarbeitungen zur Privatrechtsgesellschaft, die sich durch den unbedingten Respekt gegenüber dem Privateigentum auszeichnet, in ihren Werken vorgelegt.

US-Präsident Trump streut nun also Sand in das Getriebe der demokratischen Sozialisten und ihres politischen Globalismus; und vor allem auch deshalb wird er von ihnen so heftig kritisiert. Doch ob ein wenig Sand im Getriebe ausreicht, die Maschinerie des demokratischen Sozialismus zu stoppen? Vieles spricht dafür, dass es dafür mehr bedarf. Erst wenn die Menschen einsehen, dass der Trend zur Zentralisierung von Macht und Kompetenzen, dass die Idee von einer Weltwährung und einem Weltstaat in eine Dystopie mündet, dass der demokratische Sozialismus ins Verderben führt, wird dessen Vormarsch gestoppt.

2. Teil

Folgend sollen bestimmte Aspekte, die im ersten Teil erwähnt wurden, näher erläutert werden. Wie kommt man auf die Idee, dass es so etwas wie ein Weltgeld geben kann? Die Antwort ist ebenso einfach wie bestechend: Wenn alle Menschen auf der Welt das gleiche Geld verwenden, wird die produktive Kraft des Geldes bestmöglich ausgeschöpft. Die Wirtschaftsrechnung, die mit Geld durchgeführt wird, ist dann optimiert, die Kosten der Geldverwendung sind minimiert.

Es gibt also einen guten ökonomischen Grund für *ein* (und *nur ein*) Weltgeld. Warum das so ist, lässt sich auch auf folgendem Wege einsehen. Nehmen wir an, es gäbe zwei Geldarten, *A* und *B*. Wenn Geld *A* aus Sicht der Geldverwender besser ist als Geld *B*, wird Geld *A* gewählt. Und wenn Geld *A* und Geld *B* gleich gut sind, ist eine der Geldarten überflüssig. In beiden Fällen setzt sich *ein* Geld durch.

Das erklärt übrigens auch, warum in der letzten Hälfte des 19. Jahrhunderts überall auf der Welt *ein* Geld, und zwar das Goldgeld, verwendet wurde. An diesem Punkt drängt sich die Frage auf: *Warum gibt es das Goldgeld nicht mehr?* Das ist eine wichtige Frage. Denn in der Tat sind US-Dollar, Euro, chinesischer Renminbi oder Schweizer Franken kein Goldgeld mehr, sondern ungedecktes Papiergeld, das man auch als Fiat-Geld bezeichnen kann.

Die Staaten haben das Goldgeld durch ihr Fiat-Geld ersetzt. Nicht weil das ökonomisch notwendig gewesen wäre, nein, allein politische Erwägungen spielten dafür eine Rolle. Die Staaten wollen die Hoheit über das Geld. Schließlich kommt die Kontrolle über das Geld einer gewaltigen Herrschaftsmacht gleich – und die will der Staat innehaben. Das führt uns zur nächsten Frage: *Was ist der Staat eigentlich?*

Der Staat ist, bei ungeschminkter Betrachtung, ein territorialer Zwangsmonopolist mit der Letztentscheidungsmacht in allen Konflikten, die zwischen seinen Untertanen oder die zwischen ihm, dem Staat, und seinen Untertanen auftreten. Auf natürlichem Wege – wie etwa durch einen freiwilligen Vertragsabschluss aller Beteiligten – ist ein solcher Staat nicht entstanden.

Niemand, der bei Sinnen ist, kann behaupten, solch einen Vertrag jemals gesehen zu haben; so einen Vertrag gibt es nicht. Und niemand, der bei Sinnen ist, würde freiwillig solch einen Vertrag unterzeichnen, der ihn auf Lebenszeit unwiderruflich jemandem ausliefert, der Recht und Sicherheit zwangsmonopolisiert hat. Wie man es auch drehen und wenden will: Der Staat (wie wir ihn heute kennen) wurde gewaltsam, durch Zwang und Aggression, etabliert. Der deutsche Soziologe Franz Oppenheimer (übrigens der Doktorvater von Ludwig Erhard) schreibt dazu das Folgende:

> [Der Staat] ist seiner Entstehung nach ganz und seinem Wesen nach ... eine gesellschaftliche Einrichtung, die von einer siegreichen Menschengruppe einer besiegten Menschengruppe aufgezwungen wurde mit dem einzigen Zwecke, die Herrschaft der ersten über die letzte zu regeln und gegen innere Aufstände und äußere Angriffe zu sichern. Und die Herrschaft hatte keinerlei andere Endabsicht als die ökonomische Ausbeutung der Besiegten durch die Sieger. [159]

Diese wenigen Anmerkungen zu den Ursprüngen des Staates mögen an dieser Stelle genügen. Es soll nun darüber nachgedacht werden, was ein solcher Staat, wenn er erst einmal entstanden ist, machen wird. Ein Staat, der auf Zwang und Aggression errichtet ist, kann seine Stellung nur behaupten, wenn er Widerstand gegen sich entweder mit Gewalt niederhält oder wenn er es schafft, von seinen Unterworfenen geduldet oder besser noch: geliebt zu werden.

In den modernen Demokratien verfährt der Staat vor allem in letzterer Weise, indem er sich seine Gefolgschaft im wahrsten Sinne des Wortes erkauft. Nach dem Motto: *divide et impera*. Der Staat besteuert die einen, und er gibt die erbeuteten Steuern (nachdem er sich seinen Teil davon abgezweigt hat) an andere, an die von ihm begünstigten Gruppen weiter. Politiker, die an die Macht gewählt werden wollen, stellen ihren Wählern regelmäßig Wohltaten in Aussicht. Und die Wähler sind nur allzu bereit, das Füllhorn über sich ausschütten zu lassen. Dieser Mechanismus erklärt auch, dass ein solcher Staat im Zeitablauf immer größer wird.

Der Staat erhebt immer mehr Steuer und ermächtigt sich zu immer mehr Aktivitäten – zulasten bürgerlicher und unternehmerischer Freiheiten. Früher oder später dominiert er alle Bereiche des Wirtschafts- und Gesellschaftslebens: Erziehung und Bildung, Transport, Ernährung, Gesundheit, Altersvorsorge, Recht, Sicherheit, Geld und Kredit und Umwelt. Überall wird der Staat zum bedeutendsten Mit- beziehungsweise Gegenspieler. Aus diesem Grund spricht der Philosoph und Ökonom Hans-Hermann Hoppe auch davon, dass selbst ein Minimalstaat früher oder später zu einem Maximalstaat mutiert.

Der Staat und der »demokratische Sozialismus« sind äußerst enge Verbündete. Was ist mit demokratischem Sozialismus gemeint? Sozialismus heißt, dass die Produktionsmittel in der Volkswirtschaft verstaatlicht sind. In der russischen Version des Sozialismus wurde das Privateigentum an den Produktionsmitteln gewaltsam, blutig, umsturzartig abgeschafft.

Die alternative Form dazu ist der demokratische Sozialismus: Er will die Eigentumsverhältnisse nach und nach mittels parlamentarischer Mehrheiten umstürzen, dem Sozialismus gewissermaßen in kleinen Schritten entgegengehen. Die Grundposition des demokratischen Sozialismus ist es, dass niemandem Anspruch auf 100 Prozent der Erträge seiner Arbeit und seines Eigentums zusteht, sondern dass ein Teil davon der Gemeinschaft gehört und an den Staat abzuführen ist. Der demokratische Sozialismus ist die unangefochtene Ideologie unserer Zeit. Er findet sich – wenngleich in unterschiedlicher Ausprägung – in nahezu allen entwickelten Ländern der Welt: in den USA, Europa, Japan, Lateinamerika, Afrika.

Ein Ziel der demokratischen Sozialisten ist es, Gleichheit in den Lebensverhältnissen zu schaffen. Und zwar nicht nur regional, sondern auch weltweit. (Und nicht wenige demokratische Sozialisten verfolgen auch das Ziel, das Leben ihrer Mitmenschen beherrschen zu wollen; aber dieser Aspekt soll uns hier nicht weiter interessieren.) Der demokratische Sozialismus, weil er nach Weltgeltung strebt, scheut nun aber Konkurrenz.

Besteuert beispielsweise Staat *A* höher als Staat *B*, wandern Kapital und Talente von *A* nach *B*. Das schmälert die Besteuerungsbasis von Staat *A*, und das kann und will er nicht zulassen. Ein weiterer Grund, warum der demokratische Sozialismus keine Konkurrenz will und einen Weltgeltungsanspruch erheben *muss*, erklärt sich dadurch, dass er Einkommen und Vermögen umverteilen will.

Die politisch motivierte Umverteilung von Einkommen und Vermögen lässt sich in Gebieten, in denen die Bevölkerung relativ homogen ist in Bezug auf Kultur, Werte und Religion, in gewissem Grad durchführen. Denn hier – in den Nationalstaaten – wird die Mehrheit die Interessen der Minderheit nicht ganz aus den Augen verlieren; und die Besteuerten werden es zähneknirschend hinnehmen, dass ihnen genommen und anderen gegeben wird.

Zwischen verschiedenen Nationalstaaten umzuverteilen, ist hingegen viel schwieriger, wenn nicht gar unmöglich. Die Menschen der Nation *A* werden sich fragen: Warum sollen wir für die Menschen in Nation *B* (die wir nicht gut kennen und zu denen wir auch keine besondere Beziehung haben) zahlen? Für die demokratischen Sozialisten ist daher die Existenz von Nationalstaaten ein großes Problem, und das erklärt auch, warum sie die Nationalstaaten überwinden wollen. Aber wie ist das möglich?

Eine Strategie ist die Propaganda: Der Staat (beziehungsweise die von ihm Beauftragten in Lehre, Wissenschaft und Medien) reden den Menschen ein, dass es gut und richtig sei, dass der Staat sie besteuert und das Geld an Menschen in anderen Ländern auszahlt.

Eine weitere Strategie besteht darin, die Unterschiede zwischen den Nationen zum Verschwinden zu bringen durch eine politisch gesteuerte Zuwanderung. Sie führt nun aber zu einem ganz besonderen Problem: Und zwar zum Problem, dass die Demokratie in Gebieten mit einer heterogenen Bevölkerung nicht funktioniert. Warum ist das so?

Die Antwort darauf lautet: Je größer die Rolle des demokratischen Staates im Wirtschafts- und Gesellschaftsleben ist, desto härter fällt der Kampf um die Mehrheitsposition aus; und desto größer wird die politische Ohnmacht derjenigen sein, die in die Minderheitsposition geraten. In Gebieten, in denen sich die Menschen stark unterscheiden bezüglich Sprache, Bräuche, Tradition, Kultur und Religion, wird die Mehrheit wenig Interesse an den Belangen der Minderheit haben. Das Mehrheitsprinzip schickt hier die Minderheit in die Unterdrückung.

Der Minderheit verbleiben dann nur zwei Alternativen. Die erste Alternative: Die Minderheit assimiliert sich. Die Zuwanderer nehmen Sprache und Lebensgewohnheiten der Menschen im Zuwanderungsland an. Die Nation bleibt bestehen. Die zweite Alternative: Die Minderheit assimiliert sich nicht. Dann aber bleibt sie eine Minderheit, ausgeschlossen von der politischen Willensbildung, sie gibt ihre Selbstbestimmung auf.

Entweder findet sich die Minderheit damit ab. Oder aber sie geht dagegen vor. Beispielsweise indem sie versucht, im Zuwanderungsland zur Mehrheit zu werden – durch hohe Geburtenzahlen oder weitere Zuwanderung. Können aber die nicht-assimilierten Zuwanderer zur Mehrheit aufsteigen, müssen die Einwohner des Landes, in das eingewandert wird, befürchten, ins Hintertreffen zu geraten. Entweder fügen sie sich ihrem Schicksal, künftig in die Minderheitsposition gedrängt zu werden, oder sie gehen dagegen vor, dass die Zuwanderer zur Mehrheit aufsteigen können – zum Beispiel indem sie Assimilation erzwingen oder Zuwanderung stoppen. Es kommt hier zum Konflikt, und die Nation bleibt bestehen.

Denkbar ist weiterhin, dass ein Gebiet, das bisher eine relative homogene Bevölkerung hatte, durch Zuwanderung heterogenisiert wird, sich zersiedelt und sich in der Folge aufspaltet. Auch hier kommt es zum internen Konflikt, aber ebenfalls nicht zu einer Aufhebung der Nationen. Wir können an dieser Stelle festhalten: *Die Demokratie erweist sich bei einer sprachlich und kulturell heterogenen Zusammensetzung der Bevölkerung nicht als friedenstiftend, sondern vielmehr als konfliktverursachend. Und wenn demokratische Verhältnisse gewahrt bleiben sollen, lässt sich mit politisch motivierter Wanderung die Nation, lässt sich der Nationalstaat nicht überwinden.*

Dem demokratischen Sozialismus steht jedoch eine weitere Strategie zur Verfügung, um seinen Weltgeltungsanspruch durchzusetzen. Und zwar indem er eine Weltwährung schafft. Im Windschatten einer Weltwährung stellen sich die Bedingungen ein, die letztlich die Nationen, die Nationalstaaten in einen Weltstaat hineinzwängen.

Für ein Weltgeld gibt es, wie bereits erläutert, ökonomisch gesehen einen guten Grund: *Ein* Geld auf der Welt wäre zweifelsohne optimal. Dass

Staaten durchaus bereit sind, ihre Währungssouveränität abzugeben, dafür gibt es einige Beispiele. Zu nennen ist etwa das System von Bretton Woods, das nach dem Ende des Zweiten Weltkrieges die internationale Geldordnung regelte (siehe Kapitel 10).

Das System von Bretton Woods war allerdings nur ein halbherziger Versuch, das Weltfinanzsystem nach Ende des Zweiten Weltkrieges wieder im Gold zu verankern. Es war in erster Linie ein Arrangement, um den US-Dollar, nicht das Gold, zur Weltleitwährung zu machen – und so ist es ja auch gekommen. Der US-Dollar ist heute die bedeutendste Währung der Welt, er ist eine Art Weltgeld-Kandidat, auch wenn es neben ihm noch einige große Währungen gibt.

Ein weiteres, gut bekanntes Beispiel ist der Euro. Er ist gewissermaßen ein Weltwährungsprojekt im Kleinen: 1999 haben elf Nationen beschlossen, ihre Währung in eine Einheitswährung zu überführen. Und zwar indem ihre Währungen zunächst mit festen Wechselkursen gegeneinander fixiert und dann in eine neue Einheit, die man Euro nennt, umgerechnet wurden. Mit dem Erschaffen des Euro haben die demokratischen Sozialisten die Blaupause geliefert, um das, was ihnen in Europa im Kleinen gelungen ist, auch weltweit im Großen umzusetzen.

Die Schaffung des Euro hat sich übrigens einer Idee bedient, die aus dem Jahr 1969 stammt. Damals hat der Internationale Währungsfonds (IWF) in Washington das sogenannte Sonderziehungsrecht geschaffen. Das Sonderziehungsrecht repräsentiert einen Währungskorb, derzeit bestehend aus US-Dollar, Euro, japanischem Yen, britischem Pfund und (seit dem 1. Oktober 2016) chinesischem Renminbi. Aus dem Sonderziehungsrecht lässt sich theoretisch ein Weltgeld formen: indem man die Wechselkurse der Korbwährungen gegenüber dem Sonderziehungsrecht fixiert – und nachfolgend die Korbwährungen in eine neue Geldeinheit umtauscht (wie es im Falle des Euro geschehen ist). Die Vermehrung der Sonderziehungsrechte (und damit die Vermehrung der im Korb enthaltenen Währungen) kann beispielsweise dem IWF anheimgestellt werden, er agiert dann als Weltzentralbank.

Es kann nicht verwundern, dass es für ein derartiges Vorgehen bereits Vorschläge gibt. Eingangs wurde bereits auf den »Intor« verwiesen, der von dem kanadischen Ökonomen Robert Mundell beworben wird. Mundell zufolge sollen zunächst die Wechselkurse der großen Währungen US-Dollar, Euro, japanischer Yen und chinesischer Renminbi zueinander stabilisiert werden, und in einem weiteren Schritt lassen sie sich dann in den Intor eintauschen (ganz ähnlich also wie es bei der Euro-Einführung geschehen ist). Der INTOR kann dann durch einen Zentralbankrat, der sich aus Repräsentanten der teilnehmenden Zentralbanken zusammensetzt, gesteuert werden.

Ein letztes Beispiel: Im August 2019 empfahl der ehemalige Gouverneur der Bank of England, ein digitales Weltzentralbankgeld zu schaffen, das er »Hegemonic Synthetic Currency« nennt. Danach soll quasi jedermann Giroguthaben bei der Zentralbank unterhalten können. Dadurch treten die Zentralbanken nicht nur in Konkurrenz zum Bargeld, sondern auch zum Geschäftsbankengeld. Mit »digitalem Zentralbankgeld für jedermann« lassen sich die Geschäftsbanken aus der Geldproduktion drängen, die Geschehnisse auf den Geld- und Kreditmärkten besser denn je kontrollieren. Und wenn die nationalen Zentralbanken erst einmal ihr digitales Zentralbankgeld zum tagtäglich gebräuchlichen »Grundgeld« gemacht haben, dann lassen sich auch die internationalen Zentralbankgelder vereinheitlichen zu einem Weltzentralbankgeld – und zwar ohne großen Widerstand aus der Banken- und Finanzmarktwelt.

Die Frage drängt sich auf: *Ist eine Weltwährung politisch überhaupt durchsetzbar?* Einiges spricht dafür. Die demokratischen Sozialisten haben ein gewichtiges Argument auf ihrer Seite: dass nämlich *ein* Geld für die Welt tatsächlich optimal ist. Zudem haben sich die staatlichen Zentralbanken bereits das Geldmonopol in ihrer Region angeeignet und können sich problemlos zu einem Kartell verbinden und auf diese Weise eine Weltwährung schaffen. Man sollte weiterhin nicht übersehen, dass es gerade für kleine und mittlere Staaten vorteilhaft ist, in eine Weltwährung einzusteigen – denn dadurch erweitern sich ihre Kreditfinanzierungsmöglichkeiten ganz erheblich.

Zusätzlich ist zu bedenken, dass vermutlich viele Menschen die Idee unterschreiben, dass die drängenden Probleme der Zeit – wie Terrorismus, Umweltschutz und Finanz- und Wirtschaftskrisen – nur noch durch internationale Kooperation zu lösen sind. Dieser Gedanke lässt sich einsetzen, um der Öffentlichkeit die Vorteilhaftigkeit einer Weltwährung schmackhaft zu machen: dass ein Weltgeld besser sei als das Nebeneinander vieler nationaler Währungen, dass es wirksamer vor Finanz- und Wirtschaftskrisen schütze. Gerade eine neue weltweite Finanz- und Wirtschaftskrise könnte daher die Bedingungen schaffen, unter denen eine Weltwährung gewissermaßen vom Stapel gelassen werden kann: Die Weltwährung ist die Rettung des ungedeckten Papiergeldsystems, die Abwehr des großen gefürchteten Crashs!

Ein weiterer Wegbereiter in Richtung Weltgeld sind nicht zuletzt die real existierenden Demokratien selbst. Denn in ihnen ist nicht etwa der Wähler der Souverän, sitzt nicht er an den Hebeln der Macht, sondern die Macht liegt in den Händen einer oligarchisierten Parteienelite. Darüber informiert uns das »eherne Gesetz der Oligarchie«, das der deutsch-italienische Soziologe Robert Michels (1876–1936) im Jahr 1911 formuliert hat. Michels' Erklärung lautet:

In Demokratien bilden sich Parteien heraus. Parteien sind Organisationen, und Organisationen bedürfen der festen Führung. Die übernimmt eine kleine Gruppe von Menschen – die besonders gewieft ist und den unbedingten Willen zur Macht hat. Über kurz oder lang sind sie es, die wenigen, die den Parteiapparat beherrschen. Es bildet sich eine oligarchisierte Elitenherrschaft heraus. Weil sie den Parteiapparat von unten bis oben beherrscht, kann sie sich auch gegen Kritik von innen und außen immunisieren.

Die Partei-Eliten entfernen sich vom Partei- und Wählervotum, verfolgen eigene Ziele, kooperieren mit Lobbygruppen (»Big Business«), und der Wählerwille bleibt auf der Strecke. Die Demokratie – wenn man sich von ihr die Selbstbestimmung der Wähler erhofft – ist daher eine große Illusion, so Michels: In der Demokratie komme es vielmehr zur Herrschaft der Gewählten über die Wähler, der Beauftragten über die Auftraggeber.

Es bildet sich ein Kartell zwischen den Parteien heraus, das den Weg zur Oligarchisierung der Demokratie ebnet und den Parteioligarchen weitgespannte Handlungsspielräume eröffnet. Extreme Politiken lassen sich auf diese Weise umsetzen, die auf basisdemokratischem Wege nicht so ohne weiteres möglich wären – wie zum Beispiel der Abbau nationalstaatlicher Souveränität zu Gunsten supranationaler Gremien oder die »Politik der offenen Grenzen«.

Die demokratischen Sozialisten bilden internationale Kameradschaften, befeuern den »politischen Globalismus« – gemeint ist damit das Bestreben, das wirtschaftliche und gesellschaftliche Zusammenleben der Menschen auf dem Globus nicht dem freien Markt zu überlassen, sondern nach politischen Zielen zu steuern.

Der politische Globalismus trägt untrüglich die Handschrift der oligarchisierten Demokratie: Kleine Gruppen fällen weitreichende Entscheidungen, nicht selten in Hinterzimmern; Sonderinteressengruppen heimsen Privilegien ein; Parlamentarier sind willige Steigbügelhalter der oligarchisierten Herrschaft.

Die Verlagerung der Souveränität von den nationalen Parlamenten auf supranationale Institutionen ist das Ergebnis des politischen Globalismus, und der Wähler verliert die Kontrolle. Die Ideologen in den Regierungsbänken und mit ihnen die Sonderinteressengruppen sind dann am Ruder, und sie alle gewinnen dem demokratischen Sozialismus viel ab. Machtvoll wie sie sind, können diese Gruppen die Bedingungen schaffen, gerade auch durch ihren Einfluss auf das Geldsystem, die den Übergang von den nationalen Währungen in eine Weltwährung ermöglichen.

Doch was wäre denn so schlimm an einer Weltwährung, die von einer Weltzentralbank gesteuert würde? Eine Weltwährung wird natürlich ein ungedecktes Geld sein, ein Fiat-Weltgeld. (Kein Staat will ein Waren- oder Goldgeld!) Und daher weist ein Fiat-Weltgeld nicht nur alle ökonomischen und ethischen Defekte auf, die das nationale Fiat-Geld auch hat – ein Fiat-Weltgeld globalisiert und potenziert diese Defekte vielmehr.

Mit dem Fiat-Weltgeld kann die Weltzentralbank beispielsweise einen Boom in Gang setzen, der Fehlentwicklungen und Spekulationsblasen allergrößten Ausmaßes verursacht.

Die Weltzentralbank mit ihrem Fiat-Weltgeld hat keine Konkurrenz mehr. Deshalb kann sie stärker inflationieren, als es die nationalen Zentralbanken mit ihrem nationalen Fiat-Geld können. Zum Schaden der breiten Bevölkerung, die unter Inflation leidet. Niemand könnte der Politik der Weltzentralbank entkommen. Sie erfasst alle Teile, jeden Winkel auf dem Globus.

Der Weltzentralbankrat kann das Bargeld und damit die finanzielle Privatsphäre per Handstreich abschaffen, negative Zinsen einführen und eine Umverteilung von Einkommen und Vermögen herbeiführen, und dies in einem Ausmaß, das sonst wohl nur zu Kriegszeiten denkbar war.

Die Weltzentralbank befindet über das Wohl und Wehe von ganzen Nationen und ihrer Wirtschaften – indem sie entscheidet, wer wann wie viel Kredit zu welchen Konditionen erhält.

Ein einheitliches Weltgeld führt absehbar zu ernsten Konflikten zwischen den Nationen – und zwar beispielsweise über die Frage, wie stark die Geldmenge denn steigen soll. Entwicklungsländer plädieren für eine Ausweitung der Geldmenge pro Kopf, die entwickelten Volkswirtschaften wollen eine am Wirtschaftswachstum orientierte Geldmengenausweitung.

Die Interessenkonflikte, die hier entstehen, sind im Grunde unlösbar, *müssen* Intrigen, Korruption, Streit und Zank zwischen den Menschen in den Nationen provozieren.

Weil Staaten, die dem demokratischen Sozialismus anhängen, auf Pump wirtschaften, werden sie sich auch untertänig den Vorgaben unterwerfen, die die Weltzentralbank für eine Kreditvergabe aufstellt. Unter einem Welteinheitsgeld wächst daher der Druck auf die Teilnehmernationen, ihre Souveränität abzugeben, ihr Schicksal an so etwas wie einen Weltrat, eine Welt-Kommission, ein Welt-Politbüro zu übertragen. Die Geschehnisse im Euroraum bieten eindrückliches Anschauungsmaterial, wie die Menschen in den Euro-Ländern nach und nach die Kontrolle über ihre eigenen Geschicke verlieren, sie von einer supranationalen Instanz beherrscht werden, geführt von einer oligarchischen Elite.

Man mag nun einwenden: Die USA, Europa, China und Russland werden doch nicht kooperieren, und deswegen wird es auch nicht zu einer Weltwährung und in der Folge auch nicht zu einem Weltstaat kommen. Darauf lässt sich entgegnen: Man sollte die aggressive Expansionsdynamik der Staaten nicht unterschätzen! Der mächtige Staat wird die weniger mächtigen unterwerfen, mit militärischen oder wirtschaftlichen Mitteln; oder der Interessengleichklang der Machteliten wird bestehende Differenzen überwinden und einen Schulterschluss zwischen ihnen hervorbringen, der Weltgeld und Weltstaat Realität werden lässt.

3. Teil

Die vorstehenden Überlegungen Gedanken sind keine Prognose, sondern sie stellen ein »bedingtes« Zukunftsszenario dar, das sich wohl in dieser oder einer ähnlichen Weise entfalten wird, *wenn* die Menschen am demokratischen Sozialismus festhalten; es wird hier also nicht behauptet, dass diese Entwicklung eine Zwangsläufigkeit ist. Ob es so kommt oder nicht, hängt allein von den Ideen ab, von denen sich die Menschen in ihrem

Handeln leiten lassen. Und Ideen können sich – das ist die gute Nachricht – verändern.

Die entscheidende Frage ist: Wie lässt sich der Idee des demokratischen Sozialismus (die die Weichen in Richtung Weltwährung und Weltstaat stellt) die Zustimmung entziehen? Die Antwort lautet: wohl nur durch bessere Einsicht. Und zwar durch die Einsicht, dass eine Welt, in der Staaten (wie wir sie heute kennen) die Herrschaft beanspruchen, ökonomisch und ethisch nicht gut und richtig sein kann.

Diese Einsicht lässt sich auf logischem, auf handlungslogischem Wege gewinnen, also mit den Mitteln der Vernunft: Jeder Mensch hat ein unveräußerliches Recht auf Selbstbestimmung, hat Eigentum an seinem Körper und Eigentum an den Dingen, die er sich auf nicht-aggressivem Wege erwirbt. Diese Aussage lässt sich nicht widerspruchsfrei verneinen. Wer sie verneint, wer sagt: »Es ist nicht der Fall, dass jeder ein unveräußerliches Recht auf Selbstbestimmung hat«, der setzt genau das als gültig voraus, was er mit seiner Aussage verneint. Dass jeder Mensch ein Recht auf Selbstbestimmung hat, ist also eine logisch richtige, eine wahre Aussage.

Daraus folgt, dass der Staat (wie wir ihn heute kennen) mit dem Selbstbestimmungsrecht, das jedem Menschen zusteht, nicht vereinbar ist. Kein Mensch hat das Recht, über den anderen zu herrschen; hat das Recht, die Selbstbestimmung der anderen einzuschränken oder aufzuheben. Und begreifen die Menschen erst einmal, dass jedem von ihnen ein unveräußerliches Recht auf Selbstbestimmung zusteht, und ziehen sie daraus die richtigen Konsequenzen, ist der Spuk des Staates (wie wir ihn heute kennen) vorbei.

Sie werden dann die Privatrechtsgesellschaft herbeiführen wollen. Privatrechtsgesellschaft bedeutet, dass das gleiche Recht für alle gilt; dass das Recht für mich das gleiche ist wie für dich; dass es keine Unterscheidung gibt zwischen öffentlichem Recht und privatem Recht. Der Weg, der die heutige »Welt der Staaten« in eine »Welt der Privatrechtsgesellschaften« überführt, erfordert die Rückbesinnung auf das Selbstbestimmungsrecht. Dieses beinhaltet das Recht auf Sezession. Wer nicht mehr zu einem Staat (wie wir ihn heute kennen) gehören will, der hat das Recht auszutreten (und kleinere und bessere Einheiten zu bilden).

In einer Welt, in der das Selbstbestimmungsrecht verstanden und gelebt wird, zerteilt sich idealerweise zunächst der große grimmige Staat in viele kleinere freundlichere Staaten; und daraus erwächst dann die Möglichkeit, dass sich einzelne Privatrechtsgesellschaften herausbilden. Macht das Beispiel Schule, dann leben irgendwann alle Menschen in einer Privatrechtsgesellschaft.

Weltwährung und Weltstaat und damit dem dystopischen Zukunftsszenario wären der Boden entzogen. In der Privatrechtsgesellschaft werden alle Güter im freien Markt bereitgestellt, einschließlich der Güter Recht und Sicherheit. Es gibt natürlich einen freien Markt für Geld. Die Geldnachfrager können das Geld, was sie verwenden wollen, frei wählen; es wird ihnen nicht mehr diktiert.

Ein Weltgeld kann sich durch das freie Spiel von Angebot und Nachfrage herausbilden – in Form von Gold, Silber oder einer Kryptoeinheit. In jedem Falle gäbe es keine zentrale Machtinstanz, die das Geld für ihre politischen Zwecke missbrauchen könnte. Wenn das Recht auf Selbstbestimmung in dieser Weise eine Renaissance erlebt, ist der Weg zum Weltgeld, Weltstaat und der Tyrannei, die mit ihnen verbunden wären, blockiert.

Kapitel 16
Zentralbank-Marxismus:
der Umsturz mit dem Geld

»Geld ist das dem Menschen entfremdete Wesen seiner Arbeit und seines Daseins, und dieses fremde Wesen beherrscht ihn, und er betet es an.«

Karl Marx

Marx' Vision

Im *Manifest der Kommunistischen Partei* aus dem Jahr 1848 nennt Karl Marx (1818–1883) zehn »Maßregeln« – despotische Eingriffe in die Eigentumsrechte –, die für die gesellschaftliche Umwälzung, die zum Kommunismus führen soll, notwendig seien. Maßregel Nummer fünf ist die »Zentralisation des Kredits in den Händen des Staats durch eine Nationalbank mit Staatskapital und ausschließlichem Monopol«. Eine überaus hellsichtige Forderung. Zumal in der Zeit, als Marx seine Idee formuliert hat, die Edelmetalle Gold und Silber als Geld dienten.

1. Expropriation des Grundeigentums und Verwendung der Grundrente zu Staatsausgaben.
2. Starke Progressivsteuer.
3. Abschaffung des Erbrechts.
4. Konfiskation des Eigentums aller Emigranten und Rebellen.
5. Zentralisation des Kredits in den Händen des Staats durch eine Nationalbank mit ausschließlichem Monopol.

6. Zentralisation des Transportwesens in den Händen des Staates.

7. Vermehrung der Nationalfabriken, Produktionsinstrumente, Urbarmachung und Verbesserung der Ländereien nach einem gemeinschaftlichen Plan.

8. Gleicher Arbeitszwang für alle, Errichtung industrieller Armeen, besonders für den Ackerbau.

9. Vereinigung des Betriebs von Ackerbau und Industrie, Hinwirken auf die allmähliche Beseitigung des Unterschieds von Stadt und Land.

10. Öffentliche und unentgeltliche Erziehung aller Kinder. Beseitigung der Fabrikarbeit der Kinder in ihrer heutigen Form. Vereinigung der Erziehung mit der materiellen Produktion usw.

Quelle: Marx, K., Engels, F. (1946), Das Kommunistische Manifest, Mit Vorreden von Karl Marx und Friedrich Engels, Kundgebung des Parteitages der SPD am 11. Mai 1946, Phönix-Verlag, Hamburg, S. 52–53.

Diese Edelmetalle lassen sich bekanntlich nicht beliebig vermehren. Mit ihnen ist es auch nicht ganz so einfach, die Kreditmenge nach politischer Willkür zu beeinflussen. Marx scheint aber vielleicht geahnt zu haben, was möglich sein wird, wenn der Staat sich erst einmal in die Lage versetzt, Geld per Kredit zu schaffen, wenn er das Monopol über die Geldproduktion an sich gerissen hat. Die Macht des Geldes war da schon lange bekannt. So hatte schon der britische Historiker Thomas Fuller (1608–1661) bemerkt: »Geld ist die Sehne sowohl der Liebe als auch des Krieges.«

Die Idee staatlich beherrschter Zentralbanken gab es allerdings schon lange vor Marx. Die schwedische Zentralbank (Sveriges Riksbank) beispielsweise wurde 1668 gegründet, die Bank of England 1694. Die betrügerischen Machenschaften dieser Einrichtungen wurden bald bekannt, spätestens mit den Arbeiten des britischen Ökonomen David Ricardo (1772–1823). Er zeigte 1810 in *The High Price of Bullion* auf, dass die Geldentwertung unmittelbare Folge der Ausweitung der Geldmenge war – damals in Form von Papiernoten, die nicht durch Edelmetalle gedeckt waren.

Doch die Erkenntnis, dass Zentralbanken, haben sie erst einmal das Monopol der Geldproduktion inne, ihre Macht missbrauchen, indem sie Günstlingswirtschaft betreiben und für eine unsoziale Geldentwertung sorgen, hat es bis auf den heutigen Tag nicht vermocht, die monströse Zentralbankidee zu diskreditieren. Vielmehr scheint hier Marx' dialektischer Marxismus gefruchtet zu haben: Das, was ist, hat das Bewusstsein bestimmt. Und so konnte sogar weltweit ein unangefochtener Zentralbank-Marxismus entstehen. Es bedarf keiner weitschweifenden Erläuterung, dass das Zentralbanksystem eine antikapitalistische Einrichtung ist, dass es vielmehr für einen Geldsozialismus steht.

Nachdem die Zentralbanken in enger Kooperation mit den Geschäftsbanken jahrzehntelang die Kredit- und Geldmengen ausgeweitet haben, gerät das ungedeckte Geldsystem nun mehr und mehr an seine Grenzen. Mittlerweile funktioniert es nur noch, weil die Marktzinsen auf oder sogar unter die Nulllinie gedrückt wurden und das Versprechen ausgegeben wurde, dass alle systemrelevanten Staats- und Bankschuldner von den Zentralbanken durchfinanziert werden. Das alles bleibt nicht folgenlos für die Produktion von Kredit und Geld in den Volkswirtschaften.

Digitales Zentralbankgeld

Spätestens seit der Finanz- und Wirtschaftskrise 2008/09 greifen die Zentralbanken stärker denn je in die Geld- und Kreditmärkte ein. Viele von ihnen wollen nun sogar ein »neues Geld«, ein digitales Zentralbankgeld (Central Bank Digital Currency, CBDC) ausgeben. Eine »Innovationsoffensive«, die es in sich hat. Denn bei CBDC geht es nicht etwa darum, das Geld aus den staatlichen Monopolfängen zu befreien oder dem ungedeckten Geld abzuschwören oder das Geldschaffen »aus dem Nichts« zu beenden oder anonymisierte Transaktionen zu ermöglichen. Weit gefehlt! Vielmehr solle CBDC den Kunden der Geschäftsbanken die Möglichkeit geben, ihr Geld fortan auf Konten bei der Zentralbank halten zu können: Wer es wünscht, der soll künftig sein Guthaben, das er derzeit bei der Geschäftsbank unterhält, auf ein Konto bei der Zentralbank überweisen dürfen; elektronisches Geschäftsbankengeld wird eingetauscht gegen elektronisches Zentralbankgeld, CBDC eben.

Damit aber treten die Zentralbanken in Konkurrenz zu den Kredithäusern im Einlagen- und Zahlungsverkehrsgeschäft. Es ist durchaus möglich, dass die Privaten es vorziehen werden, ihre Guthaben bei der Zentralbank und nicht bei einer Geschäftsbank zu halten. Schließlich kann erstere nicht pleitegehen, zweitere dagegen sehr wohl. Die Ausgabe von CBDC kann folglich die Rolle der Geschäftsbanken in der Geldproduktion drastisch verringern, die der Zentralbanken entsprechend vergrößern. Der Extremfall, in dem CBDC zum allseits gewünschten Zahlungsmittel aufgestiegen ist – weil die Geldverwender den Zentralbanken, nicht aber mehr den Geschäftsbanken vertrauen –, werden die Banken zu reinen Kreditvermittlern zurückgestutzt.

CBDC ist natürlich für den Überwachungsstaat ein höchst willkommenes Geschenk: Die Umsätze seiner Untertanen werden ihm konzentriert und transparent, quasi auf dem Silbertablett, gereicht. Der Staat und seine Zentralbank können besser denn je in Erfahrung bringen, wer wann und wie viel für was an wen überweist. Die finanzielle Privatsphäre der Bürger wird vor allem auch dann geschleift, wenn die Menschen CBDC als Ersatz für Bargeldtransaktionen einstufen: Statt mit Münzen und Banknoten wird der Zahlungsverkehr mit CBDC abgewickelt. CBDC kann so gesehen auch dazu führen, den Bargeldverkehr weiter zurückzudrängen.

CBDC ist jedoch vermutlich in erster Linie ein Ersatz für Geschäftsbankengeld. Wenn ihr Umtauschverhältnis auf 1 : 1 festgelegt wird, dann hängt die maximale CBDC-Menge von der Geschäftsbankengeldmenge ab, die die Banken durch ihre Kreditvergabe »aus dem Nichts« produzieren. Damit wird auch klar: CBDC ist nicht etwa besseres Geld. Sie tragen vielmehr alle ökonomischen ethischen Defekte, die das ungedeckte Geld (Fiat-Geld) auch hat. Und hat CBDC erst einmal hinreichend weite Verbreitung bei den Geldverwendern gefunden, kann die Zentralbank auch neues CBDC durch Kreditvergabe in Umlauf bringen: Konsumenten, Unternehmen und öffentliche Stellen bekommen zum Beispiel großzügig Überziehungskredite eingeräumt, oder sie erhalten auf Wunsch langfristige Kreditlinien.

Das bedeutet nichts anderes, als dass die Zentralbank den Geld- und Kreditmarkt vollends monopolisiert beziehungsweise verstaatlicht. Die Zentralbanken und diejenigen Gruppen, die sie für ihre Zwecke einzusetzen vermögen, erlangen folglich eine gewaltige Machtstellung. Sie werden in die Lage versetzt, ganz wesentlich darüber mitzuentscheiden, wer wann welche Geldmenge bekommt, und wer was wann und wo produziert und konsumiert. Digitales Zentralbankgeld ebnet so gesehen den Weg in eine staatliche Befehls- und Lenkungswirtschaft, in der die Freiheitsgrade von Bürgern und Unternehmern wie Schnee in der Sonne dahinschmelzen werden.

Friedmans Helikoptergeld

Mit CBDC wird zudem eine Brücke zum berühmt-berüchtigten »Helikoptergeld« geschlagen. Den Begriff prägte der US-amerikanische Ökonom Milton Friedman (1912–2006) im Jahr 1969. Friedman wollte damals seinen Studenten verdeutlichen, dass die (Preis-)Inflation immer und überall ein monetäres Phänomen ist: Wenn die Geldmenge wächst, dann steigen früher oder später auch die Güterpreise, so Friedman. Und weil der Staat beziehungsweise die staatliche Zentralbank das Monopol der Geldproduktion hat, kann die Geldmenge jederzeit und in jedem politisch gewünschten Betrag erhöht werden.

Beispielsweise kann die Zentralbank neu gedruckte Banknoten in einen Helikopter laden und sie über der Volkswirtschaft abwerfen. Die Menschen werden die Geldscheine, wenn sie sie herabregnen sehen, einsammeln und gegen Güter und Dienste eintauschen. Das erhöht die Nachfrage nach Gütern und Diensten und treibt deren Preise in die Höhe – sorgt also letztlich für Preisinflation. In einem staatlichen Geldproduktionsmonopol, so Friedman, kann daher Preisinflation immer und jederzeit erzeugt, eine Preisdeflation kann verhindert werden.

Friedmans Helikoptergeld bezeichnet folglich keine neue, keine besondere Form des Geldes, sondern vielmehr die Art und Weise, *wie* Geld in die Taschen der Menschen gespült wird. Eine Variante dazu wäre, wie bereits erwähnt, das Abwerfen von Banknoten aus dem Helikopter. Eine weitere Form des Helikoptergeldes ist die Ausgabe von Konsumgutscheinen, die sich die Empfänger bei den Geschäftsbanken in Bargeld auszahlen lassen können. Oder aber die Zentralbank überweist neu geschaffenes Geld direkt auf die Konten von Konsumenten, Unternehmen und öffentlichen Stellen. Das geht natürlich ganz besonders einfach und problemlos, wenn alle Privaten CBDC-Konten bei den Zentralbanken unterhalten.

Man bedenke nur einmal, welche Konsequenzen es hätte, wenn die Marktakteure jeden Monat neues Geld erhalten – sei es per Briefsendung, durch Überweisung auf ihr Bankkonto oder auf anderem Wege. Eine solche Geldzuteilung käme gewissermaßen einem bedingungslosen Grundeinkommen gleich. Die mit Geld Beschenkten müssten nicht mehr ihre Arbeitsleistung oder andere Güter anbieten, um an neues Geld zu gelangen. Das Grundprinzip des freien Marktes würde auf diese Weise ausgehebelt. Die Arbeitsteilung würde zerstört. Vor allem kleinteilige Leistungsangebote würden entmündigt: Warum die Gärten der Nachbarinnen mähen, wenn man in den Besitz des gleichen Geldbetrages automatisch und ohne eigenes Dazutun durch Helikoptergeld kommt?

Die Idee des Vollgeldes

Die Befürworter des »Vollgeldes« werden die Einführung von CBDC begrüßen. Schließlich kritisieren sie den Status quo: dass im heutigen ungedeckten Geldsystem Geld geschaffen wird, indem die Zentral- und Geschäftsbanken Kredite vergeben. Die Zentral- und Geschäftsbanken bringen neues Geld in Umlauf, wenn sie Darlehen an Konsumenten, Unternehmen und öffentlichen Stellen vergeben – genau das ist das berüchtigte »Geldschaffen aus dem Nichts«. Die Geschäftsbanken operieren dabei mit einem sogenannten Teilreservesystem: Den Geschäftsbanken wird von staatlicher Seite erlaubt, *nur einen Teil* ihrer jederzeit fälligen Auszahlungsverpflichtungen gegenüber Kunden erfüllen zu können. Hat beispielsweise eine Bank täglich von den Kunden abrufbare Sichtguthaben in Höhe von, sagen wir, 100 Euro, so wird ihr die Möglichkeit eingeräumt, dass sie dafür nur 1 Euro in der Kasse halten muss! Eine solche Teilreservehaltung ist für die Bank gewinnsteigernd: Sie kann die Differenz, in dem Fall 99 Euro, der Kunden zinsbringend anlegen (in zum Beispiel Kredite oder Anleihen).

Doch Banken, die mit einem Teilreservesystem operieren, sind bekanntlich krisenanfällig. Kommt es zu Vertrauenskrisen, setzt ein »Bankensturm« ein. Anleger und Investoren entziehen der Bank, die in Misskredit geraten ist, ihre Einlagen. Entweder indem sie ihre Einlagen in bar abheben oder indem sie fällige Kredite, die sie der Bank zuvor gegeben haben, nicht mehr erneuern und die Rückzahlung verlangen. Banken, die mit einer Teilreserve operieren, werden unter diesen Bedingungen zahlungsunfähig – und der (vollauf berechtigte) Vertrauensverlust gegenüber einer Bank wird sich auf alle Banken übertragen.

Die Krisenanfälligkeit des Teilreservesystems hat in der Folge der Finanz- und Wirtschaftskrise 2008/09 Rufe nach einem »Vollgeldsystem« laut werden lassen. Die Idee ist folgende: Man könnte das Problem des Teilreservesystems lösen, indem die Zentralbank den Geschäftsbanken so viele Wertpapiere und Kredite abkauft und sie dafür mit neu geschaffenem Zentralbankgeld bezahlt, bis die tagesfälligen Auszahlungsverpflichtungen der Banken vollständig, zu 100 Prozent durch Zentralbankgeld gedeckt sind. Aus der Teilreserve der Banken wird dadurch eine Vollreserve, und damit können die Geschäftsbanken nicht mehr zahlungsunfähig werden.

Die Zentralbank ist fortan die *einzige* Institution, die neues Geld in Umlauf geben kann. Die Geschäftsbanken können hingegen kein Geld mehr durch Kreditvergabe aus dem Nichts schaffen – schließlich müssen ja ihre Kundeneinlagen zu 100 Prozent mit dem Zentralbankgeld, das nur die Zentralbank bereitstellen kann, gedeckt sein. Die Zentralbank soll, so die Befürworter des Vollgeldes, neues Geld nur noch auf zwei Wegen produzieren: in Form von zinslosen Krediten oder Geldgeschenken. Der Geldschöpfungsgewinn, den die Geschäftsbanken bislang einstreichen konnten, fällt damit nur noch bei der Zentralbank an und fließt in den öffentlichen Haushalt.

Ein Wolf im Schafspelz

Ideologisch reicht die Vollgeld-Idee zurück auf sozialistische Denker wie Pierre-Joseph Proudhon (1809–1865), Karl Marx (1818–1883) und Friedrich Engels (1820–1895) sowie den nationalsozialistischen Agitator Gottfried Feder (1883–1941). Wie alle sozialistischen Konzepte offenbaren sich auch beim Vollgeld tiefe Abgründe. Man kann sich leicht vorstellen, welch ein politisches Hauen und Stechen es in einem Vollgeldsystem darüber geben wird, wer wann und wie viel neues Vollgeld erhalten soll! Intrigen, Korruption, Zank und Streit sind vorprogrammiert.

Zudem verhindert die »Totalmonopolisierung« der Geldproduktion in den Händen der Zentralbank, wie sie das Vollgeld vorsieht, natürlich auch nicht die Missbrauchsmöglichkeiten, die der Zentralbank-Geldproduktionsmonopolist hat. Zumal es naiv ist zu glauben, man könnte eine politisch unabhängige Vollgeld-Zentralbank schaffen, die gerade nur so viel neues Geld in Umlauf bringt, wie die Volkswirtschaft braucht. Früher oder später wird nämlich jedes *politisch geschaffene Monopol* von Sonderinteressengruppen vereinnahmt und für deren Zwecke eingesetzt.

Das Vollgeld verhindert weiterhin nicht – anders als seine Befürworter es sich erhoffen mögen – die allseits gefürchteten Finanz- und Wirtschaftskrisen. Der Grund: Zumindest ein Teil des neuen, aus dem Nichts geschaffenen Vollgeldes wird den Weg in den Kreditmarkt finden – weil Sparer und Investoren Anleihen nachfragen. Auf diese Weise sorgt die Vollgeldvermehrung für ein künstliches Absinken des Marktzinses, der einen nicht nachhaltigen Aufschwung (»Boom«) lostritt, welcher Spekulationsblasen und Fehlinvestitionen verursacht und früher oder später in eine Krise, einen Abschwung (»Bust«) umschlägt. Es wird also mit dem Vollgeld prinzipiell genau das geschehen, was im heutigen ungedeckten Geldsystem, das die Vollgeld-Befürworter richtigerweise kritisieren, ebenfalls abläuft.

Ein weiteres Problem: Woher soll die Vollgeld ausgebende Zentralbank wissen, wie viel Geld die Volkswirtschaft benötigt? Soll die Geldmenge um 2, 4 oder 8 Prozent pro Jahr wachsen, damit die Volkswirtschaft prosperiert? Die Vollgeld-Zentralbankräte wissen es nicht, und sie können es nicht wissen. Vielmehr müssen sie nach dem Prinzip »Versuch und Irrtum« verfahren. Dass dabei Fehler passieren, ist nur allzu menschlich: Weiten die Zentralbankräte die Geldmenge zu stark aus, gibt es Preisinflation; und fällt die Geldmengenausweitung zu gering aus, stellt sich Preisdeflation ein.

Es ist daher nicht einsichtig, warum die Kaufkraft des Vollgeldes – im Sinne seiner Kaufkraft – besser gewahrt bleiben sein sollte als die des ungedeckten Geldes, und auch nicht, warum die Volkswirtschaft besser vor monetären Störungen geschützt sein sollte als im vorherrschenden ungedeckten Geldsystem.

Ein zentraler Konfliktherd ist die Frage: Nach welchem Schlüssel soll das neue Vollgeld zugeteilt werden? Gleicher Betrag für alle? Kinderreiche Familien werden sich freuen. Oder erhält jeder den gleichen prozentualen Zuwachs seines Kontostandes? Dann wird die soziale Mobilität gehemmt, der Abstand zwischen Reich und Arm quasi zementiert. Oder soll das Gesamtvermögen als Rechenbasis dienen? Was zählt dann zum Vermögen, und wer prüft nach, ob die gemachten Angaben stimmen? Oder sollen nur die Steuerzahler neues Geld bekommen? Was ist dann mit den Arbeitslosen? Oder sollen nur der Staat und politisch gewünschte Industrien neues Geld bekommen? Soll die Geldmengenvermehrung nur einmal im Jahr an einem bestimmten Tag stattfinden? Oder immer am Monatsende? Man erkennt: Es entstehen unlösbare Konflikte, die politische Willkürentscheidungen provozieren.

Umsturz durch die Hintertür

Für die Geschäftsbanken scheint die Ausgabe von Helikoptergeld – beispielsweise durch die Vermehrung der CBDC-Geldmenge – auf den ersten Blick eine schlechte Nachricht zu sein: Sie wird die Nachfrage nach Krediten senken, mit denen die Banken bislang ihre Gewinne machen. Doch es gibt auch gute Nachricht: Finanziell angeschlagene Schuldner hätten die Aussicht, Helikoptergeld überwiesen zu bekommen, mit dem sie ihre Kreditschulden bedienen können. Notleidende Kredite, die die Banken in ihren Bilanzen ausweisen, hätten nunmehr die Aussicht, umgeschuldet werden zu können: Die Darlehen erhalten längere Laufzeiten, und das verringert die gefürchteten Kreditausfälle. Das Ergebnis ist: Die Überlebenschancen der Banken steigen.

Diese Einsicht werden die Staaten und die von ihnen begünstigten Gruppen für ihre Zwecke zu nutzen wissen. Zweifelsohne spielen die Banken eine entscheidende Rolle für das Funktionieren des Fiat-Geldsystems und damit der staatlichen Herrschaftsmacht. Es sind die Banken, die den Großteil des ausstehenden Kredit- und Geldmengenvolumens produzieren. In ihren Bilanzen sind die Ersparnisse von Millionen von Menschen eingebucht – in Form von Eigenkapital, Depositen und Schuldpapieren. Um es kurz zu halten: Das Wohl und Wehe der gesamten Volkswirtschaft hängt an den Banken. Daher haben CBDC und Helikoptergeld gute Aussichten, bei Bedarf zur »Rettung« des Fiat-Geldsystems zum Einsatz zu kommen.

Eine angeschlagene Banken- und Finanzindustrie wird sich vor allem nicht gegen die Ausgabe von Helikoptergeld sperren, weil es auf der inflationistischen Idee aufbaut, die Geldmenge müsse steigen, damit Wachstum und Beschäftigung möglich wurden. Das ist einer der größten Irrtümer der Volkswirtschaftslehre und hat fatale Folgen.[160] Die Forderung, die Geldmenge müsse im Zeitablauf steigen, dient vielmehr allein politischen

Macht- und Umverteilungsinteressen: Bei einer Geldmengenvermehrung profitieren einige – und zwar allen voran der Staat und die Banken – auf Kosten vieler.

Insbesondere die Staaten haben ein Interesse am Helikoptergeld. Wenn sie Zugang zu Helikoptergeld haben, dann können nicht nur verhindern, dass der Bankensektor Konkurs anmelden muss – was unliebsame wirtschaftliche und vor allem auch politisch-soziale Folgewirkungen hätte. Sie können sich auch einfach und bequem zinslose Kredite beschaffen, sind nicht mehr von den Launen und Vorlieben der Kapitalmärkte abhängig, und ihre Misswirtschaft dokumentiert sich nicht mehr in steigenden Verschuldungsquoten.

Die Ausgabe von Helikoptergeld ist gewissermaßen eine Radikalisierung der staatlichen Geldmonopolisierung. Es beseitigt die letzten noch verbliebenen privatwirtschaftlichen Elemente in der Geldproduktion, räumt alle Hindernisse, die der völligen politischen Willkür bei der Geldmengenschaffung und -verteilung noch im Wege stehen, aus dem Weg. Die Ausgabe von Helikoptergeld ist daher ein Schritt, um letztlich eine sozialistische Wirtschafts- und Gesellschaftsform aus der Taufe zu heben.

Mit der vollständigen Kontrolle über die Produktion und Verteilung der Geldmenge und ihre Zuteilung steigt die staatliche Zentralbank in das Geschäft der direkten Wirtschaftslenkung ein – was eine Wirtschaft schafft, in der der Staat beziehungsweise die ihn beherrschenden Kräfte die Weichen stellen, wer was wann und wo produzieren und konsumieren darf. Die Einführung von Helikoptergeld (in Form von CBDC) führt daher einen Umsturz, eine Umwälzung der Wirtschaft und Gesellschaft durch die Hintertür herbei. Nur wenige scheinen das zu erkennen. Karl Marx schrieb: »Die Kommunisten verschmähen es, ihre Ansichten und Absichten zu verheimlichen.« Das gilt heute nicht mehr: Welcher Befürworter des Helikoptergeldes, des CBDC sagt denn offen, er sei Kommunist?

Der Zins lässt sich nicht abschaffen

Nun sollte man nicht denken, mit Helikoptergeld, mit CBDC ließen sich die grundlegenden Verteilungs- und Gerechtigkeitsprobleme lösen, die es in einer Welt der knappen Güter nun einmal gibt. In einem Helikoptergeld-Regime kann beispielsweise die Zuteilungsregel *nicht* lauten: *Jeder bekommt so viel Geld überwiesen, wie er zu haben wünscht.* Denn dann würde jeder so viel wie möglich neues Geld auf sein Konto buchen lassen. Das aber würde geradewegs in die Hyperinflation führen, in die kolossale Entwertung der Kaufkraft des Geldes. Das aber ist aus politischen Gründen von den Helikoptergeld-Befürwortern nicht gewollt ist. Wie immer auch die Zuteilungsregel lautet: Die Geldmengenausweitung muss *begrenzt* bleiben.

Unter dieser Bedingung wird es wohl immer einige geben, die *weniger* Geld auf ihren Konten haben, als sie eigentlich haben möchten; und es wird andere geben, die *mehr* Geld auf ihren Konten haben, als sie zur Finanzierung ihrer Ausgabenwünsche benötigen. Damit sowohl diejenigen, die weniger Geld haben, als sie auszugeben wünschen, als auch diejenigen, die mehr Geld haben, als sie brauchen, zum Ziel kommen, braucht es einen Markt, in dem Ersparnisse angeboten und nachgefragt werden können. Es bedarf also eines Finanzmarktes, vor allem eines Kreditmarktes.

Auf dem Kreditmarkt bildet sich durch Angebot von und Nachfrage nach Ersparnissen ein markträumender Zins heraus. Das Problem, dass sich damit einstellt, ist das folgende: Das Helikoptergeld wird aus dem Nichts geschaffen (wie das Fiat-Geld auch). Was passiert, wenn nun die Empfänger des neu geschaffenen Helikoptergeldes einen Teil davon sparen wollen? Die Ersparnis wird im Kreditmarkt angeboten (indem Schuldpapiere nachgefragt werden). Dadurch wird der Marktzins unter den »neutralen Zins« gedrückt – also unter den Zins, der sich einstellen würde, wenn das Kreditangebot nicht nur durch neues, »aus dem Nichts« geschaffenes Helikoptergeld vermehrt worden wäre. Es kommt also auch in einem Helikoptergeld-Regime zu gefürchteten Boom-und-Bust-Zyklen – wie man sie im heutigen Fiat-Geldsystem gewohnt ist. Was würde geschehen, wenn man Kreditmärkte, den Zins verbietet?

Es gäbe dann keine Möglichkeit mehr, das Angebot von und die Nachfrage nach Ersparnissen in Einklang zu bringen. Ohne einen Kreditmarkt lassen sich viele Investitionen nicht mehr durchführen, weil sich die dafür erforderlichen Ersparnisse nicht mobilisieren lassen. Und wenn es keinen Marktzins gibt, lässt sich auch nicht erkennen, welche der möglichen Investitionen am dringlichsten sind und welche zurückgestellt werden sollten; es lässt sich nicht kalkulieren, ob Investitionen lohnend sind oder nicht, ob sie sich durchführen lassen oder nicht. Ohne einen Kreditmarkt, ohne einen markträumenden Zins wird das Gemeinwesen stark geschädigt, es wird arm gehalten.

Ein Zinsverbot wäre nicht zuletzt zutiefst unmenschlich. Denn der Zins lässt sich aus dem menschlichen Dasein, aus dem menschlichen Handeln nicht wegdenken. Unter einem Zinsverbot wären die Menschen quasi gezwungen, die Erfüllung der Gegenwartsbedürfnisse *nicht höher* wertschätzen zu dürfen als die Erfüllung künftiger Bedürfnisse. Das aber ließe die menschliche Arbeitsteilung, die moderne Volkswirtschaft, zusammenbrechen. Niemand würde mehr sein Geld oder seine Güter an andere verleihen, wenn er dafür nicht mit einem positiven Zins entlohnt würde. Vielmehr würden Geld- und Güterüberschüsse gehortet, zurückgelegt für künftige Eigenbedürfnisse. Ein Zinsverbot ließe die Volkswirtschaft in eine primitive Subsistenzwirtschaft zurückfallen.

Kapitel 17
Die Lösung des Geldproblems:
ein freier Markt für Geld

»Money is different from all other commodities: other things being equal, more shoes, or more discoveries of oil or copper benefit society, since they help alleviate natural scarcity. But once a commodity is established as a money on the market, no more money at all is needed. Since the only use of money is for exchange and reckoning, more dollars or pounds or marks in circulation cannot confer a social benefit: they will simply dilute the exchange value of every existing dollar or pound or mark.«

Murray N. Rothbard

Das Wunder des freien Marktes

Es geschah letzte Woche: Ich brauchte dringend jemanden, der meine Gartenhecke schneidet. Das erzählte ich meinem Nachbarn, der gut vernetzt ist. Und so dauerte es keine Stunde, dass mein Handy läutete. Jemand sagte: »Ich schneide Hecke!« »Das ist ja wunderbar«, antwortete ich. Der Anrufer und ich wurden sogleich handelseinig. Der Heckenschneider war glücklich, weil er seine Schneidekunst gegen 50 Euro eintauschen konnte; und ich war glücklich, weil das Schneiden meiner Hecke mir wertvoller war als die 50 Euro, die ich dafür aufzuwenden hatte.

Das ist, liebe Leserin und lieber Leser, ein Beispiel, wie freie Märkte funktionieren, und es zeigt, wie alle, die daran teilnehmen, sich besserstellen. Wenn die freiwillige Nachfrage auf das freiwillige Angebot trifft, dann ist das im wahren Sinne des Wortes beglückend für alle!

Einige von Ihnen mögen es vielleicht für einseitig, vielleicht auch für einfältig halten, wenn ich sage: Es gibt nichts im Bereich des menschlichen Handelns, was nicht über das freie Angebot und die freie Nachfrage abgewickelt werden kann und sollte!

Ja aber was ist denn mit Bildung, mit Straßen, mit Recht und Sicherheit, was ist mit Schusswaffenbesitz, was ist mit Atombombenbau? Soll das alles etwa dem freien Markt überlassen werden?

Ich würde gern auch auf diese und andere Fragen eingehen (und meine Antwort wäre stets die gleiche: Ja![161]). Doch in diesem Kapitel ist der Auftrag enger gezogenen. Es soll über den freien Markt für Geld gehen.

Die Idee eines freien Marktes für Geld mag zunächst irritierend klingen. Ein freier Markt für Äpfel und Birnen, ja warum nicht. Auch für Bücher und Ferienreisen, für Häuser und Schiffe, für Kleidung, für Energie. Aber für Geld? Die Skepsis gegenüber der Idee eines freien Marktes für Geld kommt nicht überraschend.

Heutzutage ist man es gewohnt, dass der Staat, und zwar in Form der staatlichen Zentralbank, das Monopol des Geldes innehat; dass es nur eine Instanz gibt, eben die staatliche Zentralbank, die Geld produzieren und in Umlauf bringen darf. Doch dass das Geld heute überall staatlich monopolisiert ist, ist alles andere als »normal« und »natürlich«. Das Monopol des Staates über das Geld entspringt nicht etwa ökonomischer Vernunft. Nein, es hat allein machtpolitische Gründe: Die Hoheit über das Geld bedeutet Herrschaft, und die wird vom Staat beansprucht.

Auf die vielen Übelstände, für die das staatliche Geldmonopol sorgt, soll hier nicht näher eingegangen werden; das habe ich bereits vielfach an anderer Stelle, nicht zuletzt in verschiedenen Kapiteln dieses Buches, getan. Die Idee eines freien Marktes für Geld wurde in verschiedenen Beiträgen dieses Buches bereits angesprochen; dieses Kapitel widmet sich speziell diesem Thema. Herausheben will ich an dieser Stelle nur, dass das staatliche Geldmonopol schwere ökonomische und ethische Defekte hat, die Wirtschaft und Gesellschaft schädigen; dass es sich gewissermaßen als ein Totengräber der freien Gesellschaft erweist.

Theorie der Geldentstehung

Geld ist spontan im freien Markt entstanden. Das erklärte Carl Menger (1840–1921) im Jahre 1871 in seiner Theorie der Geldentstehung. Mengers Erklärung lautet in Kurzform: Menschen, wenn sie mit einer

Mindestintelligenz ausgestattet sind, erkennen, dass Arbeitsteilung vorteilhaft ist für alle daran Beteiligten. Arbeitsteilung macht das Tauschen der arbeitsteilig erzeugten Güter und Dienste notwendig. Die primitivste Form des Tausches ist der Naturaltausch. Doch der ist beschwerlich.

Es geht besser. Das Tauschen wird optimiert, wenn man ein indirektes Tauschmittel verwendet. Anfänglich stehen unterschiedliche indirekte Tauschmittel im Wettbewerb miteinander. Nach und nach wird dasjenige indirekte Tauschmittel, das die größte Marktgängigkeit erzielt hat, zum allgemein akzeptierten Tauschmittel, zum Geld, gewählt.

Ludwig von Mises legte im Jahr 1912 dar, dass Mengers Theorie der Geldentstehung sich handlungslogisch begründen lässt und daher richtig ist. Mit seinem *Regressionstheorem* zeigt Mises, dass Geld (1) spontan im freien Markt entstanden sein muss und dass (2) das Geld aus einer Ware, einem Sachgut, hervorgegangen sein muss.

Wir sehen: dass wir heute überall auf der Welt staatliche Geldmonopole vorfinden, ist daher etwas »Unnatürliches«. Die Staaten haben sich nämlich – in einem langen und verschlungenen Prozess – das Monopol über die Geldproduktion durch Ausübung von Zwang und Gewalt angeeignet. Allerdings sollte man aus der Tatsache, dass heute überall auf der Welt staatliche Geldmonopole vorzufinden sind, nicht schlussfolgern, dass nur der Staat Geld bereitstellen kann – das wäre ein logischer Fehler.[162]

Der Geldnachfrager macht's

Wenden wir uns der zentralen Frage zu: Wie entsteht Geld im freien Markt ganz praktisch gesehen?

Nun, ein freier Markt für Geld bedeutet zweierlei. Zum einen haben die Geldnachfrager die freie Wahl, was sie als Geld verwenden wollen – für ihre Transaktions-, Rechen- und Sparzwecke. Zum anderen hat jeder Marktakteur die Freiheit, sich darin zu versuchen, den Mitmenschen ein Gut anzubieten, das sie freiwillig als Geld nachfragen wollen.

Doch würde solch ein freier Markt für Geld nicht geradewegs in ein »Geld-Chaos« führen? Würden nicht hunderte, vielleicht sogar tausende inflationäre Geldarten umlaufen und auf diese Weise die Geldrechnung in der Volkswirtschaft unmöglich machen? Die Antwort auf diese Fragen ist ein klares Nein!

Denn die entscheidende Rolle spielt der Geldnachfrager. In einem freien Markt für Geld wird jeder, der Geld nachfragt, aus Eigeninteresse heraus ein Gut nachfragen, das die größtmögliche Marktfähigkeit besitzt. Jeder wird etwas als Geld nachfragen, das erwartungsgemäß von seinen Tauschpartnern als Geld anerkannt wird: Die Wahl desjenigen Gutes, das als Geld dient, erfolgt folglich mit Blick auf die Wünsche der Handelspartner. Ein Beispiel: Sie wollen Frühstücksbrötchen kaufen. Was bieten Sie dem Bäcker dafür an? Am besten etwas, mit dem der Bäcker beim Schuster Schuhe oder beim Schneider Hosen erwerben kann.

Und genau so ist es: In einem freien Markt für Geld fragen die Menschen ein Gut als Geld nach, das die breiteste Akzeptanz bei der größten Zahl der Menschen findet. Als »natürliche« Geldkandidaten empfehlen sich Edelmetalle, allen voran Gold und Silber, künftig vielleicht auch Krypto-Einheiten (Stichwort: Bitcoin und Co). Damit ein Gut als Geld verwendet werden kann, muss es bestimmte *physische Eigenschaften* aufweisen. Es muss zum Beispiel knapp sein, teilbar, haltbar, transportabel, prägbar, und es muss – ganz wichtig – einen relativ hohen Marktwert pro Gewichtseinheit aufweisen.

Nehmen wir einmal an, Gold wird als *Geld* gewählt. Es bildet sich dann ein *Recheneinheits-Standard* in Form einer Gewichtseinheit heraus. Das kann beispielsweise *Goldgramm* sein, die kleinste Einheit wäre 1/100 Goldgramm. Aktuell beträgt der Marktwert von 1 Goldgramm etwa 40 Euro; die kleinste Einheit, 1/100 Goldgramm, entspricht also 0,40 Euro. Die Güterpreise würden entsprechend in Goldgramm ausgewiesen. Und wenn Freihandel besteht, wenn also den Menschen das größtmögliche Ausschöpfen der internationalen Arbeitsteilung möglich ist, würde sich ein einheitliches internationales Geld herausbilden. Ein Geld, das von allen Menschen der Welt verwendet würde.

Was aber ist, wenn Frau *A* bunt bedruckte Papierzettel anbietet mit dem Hinweis, es handele sich hierbei um »gutes Geld«?

Die Antwort lautet: Niemand würde diese Papierzettel als Geld akzeptieren. Warum nicht? Ganz einfach: Man wüsste nicht, was diese bunten Zettel wert sind, was man für sie im Tausch bekommt. Deshalb würde sie auch niemand als Geld nachfragen.

Genau das hat Ludwig von Mises mit seinem bereits erwähnten Regressionstheorem gezeigt: Geld muss aus einem Gut entstehen, das, bevor es als Geld Verwendung finden kann, bereits einen nicht-monetären

Markt- und Tauschwert gehabt hat. Für bunt und beliebig bedruckte Papierzettel ist das aber nicht gegeben. Sie würden sich gegenüber anderen Gütern wie Gold und Silber daher nicht durchsetzen können.[163]

Doch zurück zur Geldnachfrage. Wie schon gesagt, die Menschen werden in einem freien Markt für Geld das Gut nachfragen, das die Eigenschaften besitzt, die »gutes Geld« haben muss. Ein solches Gut muss zum Beispiel knapp sein, es muss homogen, teilbar, lagerfähig, haltbar, transportabel und übertragbar sein. Es verwundert also nicht, dass in der Währungsgeschichte, wann immer es den Menschen freistand, Gold und Silber als Geld gewählt wurden. Dazu kommen die Erfahrungen, die die Menschen mit dem Tauschwert des jeweiligen Geldes gemacht haben, was ebenfalls schon Carl Menger deutlich machte: »Die Schwankungen im Weltpreise der Edelmetalle scheinen mir gegenwärtig immer noch geringere Gefahren in sich zu schließen als die Regelung des inneren Tauschwertes des Geldes durch Regierungen oder soziale und politische Parteien.«[164]

Es ist wahrscheinlich, dass auch heute, wenn ein freier Markt für Geld eröffnet würde, die Wahl auf Edelmetalle fallen würde – allen voran Gold und Silber. Es könnten sich aber vielleicht künftig auch Krypto-Einheiten als Geld durchsetzen (denn auch sie können vereinbar sein mit dem Regressionstheorem).

Welche Wahl die Menschen in einem freien Markt für Geld letztlich treffen, ist nicht vorhersehbar. Ein echter Währungswettbewerb ist eben ein Entdeckungsverfahren, dessen Ergebnis man vorab nicht mit Gewissheit kennen kann. Nur so viel ist gewiss: Es wird »gutes« Geld sein, weil es im freien Markt gewählt wird. Es wird ein Geld sein, das ökonomisch und ethisch höchsten Ansprüchen genügt, und damit wird es besser sein als alles, was der Staat als Geld bereitstellen kann.

Banken im freien Markt für Geld

Nach der Erklärung, wie sich in einem freien Markt für Geld das Grundgeld herausbildet, gehen wir nun einen Schritt weiter: Es ist damit zu rechnen, dass in einem freien Markt für Geld Intermediäre (Mittelsmänner, im herkömmlichen Sinne so etwas wie Banken) auf den Plan treten. Selbst im (recht) freien Markt für die Kryptoeinheit Bitcoin gibt es eine Nachfrage nach Intermediärsdiensten. So halten viele ihre Bitcoins nicht etwa in der eigenen Wallet, sondern bei Bitcoin-Handelsplattformen, die Lagerungs-, Handels- und Sicherungsdienstleistungen anbieten.

In einem freien Markt für Geld werden sich sehr wahrscheinlich zwei Typen von Intermediären herausbilden, die allerdings rechtlich getrennt voneinander operieren: Depositenbanken und Kreditbanken.

Depositenbanken bieten Lager-, Sicherheits- und Zahlungsdienste an. Sie stellen Lagerkapazitäten beispielsweise für physisches Gold und Silber bereit, schützen das eingelagerte Edelmetall vor Diebstahl, und sie wickeln auch bargeldlose Zahlungen ab (»Settlement-Dienste«). Depositenbanken konkurrieren miteinander um die besten Lager- und Zahldienste zu den günstigsten Konditionen. Dafür stellen sie ihren Kunden eine Gebühr in Rechnung.

Kreditbanken vergeben Darlehen an Kreditsuchende. Das Geld, das sie verleihen, beschaffen sie sich durch Ausgabe von Aktien oder Schuldpapieren am Kapitalmarkt.

Ein freier Markt für Geld in der Praxis

Betrachten wir, wie ein freier Markt für Geld funktioniert. Nehmen wir an, dass Gold als Grundgeld ausgewählt worden ist. Herr Meier hat 100 Gramm Feingold. Er möchte die Dienste eines Goldlagerhauses (also einer Depositenbank) in Anspruch nehmen. Für die Einlagerung von 100 Gramm Feingold erhält er einen Lagerhaltungsschein. Gegen Vorlage dieses Scheins händigt die Depositenbank, also das Lagerhaus, ihm jederzeit 100 Gramm Feingold aus. Der Lagerhaltungsschein ist ein Geldsubstitut – genauer: Weil er zu 100 Prozent mit dem Grundgeld gedeckt ist, ist er ein Geldzertifikat. Im Tagesgeschäft wird er als Geld akzeptiert.

An dieser Stelle sei angemerkt, dass in einem freien Markt der Währungswettbewerb zwei Ebenen aufweist. Auf der ersten Ebene wird das Grundgeld gewählt – das vermutlich dauerhaft Verwendung finden wird.

Auf der zweiten Ebene spielt sich der fortwährende Wettbewerb ab zwischen den Depositenbanken und den von ihnen ausgegebenen Geldsubstituten. Wenn alle Depositenbanken ihre Geschäfte regelkonform betreiben, werden die Geldsubstitute, die von ihnen ausgegeben werden, den gleichen Marktpreis haben. Das heißt, die Banknote, ausgegeben von

Bank A, hat den gleichen Marktpreis wie die Banknote, die von Bank B ausgegeben wurde.

Unterliegt jedoch eine Depositenbank dem Verdacht, ihre Kunden zu prellen, wird der Marktwert der von ihr ausgegebenen Geldsubstitute (in Form von Banknoten oder Giroguthaben) gegenüber den Geldsubstituten der Konkurrenz absinken. Hervorzuheben ist an dieser Stelle, dass die Depositenbank das Gold des Kunden nicht in ihrer Bilanz ausweist, sondern es nur in ihrer Lagerhaltungsstatistik vermerkt. Sie hat keine Befugnis, das eingelagerte Gold zu verleihen, zu beleihen oder in einer anderen Weise zu verwenden.

Die Verwendung von Gold und Silber als Geld lässt sich natürlich auch »digitalisieren«. Kein Konsument, kein Unternehmer muss klingende Münzen in der Tasche herumtragen, und niemand muss schwere Barren von Ort A nach Ort B transportieren.

Mit Edelmetallen wären alle Arten von Zahlungen, die heute gang und gäbe sind, einfach und problemlos durchführbar. Wird Bargeld gewünscht, laufen Edelmetallmünzen um, oder es werden Scheine (Geldzertifikate) verwendet, die zu 100 Prozent in physisches Gold bei der Lagerstätte, die die Scheine herausgegeben hat, umgetauscht werden können.

Ein bargeldloser Zahlungsverkehr ist ebenfalls in der gewohnten Art und Weise möglich: Depositenbanken sorgen für Überweisung, Lastschrift, Verrechnungsscheck, Zahlungen per Kredit- und Debitkarte, Mobile-Payment, Wechsel etc. Auch alle Arten von Bankgeschäften – M&A, Hedging, Derivates etc. – lassen sich in einem freien Markt für Geld problemlos durchführen.

Ein Zahlungssystem, in dem Gold als Grundgeld dient, kann mit herkömmlichen Zahlungsverkehrstechnologien problemlos betrieben werden. Und dort, wo Vertrauen in die Gegenpartei das kritische Element ist, kann man zum Beispiel auf eine Blockchain-basierte Tokenisierung zurückgreifen.

Ein freier Markt für Geld ist ein denkbar einfaches und leicht praktikables System, und für seinen reibungslosen Ablauf braucht es im Grunde nur ein funktionierendes Rechtssystem, das sicherstellt, dass Verträge erfüllt und Vertragsverstöße sanktioniert werden. Eine Zentralbank und Finanzaufsichtsbehörden braucht es hingegen nicht. Sie könnten abgeschafft werden.

In einem freien Markt für Geld kann der Kreditmarkt seine ihm zugedachte Funktion ungestört ausüben: Durch das Angebot von und die

Nachfrage nach Ersparnissen bildet sich ein gleichgewichtiger Marktzins heraus, der sicherstellt, dass stets genügend Ersparnisse vorhanden sind, um die geplanten Investitionen durchführen zu können. Die chronischen Störungen im Wirtschaftsablauf (Boom und Bust), für die die Ausgabe von Fiat-Geld sorgt, finden daher ihr Ende. Weil das Bankgeschäft nicht mehr inflationär ist, enden auch die leidvollen nicht-marktkonformen (also: unsozialen) Umverteilungswirkungen, für die das Fiat-Geld sorgt. Und nicht zuletzt wird dem Expansionsdrang des Staates, der in ganz entscheidendem Maße an der Vermehrung der Geldmenge hängt, und der die Volkswirtschaften zusehends in ein interventionistisch-sozialistisches System verformt und den Menschen die Unfreiheit bringt, der Boden entzogen.

Ein privates Weltwährungsprojekt: Libra

Wie relevant die voranstehenden geldtheoretischen Überlegungen sind, zeigt das »Libra-Projekt«: Der amerikanische IT-Gigant Facebook will ein eigenes Geld anbieten – die *Libra*. Sie soll einen Währungskorb etablierter Fiat-Gelder wie US-Dollar, Euro und japanischer Yen repräsentieren. Die Libra wäre damit ein *Geldsubstitut* für Fiat-Währungen.

Es mag zwar durchaus Vorteile für die Libra-Nutzer geben, zum Beispiel einfache Handhabung, niedrige Transaktionskosten etc. Doch die Qualität der Libra, ihre Kaufkraft, wird in letzter Konsequenz von den Fiat-Währungen bestimmt. Werden die Fiat-Währungen entwertet, schwindet auch die Kaufkraft der Libra.

Die Libra würde allerdings dann ein attraktives Geldsubstitut werden, wenn sie einen Anspruch auf physisches Gold oder eine Cybereinheit wie zum Beispiel Bitcoin verkörpert. Die Libra könnte auf diese Weise sogar schlagartig zu einem weltumspannenden Geld für Milliarden von Menschen aufsteigen.

Es kommt auf die Ideen an

Im Grunde ist die Sache denkbar einfach: Ein freier Markt für Geld entsteht, wenn die Menschen die Freiheit haben, das Geld nachzufragen, das sie für ihre Zwecke einzusetzen wünschen, und wenn Menschen die

Freiheit haben, Güter anzubieten, von denen sie meinen, dass andere sie als Geld nachzufragen wünschen. Doch genau das versucht der Staat zu verhindern. Mit Zahlkraftgesetzen und Steuergesetzen verunmöglicht er, dass andere Geldarten seinem Fiat-Geld Konkurrenz machen können. Ein freier Markt für Geld wird daher letztlich nur möglich, wenn sich die *besseren Ideen* durchsetzen.

Die erste Hürde, die zu überwinden ist, ist das *Erkenntnis- und Aufklärungsproblem.* Das Wissen um die schädlichen Folgen des Fiat-Geldes ist bei vielen Betroffenen in der Regel nicht allzu ausgeprägt. Ein Grund ist, dass die moderne Volkswirtschaftslehre kaum oder gar nicht die ökonomischen und ethischen Folgen des Fiat-Geldes problematisiert. Vielmehr empfehlen Hauptstrom-Ökonomen unverdrossen, den US-Dollar, Euro und Co. zu retten mit Niedrigzinspolitik, Geldmengenvermehrung, neuen Gesetzen, Staatsgarantien etc., obwohl das alles nur an den Symptomen der Missstände herumkuriert, die Ursachen aber nicht antastet.

Die Deutlichkeit, mit der Friedrich August von Hayek (1899–1992) spricht, ist die Ausnahme: »Die Geschichte staatlichen Umgangs mit Geld ist, mit Ausnahme einiger kurzer glücklicher Perioden, eine Geschichte von unablässigem Lug und Trug. In dieser Hinsicht haben sich Regierungen als weit unmoralischer erwiesen, als es je eine privatrechtliche Körperschaft hätte sein können, die im Wettbewerb mit anderen eigene Arten von Geld auf den Markt bringt.«[165] Man muss sich in der Tat fragen, ob die vielen Ökonomen tatsächlich nicht um die Fiat-Geld-Problematik wissen oder ob sie sie sehr wohl kennen, sich aber scheuen, Ross und Reiter zu nennen, um bei der Politik und machtvollen Interessegruppen nicht in Ungnade zu geraten und ihre Karriere zu gefährden.

Doch im Zeitalter des Internets, der *Social Media*, bestehen mittlerweile sehr gute Chancen, das Erkenntnis- und Aufklärungsproblem zu lösen. Es ist möglich geworden, viele Menschen in vielen Ländern aufzuklären über die Defekte des Fiat-Geldes und ihnen die Alternative vorzustellen: Das Fiat-Geld durch besseres Geld, durch Geld, das in einem freien Markt geschaffen wird, zu ersetzen.

Die zweite Hürde, die genommen werden muss, ist das *Eigennutzproblem.* Viele Menschen klammern sich an den Status quo – weil sie sich vom Fiat-Geldsystem als begünstigt ansehen oder weil sie durch eine Geldreform große persönliche Verluste zu befürchten haben oder weil sie schlichtweg die Vorteile, die ein Wechsel zum freien Marktgeld bringen würde, nicht abschätzen können. Um eine Geldreform in Gang zu setzen, bedarf es daher mehr als nur geldtheoretischer Einsichten. Sie wird vermutlich verbunden sein müssen mit einer *Reform des Staates* (wie wir ihn heute kennen).

Die Idee der »kleinen politischen Einheiten«

Entscheidend dafür ist die Abkehr von der Ideologie des großen Staates, der großen Einheiten. Wenn die Menschen beginnen zu erkennen, dass Großstaatsgebilde nicht der Weisheit letzter Schluss sind, sondern dass es vielmehr viele ökonomische und politische Vorteile hat, aus großen Einheiten viele relativ kleine politische Einheiten zu formen, die im produktiven Wettbewerb miteinander stehen, *dann* ist auch die Stunde der Geldreform gekommen.

Kleine politische Einheiten müssen friedvoll und kooperativ sein: Nur mit guten Lebensbedingungen und geringen Steuern werden sie in der Lage sein, talentierte Menschen zu halten und anzuziehen, und nur so werden Unternehmen bleiben und sich neu ansiedeln. Zu den Faktoren, die Vorteile im Standortwettbewerb versprechen, zählt natürlich auch das Geld. Im internationalen Standortwettbewerb ist es für ein Land durchaus sinnvoll, in seinem Territorium alternative Zahlungsmittel zuzulassen, nicht nur für heimische Marktakteure, sondern auch für Marktakteure aus anderen Weltregionen.

Im Grunde ist nur ein erfolgreiches *Referenzprojekt* erforderlich, eine Geldart mit einem funktionierenden, praktikablen Zahlungsabwicklungssystem, das sich als verlässlicher, schneller und billiger erweist als das staatliche Fiat-Geldsystem. Dann werden neue und immer mehr Nachfrager auf den Plan gerufen. Unternehmen und Konsumenten in anderen Regionen werden ebenfalls in den Genuss der Vorteile, die das bessere Geld bringt, kommen wollen. Und unter den Bedingungen des Standortwettbewerbs sind die Chancen groß, dass das bessere Geld sich letztlich durchsetzt.

Der Markt bringt bereits derartige Angebote hervor. Stichworte sind hier die Blockchain, Cybereinheiten wie Bitcoin und edelmetallgedeckte Spar- und Zahlungssysteme. Gerade die neuen Technologien können sich als Katalysator erweisen. So hat die Britische Münze, The Royal Mint, ein Blockchain-basiertes Angebot entwickelt, physisches Gold handelbar zu machen. In die gleiche Richtung zielt das Angebot der Australischen Münze, The Perth Mint. Sie bietet Kunden eine digitalisierte Goldhaltung beziehungsweise digitalisierte Übertragungsmöglichkeit für Gold an.

Zudem haben einige US-Bundesstaaten (wie zum Beispiel Arizona, Utah, Wyoming, Texas etc.) in den letzten Jahren per Gesetz die Kapitalertrags- und Umsatzsteuer auf Gold und Silber abgeschafft. Damit haben sie die Edelmetalle de facto dem US-Dollar steuerlich gleichgestellt. Mittlerweile gibt es sogar eine Gesetzesinitiative, die die Abschaffung der Besteuerung von Gold und Silber auf US-Bundesebene durchzusetzen versucht.

Und haben die Menschen erst einmal die Vorteilhaftigkeit eines freien Marktes für Geld erkannt – was besonders einfach ist, wenn sie gute Erfahrungen mit einem Referenzprojekt sammeln konnten –, ist der Geist aus der Flasche. Dann will bald jeder das bessere Geld haben. Anfänglich würde es vermutlich für Kleinzahlungen und Wertaufbewahrungszwecke, nachfolgend dann auch und immer mehr für den breiten Geschäftsverkehr eingesetzt. Nach und nach würde sich ein Kredit- und Kapitalmarkt in der neuen Währung herausbilden. Dem Fiat-Geld, wenn es aus Sicht der Geldnachfrager nicht so gut ist wie andere Geldarten, liefen die Nachfrager davon und hin zu dem Geld, das der freie Markt hervorbringt.

Zahlkraftgesetze und Steuern

Was bedeuten Zahlkraftgesetze (»Legal Tender Laws«)? Beispielsweise ist im Euroraum der Euro das *gesetzliche Zahlungsmittel*, mit dem man seine Geldschulden schuldbefreiend bezahlen kann. Genauer: Euro-Banknoten sind das einzige *unbeschränkte* gesetzliche Zahlungsmittel, Euro-Münzen hingegen sind *beschränkte* Zahlungsmittel, da nur Beträge im Wert bis 200 Euro in Münzen[166] beziehungsweise 50 Münzen insgesamt angenommen werden müssen.

Die Bedeutung der Zahlkraftgesetze erschließt sich durch einen kurzen Blick in die Währungsgeschichte. In der Zeit des *Bimetallismus* wurden Gold und Silber nebeneinander als Geld verwendet. Der Staat hat daraufhin diese beiden Edelmetalle gesetzlich, eben per Zahlkraftgesetz, als Geld erklärt. Er hat zudem die Schwankungen zwischen dem Gold- und Silberpreis durch Vorgabe eines festen Wechselkurses ausgeschaltet, beispielsweise, dass 16 Feinunzen Silber 1 Feinunze Gold entsprachen. Nachfolgend hat sich im Markt jedoch die Gold-Silberpreisrelation verändert, sagen wir auf 15 : 1. Das Silber ist folglich zum offiziellen Wechselkurs unterbewertet, das Gold überbewertet.

Was passiert nun mit ausstehenden Kreditverträgen? Der Schuldner wird seine Schulden in dem vom Staat überbewerteten Gold begleichen wollen. Ihm gereicht das zum Vorteil, der Gläubiger hat das Nachsehen. Nach und nach durchschauen die Menschen das Spiel, und das (vom Staat unterbewertete) Silber verschwindet aus dem Zahlungsverkehr und wird gehortet. Nur noch das (vom Staat überbewertete) Gold läuft als Geld um. Das ist ein Beispiel für die Wirkung des Greshamschen Gesetzes: *Das Geld, das vom Staat überbewertet ist, treibt das Geld, das vom Staat unterbewertet wird, aus dem Markt.*

Indem der Staat per Zahlkraftgesetz bestimmt, was Geld ist, kann er natürlich auch sein eigenes Geld überbewerten gegenüber anderen Geldarten und diese aus dem Markt heraushalten. Heutzutage, wo es keine Einlösbarkeit des Geldes und keine Parallelstandards gibt, sind die Zahlkraftgesetze zwar weniger bedeutsam. Sie bleiben aber dennoch problematisch. Schließlich privilegieren sie das staatliche Geld, indem sie ihm den Status des schuldbefreienden Zahlungsmittels zusprechen und so eine künstliche Nachfrage nach dem staatlichen Geld erzeugen, die ohne Zahlkraftgesetz nicht auftreten würde.

In einigen US-amerikanischen Bundesstaaten wurde, wie erwähnt, in den letzten Jahren die steuerliche Benachteiligung der Edelmetalle gegenüber dem US-Dollar beendet, indem die Umsatz- und die Kapitalertragssteuer auf Edelmetalle aufgehoben wurde. Das ist ein wichtiger Schritt, um die Verwendung von Edelmetallen als Zahlungsmittel und Wertaufbewahrungsmittel zu ermutigen. Wird eine Umsatzsteuer auf Edelmetallen erhoben, steigen die Kosten für alle, die mit ihren US-Dollar Edelmetalle erwerben wollen.[167] Der Erwerb von Edelmetallen als Wertaufbewahrungsmittel wird entmutigt. Auch die Besteuerung von Kapitalgewinnen ist ein Problem. Nehmen wir an, Herr *A* kauft *heute* eine Goldmünze für 1.200 US-Dollar. In den kommenden Jahren steigt die Inflation stark an, sodass sich nach fünf Jahren alle Preise verdoppelt haben, einschließlich des Preises der Goldmünze.

Kapitalertragssteuer auf Gold bei konstanten und steigenden Güterpreisen

	[1]	[2]	[3]
	Nominal	Preisniveau	Real
Kaufpreis in US-Dollar	1.200	1	1.200
Verkaufspreis in US-Dollar	2.400	2	1.200
Gewinn in US-Dollar	1.200	2	0
Steuersatz in Prozent	28	…	28
Steuer in US-Dollar	336	2	168
Gewinn nach Steuer in US-Dollar	864	2	–168
Quelle: eigene Berechnungen.			

Herr *A* kann die Goldmünze für 2400 US-Dollar verkaufen. Wird eine Kapitalertragssteuer auf Edelmetalle erhoben, muss er einen Gewinn von 1200 US-Dollar (Verkaufspreis von 2400 US-Dollar minus Einkaufspreis von 1200 US-Dollar) versteuern. Bei einem Steuersatz von, sagen wir, 28 Prozent beläuft sich die Steuerlast auf 336 US-Dollar. Der Verkaufsgewinn von Herrn *A* schrumpft damit auf 864 US-Dollar. Das ist aber nur nominal betrachtet ein Gewinn, nicht aber, wenn man die Inflation berücksichtigt!

Weil die Inflation alle Preise verdoppelt hat, stellt der Anstieg des Verkaufspreises der Goldmünze auf 2400 US-Dollar *keinen echten* Gewinn- beziehungsweise Kaufkraftzuwachs, sondern nur einen *inflationären Scheingewinn* dar. In realer Rechnung ist Herr *A* nicht reicher geworden. Aber er muss Kapitalertragssteuer zahlen auf den inflationären Scheingewinn von 1200 US-Dollar. Die Besteuerung des inflationären Scheingewinns führt dazu, dass der Goldverkäufer einen *realen Verlust* von 168 US-Dollar erleidet! Unter solchen steuerlichen Bedingungen kann Gold nicht als Inflationsschutz dienen – und das reduziert die Nachfrage nach Gold. Aber diese steuerliche Diskriminierung ist ja nun in einigen US-Bundesstaaten abgeschafft worden – und wird wohl noch in einigen anderen Bundesstaaten abgeschafft werden.

Das Selbstbestimmungsrecht macht's

Dass der Übergang von einem staatlichen Fiat-Geldsystem auf ein freies Marktgeld mit erheblichen Umstellungskosten verbunden sein würde, braucht an dieser Stelle nicht hervorgehoben zu werden. Allerdings besteht gleichzeitig Hoffnung, dass in einem freien Markt für Geld – als Folge einer Auflösung großer Staatsgebilde in kleine politische Einheiten – die Kosten des Geldwechsels so gering wie nur irgend möglich gehalten werden könnten. Denn es würden sich Möglichkeiten für Anleger ergeben, das Fiat-Geld, das ihnen das Großstaatsgebilde vorschreibt, in andere Geldarten umzutauschen und damit der Entwertung des Zentralstaats-Fiat-Geldes zumindest teilweise zu entkommen.

Neben die bisher vorgebrachten sachbezogenen, abstrakten Argumente tritt das *unveräußerliche Selbstbestimmungsrecht*, das jedem Menschen qua Menschsein zusteht. Ludwig von Mises schreibt dazu: »Das Selbstbestimmungsrecht in bezug auf die Frage der Zugehörigkeit zum Staate bedeutet also: wenn die Bewohner eines Gebietes, sei es eines einzelnen Dorfes, eines Landstriches oder einer Reihe von zusammenhängenden Landstrichen, durch unbeeinflußt vorgenommene Abstimmungen zu erkennen gegeben haben, daß sie nicht in dem Verband jenes Staates zu bleiben wünschen, dem sie augenblicklich angehören, sondern einen selbständigen Staat bilden wollen oder einem anderen Staate zuzugehören wünschen, so ist diesem Wunsche Rechnung zu tragen. Nur dies allein kann Bürgerkriege, Revolutionen und Kriege zwischen den Staaten wirksam verhindern.«[168]

Das Selbstbestimmungsrecht erstreckt sich auch auf die freie, ungehinderte Wahl des Geldes: Kein Mensch hat das Recht, einem anderen Menschen vorzuschreiben, welches Geld er zu verwenden hat; niemand hat das Recht, das Angebotsmonopol für das Geld für sich zu erzwingen. Ein freier Markt für Geld ist das natürliche Arrangement, die natürliche Ordnung, damit ein jeder sein Leben eigenverantwortlich und bestmöglich, in friedvoller und produktiver Weise in der Gemeinschaft leben kann. Welche technischen Vorschläge bereits gemacht wurden, um das bestehende Fiat-Geldsystem zu reformieren, es in einen freien Markt für Geld zu überführen, wird im folgenden Kapitel 18 näher erläutert und diskutiert.

Kapitel 18

Dem Staatsgeldmonopol entkommen:

Vorschläge zur Geldreform

»Papiergeld ist niemals durch freiwillige Kooperation zustandegekommen. In allen bekannten Fällen wurde es durch Zwang und Nötigung eingeführt, manchmal unter Androhung der Todesstrafe.«
Jörg Guido Hülsmann

Geldreformvorschläge

Wer sich mit dem Fiat-Geld und seinen wirtschaftlichen und politischen Folgen beschäftigt, der stellt sich irgendwann unweigerlich die Frage: *Wie lange kann das noch so weitergehen? Über kurz oder lang bricht das Fiat-Geldsystem zusammen!*, ist man geneigt anzunehmen – und vielfach ist diese Auffassung auch zu hören und zu lesen. Doch selbst für so manchen Kenner der Österreichischen Schule der Nationalökonomie mag es überraschend sein, dass Murray N. Rothbard (1926–1995) an der Zwangsläufigkeit, dass das Fiat-Geld zusammenbricht, Zweifel anmeldet: »[I]f fiat money could not continue indefinitely, I would not have to come here to plead for its abolition.«[169]

Wenn Rothbard also nicht annehmen würde, dass das Fiat-Geld unbegrenzt weitergeführt werden könnte, müsste er nicht für dessen Abschaffung plädieren. Er setzt sich also *aktiv* für die Abschaffung des Fiat-Geldes ein, weil er die Möglichkeit sieht, dass es dauerhaft Bestand haben könnte, wenn es nicht absichtsvoll beendet wird. Aus seiner Sicht schafft sich das Fiat-Geldsystem nicht von selbst ab, verschwindet nicht einfach durch eine Krise aus dieser Welt.

Folgt man Rothbards Einschätzung, so ist es geboten, sich eingehend mit Geldreformvorschlägen auseinanderzusetzen. Das soll in diesem Kapitel geschehen. Im Folgenden wird ein Überblick über die Reformvorschläge gegeben, die Vertreter der Österreichischen Schule der Nationalökonomie gemacht haben, um das Fiat-Geldsystem zu beenden und zurück zum *guten Geld* zu gelangen. Diese Vorschläge werden hinsichtlich ihrer theoretischen Fundierung, ihrer Umsetzbarkeit in die Praxis (und dies vor allem mit Blick auf ihre *Umstellungskosten*) kritisch betrachtet und bewertet.

Die Macht der Ideen

Am Anfang unserer Überlegungen steht die Erkenntnis über die *Notwendigkeit einer Geldreform.* Denn das ungedeckte Geld, das Fiat-Geld, hat schwerwiegende ökonomische und ethische Defekte. Nachstehend seien einige kurz genannt:

(a) Fiat-Geld ist inflationär. Es verliert seine Kaufkraft im Zeitablauf. Das sorgt für eine wirtschaftlich und moralisch nicht vertretbare Zwangsumverteilung, bei der einige auf Kosten anderer begünstigt werden.

(b) Fiat Geld sorgt für Boom und Bust: Die Ausgabe von Fiat-Geld (durch Bankkreditvergabe) sorgt anfänglich für einen künstlichen Aufschwung (»Boom«), auf den unweigerlich der Abschwung (»Bust«) folgen muss. Boom und Bust sorgen für eine Verarmung der Volkswirtschaft, und zwar in dem Sinne, dass knappe Ressourcen in Verwendungen gelenkt werden, die nicht der Erfüllung der dringlichsten Bedürfnisse dienen.

(c) In einem Fiat-Geldsystem steigt die Verschuldung der Volkswirtschaft immer weiter an. Es stellt sich so etwas wie eine »Schuldknechtschaft« ein, die die Volkswirtschaft letztlich in eine Überschuldungssituation führt.

(d) Das Fiat-Geldsystem ist ein Wachstumselixier für den Staat. Es verschafft ihm Zugang zu Ressourcen, die ihm die Wahlbürger bei offener Darlegung der Dinge wohl kaum zubilligen würden. Der Staat schüttet das finanzielle Füllhorn über den Menschen aus und erkauft sich so seine Gefolgschaft. Nicht nur wirtschaftlicher Niedergang, sondern auch kultureller und moralischer Verfall sind die Folgen.

Die Erkenntnis dieser ökonomischen und ethischen Defekte und das Verständnis dafür, dass es bessere und gangbare Alternativen gibt, sind notwendige Bedingungen dafür, dass eine Geldreform überhaupt in Gang gesetzt werden kann. So gesehen spielen auch hier die *besseren Ideen* eine entscheidende Rolle. Denn in letzter Konsequenz sind es Ideen, die das menschliche Handeln leiten: Hängen die Menschen beispielsweise antikapitalistischen Ideen an, wird es Interventionismus und schließlich Sozialismus geben. Doch begeistert die Menschen die Idee, das staatliche Monopolgeld durch ein Geld zu ersetzen, das im freien Markt produziert wird, wird das Staatsgeldmonopol fallen. Wie könnte eine *Geldreform* aussehen?

Anforderungen, die eine Geldreform erfüllen muss

Welchen Anforderungen muss eine *wahrhaft liberale Geldreform* genügen? Der Ökonom Jörg Guido Hülsmann (*1966) hat zu dieser Frage eine Antwort formuliert.[170] Ihm zufolge muss eine Geldreform (1) auf einer soliden Theorie aufbauen. Sie muss (2) zudem sicherstellen, dass die Geldproduktion im Einklang steht mit dem unbedingten Respekt des Privateigentums; dass (3) die Reform selber das Privateigentum respektiert; dass (4) aufgelaufene Eigentumsverletzungen rückgängig gemacht werden; und dass (5) eine Geldreform sofort und wenn nötig im Alleingang durchzuführen ist.

Daraus folgt: (1) Die Österreichische Schule der Nationalökonomie (in ihrer misesianischen, also praxeologischen Ausprägung) kann als theoretisches Fundament einer Geldreform dienen. (2) Das Geldproduktionsmonopol der Staaten muss abgeschafft werden. (3) Die Geldreform darf nicht zu einer steuerfinanzierten Begünstigung derjenigen führen, die mit ihr beauftragt werden. (4) Entschädigungen für erlittene Eigentumsverletzungen sind von den Begünstigten an die Geschädigten zu leisten. Und (5) es lässt sich kein Grund finden, die Geldreform aufzuschieben beziehungsweise sie lässt sich auch im Alleingang vollziehen.

Ludwig von Mises: *(Wieder-) Verankerung des Geldes im Gold*

Anfang der 1950er-Jahre wurde das internationale Geldwesen durch das System von Bretton Woods repräsentiert. Der US-Dollar ist die

Weltreservewährung. 35 US-Dollar entsprachen einer Feinunze Gold. Alle übrigen Währungen sind mit einem festen Wechselkurs gegenüber dem Greenback fixiert. Zudem waren alle Währungen untereinander konvertibel. Ludwig von Mises erkannte hellsichtig, dass die Vereinigten Staaten das System untergruben: Die amerikanische Zentralbank gab US-Dollar per Kreditvergabe aus, die nicht mit Gold gedeckt waren.

Die Probleme, zu denen die Ausgabe von ungedeckten US-Dollar führte, lagen auf der Hand: Inflation, Verschuldung, Ausufern des Staates. Mieses legte einen Reformvorschlag vor, der sich wie folgt zusammenfassen lässt:

1. Die Ausgabe von ungedeckten – also nicht mit Gold gedeckten – US-Dollar ist zu beenden. Jeder zusätzlich emittierte US-Dollar muss fortan zu 100 Prozent mit Gold gedeckt sein.
2. Der Goldmarkt wird liberalisiert: Der Goldpreis, der in US-Dollar fixiert war, sollte freigegeben werden, sich frei durch Angebot und Nachfrage bilden können.
3. Nachdem der Goldpreis einen Preis im freien Markt gebildet hat, sei eben dieser Marktpreis des Goldes (in US-Dollar gerechnet) zur offiziellen Parität zu erklären. Zu diesem Kurs ist der US-Dollar bei der US-Zentralbank nun eintauschbar in Gold.
4. Es wird eine »Umtausch-Agentur« (Conversion Agency) eingerichtet. Sie *kauft* Gold zur neuen offiziellen Parität an und gibt dafür 1-Dollar-Noten, 50-Dollar-Noten und größere Nominierungen aus.
5. Das US-Schatzamt soll 5-, 10- und 20-Dollar-Noten einziehen und dafür Goldmünzen ausgeben.

Mises verfolgt mit seiner Geldreform zwei Ziele: Mit der (Wieder-)Verankerung des US-Dollars zu 100 Prozent im Gold würden zum einen die schädlichen Folgen des Fiat-US-Dollars ausgeschaltet.

Zum anderen will Mises sicherstellen, dass physisches Goldgeld sich im Umlauf befindet. Er will Gold als das allseits genutzte Zahlungsmittel etablieren. Durch die Erfahrung mit dem Umfang von Goldmünzen, so meint er, werden die Menschen gegen die Verlockungen des ungedeckten Papiergeldes quasi immunisiert, und inflationären Machenschaften werde der Wind aus den Segeln genommen.

Mises warb für die Wiederverankerung des US-Dollar im Gold, weil das US-Münzgesetz den US-Dollar als Ausdruck für eine bestimmte Feingoldmenge definiert hatte. Zudem sah Mises im Gold mehr oder weniger *perfektes Geld*.

Der zentrale Aspekt in Mises' Reformvorschlag ist die *Festlegung der Parität*, zu der der US-Dollar in Gold bei der Zentralbank eintauschbar ist. Auf welche Höhe würde sie sich einpendeln? Welche Folgen auf die Güterpreise hätte eine derartige »Neufindung« für den Goldpreis? Diese wichtigen Fragen sollen im Zusammenhang mit dem Geldreformvorschlag von Mises' Schüler Murray N. Rothbard (1926–1995) beantwortet werden.

Murray N. Rothbard: *Reformvorschlag*

In seinem Buch *The Mystery of Banking* (1983) schlägt Rothbard – in enger Anlehnung an Mises' Überlegungen – eine Wiederverankerung des US-Dollar an das Gold vor. Er empfiehlt ebenfalls eine 100-Prozent-Deckung der US-Geldmenge mit den Goldbeständen der US-Zentralbank. Dazu sei die ausstehende US-Dollar-Geldmenge durch das offizielle Zentralbankgold zu teilen. In konkreten Zahlen: Ende 1981 betrug die Geldmenge M1 444,8 Milliarden US-Dollar. Die offiziellen Goldreserven der US-Notenbank beliefen sich auf geschätzte 261,5 Millionen Feinunzen. Folglich ergab sich ein Goldpreis von 1.696 USD/oz. Zu diesem Zeitpunkt betrug der Marktpreis des Goldes 398 USD/oz. Es wäre also zu einem Goldpreisanstieg um 326 Prozent gekommen. Man kann annehmen, dass dieser Anstieg des Goldpreises auch die Güterpreise erfasst hätte. Warum?

Gold wäre fortan Geld gewesen. Die bisherigen Preisrelationen zwischen dem Geld und den Gütern hätten sich neu adjustiert. Ein Beispiel: Ein Pfund Butter hat vor der Umstellung einen Preis von 1 US-Dollar. Die Kaufkraft des Geldes betrug folglich 1 (1 US-Dollar geteilt durch 1 US-Dollar pro Butter). Nach Umstellung steigt die Kaufkraft des (nunmehr goldgedeckten) US-Dollar um 326 Prozent. Die Kaufkraft des Goldgeldes wäre auf etwa 4 Stück Butter gestiegen.

Wahrscheinlich würde nicht nur der Butterpreis, sondern würden auch alle anderen Güterpreise ansteigen. Auf diese Weise würde letztlich die Kaufkraft des Goldgeldes wieder auf 1 zurückgehen – also auf die Kaufkraft vor der Umstellung. Dabei stellen sich natürlich gewaltige Umverteilungswirkungen ein. Beispielsweise verlieren die Gläubiger, weil sich ihre

Schulden in realer Rechnung verringern. Die Schuldner dagegen sind die Gewinner.

An dieser Stelle ergibt sich eine wichtige Frage: Welche Geldmenge (M1, M2 oder die Basisgeldmenge) soll goldgedeckt werden? Die folgende Faustformel lässt sich formulieren: *Je geringer die Geldmenge ist, die durch das Gold der Zentralbanken gedeckt wird, desto geringer fallen der Goldpreisanstieg und damit auch der Anstieg der Güterpreise (und damit die Geldentwertung) aus.*

Nehmen wir an, man würde heute Rothbards Vorschlag berücksichtigen. Was wären die Folgen? Hätte man im März 2020 die US-Geldmenge M1 zu 100 Prozent durch das Gold gedeckt, das die US-Zentralbank noch in den Kellern liegen hat, so ergäbe sich ein Goldpreis von etwa 16.130 USD/oz, bei M2 61.212 USD/oz – während der Goldpreis bei etwa 1.600 USD/oz läge. Im Euroraum wäre der Goldpreis entsprechend bei 26.147 EUR/oz für M1 und 37.500 EUR/oz für M3 – bei einem Goldpreis von 1470 EUR/oz. Der Anstieg des Goldpreises wäre also gewaltig gewesen – und ebenso dramatisch wäre der Verfall ausgefallen, den die Kaufkraft von US-Dollar und der Euro erlitten hätten.

Rothbard kommt es wie Mises darauf an, das Gold als Geld zu re-etablieren. Auch er sieht im Goldgeld letztlich perfektes Geld. Und wie Mises sieht auch Rothbard »Bankfreiheit« vor: Jeder ist frei, in den Markt für Bankdienstleistungen (Geldverwahrung, Zahlungsabwicklung, Kreditgeschäft etc.) einzutreten und auch wieder auszutreten. Die Zentralbank wird abgeschafft. Geldpolitik gibt es fortan nicht mehr.

Hayeks Vorschlag für einen Währungswettbewerb

Friedrich August von Hayek (1899–1992) spricht sich für einen Währungswettbewerb aus. Seine Idee ist, dass ein jeder die Freiheit haben soll, Güter anzubieten, die sich als Geld etablieren können. Gleichzeitig ist jeder frei, das Gut als Geld nachzufragen, das er als Geld zu verwenden wünscht. Zwar scheint aus Sicht der »Austrians« Hayeks Vorschlag zunächst höchst willkommen zu sein: Schließlich setzt Hayek darauf, dass das Geld wieder zu einem Marktphänomen gemacht wird, er spricht sich für einen freien Markt für Geld aus.

Doch bei genauem Durchdenken von Hayeks konkreten Vorschlägen offenbaren sich einige Schwachstellen – die der Akzeptanz der Idee des freien Marktgeldes in der Wissenschaft und der Öffentlichkeit vermutlich mehr geschadet als genützt haben. An dieser Stelle sollen drei Kritikpunkte kurz genannt werden.[171]

(1) Hayek hat die Idee vorgebracht, dass ein jeder mit »Hayek«, »Meier«, »Polleit« oder sonstigen Bezeichnungen versehene Scheine anbieten kann in der Hoffnung, dass sie sich als Geld etablieren werden. Doch das ist (handlungslogisch gesehen) irreführend falsch. Mises' Regressionstheorem lehrt, dass Geld nur aus einem Gut entstehen kann: aus einem Gut, das, bevor es als Geld Verwendung findet, bereits einen Marktwert gehabt haben muss *allein aufgrund seiner nicht-monetären Nutzung*. Das bedeutet, dass sich Papier- oder Baumwollzettel mit der Aufschrift »100 Hayeks« oder »100 Meiers« nicht als Geld durchsetzen können: Niemand wüsste, was ihr Tauschwert wäre, niemand (der bei Sinnen ist) würde sie als Geld akzeptieren.

(2) Hayek unterscheidet nicht zwischen *Grundgeld* und *Geldsubstitut*. In einem freien Markt für Geld wird sich (vermutlich relativ schnell) ein Grundgeld herausbilden. Beispielsweise Gold. Wenn *Bankfreiheit* herrscht, dann werden in erster Linie unterschiedliche Anbieter im Markt für Geldsubstitute miteinander konkurrieren. Sie werden den Kunden Verwahr-, Sicherheits- und Zahlungsdienste für Grundgeld anbieten. Daher ist auch die Sorge, dass in einem freien Markt für Geld das Grundgeld fortlaufend geändert und damit das Funktionieren des Geldes fortlaufend gestört würde, unbegründet.

(3) Kritisch ist Hayeks Idee zu sehen, *wie* das neue Geld in Umlauf gebracht werden kann. Hayek meint, dass könne durch Kreditgewährung geschehen oder indem Güterkäufe mit neu geschaffenem Geld bezahlt werden. Wenn das Hayek-Geld durch Kreditvergabe in Umlauf gebracht wird, treten – und das ist leicht einzusehen – die gleichen Probleme wie im Fiat-Geldsystem auf: Inflation, Boom und Bust, Verschuldung etc. Die Ausgabe von neuem Geld per Kreditvergabe bietet also keine Lösung der Probleme, die es zu lösen gilt. Geldproduzenten werden mit neu geschaffenem Geld nur dann Güter kaufen können, wenn das von ihnen produzierte Geld bereits als Geld akzeptiert ist; und das wird kein »Hayek«-, »Meier«- oder »Polleit«-Geldzettel sein können, wie es Mises' Regressionstheorem uns lehrt.

Abschließend sei betont, dass die Kritik an Hayeks Vorschlag des Währungswettbewerbs sich nicht gegen die Idee eines freien Marktes für Geld per se richtet, sondern lediglich an Hayeks Vorstellungen darüber, wie sich ein Währungswettbewerb darstellen würde.

Reisman: *Zurück zum Goldgeld ohne Inflation oder Deflation*

George Reisman (*1937) empfiehlt in seinem Buch *Capitalism* (1996), einen 100-Prozent-Goldstandard zu etablieren. Er will damit einen Ausstieg aus dem inflationären Fiat-Geldstandard ermöglichen und gleichzeitig erreichen, dass bei einem solchen Ausstieg eine gesamtwirtschaftliche Depression, ein Kollaps des Finanzsektors, vermieden wird.[172] Dazu schlägt Reisman vor, das Fiat-Geld in einer Weise im Gold wiederzuverankern, dass das nominale Volkseinkommen (das heißt die produzierte Gütermenge multipliziert mit den herrschenden Preisen) bewahrt bleibt. Dazu will Reisman die goldbasierte Geldmenge unter Berücksichtigung der Umlaufgeschwindigkeit des Geldes bestimmen. Ein Beispiel soll das verdeutlichen.

Nehmen wir an, das nominale Bruttoinlandsprodukt (BIP) beträgt 22 Billionen US-Dollar, die Geldmenge M1 4 Billionen USD. Die Umlaufgeschwindigkeit der Geldmenge M1 beträgt 5,5 – die Geldmenge M1 wird also im Durchschnitt 5,5-mal im Quartal für die Güterumsätze, die im BIP enthalten sind, verwendet.

Bei einem Goldvorrat der US-Zentralbank von 261,5 Millionen Feinunzen ergibt sich ein Goldpreis, der eine 100-prozentige Deckung der US-Dollar-Geldmenge M1 sicherstellt, von knapp 15.300 USD/oz.

Reisman nimmt an, dass bei einer Wiederverankerung des US-Dollar im Gold die Umlaufgeschwindigkeit *fällt*, dass also die Menschen fortan wieder mehr Geld als vorher halten werden. Das würde einen Rückgang des nominalen BIP »erzwingen«. Um das zu verhindern, schlägt Reisman einen höheren Goldpreis vor, der den möglichen Rückgang der Umlaufgeschwindigkeit des Geldes berücksichtigt.

Nehmen wir im obigen Beispiel an, nach einer Wiedereinführung der Golddeckung werde die Umlaufgeschwindigkeit sich, sagen wir, halbieren. Nach Reisman wäre der Goldpreis dann auf 30.600 USD/oz festzulegen. Dieser Goldpreis würde es ermöglichen, dass das nominale BIP durch die Geldreform weder inflationiert noch deflationiert würde.

Reisman versucht mit seinem Vorschlag, die wirtschaftlichen und politisch-sozialen Negativeffekte einer Umstellung auf gutes Geld zu verringern und damit den politischen Widerstand gegen eine Geldreform zu mindern. Allerdings besteht über die Höhe der Umlaufgeschwindigkeit, die sich nach erfolgter Umstellung einstellt, Unsicherheit. Wird sie zu hoch oder zu niedrig eingeschätzt, gibt es einen deflationären beziehungsweise einen inflationären Effekt auf das BIP.

Zudem ist zu bedenken, dass das Gold, das sich in privaten Händen befindet, ebenfalls zu Geld und damit die ausstehende Geldmenge erhöhen würde. Um Reismans Vorschlag konsequent umsetzen zu können, müssten also auch die privat gehaltenen Goldbestände (im In- und Ausland) in die Goldpreisberechnung einbezogen werden. Das aber dürfte nur schwer feststellbar sein. In jedem Fall würde ein amtlich festgelegter Goldpreisanstieg früher oder später alle Güterpreise in die Höhe treiben und damit die Kaufkraft des offiziellen Geldes herabsetzen – und zwar vermutlich sehr extrem.

Nicht zuletzt muss bei einer solchen Umstellung berücksichtigt werden – das gilt auch für die Vorschläge von Mises und Rothbard –, dass der bislang künstlich gedrückte Zins wieder auf sein natürliches Niveau zurückkehren wird. Denn die Geldmengenvermehrung durch Bankkreditvergabe mit ihrer den Zins absenkenden Wirkung ist fortan nicht mehr möglich. Daher ist ein Zusammenbruch der vorherrschenden Produktions- und Beschäftigungsstruktur sehr wahrscheinlich gar nicht abwendbar.

Bankfreiheit via Trennbankensystem

Eine weitere Geldreform wäre, das Bankensystem in Kredit- und Depositenbanken aufzuspalten. Die Depositenbanken geben Bilanzaktiva (Wertpapiere, Kredite etc.) an die Zentralbank ab und bekommen dafür Basisgeld (in Form von Bargeld). Auf diese Weise verfügen die Depositenbanken über eine 100-prozentige Deckung mit der gebräuchlichen Währung. Sie sind dadurch keinerlei Kreditausfallrisiken mehr ausgesetzt und jederzeit liquide. Die Kreditbanken weisen die Kreditgeschäfte in ihrer Bilanz aus, sie sind refinanziert durch Termineinlagen und ausgegebene Schuldpapiere. Diese Geldreform illustriert die Bilanz 1. Sie zeigt ein »Universalbanksystem«, in dem das Depositen- und das Kreditgeschäft vermischt sind.

Abbildung 18.1: Bilanz 1

Aktiva	Universalbanken		Passiva
Kredite	30.000	Sichteinlagen	5000
Andere	2000	Termineinlagen	6000
		Anleihen	18.500
		Eigenkapital	2500
	32.000		32.000

Nun soll es in ein »Free Banking«-System überführt werden. In einem ersten Schritt kauft die Zentralbank den Banken Wertpapiere in Höhe von 5.000 Euro ab und gibt ihnen dafür neues Basisgeld (in Form von zum Beispiel Banknoten). In den Bankbilanzen kommt es zu einem Aktivatausch, wie in Bilanz 2 dargestellt.

Abbildung 18.2: Bilanz 2

Aktiva	Universalbanken		Passiva
Kredite	25.000	Sichteinlagen	5000
Bargeld	5000	Termineinlagen	6000
Andere	2000	Anleihen	18.500
		Eigenkapital	2500
	32.000		32.000

In einem zweiten Schritt wird der Bankenapparat in einen Depositen- und einen Kreditbankensektor aufgespalten. Die Depositenbanken weisen die Kundenverbindlichkeiten in Form von jederzeit abrufbaren Sichteinlagen in Höhe von 5000 Euro (Bilanz 3) aus. Die Sichtguthaben sind zu 100 Prozent mit Bargeldbeständen gedeckt. Die Kreditbanken übernehmen die restlichen Bilanzpositionen in Form von Krediten und Verbindlichkeiten, wie in Bilanz 4 gezeigt.

Abbildung 18.3: Bilanz 3

Aktiva	Depositenbanken		Passiva
Bargeld	5000	Sichteinlagen	5000
Anderes	500	Eigenkapital	500
	5500		5500

Abbildung 18.4: Bilanz 4

Aktiva	Kreditbanken		Passiva
Kredite	25.000	Termineinlagen	6000
Andere	1500	Anleihen	18.500
		Eigenkapital	2000
	26.500		26.500

Die Depositenbanken sind jederzeit zahlungsfähig, sie sind keinen Kreditrisiken ausgesetzt. Die Geldmenge kann daher selbst bei Pleiten von Kreditbanken nicht mehr schrumpfen. Die Zentralbank wird abgeschafft, das Kredit- und Geldschaffen aus dem Nichts hört auf. Der künstliche »Boom« im ungedeckten Papiergeldsystem bricht zusammen. Fallen Bankkredite aus, sinkt das Eigenkapital der Kreditbanken. Übersteigen die Verluste das Eigenkapital, müssen Kundenverbindlichkeiten herabgesetzt werden (»Schuldenschnitt«), oder Verbindlichkeiten werden in Eigenkapital umgewandelt (»Debt-for-Equity Swap«). Im Extremfall könnte ein Großteil des in Papiergeld ausgewiesenen »Scheinvermögens« in Form von Termineinlagen und Bankschuldverschreibungen verloren gehen.

Auf der Grundlage des Trennbankensystems sind nun ein freier Markt für Geld und Bankfreiheit möglich: Jeder hat fortan die Freiheit, weiterhin mit US-Dollar, Euro und Co. zu bezahlen oder anderes Geld nachzufragen, das seinen Wünschen und Zwecken am besten dient. Und jeder hat die Freiheit, Güter anbieten zu dürfen, von denen er meint, sie werden von den Mitmenschen als Geld nachgefragt. Jeder darf ungehindert in den Markt für Geld und Kredit ein- und auch wieder aussteigen.

Ohne das Ende des Staates (wie wir ihn kennen) geht es nicht

Ist es überhaupt realistisch zu meinen, der Staat (wie wir ihn heute kennen) wird in irgendeiner Weise daran mitwirken (wollen), sein Geldmonopol zu beenden und den Weg in einen freien Markt für Geld zu ebnen? In der Tat erscheint eine solche Entwicklung vermutlich nur denkbar, wenn der Staat (wie wir ihn heute kennen) eine fundamentale Veränderung erfährt. Beispielsweise durch die Aufspaltung großer Staatsgebilde in viele kleine Einheiten. Letztere müssen sich dann, um sich im internationalen Standortwettbewerb zu behaupten, »gut« betragen, damit Bewohner und Unternehmen nicht wegziehen beziehungsweise talentierte Arbeitskräfte und Produktivkapital zuwandern. Beispielsweise darf die Besteuerung nicht zu hoch sein.

Kleine Staatseinheiten (in denen das Selbstbestimmungsrecht eines jeden respektiert wird) haben wenig Anreiz, aufgrund von machtpolitischen Erwägungen das Geld im eigenen Gebiet zu monopolisieren. Vielmehr ist es in ihrem primären Interesse, für gutes Geld zu sorgen. Ihnen kann es im internationalen Standortwettbewerb sogar echte Vorteile bringen, einen freien Markt für Geld im eigenen Staatsgebiet zu ermöglichen und die Verwendung des auf diese Weise entstandenen Geldes auch in anderen Regionen der Welt zu erlauben beziehungsweise zu fördern.

So gesehen ist das Ziel, einen freien Markt für Geld zu ermöglichen, an die Bedingung geknüpft, den Staat (wie wir ihn heute kennen) zu überwinden: Den Großstaat auf dem Wege des *Sezessionsrechtes* in kleine Staatseinheiten aufzulösen beziehungsweise in eine Privatrechtsgesellschaft zu überführen, in der alle Menschen ein und demselben Recht unterworfen sind – wo es nur noch Privatrecht, aber kein öffentliches Recht mehr gibt. Das wäre nicht mehr und nicht weniger als die folgerichtige Konsequenz des *unveräußerlichen Selbstbestimmungsrechtes*, das jedem Menschen zusteht; und ein freier Markt für Geld ist die handlungslogische Konsequenz des Selbstbestimmungsrechts, das jeder Mensch qua Geburt hat.

Bitcoin macht noch keine Revolution

Viele Bitcoin-Befürworter hoffen, dass die Cybereinheit sich weltweit als Geld durchsetzen wird, dass sie quasi ohne amtliche Erlaubnis den Staaten das Handwerk legt und zum Weltgeld aufsteigt: Die Menschen verwenden für ihre Transaktionen das Zahlungsmittel Bitcoin und entziehen sich auf diese Weise dem Blickfeld und dem Zugriff des Staates. Dem Staat wird die Besteuerungsmöglichkeit entzogen. Er trocknet finanziell aus, ist in seiner bisherigen Form als Räuber und Zwangsumverteiler nicht mehr durchführbar und verschwindet von der Bildfläche.

Doch ist das wirklich ein realistisches Bild? Kann ein freier Markt allein durch eine *technologische Disruption* entstehen, gegen den Willen des Staates? An dieser Stelle soll nicht diskutiert werden, ob alle technologischen Eigenschaften des Bitcoin – Entwicklungsstand heute – bereits ausreichen, damit die Geldnachfrager dem etablierten Fiat-Geldsystem zugunsten des Bitcoin den Rücken kehren. Hier soll nur ein Aspekt interessieren: die Notwendigkeit des Geldes, *intermediationsfähig* zu sein.[173]

Die moderne, entwickelte Volkswirtschaft zeichnet sich durch Arbeitsteilung aus. Das gilt auch bei der *Verwendung* des Geldes. Nicht jeder will und kann Verwahr-, Zahlungs- und Sicherheitsdienste selbst leisten. Viele Menschen wünschen diese Dienste auszulagern, von vertrauenswürdigen Anbietern ausführen zu lassen. Das erklärt beispielsweise, warum viele Bitcoin-Halter mit Handelsplattformen zusammenarbeiten. Selbst im Bitcoin-Universum will nicht jeder seine eigene Bank sein, sondern es gibt auch hier Nachfrage nach *Intermediären* und deren Dienstleistungen.

Zudem stellt eine entwickelte Volkswirtschaft besondere Anforderungen. Beispielsweise werden hier Aktien von Unternehmen ausgegeben und am Markt gehandelt. Unternehmen zahlen Dividenden an ihre Aktionäre und geben im Falle von Kapitalerhöhungen Bezugsrechte aus. Zudem wollen Unternehmen und Konsumenten sich neues Geld durch Kreditaufnahme beschaffen. *All diese Transaktionen lassen sich nicht unter vollständiger Anonymität abwickeln, wie es die Bitcoin-Welt vorsieht.*

Wie will beispielsweise der Aktionär in der Bitcoin-Welt Klage erheben, wenn sich das Management seines Unternehmens eines Fehlverhaltens schuldig gemacht hat? Würde jemand seine Bitcoin verleihen, wenn er den Kreditnehmer nicht kennt? Wie soll eine Kreditprüfung stattfinden, wenn der Kreditnehmer anonym ist? Was ist mit den Terminmarktgeschäften? Ein Investor hat einen Lieferanspruch erworben auf, sagen wir, Öl. Doch bei Fälligkeit bleibt die Öllieferung aus. Wen kann der Investor auf Vertragsverletzung verklagen?

Diese Beispiele sollen verdeutlichen: Eine moderne arbeitsteilige Volkswirtschaft kann nicht abtauchen in die Welt der Anonymität. Man muss vielmehr wissen, mit wem man Geschäfte macht. Eine moderne, entwickelte Volkswirtschaft ist schlichtweg nicht durchführbar unter dem Prinzip der allseitigen Anonymität. Das gilt auch für ein entwickeltes Geldwesen, in dem Intermediärsdienste angeboten und nachgefragt werden. Sobald aber die Akteure, die an Markttransaktionen teilnehmen, prinzipiell bekannt sind beziehungsweise identifiziert werden können, sind sie auch dem Zugriff des Staates und seiner Repressalien ausgesetzt. Daher liegt die Schlussfolgerung nahe: Der Bitcoin wird unter den gegebenen Bedingungen nicht in der Lage sein, das herrschende ungedeckte Papiergeldsystem und seinen größten Befürworter, den Staat, vom Thron zu stürzen.

Eine notwendige Bedingung, die für das Entstehen eines freien Marktes für Geld erfüllt sein muss, ist das Zurückdrängen, das Abschaffen des Staates, wie wir ihn heute kennen – als territorialen Zwangsmonopolisten. Man kommt also nicht um die Herkulesaufgabe herum, den Staat in seiner heutigen Form zu überwinden, indem man ihn beispielsweise – wie erläutert – in möglichst kleine Einheiten aufspaltet, ihn letztlich in eine Privatrechtsgesellschaft überführt. Der Schlüssel dazu sind die besseren Ideen. Ihre Kraft sollte man nicht unterschätzen: Zumal sie unumwunden zeigen, dass der Staat (wie wir ihn heute kennen) weder notwendig noch ethisch akzeptabel ist.

Kapitel 19

Natürlich geht es ohne den Staat:

ein freier Markt für Sicherheit

»Die Fliege, die nicht geklappt sein will,
setzt sich am sichersten auf die Klappe selbst.«
Georg Christoph Lichtenberg

Probleme der verstaatlichten Sicherheit

Vermutlich erntet man nicht allzu viel Widerspruch, wenn man sagt: Die meisten Menschen wünschen sich Sicherheit – vor allem auch in der elementarsten Form: verstanden als Schutz für Leib und Leben. Der Grund ist einsichtig: Die Erfahrung lehrt, dass es leider immer wieder Mitmenschen gibt, vor denen man nicht sicher sein kann, die stehlen, plündern, betrügen, rauben und morden.

Und weil das so ist, stellt sich die Frage: Wie lässt sich die Sicherheit des Einzelnen in der Gemeinschaft vor gewaltsamen Übergriffen anderer wirksam und effizient bewerkstelligen? Heutzutage, in den »modernen Gesellschaften«, ist es der Staat, der das Gewaltmonopol innehat: Der Staat hat (unter anderem) Recht und Sicherheit monopolisiert. Uns soll es im Folgenden um den Aspekt der Sicherheit (genauer: das Angebot von Sicherheit) gehen, nicht um Rechtsetzung oder Rechtsprechung.

Eine staatlich monopolisierte Sicherheitsproduktion sieht sich einer Reihe von Fragen gegenüber. Das beginnt bereits mit der Definition der Sicherheit. Soll individuelle oder kollektive Sicherheit produziert werden? Lässt sich Sicherheit überhaupt objektiv fassen? Ist es nicht vielmehr so, dass Sicherheit ein subjektiv empfundener Zustand ist (oder ein normatives Ziel darstellt)? Herr *A* fühlt sich vielleicht sicher, wenn er weiß, er kann die Polizei im Notfall per Telefon erreichen. Ganz anders verhält es sich bei Frau *B*. Sie fühlt sich nur dann sicher, wenn sie weiß, dass es regelmäßige Streifengänge der Polizei in ihrem Wohnviertel gibt.

Wenn Sicherheit ein subjektiv empfundener Zustand ist – und wer wollte das bestreiten? –, wie soll der Staat, der das Monopol für die Sicherheitsproduktion innehat, wissen, was diejenigen, die Sicherheit nachfragen, tatsächlich wünschen? Welche Mittel soll er bereitstellen, um die nachgefragte Sicherheit zu gewährleisten? Und wie soll der Staat festlegen, wer wann wo welche Sicherheitsleistung in welcher Menge bekommt? Was ist zu tun, wenn diejenigen, die für Sicherheit sorgen sollen, versagen, also nicht für Sicherheit sorgen? Wer kommt dann für die entstandenen Schäden auf? Das sind Fragen, auf die eine staatlich monopolisierte Sicherheitsproduktion eine zufriedenstellende Antwort finden muss.

Kein Preis, kein Wirtschaften

Führen wir uns an dieser Stelle vor Augen, wie ganz grundsätzlich derartige Fragen in einem freien Markt beantwortet würden. In einem freien Markt bilden sich durch Angebot und Nachfrage die Preise für Güter. Die Marktpreise stellen sicher, dass die Wünsche der Nachfrager durch die Anbieter erfüllt werden. Der Marktpreis informiert über die Knappheitsverhältnisse: Steigt der Preis eines Gutes, so zeigt das Knappheit an.

Das wiederum ermutigt Produzenten, das Güterangebot zu erhöhen. Der Preis lenkt knappe Mittel in die dringlichsten Verwendungen: Ein steigender Güterpreis zeigt, dass der Bedarf aus Sicht der Nachfrager dringlich ist relativ zu Gütern, deren Preis nicht oder nicht so stark steigt. Der Preis erzieht auch den Nachfrager dazu, mit dem knappen Gut sparsam umzugehen, nicht zu verschwenden. Und nicht zuletzt sorgt der Marktpreis dafür, dass schlechte Anbieter aus dem Markt gedrängt und durch bessere Anbieter ersetzt werden.

Bei einer verstaatlichten Sicherheitsproduktion gibt es jedoch keinen Marktpreis. Hat der Staat die Sicherheitsproduktion monopolisiert, gibt es keinen Wettbewerb im Markt für Sicherheitsleistungen. Folglich gibt es auch keinen Marktpreis für sie. Der Staat kann daher keine Wirtschaftlichkeitsrechnung durchführen, wie es die Akteure in einem freien Markt können. Doch die Wirtschaftlichkeitsrechnung ist unverzichtbar, damit die Nachfrage nach Sicherheit durch ein geeignetes Sicherheitsangebot bedient werden kann. Konkret gesprochen hat der Staat keine Möglichkeit, auf wirtschaftlichem Wege die folgenden drängenden Fragen gehaltvoll zu beantworten:

Sollen mehr Verkehrspolizisten oder Kriminalkommissare eingestellt werden? Sollen neue Computer angeschafft oder neue schnelle Polizeiautos gekauft werden? Sollen Gummiknüppel oder Schusswaffen beschafft werden? Wann und wie häufig sollen Polizisten auf Streife gehen? Sollen Polizisten mit dem Handy telefonierende Autofahrer aufspüren und mit Bußgeld belegen? Oder sollen sie ihre Zeit einsetzen, um Schwerverbrechen im Vorfeld ihres Entstehens zu verhindern? Und als ob das alles nicht schon schwierig genug wäre: Die staatliche Sicherheitsproduktion muss auf die Bürokratie zugrückgreifen, und das bringt zusätzliche Probleme.

Problem Bürokratie

Die Bürokratie ist – im Vergleich zu Privatunternehmen – langsam, schwerfällig, ineffizient. Der Grund: Die Bürokratie arbeitet nicht nach dem Gewinnmotiv. Sie erhält vielmehr ein festes Budget »von oben«. Fallen Defizite an – übersteigen also die Ausgaben das Budget –, müssen nicht die Bürokraten dafür geradestehen, sondern der Steuerzahler: Der Staat erhöht die Steuern, um Kassenlöcher zu stopfen. Dass der Schlendrian in der Bürokratie Einzug hält, ist daher alles andere als verwunderlich.

Eine Bürokratie arbeitet streng nach Vorschrift. Der Bürokrat setzt alles daran, seine Vorgaben, die er »von oben« erhält, zu erfüllen. Die Bürokratie kann daher schwerlich auf Unvorhergesehenes, auf sich rasch ändernde Nachfragewünsche reagieren. Sie hat auch keinen Anreiz dazu. Die Bürokraten warten vielmehr ab, bis es neue Anweisungen »von oben« gibt, sie agieren nicht eigenmächtig, denn dadurch können sie nur verlieren, nicht gewinnen.

Die Ziele eines staatlichen Polizeiapparates können nicht in Geld bemessen und im Zuge einer Wirtschaftsrechnung überprüft werden. Kein Maßstab ist bekannt, mit dessen Hilfe man herausfinden könnte, ob die Ausgaben für eine seiner regionalen oder örtlichen Zweigstellen nicht übermäßig sind. Die Ausgaben einer staatlichen Polizeiwache werden nicht durch ihre erfolgreiche Geschäftsführung gedeckt und verändern sich auch nicht im Verhältnis zum erzielten Erfolg.

Einer Bürokratie gelingt es nicht, dass die Besten und Geeignetsten in die wichtigen Entscheidungspositionen kommen. Beförderungen verlaufen, anders als in der Privatwirtschaft, meist nicht nach Verdienst, sondern nach nicht leistungsorientierten Maßstäben, wie zum Beispiel Alter oder Geschlecht. Besonders Leistungswillige und Leistungsstarke werden daher vermutlich einen großen Bogen um eine Anstellung in der Bürokratie machen.

In der Bürokratie sammeln sich Menschen, die vergleichsweise wenig leistungs- und risikobereit sind, vergleichsweise wenig erfindungsreich und freiheitsliebend im Vergleich zu den Menschen, die sich in der freien Wirtschaft zu bewähren wünschen, die hart daran arbeiten, Güter und Dienstleistungen bereitzustellen, welche ihre Mitmenschen freiwillig zu kaufen wünschen.

Wer schützt vor Minderleistung des Staates?

Was, wenn der Staat die Sicherheit, die die Bürger von ihm erhoffen, nicht bereitstellt, wenn er bei dieser Aufgabe versagt? Zwei Beispiele seien genannt. (1) Am 14. Februar 2018 erschießt der 19 Jahre alte Nikolas Jacob Cruz 17 Schüler der Stoneman Douglas High School in Florida und verletzt 14 Menschen schwer. Der Sheriff vor Ort erhielt bereits in 2016 und 2017 Hinweise, dass Cruz drohe, er würde Waffen in die Schule bringen. Der Deputy Sheriff, der am Tag, als Cruz seine Mitschüler tötet, für die Sicherheit der Schule sorgen soll, griff nicht ein, blieb außerhalb des Schulgebäudes.

(2) Am 19. Dezember 2016 steuerte Anis Amri – ein mehrfach verurteilter tunesischer islamistischer Attentäter – einen Laster in die Menschenmenge auf dem Weihnachtsmarkt auf dem Breitscheidplatz in Berlin-Charlottenburg. Zwölf Menschen starben, 55 wurden verletzt, viele davon lebensgefährlich. Schon im Herbst 2016 lagen dem LKA Berlin Erkenntnisse vor, dass Amri »gewerbsmäßigen, bandenmäßigen Handel mit Betäubungsmitteln« betrieb.

Welche Sicherheitsleistung konnten die Schüler in Florida und die Besucher des Weihnachtsmarktes eigentlich erwarten? Wer über diese Frage nachdenkt, der wird feststellen, dass es keinen Vertrag gibt, in dem geschrieben stünde, welche Sicherheit der Bürger von seinem Schutzpatron Staat erwarten kann und welche nicht. Es gibt auch keinen vertraglichen Anspruch auf Entschädigung der Opfer und ihre Angehörigen, wenn der Staat bei der Sicherheitsproduktion versagt.

Sicher, ein Gericht kann angerufen werden. Doch können Kläger erwarten, dass ein Gericht, das dem Staat gehört, in solchen Streitfragen unparteiisch entscheiden kann? (Denn das Gericht gehört schließlich ja einer Partei des Konfliktes an: dem Staat!) Kurzum, die Frage stellt sich: Ist das eine zufriedenstellende Form der Sicherheit, oder geht es nicht doch viel besser?

Staatliche Sicherheit lässt sich nicht reformieren

Was ist von der Idee zu halten, man könne die Sicherheitsproduktion des Staates verbessern, sie reformieren? Nicht viel. Und zwar aus einem zentralen Grund. Der Grund ist der Staat selbst. Der Staat ist der territoriale Monopolist mit der Letztentscheidungsmacht über alle Konflikte, die zwischen seinen Untergebenen und die zwischen seinen Untergebenen und ihm selbst auftreten. Ein solcher Staat monopolisiert die Produktion einer Reihe von Gütern, darunter eben auch die Sicherheit.

Es ist absehbar, was dann passiert: Der Preis für die Sicherheit steigt (die Bürger zahlen ihn im Zuge der Steuern), und die Qualität der Sicherheit sinkt. Denn die staatliche Sicherheitsleistung braucht keine Konkurrenz zu fürchten. Minderleistung wird nicht bestraft. Die Zwangsversicherten können nicht abwandern und dadurch die Einnahmen des Staates verringern. Man muss an dieser Stelle die folgende Frage stellen: Welches Interesse hat der Staat (wie wir ihn heute kennen) überhaupt daran, für Sicherheit zu sorgen?

Die Vermutung, dass der Staat wohlmeinend, umsorgend und mitfühlend im Sinne seiner Bürger agiert, wollen wir als unrealistisch, als uninformiert und naiv verwerfen. Eine andere Vermutung ist: Wenn es das zentrale Interesse des Staates ist, mittels Besteuerung an die Einkommen der Produktiven zu gelangen (wenn das nicht so wäre, warum gibt es ihn dann?), dann ist die Sicherheit der Bürger für ihn nur insoweit von Interesse, als dass er ein gewisses Maß an Sicherheit bereitstellt, um damit seine Steuereinnahmen zu garantieren. Der Staat wird Verbrechen folglich nur bekämpfen, wenn er fürchten muss, dass andernfalls die Steuereinnahmen schrumpfen oder die Bürger gegen ihn aufbegehren. Diese Überlegungen geben also Anlass, daran zu zweifeln, ob die Sicherheitsproduktion in den Händen des Staates grundsätzlich gut aufgehoben ist.

Ein freier Markt für Sicherheit

Nach dem destruktiven Teil dieses Aufsatzes, in dem ich die Absurdität aufgezeigt habe, der Staat könne für Sicherheit, die diesen Namen verdient, sorgen, gehen wir nun über zum konstruktiven Teil. Die Frage lautet: Was ist die Alternative zur staatlichen Sicherheitsproduktion? Die Antwort lautet: die Produktion von Sicherheit durch den freien Markt.

Diese Idee ist nicht neu. Der belgische Ökonom Gustave de Molinari (1819–1912) forderte in seiner Schrift *De la production de la sécurité* aus dem Jahr 1849 bereits eine Privatisierung der Sicherheitsproduktion. Zu nennen sind auch Morris und Linda Tannehill, die 1970 das Buch *The Market for Liberty* veröffentlichten. Murray N. Rothbard (1926–1995) griff Molinaris Idee auf und skizzierte in *For a New Liberty* (1973) und in *Power and Market* (1970), wie ein freier Markt für Sicherheit funktionieren würde. Vor allem aber ist Hans-Hermann Hoppe (*1949) zu erwähnen, der mit *The Private Production of Defense* (1998) und *On Government and the Production of Private Defense* (2001) das Funktionieren eines privaten Marktes für Sicherheit eingehend durchdacht hat.

Wie lässt sich ein privates Angebot für Sicherheit organisieren? Wie würde es in der Praxis aussehen? In einem freien Markt für Sicherheit trifft die Nachfrage nach und das Angebot von Sicherheitsleistungen zusammen.

Nachfrager sind Privatpersonen und Unternehmen mit jeweils ganz spezifischen Sicherheitswünschen. Privatpersonen wollen für sich und ihre Familien Schutz vor körperlichen Angriffen, wollen ihre Wohnungen, Häuser und Autos gegen Einbruch, Beschädigung und Diebstahl schützen.

Beispielsweise lässt sich ein Hausbesitzer eine Alarmanlage einbauen, die, wenn sie Alarm auslöst, Sicherheitskräfte anrücken lässt. Oder es findet sich eine Nachbarschaftsgemeinschaft zusammen, die nächtliche Patrouillengänge von Sicherheitskräften in ihrer Wohnstraße nachfragt.

Unternehmen fragen Sicherheit nach, um ihre Produktionsanlagen gegen Einbruch und ihren Fuhrpark gegen Diebstahl zu schützen. Dazu engagieren Geschäftsleute beispielsweise eine Sicherheitsfirma, um in ihrer Einkaufspassage für die Sicherheit der Kunden zu sorgen. In einem freien Markt für Sicherheit finden sich (und hier sage ich: vermutlich und sehr wahrscheinlich) auf der Anbieterseite Versicherungsunternehmen ein. Sie bieten Versicherungsleistungen an und erbringen die Sicherheitsdienste entweder selbst oder aber kaufen sie von anderen Firmen ein. Letztere spezialisieren sich auf bestimmte Sicherheitsdienste – in Form von Personen- und Gebäudeschutz, automatischen Überwachungsanlagen, Patrouillengängen etc.

In dem von mir skizzierten Szenario gäbe es Wettbewerb zwischen Versicherungen einerseits und zwischen den Firmen, die die Sicherheitsleistung in die Tat umsetzen, andererseits. Wie würde das in der Praxis funktionieren? Indem man Verträge schließt. Beispielsweise erwirbt ein Hausbesitzer eine Versicherung gegen Einbruch und Diebstahl von einer Versicherungsgesellschaft.

In diesen Vertrag wird das Leistungsangebot genau spezifiziert, einschließlich des Preises, der vom Versicherten zu bezahlen ist. Zudem wird die fällige Entschädigung festgelegt, die der Schutzanbieter beim Eintreten eines Schadenfalls (wenn also der Sicherheitsanbieter versagt hat) an den Schutznehmer zu leisten hat.

Ohne Anspruch auf Entschädigung würde natürlich niemand, der bei Sinnen ist, einen Versicherungsvertrag abschließen! Ansonsten könnte ja der Versicherer die Prämie vereinnahmen und sich um den Versicherungsschutz nicht mehr kümmern. Denken Sie einmal darüber nach, wie das im staatlichen Monopol der Sicherheitsproduktion geregelt ist.

Was sich versichern lässt

Wenn die Verträge Versicherungsverträge sind, so stellt sich die Frage: Was lässt sich denn eigentlich versichern und was nicht? In einem freien Markt für Versicherungen wird man sich gegen alle Ereignisse versichern können, deren Eintrittswahrscheinlichkeit der Versicherte nicht beeinflussen kann. Man könnte sich beispielsweise gegen das Risiko von Diebstahl, Raub, körperlicher Gewalt und Entführung versichern.

Nicht versicherbar wäre hingegen das Risiko, dass man vielleicht eines Tages nicht mehr arbeiten möchte oder dass man plötzlich sein Studium nicht beenden will. Denn hier bestimmt der Handelnde die Eintrittswahrscheinlichkeit des Schadens maßgeblich selber. Es wird sich daher kein Versicherungsanbieter finden, der das versichert. Eine Arbeitslosenversicherung, wie sie heutzutage der Staat zwangsanbietet, gäbe es in einem freien Markt nicht, sehr wohl aber Versicherungen gegen Berufsunfähigkeit.

Die Versicherungsverträge gelten dabei stets unter Bedingungen. Beispielsweise werde ich mich gegen physische Aggression von außen versichern können, soweit ich mich auf einem vom Versicherer (oder einem seiner Kooperationspartner) geschützten Gebiet aufhalte und dabei keine Handlungen ergreife, die eine Aggression gegen mich provozieren.

Der Anreiz, sich zu versichern

In einem freien Markt für Sicherheit ist niemand gezwungen, Versicherungsschutz für sich und sein Eigentum nachzufragen. Es steht jedem frei, auf Wunsch selbst für sich und seine Schutzbefohlenen für Sicherheit zu sorgen. Die meisten Menschen werden jedoch vermutlich rasch erkennen, dass es für sie ökonomisch sinnvoll ist, auf die Sicherheitsleistungen von solchen Anbietern zurückzugreifen, die sich auf die Sicherheitsproduktion spezialisiert haben.

Je mehr Menschen sich und ihr Eigentum versichern, desto größer wird der Anreiz der übrigen, sich ebenfalls zu versichern. Der erste Grund: Aggressoren werden eher bestrebt sein, die Nichtversicherten zu überfallen als die Versicherten. Warum? Ein Räuber muss befürchten, dass, wenn er bei einem Versicherten einbricht, die Versicherung hinter ihm her sein wird und dass er, wenn sie ihn ergreift, nicht nur die Beute zurückgeben, sondern auch noch eine Entschädigung zahlen muss.

Denn die Versicherungsunternehmen, die nach Gewinnmaximierung streben, werden versuchen, ihre Kosten niedrig zu halten. Das können sie, indem sie Schadensfälle verhindern. Oder, wenn der Schadensfall eingetreten ist, dass sie den Übeltäter fassen und ihn für die Entschädigung aufkommen lassen. Wer also noch nicht versichert und auch kein Experte im Selbstschutz ist, hat einen Anreiz, professionellen Versicherungsschutz nachzufragen, weil er damit rechnen muss, dass die Aggressoren es ansonsten auf ihn abgesehen haben.

Der zweite Grund: Eine arbeitsteilige Volkswirtschaft macht vielfältige Vertragsbeziehungen erforderlich. Wer zum Beispiel über Versicherungsschutz verfügt, kann nachweisen, dass sein Eigentum geschützt ist und erhält Zugang zu Kredit, den er ansonsten nicht erhalten würde.

Positive Verhaltensanreize

Ein freier Markt für Sicherheit sorgt für eine Reihe von positiven Anreizen, die das Zusammenleben in der Gemeinschaft friedlicher und freundlicher machen. Wer Versicherungsschutz haben möchte, wird die Standards des guten Verhaltens und Benehmens annehmen müssen. Wer sich freundlich und friedlich gegenüber seinen Mitmenschen verhält, vermeidet Konflikte. Das wiederum wird zu geringen Versicherungsprämien für denjenigen Versicherten führen, der sich gut benimmt.

Wer hingegen auffällig ist durch Provokation, Aggression und Gewalt, wird hohe Versicherungsprämien bezahlen müssen beziehungsweise wird, wenn er es zu toll treibt, gar keinen Versicherungsschutz bekommen. Notorische Schläger und Rüpel müssen sich entweder bessern und bewähren (indem sie zum Beispiel gemeinnützige Tätigkeiten leisten), oder sie finden keinen Versicherer und werden zu »Outcasts«, werden wirtschaftlich und sozial ausgegrenzt. Wenn die Versicherten die Outcasts nicht auf ihrem versicherten Gebiet haben wollen (als Gefängnisinsassen), müssen sie in unbewohnte Gebiete (Wüste Gobi, Sibirien) umgesiedelt werden.

Die Versicherer arbeiten nach dem Gewinnprinzip. Tritt ein Schadensfall ein, müssen sie den Versicherten entschädigen. Das kostet. Sie können sich das Geld zwar vom Aggressor zurückholen, aber es ist nicht gewährleistet, dass dieser zahlen kann. In einem freien Markt für Sicherheit gibt es folglich einen systematischen Anreiz für Versicherer, beträchtlichen Aufwand zu betreiben, um Verbrechen zu verhindern, bevor sie entstehen. Die Prävention wird großgeschrieben.

Man vergleiche das mit dem Status quo. Jährlich sterben viele Menschen durch Straftaten. Bislang gewährt der Staat den nahen Angehörigen keine Entschädigung. Zudem landen Übeltäter, wenn sie ergriffen werden, in staatlichen Gefängnissen. Ihre Unterbringung und Beköstigung werden also mit Steuern bezahlt, für die andere (darunter ihre Opfer und deren Angehörige, aufkommen müssen. Ein freier Markt für Versicherungen, in dem die Prävention großgeschrieben wird und in dem die Kosten der Täterverfolgung und Bestrafung nicht sozialisiert werden, ist so gesehen also auch »gerechter« als das vorherrschende System.

Steigende Vermögenswerte

Ein freier Markt für Sicherheit, in dem Wettbewerb herrscht, hat einen weiteren positiven Effekt: Der Wettbewerb zwischen den Versicherern sorgt für fallende Versicherungsprämien. Das heißt, die Versicherungen werden billiger beziehungsweise erhält man für das gleiche Geld mehr Versicherungsschutz. Fallende Versicherungsprämien erhöhen wiederum die Preise beispielsweise für Grundstücke und Häuser, weil die Kosten der Versicherung sinken.

Es kommt noch etwas hinzu: Ein freier Markt für Sicherheit sorgt dafür, dass Gefährdern und Kriminellen das Leben schwer gemacht, ihnen das Handwerk gelegt wird. Versicherer und Sicherheitsfirmen sind nämlich bestrebt, genaue Daten über die Täter wie etwa zu Herkunft (aus Stadtteil, Stadt, Region und Land), Religion, Sprache, Wohnort, allgemeine Lebensumstände et cetera zu sammeln. Auf diese Weise können sie ihre Angebotspreise besser kalkulieren.

Alle diejenigen, die beispielsweise Aggressoren in ihrer Nachbarschaft – in ihrem Stadtteil, Stadt, Region oder Land – dulden, werden relativ höhere Versicherungsprämien zahlen müssen. Sie haben daher einen Anreiz, entweder von riskanten Standorten (mit niedrigen Vermögenspreisen) in weniger riskante Standorte (mit höheren Vermögenspreisen) abzuwandern. Oder sie haben den Anreiz, dafür zu sorgen, dass die Aggressoren aus ihren Standorten verdrängt werden. In beiden Fällen verschlechtern sich die Möglichkeiten für Aggressoren, ihren kriminellen Tätigkeiten nachzugehen.

Der freie Markt für Sicherheit setzt also eine Tendenz in Gang: Der wirkungsvolle Eigentumsschutz und die Prävention gegen Verbrechen nehmen zu, die Gesellschaft wird friedvoller und dadurch wohlhabender.

Weniger Aggression

Vermutlich drängt sich bei vielen von Ihnen, liebe Leser, nun die Frage auf: Würde ein freier Markt für Sicherheit nicht eine permanente Fehde bedeuteten? Würden Versicherungen und Sicherheitsfirmen nicht fortwährend im Kampf miteinander stehen um Gebiete und Kunden?

Um diese Fragen zu beantworten, ist es sinnvoll, sich zunächst den Status quo vor Augen zu führen.

Der Staat ist nachweislich eine denkbar aggressive Institution. Die großen blutigen Kriege im 20. Jahrhundert mit vielen Millionen Toten sind Kriege zwischen Staaten gewesen. Auch die vielen Millionen Toten, für die zum Beispiel Stalin, Pol Pot und Mao in Friedenszeiten gesorgt haben, sind das Werk von Staaten.

Es ist schwer vorstellbar, dass die Dimension der Verbrechen, für die die Staaten gesorgt haben (und nach wie vor zu verursachen drohen), durch eine nicht-staatliche Institution jemals erreicht werden kann.

Staaten sorgen nämlich systematisch für einen totalen Krieg, weil sie alle in ihrem Gebiet ansässigen für ihre Aggression einspannen. Kommt es zum Konflikt zwischen Staat *A* und Staat *B*, so zählen aus Sicht beider Staaten nicht nur die Soldaten, sondern die gesamte Bevölkerung im Land des Gegners zu den Feinden, die es zu bekämpfen gilt.

In einem freien Markt für Sicherheit ist das kategorisch anders.

Um das zu verdeutlichen, soll abschließend der Fall durchdacht werden, dass ein Land – nennen wir es Freiland – im Alleingang seinen Staat abschafft, seine Sicherheit privatisiert.

Die erste Frage, die sich stellt, lautet: Würde Freiland dann nicht sofort von seinem Nachbarstaat – nennen wir ihn Staatsland – überfallen, erobert und unterjocht werden? Die Politiker in Staatsland müssen einen Grund haben, Freiland zu überfallen. Sie werden einen kriegerischen Übergriff nur dann durchführen können, wenn die Bevölkerung von Staatsland dem zustimmt. Warum aber sollte sie das tun, wenn Freiland friedlich ist? Und das wird es sein, wenn die Sicherheitsproduktion privatisiert ist.

Zudem ist zu bedenken, dass Freiland kein Staat (wie wir ihn kennen) ist, sondern aus vielen einzelnen Bürgern und Unternehmen besteht. Wenn es tatsächlich einen Aggressor in Freiland gibt, der Staatsland Schaden zufügt, werden die Versicherer in Freiland ein mit Staatsland gleichgerichtetes Interesse haben und dem Aggressor das Handwerk legen wollen.

Aber auch in dem Fall, in dem Staatsland (aus bösen Motiven) es auf Freiland abgesehen hat, ist solch eine Aggression ein risikoreiches Unterfangen. Staaten – und dazu zählt Staatsland – sind bekanntlich chronisch ineffizient und meist wenig effektiv in dem, was sie tun. Private Unternehmen sind ihnen überlegen.

Die Versicherer, die die Bürger und Unternehmen in Freiland vor Staatsland schützen, werden sich die nötige Sicherheits- und Verteidigungstechnik zulegen und üben, sie wirksam einzusetzen. Wenn Staatsland als gefährlich eingestuft wird, werden die Versicherungsprämien im Grenzgebiet in Freiland relativ hoch sein. Und die Versicherten werden diese Prämien nur bezahlen, wenn sie dafür auch einen adäquaten Schutz erhalten.

Staatsland muss damit rechnen, dass die Versicherer in Freiland ein ökonomisches Interesse daran haben, Schaden von ihren Versicherten abzuwenden – weil sie ansonsten Gewinneinbußen erleiden –, dass also mit Widerstand zu rechnen ist. Was hinzukommt: Die Versicherer sind bemüht, bei ihren Beschützungsaktivitäten gezielt gegen den Aggressor vorzugehen, um Kollateralschäden zu vermeiden, die für sie teuer sind und ihren Gewinn schmälern.

Die Versicherer in Freiland werden beispielsweise auf eine Aggression von Staatsland reagieren, indem sie ganz gezielt gegen die in Staatsland verantwortlichen Personen – Präsident, Premierminister, Kanzler, Generäle oder wen auch immer – vorgehen.

Die aggressiven politischen Anführer in Staatsland müssen befürchten, für ihre Aggression persönlich, mit Leib und Leben, zur Rechenschaft gezogen zu werden – dass sie entführt oder auf andere Art und Weise unschädlich gemacht werden. Eine solche Sanktionierung durch leistungsstarke Versicherer in Freiland wird die Bereitschaft der Politiker im Nachbarstaat, eine Aggression gegen Freiland durchzuführen, schmälern beziehungsweise unterdrücken.

Die Sorge, dass Freiland von Staatsland quasi automatisch und notwendigerweise überrollt wird, ist zumindest unbegründet. Eine funktionierende Privatrechtsgesellschaft wie Freiland ist vielmehr eine ernste Bedrohung für Staatsland.

In Freiland wird es relativ friedlich zugehen, das Eigentum ist systematisch geschützt. Die wirtschaftliche Leistungsfähigkeit und damit die Prosperität der Menschen in Freiland werden daher relativ hoch sein.

Die Aussicht, dass Freiland Nachahmer finden wird und dass Bürger und Unternehmer aus Staatsland abwandern wollen, ist daher groß. Freiland würde die Aggression von Staatsland zumindest im Zaume halten, wenn nicht gar das Ende von Staatsland einläuten.

Positive Botschaft

Die voranstehenden Ausführungen waren nicht mehr als ein kurzer visionärer Blick auf das mögliche Funktionieren eines freien Marktes für Sicherheit. Eine Reihe von weiterführenden Fragen konnten an dieser Stelle nicht angesprochen und behandelt werden. Doch eines ist hoffentlich deutlich geworden: In einem freien Markt für Sicherheit steigt der Anreiz für alle, die Eigentumsrechte der Mitbürger zu respektieren und Schaden von sich selbst und allen anderen abzuwenden, bevor er entsteht. Das ist die positive Botschaft! Das Leben in der Gemeinschaft wird freundlicher, friedlicher und sicherer – im Vergleich zum heutigen staatlichen Sicherheitsmonopol.

Kapitel 20
Aufruf zu einem neuen Methodenstreit:
die Logik des Handelns

»Wenn du eine weise Antwort verlangst, musst du vernünftig fragen.«
Johann Wolfgang von Goethe

Einführung

Spektabilität, sehr geehrte Kolleginnen und Kollegen, sehr verehrte Damen, sehr geehrte Herren, liebe Studentinnen und Studenten, verehrte Gäste![174]

In einer Antrittsvorlesung ist es vermutlich ratsam, ein Thema zu behandeln, mit dem man sich als Experte zu erkennen geben kann. Ich habe intensiv und lange nach einem gesucht – doch vergeblich. Daher habe ich mich entschieden, ein Thema zu wählen, das mich seit geraumer Zeit persönlich sehr interessiert und das ich mit »Über die Logik des Handelns« überschrieben habe.

Es dreht sich um eine Grundlagenfrage der Wirtschaftswissenschaft – und in Anlehnung an den preußischen Philosophen Immanuel Kant (1724–1804) lässt sie sich wie folgt formulieren: *Was können wir wissen in der Ökonomik?* Genauer: Woher stammt unser Wissen, unsere Erkenntnis in der Wirtschaftswissenschaft? Rührt es aus Erfahrung? Oder aus Vernunft? Und vor allem: Wie können wir den Wahrheitsgehalt von ökonomischen Theorien überprüfen?

In den kommenden Minuten erwartet Sie eine Reflexion darüber, wie man gut begründet in der Ökonomik vorgehen kann, um Erkenntnisse (also: wahre Aussagen) zu gewinnen:[175] Es geht also um die Frage nach der gut begründeten wissenschaftlichen Methode in der Ökonomik. Unter der wissenschaftlichen Methode ist das Vorgehen zu verstehen, um Erkenntnis über das Erkenntnisobjekt (in der Ökonomik ist das der handelnde Mensch) zu gewinnen.

Die Ökonomik ist herausgefordert

Ich denke, das Thema ist zeitgemäß. Denn egal wohin man in diesen Tagen blickt: Man gewinnt den Eindruck, dass viele Glaubenssätze auf den Prüfstand kommen. Im politischen Bereich etwa werden große Paradigmen überdacht. Man denke an das Ringen um die künftige Gestaltung Europas. Das Zentralisierungsmodell, dem Europa seit Jahrzehnten gefolgt ist, hat seine große Anziehungskraft verloren, und das Dezentralisierungsmodell gewinnt Anhänger. Oder denken Sie an die Veränderungskraft neuer Technologien. Zum Beispiel könnte die »Blockchain« geradezu revolutionäre Umwälzungen in Wirtschaft und Gesellschaft bringen – vor allem im Geld- und Finanzwesen.

Die aufkommenden Cyberwährungen scheinen den Staaten ihr Währungsmonopol abspenstig zu machen – und sollten sie dabei erfolgreich sein, wird sich auch die Vormachtstellung der Staaten im Wirtschafts- und Gesellschaftsleben fundamental verändern. All diese möglichen Disruptionen stehen letztlich für das Entstehen und Verbreiten neuer, mitunter auch wiederentdeckter Ideen und Erkenntnisse, die den bestehenden Wissenskanon herausfordern beziehungsweise verändern.

Es ist nicht allzu gewagt zu vermuten, dass auch die Ökonomik von dieser Entwicklung nicht unberührt bleiben wird. Die Volkswirtschaftslehre steht spätestens seit der internationalen Finanz- und Wirtschaftskrise in der Kritik: Sie habe, so ist zu hören, die Krise nicht kommen sehen; und die Frage, wie künftige Krisen zu verhindern seien, habe sie immer noch nicht zufriedenstellend beantwortet.

Das ist eine verständliche Kritik. Bringen sich doch Ökonomen (als Politikberater) öffentlich zu Gehör und erwecken vielfach die Hoffnung, sie hätten richtige Rezepte zur Lösung drängender Probleme. Zum Beispiel hat man auch aufgrund der Empfehlungen vieler Ökonomen die Regulierung im Banken- und Finanzwesen verschärft, um dadurch eine Wiederholung der Krise von 2008/09 zu verhindern.

Zudem sprechen sich Ökonomen dafür aus, die Zentralbanken sollten die Zinsen auf oder sogar unter die Nulllinie befördern – vielfach mit dem Zusatz, der neue »neutrale Zins« sei nunmehr negativ und nur ein Negativzins könne für Vollbeschäftigung sorgen. Um die Politik des Negativzinses durchsetzen zu können, empfehlen einige Ökonomen sogar die Abschaffung des Bargeldes.

Doch können all diese Maßnahmen die erhofften Wirkungen erzielen – also Krisen vermeiden und Wachstum und Beschäftigung schaffen? Wie ist es um die »Praxistauglichkeit« ökonomischer Erkenntnisse beziehungsweise um die theoretische Begründung ihrer Gewinnung und Überprüfung bestellt?

Ich habe in vielen Diskussionen die Erfahrung gemacht, dass sich derartige Fragestellungen zu einem produktiven Ergebnis führen lassen, wenn man sich zunächst – quasi als propädeutischer Schritt – über die erkenntnistheoretischen Grundlagen der Ökonomik Klarheit verschafft. Das möchte ich im Folgenden tun.

Wie man in der Hauptstrom-Ökonomik denkt

Führen wir uns dazu zunächst vor Augen, wie heutzutage vorgegangen wird, um ökonomische Erkenntnisse zu gewinnen. In der Ökonomik, in den Sozialwissenschaften, bedient man sich einer wissenschaftlichen Methode, die der Naturwissenschaft entliehen ist. Sie ist maßgeblich von den Ideen des Positivismus-Empirismus-Falsifikationismus geprägt. Die Begriffe will ich kurz erklären.

Der Positivismus ist eine Wissenschaftsdoktrin. Ihr zufolge soll sich die Wissenschaft am »positiv Gegebenen« orientieren, an dem, was sinnlich erfassbar und messbar ist, nach dem Motto »Wissenschaft ist Messen«.

Der Empirismus behauptet zweierlei. (1) Alles Wissen über die Realität stammt aus Sinneseindrücken (aus Beobachtungen). (2) Beobachtungen sind auch der Maßstab, an dem der Wahrheitsgehalt von Theorien zu überprüfen ist.

Der Falsifikationismus geht auf den Kritischen Rationalismus von Karl R. Popper (1902–1994) zurück.[176] Er ist wie der Empirismus der Meinung, dass das Wissen aus der Erfahrung stammt und dass sein Wahrheitsgehalt der Überprüfung durch Erfahrung bedürfe.

Allerdings lehnt der Falsifikationismus das Verifikationsprinzip, wie es der (klassische) Empirismus verwendet, ab: den Anspruch also, dass durch Erfahrung der Wahrheitsgehalt einer Hypothese abschließend festgestellt werden kann.

Popper argumentiert, dass es bestenfalls möglich sei, eine Hypothese nicht zu verwerfen (sie nicht zu falsifizieren), dass es aber niemals möglich sei, sie ein für alle Mal als wahr zu bestätigen (sie zu verifizieren).

Schließlich kann man nicht sicher sein, dass eine Hypothese, die heute als bestätigt gilt, nicht doch künftig, wenn neue Beobachtungen gemacht werden, abgelehnt werden muss.

Weil absolute Wahrheit nicht gewonnen werden kann, so Popper, sollen im Zuge von »Versuch und Irrtum« falsche Theorien aussortiert und durch bessere ersetzt werden. (Man kann diese Regel als Verbesserungsprinzip des Wissens, als Meliorismus, bezeichnen.)

Der Falsifikationismus leitet, folgt man Popper, den Wissenschaftsprozess auf vernünftige Bahnen und bringt Wissensfortschritt. Man kommt der Wahrheit näher, kommt ihr immer näher, wenngleich abschließend wahre Erkenntnis nicht erlangt werden kann.

Die Methode der Hauptstrom-Ökonomik in der Kritik

Wie schneiden Positivismus, Empirismus und Falsifikationismus erkenntnistheoretisch ab, wenn man sie kritisch Revue passieren lässt?[177] (Kritik ist hier zu verstehen im kantschen Sinne: als das Untersuchen von Aussagen anhand von Vernunftgründen, nicht ihre bloße Bemängelung.)

Eine der Kernaussagen des Positivismus lautet: Es gibt nur zwei Arten von wissenschaftlichen Aussagen. Das sind zum einen die analytischen Aussagen. Sie sind nicht-hypothetisch wahr, besitzen jedoch angeblich keinerlei empirischen Gehalt.

Zum anderen gibt es empirische Aussagen. Sie sind nur hypothetisch wahr, sie stellen kein gesichertes Realitätswissen dar. Wie aber begründet der Positivist diese (Kern-)Aussagen?

Wenn er sagt »Analytische Aussagen sind nicht hypothetisch wahr«, und er diese Aussage als analytische Aussage deklariert, handelt es sich um nichts als Wortgeplänkel, das nichts über die Realität aussagt.

Deklariert er sie hingegen als hypothetisch wahr, bleibt ungeklärt, ob die Aussage wahr oder falsch ist: Der Wahrheitsgehalt der Aussage muss sich an der Erfahrung bewähren – doch man kann aus Erfahrung keine Allgemeingültigkeit ableiten (das wird nachfolgend noch deutlich).

Man erkennt: Der Positivismus liefert für seine Postulate keine erkenntnistheoretisch akzeptable Begründung. Er ermuntert vielmehr dazu, Wasser auf die Mühlen eines radikalen Wissens-Skeptizismus zu gießen.

Rufen wir uns nun die Kernaussage des Empirismus vor Augen: Alle Erkenntnis entstammt aus der Erfahrung. Wie begründet der Empirismus diese Aussage, die einen Wahrheitsanspruch erhebt?

Sie lässt sich nicht durch Erfahrungen begründen, wie das Induktionsproblem zeigt: Aus einzelnen Beobachtungen oder Erfahrungswerten lässt sich auf keine Allgemeingültigkeit schließen: Weil man bislang nur weiße Schwäne beobachtet hat, kann man daraus nicht schlussfolgern, dass alle Schwäne weiß sind.

Der Empirismus behauptet folglich etwas (und zwar: »Alle Erkenntnis stammt aus der Erfahrung«), was er aus sich heraus nicht nur nicht begründen kann. Er verneint das, was er behauptet – und ist damit widersprüchlich!

Ein weiteres Problem des Empirismus ist das Folgende: Man stellt Hypothesen auf (»Wenn-dann-Aussagen«) und überprüft ihren Wahrheitsgehalt anhand von Beobachtungen.

Nehmen wir an, die untersuchte Hypothese wird bestätigt. Ist sie dann verifiziert? Die Antwort lautet nein. Denn es kann ja sein, dass künftige Beobachtungen sie widerlegen.

Und was ist, wenn die Hypothese nicht bestätigt wird? Ist sie dann widerlegt? Nein, denn es kann ja sein, dass die Hypothese durch künftige Beobachtungen gestützt wird.

Man erkennt: Mit dem Empirismus lassen sich keine abschließenden Wahrheitsaussagen auffinden. Erkenntnistheoretisch ist das unbefriedigend, und es stellt sich die Frage nach einer Alternative.

An dieser Stelle sei darauf hingewiesen, dass zwischen Wahrheit und Wahrscheinlichkeit streng zu unterscheiden ist.[178] Eine immer größere Wahrscheinlichkeit bedeutet nicht, dass man der Wahrheit immer näherkommt.

Bei einer unbeschränkten All-Aussage wie »Alle Schwäne sind weiß« braucht es nur eine Gegeninstanz (»Dieser Schwan ist schwarz«), die die

All-Aussage als falsch erweist – obwohl für die All-Aussage immer noch eine Wahrscheinlichkeit (gemessen als das Verhältnis der positiven zu den möglichen Fällen) von 1 als Grenzwert erhalten bleibt.

Nun zur Kritik am Falsifikationismus – der als Weiterentwicklung des Empirismus angesehen wird.[179] Er behauptet (ebenfalls mit einem absoluten Wahrheitsanspruch), dass alles Wissen, das wir durch Aufstellen und Überprüfen von Hypothesen erzielen können, nur hypothetisch wahr ist; dass eine Hypothese nicht verifiziert, sondern dass sie bestenfalls (bis auf Weiteres) nicht falsifiziert (also nicht verworfen) werden kann.

Mit dem Falsifikationismus löst Popper zwar das Induktionsproblem, das den klassischen Empirismus plagt. Gleichwohl bleiben Fragen.

Was zum Beispiel ist die Begründung für die Behauptung: »Ein empirisch wissenschaftliches System muss an der Erfahrung scheitern können«, die im Falsifikationismus Gültigkeit beansprucht?

Wenn dieser Aussage ihr Wahrheitsanspruch zugestanden wird (wenn sie also nicht-hypothetisch wahr sein soll), dann widerspricht sie der zentralen Aussage des Kritischen Rationalismus, nämlich dass es kein sicheres Wissen gibt.

Wenn die Aussage hingegen als hypothetisch wahr deklariert wird, dann wird es nihilistisch: Die Wissenschaft hat dann kein sicheres Fundament mehr.

Ein weiteres Problem ist, dass Beobachtungen, die zur Überprüfung von Hypothesen verwendet werden, theorieabhängig sind. Es gibt keine »reine«, keine »theorielose« Erfahrung, sondern Erfahrung wird stets auf der Grundlage einer Theorie gemacht. Erfahrung ist immer theoretisch präformiert.

Wenn es aber, wie es der Falsifikationismus behauptet, kein sicheres Wissen gibt, so kann es auch kein sicheres Wissen über die Richtigkeit von Beobachtungen und den ihnen zugrundeliegenden Theorien geben.

Die richtigen Theorien können sich schließlich im Zeitablauf ändern, und wenn das der Fall ist, werden sich auch die Beobachtungen ändern – denn Beobachtungen hängen ja von der jeweils als richtig erachteten und angewandten Theorie ab.

Man kann also nicht sicher sein, dass die Beobachtungen, die zur Überprüfung von Theorien Verwendung finden, überhaupt die richtigen sind. Beobachtungen, weil sie theorieabhängig sind, sind ebenfalls fehlbar.

Vor dem Hintergrund des Gesagten wird deutlich, dass eine wissenschaftliche Methode, die auf dem Kritischen Rationalismus ruht, nicht als unanfechtbar gelten kann – eine wichtige Einsicht, wenn es das Ziel ist, den Wissenschaftsprozess unter erkenntnistheoretischen Aspekten rational zu steuern.

Doch bevor wir die konstruktive Frage nach Verbesserung beziehungsweise nach einer Alternative stellen, möchte ich der Frage nachgehen, ob der Positivismus-Empirismus-Falsifikationismus, wie er in den Naturwissenschaften angewandt wird, überhaupt auf die Sozialwissenschaften, auf die Ökonomik, übertragbar ist.

Die Ökonomik: eine Wissenschaft sui generis

Das ist eine wichtige Frage: Denn Positivismus, Empirismus und Falsifikationismus sind die weithin akzeptierten Grundpfeiler der wissenschaftlichen Methode, die in der modernen Volkswirtschaftslehre breite Akzeptanz gefunden haben. Dazu dürfte maßgeblich der Aufsatz des US-amerikanischen Ökonomen Milton Friedman, »The Methodology of Positive Economics« (1953), beigetragen haben.[180]

Ich habe bereits Argumente vorgebracht, die zu einer skeptischen Haltung gegenüber Positivismus-Empirismus-Falsifikationismus ermuntern sollten (die aber, so will ich betonen, in der Naturwissenschaft weniger folgenreich sind als in der Sozial- beziehungsweise Wirtschaftswissenschaft). Doch es gibt ein weiteres Argument, warum man die Anwendung des Positivismus-Empirismus-Falsifikationismus in der Ökonomik kritisch sehen muss.

In der Naturwissenschaft lassen sich reproduzierbare Experimente durchführen, also beliebig viele Versuche unter gleichen Bedingungen, die – wie Popper sie bezeichnet – Protokollsätze liefern. Beispiel: Chemikalie A wird mit Chemikalie B vermischt, und das führt zu einer bestimmten Reaktion. Dieser Versuch lässt sich prinzipiell heute, morgen, übermorgen hier und woanders auf der Welt beliebig häufig und unter gleichen Bedingungen durchführen.

Das aber ist im Bereich des menschlichen Handels in dieser Weise nicht möglich. Warum? Der Mensch hat (anders als Moleküle, Steine oder ein Regenwurm) nicht nur Ziele und Präferenzen, die sich fortlaufend verändern, sondern er kann auch lernen. Die Annahme der Lernfähigkeit hat weitreichende Bedeutung. In der Ökonomik ist sie seit der »Lucas-Kritik«

keine Unbekannte. Benannt nach Robert E. Lucas (*1937), besagt diese Kritik, dass es keine Verhaltenskonstanten gibt, die sich wirtschaftspolitisch ausbeuten lassen.[181]

Man denke beispielsweise an den Fall, in dem die Zentralbank die Geldmenge überraschend erhöht, um durch Inflation die Wirtschaft zu beleben. In der ersten Runde der Politik der Überraschungsinflation mag es der Zentralbank tatsächlich gelingen, die Wirtschaft zu beleben. Aus dem Inflationsbetrug lernen jedoch die Marktakteure. Sie passen ihre Inflationserwartungen nach oben an, und in der zweiten Runde verpufft die Wirkung der Überraschungsinflation. Die Reaktion der Marktakteure auf eine erneute Geldmengenausweitung hat sich also verändert.

Doch wie lässt sich die Lernfähigkeit (also dass man lernen kann) begründen? Ist sie empirisch zu erklären? Eine solche Erklärung könnte uns – aus den bereits vorgebrachten Überlegungen – nicht überzeugen: Denn die Erfahrung kann nur zeigen, dass etwas so oder so gewesen ist, nicht aber, dass sich dahinter eine Notwendigkeit verborgen hat.

Doch wir müssen hier nicht auf Erfahrung zurückgreifen. Die Annahme von Lernfähigkeit lässt sich nämlich logisch begründen. Dazu eine Erklärung (in Form eines *argumentum e contrario*).[182] Stellen wir uns zunächst einmal die Frage: Was würde es bedeuten, wenn wir uns (als handelnde Menschen) als nicht lernfähig denken (konzeptualisieren)? Antwort: Wir wüssten dann heute schon alles, was wir künftig jemals wissen werden – und auch wie wir mit dem heute schon gewussten Wissen künftig handeln werden. Da wir nicht lernen könnten, wäre die Zukunft aus heutiger Sicht sicher.

Das aber entspricht nicht der Lebenserfahrung. Der Gedanke, seine Zukunft zu kennen, erscheint vermutlich den meisten von uns absurd. Die Begründung, warum der handelnde Mensch als lernend gedacht werden muss, lässt sich im *a priori des Argumentierens* – wie es die Philosophen Karl-Otto Apel (1922–2017) und Jürgen Habermas (*1929) in ihrer Diskursethik verwenden – aufspüren.[183]

A priori steht für Aussagen, die anhand von Wahrnehmungen weder als wahr noch als falsch erwiesen werden können. *A priori*-Aussagen sind evident, sind erfahrungsunabhängig und allgemeingültig. Ein Beispiel ist der Satz des Widerspruchs: Zwei einander widersprechende Aussagen können nicht zugleich zutreffen. Es ist nicht möglich, dass die Erde gleichzeitig eine Kugel ist und dass es nicht der Fall ist, dass die Erde eine Kugel ist.[184]

Nun kommt die entscheidende Überlegung: Die Aussage »Der Mensch kann lernen« lässt sich argumentativ nicht widerspruchsfrei verneinen. Denn: (a) Wer sagt »Der Mensch kann nicht lernen«, setzt bereits voraus (bei sich selbst oder seinem Gesprächspartner), dass man das Konzept »Lernen« versteht – dass man also gelernt hat zu lernen. Das aber ist ein performativer Widerspruch. (Man verneint dadurch den Inhalt seines Arguments.) (b) Wer sagt: »Der Mensch kann lernen, dass er nicht lernen kann«, begeht einen offenen Widerspruch.

Der Satz »Der Mensch kann lernen« gilt also *a priori*. Er lässt sich nicht bestreiten, ohne seine Geltung bereits vorausgesetzt zu haben. Wenn folglich der Mensch als handelnder Akteur als lernfähig konzeptualisiert werden muss, so folgt daraus zweierlei: (1) Man kann nicht schon heute alle künftigen Wissenszustände kennen und damit auch nicht – darauf kommt es hier an – alle aus diesem Wissen sich ergebenden künftigen Handlungen. (2) Im Bereich des menschlichen Handelns lassen sich daher aus logischen Gründen keine Ursachen aufspüren, die eine konstante (zeitinvariante) Wirksamkeit auf das menschliche Handeln ausüben – denn sonst würden wir (fehlerhafterweise) Nichtlernfähigkeit unterstellen.

Mit anderen Worten: Das menschliche Handeln lässt sich nicht wie die Erkenntnisobjekte in der Naturwissenschaft erklären oder anhand von »externen Faktoren« prognostizieren.[185] Daraus erwächst die Forderung nach einem *methodologischen Dualismus*.[186] Gemeint ist damit, dass die wissenschaftliche Methode in der Nationalökonomie eine andere sein muss als die, die in den Naturwissenschaften angewandt wird. Doch wie könnte sie aussehen?

Die Beiträge der Erkenntnistheorie

Um diese Frage zu beantworten, lassen Sie uns einen kurzen Blick werfen auf einen grundlegenden, revolutionären Beitrag zur Erkenntnistheorie, den Immanuel Kant vorgelegt hat. Dazu ein paar kurze begleitende Bemerkungen.[187] Kants großes Projekt war es herauszufinden, ob die Metaphysik als eine respektable Wissenschaft anzusehen sei – ob sie mithalten kann mit Wissenschaften wie Physik und Mathematik.

Die Metaphysik ist die Wissenschaft, die sich mit Fragestellungen beschäftigt, die nicht sinnlich erfahrbar sind. Hierzu zählen zum Beispiel:

Ist Gott die letzte Ursache des Universums? Oder: Verfügt der Mensch über einen freien Willen? Metaphysische Fragestellungen lassen sich nicht durch Sinneseindrücke, also Beobachtungen oder Experimente, bearbeiten beziehungsweise beantworten.

Kant nennt die Aussagen (er spricht von Urteilen), die sich unabhängig von jeder Wahrnehmung als wahr oder falsch einsehen lassen, *a priori*. (Wie bereits gesagt: *a priori* meint evidente, erfahrungsunabhängige, notwendige und allgemeingültige Erkenntnis.) Dem gegenüber nennt Kant Aussagen, die anhand von Wahrnehmungen bewahrheitet oder widerlegt werden können, *a posteriori*.

Entsprechend sind für Kant metaphysische Aussagen *a priori*. Damit aber sind metaphysische Aussagen noch nicht hinreichend bestimmt. Ein Satz wie »Alle Körper sind ausgedehnt« ist *a priori* wahr, weil er definitorisch (oder begrifflich) wahr ist: Was Körper ausmacht, ist, dass sie ausgedehnt sind.[188]

Die Aussagen, die wahr oder falsch sind allein aufgrund der in ihnen vorkommenden Begriffe, nennt Kant analytisch. Das Gegenstück dazu sind synthetische Aussagen: Das sind Aussagen, die nicht allein aufgrund von Bedeutungsfestlegung der in ihnen vorkommenden Begriffe als wahr oder falsch einsehbar sind. Zum Beispiel ist die Aussage »Wasser gefriert bei null Grad Celsius« eine synthetische (eine die Erkenntnis erweiternde) Aussage: Dass Wasser bei null Grad Celsius gefriert, geht nicht aus dem Begriff Wasser hervor, die Aussage fügt ihm Erkenntnis hinzu.

Nach Kant ist eine metaphysische Aussage nicht nur *a priori*, sondern auch synthetisch: Sie muss erfahrungsunabhängig als wahr oder falsch einsehbar sein, und sie muss gleichzeitig erkenntniserweiternd sein. Wenn also Kant fragt, ob die Metaphysik eine Wissenschaft sein kann, dann stellt er damit die Frage: Sind synthetische Urteile *a priori* möglich? Hinter dieser Frage verbirgt sich Kants »kopernikanische Wende in der Denkungsart«, und sie lautet:

Wir Menschen erfahren die Gegenstände der Welt nicht so, wie sie objektiv sind, sondern die Gegenstände unserer Erfahrung richten sich nach unserem Erkenntnisvermögen. Synthetische Urteile *a priori* sind für Kant dabei die notwendigen Bedingungen für die Möglichkeit von Erfahrung. Unser Realitätswissen ist nach Kant Erfahrung, die von unserem Erkenntnisvermögen geprägt ist. Er drückt das wie folgt aus: »Wenn aber … unsere Erkenntnis mit der Erfahrung anhebt, so entspringt sie darum doch nicht eben alle aus der Erfahrung.«[189] Doch welchen Bezug, so werden Sie jetzt fragen, haben Kants erkenntnistheoretische Vorgaben zu meinem Referat, das den Titel trägt »Die Logik des Handelns«?

Die Handlungslogik

Es ist bereits mehrfach der Satz »Der Mensch handelt« angeklungen. Er scheint auf den ersten Blick trivial zu sein. Auf den zweiten Blick jedoch ist er von einer besonderen erkenntnistheoretischen Tragweite. Der Satz »Der Mensch handelt« erweist sich bei genauerer Reflexion als *a priori*: Man kann ihm nicht widersprechen, ohne in einen logischen Widerspruch zu verfallen. Wer sagt: »Der Mensch handelt nicht«, der handelt und widerspricht damit dem Gesagten (er begeht einen performativen Widerspruch).

»Der Mensch handelt« ist ein apodiktisch wahrer Satz. Es ist keiner Letztbegründung mehr zugänglich – verstanden als das Zurückgehen auf Voraussetzungen, die sich nicht ohne Widerspruch bestreiten lassen. Der Satz »Der Mensch handelt« lässt sich daher als wissenschaftlichen Ausgangspunkt wählen. Aus ihm lassen sich weitere wahre Aussagen logisch-deduktiv entfalten – als Kategorien, als Grundbegriffe des Denkens –, die gerade auch für die Ökonomik aufschlussreich sein dürften. Dazu einige Beispiele:

Menschliches Handeln ist stets individuelles Handeln. Es gibt kein Gruppen- oder Kollektivhandeln. Stets lässt sich das Handeln auf den Einzelnen zurückführen. Der heute akzeptierte methodologische Individualismus hat also eine apriorische Basis. Handeln ist stets zielbezogen. Es ist immer darauf gerichtet, einen gewünschten Zustand durch einen anderen, als besser empfundenen Zustand zu ersetzen. Dieser Satz lässt sich nicht widerlegen. Wer sagt: »Handeln ist nicht zielbezogen«, der handelt zielbezogen und widerspricht dem, was er sagt.

Menschliches Handeln erfordert den Einsatz von Mitteln (Gütern). Beispielsweise komme ich nicht umhin, meine Stimmbänder einzusetzen, um meine Gedanken durch Sprechen hörbar zu machen. Ein Handeln ohne Mitteleinsatz gibt es nicht. Mittel (oder Güter) sind knapp. Wären sie nicht knapp, dann müsste man sie nicht bewirtschaften, dann wären sie keine Güter. Knappheit ist also im Satz »Der Mensch handelt« schon mitgedacht.

Zeit ist ein Mittel, um Ziele zu erreichen. Zeitloses Handeln lässt sich nicht vorstellen. Wäre Handeln zeitlos, wären alle Ziele sofort und unmittelbar erreicht – und man könnte nicht mehr handeln – aber das ist denkunmöglich. Ursache-Wirkung (Kausalität) ist ebenfalls im Satz »Der Mensch handelt« impliziert. Zielbezogenes Handeln bedeutet, dass der Handelnde durch sein Handeln (Ursache) seinen Zielen (Wirkung) näherkommen kann.

Aufgrund der Knappheit von Mitteln (Gütern) werden Gegenwartsgüter höher wertgeschätzt als Zukunftsgüter. Darin zeigt sich die Zeitpräferenz. Sie ist immer und überall positiv, kann niemals verschwinden, kann niemals negativ werden. Der Zins (genauer: der Urzins oder »neutrale Zins«) ist Ausdruck der Zeitpräferenz. Er steht für den Wertabschlag, den Zukunftsgüter gegenüber Gegenwartsgütern erleiden, und er lässt sich aus dem menschlichen Handeln nicht wegdenken.

Handeln findet unter Unsicherheit statt, und zwar in dem Sinne, dass wir nicht sagen können, wie wir künftig handeln werden – und das folgt wiederum aus der unbestreitbaren Erkenntnis, dass wir lernen können. Auch das Privateigentum (verstanden als das Eigentum am eigenen Körper und den rechtmäßig erworbenen Gütern) ist im Satz »Der Mensch handelt« mitgedacht; es ist ebenfalls ein *a priori*.

Es war der österreichische Ökonom Ludwig von Mises (1881–1973), der die wissenschaftliche Methode der Wirtschaftswissenschaft auf der Logik des Handelns aufbaut (was er Praxeologie nennt) und die Wirtschaftswissenschaft damit widerspruchsfrei als aprioristische Handlungswissenschaft begründet.

An dieser Stelle verweise ich nur kurz darauf, dass sich jüngst auch Philosophen intensiv mit dem erkenntnistheoretischen Status der Logik des menschlichen Handelns befassen.[190]

Alle bisher verfügbaren Deutungen weisen eine Gemeinsamkeit auf: Sie fassen den Satz »Der Mensch handelt« als unwiderlegbar, als nicht hintergehbar auf – und das gilt damit auch für die aus ihm logisch abgeleiteten Sätze.

Die Ökonomik im Lichte der Logik des Handelns

Was folgt daraus für die Ökonomik? Mit den Kategorien des menschlichen Handelns verfügen wir (mit Kant gesprochen) über Bedingungen der Möglichkeit von Erfahrung. Sie konstituieren unsere Erfahrung, und die Gegenstände menschlicher Erfahrung müssen den Bedingungen der Möglichkeit von Erfahrung genügen. Damit eröffnet sich ein Weg zu beurteilen, ob eine ökonomische Theorie Richtigkeit beanspruchen kann oder nicht: Ökonomische Theorien, die nicht im Einklang mit den Kategorien des menschlichen Handelns stehen, müssen legitime Zweifel an ihrer Vernünftigkeit wecken.

Dazu zwei Illustrationen. (1) Tauschakte in einem freien Markt sind für alle Beteiligten, die freiwillig daran teilnehmen, vorteilhaft. Sie kommen zustande aufgrund diametral entgegengesetzter Präferenzstrukturen: Ein jeder gibt das hin, was er vergleichsweise weniger wertschätzt, und er erhält dafür etwas, was er vergleichsweise höher wertschätzt. Freiwilliges Tauschen ist daher beidseitig nutzenmehrend. Es wäre ein Widerspruch zur Logik des menschlichen Handelns – und damit unlogisch – zu behaupten, der beschriebene Tauschakt würde die beiden Tauschpartner nicht besserstellen.

(2) Die Markteffizienzhypothese ist Kernstück der modernen Finanzmarkttheorie. Sie besagt, dass die Börsenkurse informationseffizient sind: Die Kurse enthalten zu jedem Zeitpunkt alle relevanten Informationen; und neue Informationen treffen zufällig ein, sind daher nicht prognostizierbar.[191] Was aber ist von dieser Theorie zu halten – die zurückgeht auf den französischen Mathematiker Louis Bachelier (1870–1946) und die später von Paul A. Samuelson (1915–2009) und seinem Schüler Eugene Fama (*1939) popularisiert wurde?[192]

Für denjenigen, der eine Aktie für, sagen wir, 100 Euro verkauft, sind die 100 Euro wertvoller als die Aktie. Für denjenigen, der die Aktie kauft, gilt das Umgekehrte: Für ihn ist die Aktie wertvoller als die 100 Euro. Das heißt nichts anderes, als dass der Markt sowohl aus Sicht des Käufers als auch des Verkäufers nicht informationseffizient in dem Sinne ist, dass alle relevanten Informationen im Kurs enthalten sind. Das Stattfinden der Transaktion ist vielmehr ein untrügliches Indiz dafür, dass Käufer und Verkäufer der Meinung sind, dass die Kurse nicht informationseffizient sind. Ansonsten bestünde für sie kein Anlass, die Aktie zu kaufen beziehungsweise zu verkaufen. Das Gegenteil zu behaupten (hier: der Markt sei informationseffizient), mutet absurd an. Zu Recht, denn es widerspricht der Logik des Handelns.

Beide Aussagen (dass Tauschen im freien Markt für alle Beteiligten vorteilhaft ist und dass Finanzmärkte nicht informationseffizient sein können) folgen aus der Logik des Handelns, sind logisch-deduktiv abgeleitet. Mit etwas mehr Worten und Zeit ließen sich auch aufwendigere ökonomische Aussagen logisch-deduktiv aus der Logik des menschlichen Handelns gewinnen: dass zum Beispiel der Sozialismus als Wirtschaftssystem nicht durchführbar ist; oder dass die Vermehrung der Geldmenge durch Kreditvergabe, die nicht durch echte Ersparnis gedeckt ist, notwendigerweise zu wirtschaftlichen Störungen führt; oder dass ein Vermehren der Geldmenge die Volkswirtschaft nicht reicher macht; oder dass der Urzins aus handlungslogischen Gründen nicht null, geschweige denn negativ sein kann. All diese Aussagen können wir mit Gewissheit machen: Sie lassen sich nicht widerspruchsfrei verneinen.

Die Rückkehr zum handlungslogischen Denken

Die bisherigen Überlegungen sollten verdeutlicht haben, dass es gute Gründe gibt, die Ökonomik nicht als Erfahrungswissenschaft zu konzeptualisieren, wie es dem heutigen Konsens entspricht. Das ist das destruktive Ergebnis meiner Ausführungen. Der konstruktive Teil bestand darin, Argumente herauszuarbeiten und anzubieten, mit denen ein apriorischer Charakter der Ökonomik rationalisiert und die Ökonomik widerspruchsfrei als aprioristische Handlungswissenschaft begriffen werden kann.

Ich habe mich bemüht zu zeigen, dass die Logik des menschlichen Handelns und die aus ihr logisch-deduktiv ableitbaren Erkenntnisse konstruktive Beiträge für das volkswirtschaftliche Forschungsprogramm bereithalten. Das ist sicherlich ein diametraler Kontrapunkt zum heute gängigen Vorgehen in der Wirtschaftswissenschaft. Aber er ermutigt hoffentlich zu einem produktiven Wettbewerb der Argumente zur Begründung der Erkenntnisgrundlagen der Ökonomik.

In einem solchen Wettbewerb um die gut begründete wissenschaftliche Methode in der Volkswirtschaftslehre liegt meiner Ansicht nach auch der Schlüssel für die Lösung vieler drängender wirtschaftlicher und gesellschaftlicher Fragen der heutigen Zeit.

Epilog:
Hoffnung Aufklärung

»Die Großen hören auf zu herrschen,
wenn die Kleinen aufhören zu kriechen.«
Friedrich Schiller

Es ist tatsächlich so, als ob ein böser Dämon am Werke wäre: Er verleitet immer mehr Menschen, die schlechten Erfahrungen, die mit dem Kollektivismus-Sozialismus immer und immer wieder gemacht wurden, beiseitezuschieben und in den kollektivistischen-sozialistischen Fantastereien die neue Heilslehre zu erblicken. Seine Einflüsterei wirkt: Viele Menschen schieben wirtschaftliche und gesellschaftliche Missstände – wie Finanz- und Wirtschaftskrisen, Geldwertschwund, unzureichende Altersvorsorge, Umweltschäden etc. – dem Kapitalismus, dem System der freien Märkte in die Schuhe.

Doch das ist eine falsche Ursachendiagnose. Schon deshalb, weil es nirgendwo auf der Welt eine Wirtschaftsordnung gibt, die es verdient, als (reiner) Kapitalismus bezeichnet zu werden. Was man vorfindet, sind mehr oder weniger *anti*kapitalistische Wirtschaftsordnungen – man nennt sie am besten *staatsinterventionistische Systeme*: Der Staat greift in vielfältiger Weise in das Wirtschafts- und Gesellschaftssystem ein – durch Verordnungen, Auflagen, Ge- und Verbote, Gesetze, Steuern, Zölle, Restriktionen – und verfälscht und konterkariert dadurch die Funktionsweise der freien Märkte.

Im Zuge eines solchen *Interventionismus* bleibt das Privateigentum zwar zunächst formal erhalten. De facto wird es jedoch unterwandert beziehungsweise im Zeitablauf immer stärker außer Kraft gesetzt. Wenn man sich nicht vom Interventionismus befreit, führt der Weg, den eine Volkswirtschaft nimmt, in eine Lenkungs- und Befehlswirtschaft: Die Eigentümer der Produktionsmittel werden zu Befehlsempfängern degradiert, denen vom Staat gesagt wird, was wann wie und wo zu produzieren ist. Früher oder später legt der Staat alles fest: Löhne, Preise, Zinsen, Höhe der Gewinne und ihre Verwendung. Der Endpunkt des ungebremsten Interventionismus ist der Sozialismus.

All diejenigen, die den Interventionismus – im deutschen Sprachraum ist er auch unter dem Begriff »Soziale Marktwirtschaft« bekannt – unterstützen, in ihm das »richtige« Wirtschafts- und Gesellschaftssystem erblicken, arbeiten an der Errichtung des Sozialismus, ob gewollt oder ungewollt. Denn es ist ein Irrtum zu glauben, man könne den Interventionismus erfolgreich und »straffrei« betreiben. Der Mittelweg zwischen Sozialismus und Kapitalismus, wie ihn der Interventionismus vorschlägt, ist vielmehr zum Scheitern verursacht: Die Volkswirtschaft steht früher oder später vor der Wahl, im Sozialismus zu enden oder den Kapitalismus anzunehmen.

Der Sozialismus in all seinen Ausprägungen – ob als Extremversion der Vollverstaatlichung der Produktionsmittel oder in Vorformen wie Interventionismus, Staatskapitalismus, Gildensozialismus, Militärsozialismus etc. – ist destruktiv. Er führt zur wirtschaftlichen Verelendung, zu Unterdrückung und Gewalt. Die vielen sozialistischen Experimente, die die Menschheit schon durchlaufen hat, zeigen das unmissverständlich. Man denke nur an den russischen Sozialismus-Kommunismus unter Lenin und Stalin, an die kommunistische Schreckensherrschaft unter Mao, an den Nationalsozialismus unter Hitler, den Sozialismus in Venezuela. Doch warum zieht man daraus nicht ein für alle Mal die richtige Lehre?

Die Antwort lautet schlicht und ergreifend: *Weil das Geschehene nichts beweist*. Es hängt vielmehr davon ab, wie man das Geschehene interpretiert. Die Befürworter des Sozialismus lassen schlechte Erfahrungen, die man mit dem Sozialismus gemacht hat, nicht als Gegenargumente gelten. Sie sagen: Der Sozialismus ist nicht richtig durchgeführt worden, beim nächsten Mal wird es besser gemacht, dann stellt sich der Erfolg ein: Frieden, Gleichheit, Gerechtigkeit und Wohlstand für alle. Oder: Künftig muss man sicherstellen, dass die richtigen Personen an den Schaltstellen der Macht sitzen. Dann werden auch die sozialistischen Ideale wie versprochen erreicht. Nein, der Sozialismus kann nicht durch Erfahrung diskreditiert werden, sondern nur durch *Vernunfterkenntnis*.

Das ist eine wichtige Einsicht, die Ludwig von Mises bereits vor fast einem Jahrhundert formulierte: »Ideen können nur durch Ideen überwunden werden. Den Sozialismus können nur die Ideen des Kapitalismus und des Liberalismus überwinden. Nur im Kampfe der Geister kann die Entscheidung fallen.«[193] Mises zufolge ist also entscheidend, welche Ideen – oder Theorien – die Menschen als richtig ansehen und von denen sie sich in ihrem Handeln leiten lassen. Es sind die Ideen, die Theorien, die letztlich dafür sorgen, dass Freiheit und Wohlstand, also Kapitalismus, oder Unfreiheit und Elend, also Sozialismus, die Oberhand gewinnen. Dass diese Sichtweise Hand und Fuß hat, soll in den folgenden Zeilen herausgearbeitet werden.

Beginnen wir dazu mit einer Beobachtung. Der Wohlstandszuwachs auf der Welt, der sich in den letzten Jahrzehnten zugetragen hat, ist historisch beispiellos: Noch nie war der Lebensstandard für so viele Menschen auf der Welt so hoch. Das gefürchtete *Bevölkerungsgesetz*, das der englische Ökonom Thomas Malthus (1766–1834) formulierte und das immer noch in vielen Köpfen herumspukt, wurde durch die Realität widerlegt. Es besagt in kurzer Form: *Weil sich die Bevölkerung schneller vermehrt als die zur Versorgung notwendigen Lebensgrundlagen, wird die Mehrheit der Menschen langfristig im Elend leben.*

Die bemerkenswerte Zunahme der Prosperität pro Kopf, die mit der Industrialisierung im 19. Jahrhundert an- und einsetzte, war alles andere als zufällig. Sie hat vielmehr einen fundamentalen, einen mittels der menschlichen Vernunft einsehbaren Grund: Diejenigen Menschen in den Regionen der Welt, die ihren Wohlstand mehren konnten, haben – ob bewusst oder unbewusst – die *nationalökonomischen Gesetzmäßigkeiten* in ihrem Handeln beherzigt. Denn im Bereich des menschlichen Handelns gibt es Gesetzmäßigkeiten, an die sich die Handelnden, ob sie es wollen oder nicht, anzupassen haben, wenn sie ihre Ziele erreichen wollen. Es gibt eine *Logik des menschlichen Handelns,* die sich *mit Vernunftgründen* nicht verneinen, die sich nicht aus der Welt schaffen lässt.

Denn man kann nicht widerspruchsfrei argumentieren, dass der Mensch *nicht* handeln kann. Denn diese Aussage ist ein Ausdruck, eine Form des menschlichen Handelns – und widerspricht damit dem Gesagten. Wenn man verstanden hat, dass der Mensch nicht *nicht* handeln kann, dann erkennt man auch, dass menschliches Handeln stets zielbezogen ist: Wer das verneint, handelt zielbezogen und widerspricht damit ebenfalls seinem Gesagten. Man erkennt zudem: Mittel, Knappheit, Zeit, Zeitpräferenz und Urzins, aber auch Preis, Kosten, Erfolg, Misserfolg, Gewinn und Verlust sowie das Eigentum – all das sind Kategorien, die in der Logik des menschlichen Handelns mitgedacht werden, die in ihr enthalten sind.

Die Logik des Handelns stellt im wahrsten Sinne eine Erkenntnis – also wahre Aussagen über die menschliche Lebensrealität – bereit, die *aufklä-*

rerisch ist. Erinnern wir uns daran, was Immanuel Kant dazu 1783 in der *Berlinischen Monatsschrift* schrieb:

> Aufklärung ist der Ausgang des Menschen aus seiner selbstverschuldeten Unmündigkeit. Unmündigkeit ist das Unvermögen, sich seines Verstandes ohne Leitung eines anderen zu bedienen. Selbstverschuldet ist diese Unmündigkeit, wenn die Ursache derselben nicht am Mangel des Verstandes, sondern der Entschließung und des Mutes liegt, sich seiner ohne Leitung eines anderen zu bedienen. Sapere aude! Habe Mut, dich deines eigenen Verstandes zu bedienen! ist also der Wahlspruch der Aufklärung.

Die aufklärerische Erkenntnis, die in Kants Worten zum Ausdruck kommt, ist unverzichtbar, wenn der intellektuelle Kampf gegen den Sozialismus gewonnen werden soll. Denn es ist der Aufklärungsgedanke, der uns eine zentrale Einsicht eröffnet: nämlich dass das menschliche Handeln von *Ideen* bestimmt wird. Diese Aussage ist nicht willkürlich. Im Gegenteil: Sie lässt sich nicht widerspruchsfrei verneinen. Denn wenn man bestreitet, dass das menschliche Handeln von Ideen bestimmt ist, dann muss man eine andere Erklärung für die (Letzt-)Ursache des menschlichen Handelns anführen. Welche könnte das sein?

Nun, man müsste sagen, dass das menschliche Handeln von irgendwelchen externen Faktoren (physikalischer, chemischer oder biologischer Art) getrieben wird. Doch ein solcher wissenschaftlicher Nachweis (dass also ein externer Faktor *X* immer und überall eine bestimmte Handlung *Y* verursacht) ist bislang noch nicht erbracht. Und ein solcher Beweis wird sich auch nicht erbringen lassen. Warum nicht?

Wäre es möglich nachzuweisen, dass Idee *X* durch einen externen Faktor *Y* zu erklären ist in dem Sinne, dass »wenn *Y*, dann *X*«, würde das nichts anderes bedeuten, als dass das menschliche Handeln vorhersehbar ist, dass man es prognostizieren kann und dass man eine *Verhaltenskonstanz* annimmt. Doch das ist unvereinbar mit der Logik des menschlichen Handelns. Es käme einem logischen Widerspruch gleich. Denn man kann nicht widerspruchsfrei verneinen, dass sich der handelnde Mensch durch *Lernfähigkeit* auszeichnet.

Dass der Mensch lernfähig ist, lässt sich nicht verneinen, ohne einen logischen Widerspruch zu begehen: (1) Wer argumentiert, der Mensch sei nicht lernfähig, der geht davon aus, dass andere über den Inhalt seines Gesagten noch kein Wissen haben, dass sie also lernfähig sind (sonst würde er es ja nicht sagen). Er begeht einen *performativen Widerspruch.* (2) Wenn jemand sagt »Der Mensch kann nicht *nicht* lernen«, so setzt er damit voraus, dass er irgendwann einmal gelernt hat, dass man nicht lernen kann – und attestiert dadurch Lernfähigkeit. Er begeht einen *offenen Widerspruch.*

Lernfähigkeit bedeutet, dass man mit äußeren Faktoren (physikalischer, chemischer oder biologischer Art) menschliche Handlungen nicht systematisch erklären und damit auch nicht prognostizieren kann (im Sinne einer Ursache-Wirkungs-Beziehung). Ansonsten wüsste man schon heute, wie künftig gehandelt wird. Das aber hieße dann, dass Menschen durch ihr Handeln keinen Einfluss nehmen können auf den Gang der Dinge. Sie wären aus gegenwärtiger Sicht fortan zu so etwas wie Automaten degradiert. Das klingt nicht nur absurd, das ist es auch: Es lässt sich – aufgrund der nicht verneinbaren Lernfähigkeit – nicht logisch widerspruchsfrei denken.

Die handlungslogisch überzeugende Erklärung für das menschliche Handeln lautet daher: Menschliches Handeln wird von Ideen bestimmt, und diese entstammen dem Individuum. Diese Aussage lässt sich nicht widerspruchsfrei verneinen. Und wie eine Idee entsteht, ist keiner weiteren (Wissenschafts-)Erklärung mehr zugänglich. Es gibt keine Möglichkeit, das Aufkommen einer Idee durch andere Faktoren – physikalischer, chemischer oder biologischer Art – systematisch zu erklären; kein seriöser Wissenschaftlicher kann etwas anderes behaupten. Die Aussage, dass das menschliche Handeln durch Ideen bestimmt wird, ist folglich keiner *Letztbegründung* mehr zugänglich. Sie ist das *ultimativ Gegebene.* Ludwig von Mises fasst das luzid wie folgt zusammen:

> Gedanken und Ideen sind keine Phantome. Sie sind wirkliche Dinge. Obwohl unberührbar und immateriell, sind sie Faktoren, die Änderungen im Bereich berührbarer und materieller Dinge bewirken. Sie werden von irgendeinem unbekannten Prozesse, der im Körper eines menschlichen Wesens abläuft, erzeugt und können nur durch die gleiche Art von Prozess, der im Körper des Schriftstellers oder eines anderen menschlichen Wesens abläuft, wahrgenommen werden. Sie können insoweit kreativ und originell genannt werden, als der Impuls, den sie aussenden, und die Veränderungen, die sie bewirken, von ihrem Auftreten abhängen. Wir können über das Leben einer Idee und die Auswirkungen ihrer Existenz ermitteln, was wir

> wollen. Über ihre Geburt wissen wir nur, dass sie durch ein Individuum erzeugt wurde. Ihre Geschichte können wir nicht weiter zurückverfolgen. Das Auftreten einer Idee ist eine Erneuerung, eine neue Tatsache, die der Welt hinzugefügt wird. Es ist *für den menschlichen Verstand* wegen der Lückenhaftigkeit unseres Wissens der Ursprung von etwas Neuem, das vorher nicht existierte.[194]

Vor diesem Hintergrund wird deutlich: Es hängt tatsächlich an den Ideen, ob der Kapitalismus oder der Antikapitalismus die Oberhand behält; ob Frieden und Wohlstand herrscht oder ob die Gemeinschaft in Unfriede und Armut verfällt. Und weil es *unbestreitbar* die Ideen sind, die das menschliche Handeln bestimmen, ist es von großer Bedeutung, den Gang der Ideen, ihre Entwicklung und Weiterentwicklung, ihre Akzeptanz und Durchsetzung im Denken und Handeln der Menschen zu verstehen. Betrachten wir dazu zwei unterschiedliche Regime: In Regime (1) herrscht freie Marktwirtschaft, in Regime (2) gibt es einen Staat (wie wir ihn heute kennen), es herrscht also bestenfalls so etwas wie eine *gehemmte* Marktwirtschaft.

In Regime (1) gibt es einen *freien Markt für Ideen*: Jeder hat die Möglichkeit, eigene Ideen zu entwickeln, und ist frei, sein Handeln daran auszurichten; oder er kann den Ideen folgen, die andere vorgeben und die er am vorteilhaftesten erachtet, um seine eigenen Ziele zu erreichen. In einer freien Marktwirtschaft – die sich durch den unbedingten Respekt vor dem Eigentum auszeichnet – sind der Anreiz und die Wahrscheinlichkeit groß, dass sich diejenigen Ideen durchsetzen, mit denen die Menschen, wenn sie ihr Handeln an ihnen ausrichten, ihre Ziele erreichen. Das heißt natürlich nicht, dass in einem freien Markt für Ideen die Menschen keine Fehler begehen!

Menschen sind nicht perfekt. Man muss davon ausgehen, dass sie immer wieder Fehler begehen. Menschen können natürlich auch in einem freien Markt falschen Ideen auf dem Leim gehen, an Ideen glauben, mit denen sie ihre Ziele nicht erreichen. Aber in einem freien Markt für Ideen gibt es wirkungsvolle *Korrekturmechanismen*: Die Marktmacht derjenigen, die schlechten Ideen anhängen und sie propagieren, wird im Zaume gehalten. Ihnen wird fortwährend Paroli geboten durch diejenigen, die bessere Ideen entwickeln, die eifrig sind, sie zu verbreiten, sie bei ihren Mitmenschen bekannt machen wollen. Die Wahrscheinlichkeit, dass hier schlechte Ideen eher früher als später durch gute Ideen ersetzt werden, ist groß – so wie auch schlechte Produkte von besseren Produkten ersetzt werden.

Betrachten wir nun Regime (2). Hier gibt es den Staat (wie wir ihn heute kennen), und der Staat greift in das Marktgeschehen ein, wann immer es *ihm* zum Vorteil gereicht. Und weil der Staat genau weiß, wie bedeutsam Ideen sind für das Handeln der Menschen, die er steuern will, greift er vor allem dort ein, wo Ideen entstehen, überdacht, gewertet und verbreitet werden: in den Markt für Bildung und Ausbildung und vor allem für Meinung. Dazu zählen: Kindergarten, Vorschule, Schule, Universität, aber auch Medien (Stichwort: Staatsfernsehen), Kunstbetrieb (durch Förderung von Künstlern und deren Kunstrichtung) und Kulturbetrieb (Literatur, Theater, Film etc.). Greift der Staat ein, ist der Markt für Ideen nicht mehr frei, sondern gehemmt oder, wie es in Diktaturen der Fall ist, verboten.

Der Staat zielt insbesondere darauf ab, die *Intellektuellen* für sich einzunehmen, sie unter seine Kontrolle zu bekommen. Dazu zählen Lehrer und Professoren, Anwälte, Richter, Mediziner, Künstler wie Schauspieler und Musiker, Literaten und Filmproduzenten und vor allem Journalisten von Tageszeitungen, Monatsmagazinen sowie TV-Sendungen. Schließlich sind sie alle *Meinungsmacher*: Sie vermitteln der breiten Öffentlichkeit, welche Ideen gut und richtig und welche Ideen schlecht und verwerflich sind. Die breite Öffentlichkeit entwickelt bekanntermaßen keine eigenen Sichtweisen, schafft keine neuen Ideen. Sie folgt in der Regel der Meinung der Intellektuellen, die sich als Experten auf ihrem Gebiet positionieren.

Wenn es aber der Staat und nicht der freie Markt ist, der das Aufkommen, Bewerten und Verbreiten von Ideen bestimmt, dann gerät eine Gesellschaft unweigerlich auf die schiefe Bahn. Zum einen wird der Staat (wie wir ihn heute kennen) dafür Sorge tragen, dass vor allem solche Ideen vermittelt und popularisiert werden, die ihm, dem Staat, nützlich und dienlich sind. Besonders bedeutsam für den Staat ist die Einflussnahme auf die ökonomischen und politischen Theorien. Sie sind von herausragender Bedeutung, um den Staat als legitim, unverzichtbar, als gut und wünschenswert auszuweisen: dass beispielsweise Steuern gerecht seien, dass das Geld nur vom Staat bereitgestellt werden kann, dass nur der Staat für Recht und Sicherheit sorgen kann und vieles andere mehr.

Greift aber der Staat in den Markt der Ideen ein, wird der Wettbewerb gestört. Der Staat ist schließlich nicht irgendwer. Er hat im Grunde alle Mittel an der Hand, um seine Ziele durchzusetzen. Vor allem verfügt er über gewaltige, nahezu unerschöpfliche finanzielle Mittel. Er beschafft sie sich durch Steuern, die er den Bürgern und Unternehmern abpresst, oder durch Ausgabe von neuem Geld (dessen Produktion er monopolisiert hat). Auf diese Weise kann er viele Wissenschaftler in den Sozial- und Wirtschaftswissenschaften, aber auch Rechtswissenschaften bezahlen. Und der Staat sorgt (direkt oder indirekt) dafür, dass die Stellen in den Bildungs- und Forschungseinrichtungen mit Kräften bestückt werden, die sich im Großen und Ganzen durch eine staatstreue Linie auszeichnen, die ihm als *intellektuelle Leibgarde* zur Seite stehen; auskömmliche finanzielle Versorgung und prestigeträchtige Amtsbezeichnungen ermutigen die Begünstigten, gehorsam zu folgen – ganz nach dem Motto »Wes Brot ich ess, des Lied ich sing«.

Der freie Markt, der freie Wettbewerb für Ideen wird in den Sozial- und Wirtschaftswissenschaften stark zugunsten des Staates und seiner ihm dienenden intellektuellen Leibgarde verzerrt. So lassen sich auch fehlerhafte ökonomische Theorien, schlechte Ideen, recht wirkungsvoll verbreiten. Die Möglichkeit, sie durch bessere Ideen herauszufordern und zu ersetzen, ist empfindlich geschmälert. Zum einen färben Glanz und Ehrerbietung, die üblicherweise dem Staat von der breiten Öffentlichkeit entgegengebracht werden, auf die im staatlichen Dienst stehenden Wissenschaftler ab. Sie gewinnen Autorität, eine De-facto-Unangreifbarkeit im Lehr- und Forschungsbereich, und ihre Methoden, Theorien und Lehren setzen den Maßstab, an dem sich Konkurrenten zu messen und sich abzuarbeiten haben.

Zum anderen macht die übermächtige Stellung des Staates im Schul- und Universitätswesens privaten Konkurrenten das Leben schwer. Schulen haben ihr Angebot mehr oder weniger eng an staatlich vorgegebenen Lehrplänen auszurichten. In der Wissenschaft herrscht zwar Wissenschaftsfreiheit, wie es etwa das Grundgesetz für die Bundesrepublik Deutschland in Artikel 5 Absatz 3 betont: »Kunst und Wissenschaft, Forschung und Lehre sind frei. Die Freiheit der Lehre entbindet nicht von der Treue zur Verfassung.« Doch damit sind Konflikte zwischen Staat und der Freiheit in Forschung und Lehre natürlich *nicht* ausgeschlossen oder abgewendet.

Denn wenn der Staat Richter über alle Konflikte ist, sowohl die zwischen seinen Untergebenen, als auch die zwischen ihm, dem Staat, und seinen Untergebenen, dann werden sich die Grundpositionen in Forschung und Lehre – vor allem in den Sozial- und Wirtschaftswissenschaften – nicht von den existenziellen Interessen des Staates entfernen oder sie ernstlich infrage stellen. Es wird vermutlich erst gar nicht zu einem offenen Konflikt kommen: Die Anforderungen hinsichtlich der notwendigen Qualifikation der Bewerber und ihre Auswahl für die Besetzung der Lehr- und Forschungspositionen stellen sicher, dass die »richtigen« Kandidaten in Amt und Würden gehoben werden.

Vor diesem Hintergrund kann es nicht verwundern, dass die moderne Volkswirtschaftslehre sich von dem Ideal des freien Marktes immer weiter abgekehrt und eine antikapitalistische Ausrichtung eingenommen hat. Die moderne Volkswirtschaftslehre ruht mittlerweile auf der unwidersprochenen Grundannahme, dass freie Märkte nicht immer und überall funktionieren, dass sie vielmehr staatlicher Fürsorge bedürfen, damit sie ihrem Zweck dienen können; dass also der Staat (wie wir ihn heute kennen) unverzichtbar sei, damit Menschen friedvoll und produktiv in der Gemeinschaft leben können. Und mit eben dieser Grundposition ist der weitere Weg vorgezeichnet: Die Volkswirtschaftslehre (schein-)legitimiert das Vordringen des Staates auf Kosten des Systems der freien Märkte, sie öffnet interventionistischen-sozialistischen Politiken Tür und Tor.

Wenn man die apriorische Erkenntnis akzeptiert, dass das menschliche Handeln von Ideen bestimmt wird, und man zudem die ökonomische Erkenntnis ernst nimmt, dass alle antikapitalistischen Ideen – sei es die Lehre vom Interventionismus, vom Sozialismus oder vom Kommunismus – die Mehrheit der Menschen auf dem Globus ins Unglück stürzen, dann liegt die folgende Schlussfolgerung nahe: Die Sozial- und Wirtschaftswissenschaften dürften nicht dem Einfluss des Staates ausgesetzt beziehungsweise dürfen nicht finanziell von ihm abhängig sein, sondern müssen privatisiert werden: Soziologen und Ökonomen müssen sich fortan, wie in jeder anderen Unternehmertätigkeit auch, mit ihren Produkten Forschung und Lehre im freien Markt bewähren. Doch eine solche Forderung greift zu kurz.

Denn wenn man die Gedanken, die in diesem Buch ausgebreitet wurden, konsequent zu Ende denkt, dann tritt an dieser Stelle das eigentlich Erforderliche deutlich hervor: Einen Staat (wie wir ihn heute kennen) darf es aus ökonomischen und ethischen Gründen nicht geben – den Staat in der Form eines territorialen Monopolisten, der die Letztentscheidungsmacht über alle Konflikte in seinem Gebiet und auch das Recht zur Besteuerung hat. Ein solcher Staat ist eine (handlungs-)logische Widersprüchlichkeit, eine Absurdität, *ein eigentumsverletzender Eigentumsschützer und ein rechtsbrechender Rechtssetzer,* wie es Hans-Hermann Hoppe treffend ausgedrückt hat. Was aber sollte und könnte an die Stelle des Staates (wie wir ihn heute kennen) rücken, und wie ließe sich eine solche Veränderung bewerkstelligen? Dazu abschließend eine ganz kurze Antwort in zwei Schritten, wobei die bestehenden Verhältnisse berücksichtigt werden.

Der erste Schritt besteht in der Erkenntnis, dass jedem Menschen sein *Selbstbestimmungsrecht* unveräußerlich zusteht. Das beinhaltet das Recht auf Selbsteigentum, aber auch das Eigentum an den äußeren Gütern, die auf nicht-aggressivem Wege angeeignet wurden (durch Inlandnahme, Produktion und Tausch). Ein solches Eigentumsrecht bedeutet, dass niemand das Recht hat, über andere zu herrschen, sie zwingen darf, gegen ihren Willen zu handeln.

Der zweite Schritt leitet sich aus dem ersten ab: Wenn jeder Mensch Eigentümer seiner selbst und seiner rechtmäßig erworbenen Güter ist, so hat er logischerweise auch das Recht, aus einem Staat auszutreten, wenn er es denn wünscht. Die Erkenntnis, dass es ein *Sezessionsrecht* gibt, das sich handlungslogisch begründen, sich also nicht widerspruchsfrei verneinen lässt, ist der Schlüssel zur Rückkehr der individuellen Freiheit und damit auch der Entmachtung des Staates, wie wir ihn heute kennen: als territorialen Monopolisten über Recht und Sicherheit, dem auch noch erlaubt wird, Steuern zu erheben. Verinnerlichen die Menschen, dass ihnen ein unveräußerliches Selbstbestimmungsrecht zusteht, wird es zur realen Option, dass Regionen, Städte und Gemeinden bis hin zu Kleinstgruppen, wenn sie es ausdrücklich wollen, aus dem Staat auszutreten wünschen.

Das wiederum kann zwei Folgen nach sich ziehen. Die eine ist, dass der Staat (wie wir ihn heute kennen) sich »bessern« muss: Er darf seine Unterworfenen nicht mehr wie bisher gängeln mit Steuern und Ge- und Verboten, sondern muss ihnen vorteilhaftere Bedingungen für ihr Leben und Wirtschaften gewähren. Gelingt das dem Staat, werden die Menschen(-gruppen), die den Ausstieg anstreben, vielleicht ihre Pläne überdenken und im Staat verbleiben. Die »Sezessionsoption« übt hier Druck auf Staaten aus, verstärkt im Sinne seiner Unterworfenen zu handeln. Entspricht ein Staat aber nicht den Wünschen der Austrittswilligen und sehen diese keinerlei Aussicht auf Besserung, wird der Staat Untertanen verlieren, sich aufspalten oder ganz auflösen. Die Unzufriedenen verlassen den Staat und geben sich eine neue Organisation gemäß ihrer Vorstellungen.

Eine Welt der »kleinen Einheiten« verspricht friedvoller und humaner zu sein als die Großstaatsgebilde. Denn jede kleine Einheit muss sich notwendigerweise kooperativ mit anderen zeigen: Sie ist kein Selbstversorger, ist auf Arbeitsteilung und Handel angewiesen, steht im Standortwettbewerb mit allen anderen. Nicht die Herausbildung von großen und mächtigen Staaten, eines engen Bundes von Staaten, im Extremfall eines Weltstaates bringt Frieden und Wohlstand, sondern nur die Intensivierung der internationalen Arbeitsteilung kann den Wohlstand mehren und das Güterangebot erzeugen, das erforderlich ist, um die Lebenshaltung und damit das Kulturniveau der großen Zahl der Menschen zu heben.

Wer also Frieden und Wohlstand auf der Welt fördern will, der muss dafür eintreten, dass die Macht des Staates so weit wie möglich eingegrenzt wird und dass den Kräften des freien Marktes der größtmögliche Spielraum eingeräumt wird – wie es das Ansinnen der Privatrechtsgesellschaft – die auf handlungslogischen Erkenntnissen ruht – vorsieht. Vor diesem Hintergrund erweist sich der Antikapitalist mit seinem Bestreben, das System der freien Märkte, den Kapitalismus, zurückzudrängen oder gar abzuschaffen, als ein fehlgeleiteter Geist. Die Argumente, die in den voranstehenden Zeilen und Kapiteln entfaltet wurden, mögen zur Erkenntnis beitragen, dass der Antikapitalist *kein Weltverbesserer ist.* Vielmehr ist er das Gegenteil.

Anmerkungen

1 Keynes (1936), The General Theory of Employment, Interest and Money, S. 383.

2 Siehe Romer (2016), The Trouble with Macroeconomics.

3 Mayeda, Torres (2016), The Rebel Economist Who Blew Up Macroeconomics.

4 Ebenda.

5 Siehe hierzu zum Beispiel Stegmüller (1978), Hautströmungen der Gegenwartsphilosophie, S. 351–428.

6 Siehe hierzu zum Beispiel Poser (2001), Wissenschaftstheorie. Eine philosophische Einführung, S. 108 ff.

7 Man kann das Induktionsprinzip nicht als evident, nicht als apriorisch, rechtfertigen. Wäre es apriorisch, dürfte es niemals zu falschen Schlussfolgerungen (Allaussagen) führen (soweit man richtige Beobachtungen voraussetzt): Aus Beobachtungen gewonnene Allaussagen könnten nämlich niemals verworfen werden, wenn das Induktionsprinzip ein logisches Prinzip *a priori* wäre (eine logische Wahrheit kann durch Erfahrung nicht widerlegt werden). Man kann den Induktionsschluss aber auch nicht *a posteriori* rechtfertigen. Dann würde man behaupten, dass das Induktionsprinzip gilt, weil bisher keine Resultate beobachtbar waren, die ihm widersprochen haben. Man würde hier das Induktionsprinzip bereits als gültig voraussetzen, umgeht damit das Rechtfertigungsproblem, endet in einem infiniten Regress. Zu *a priori* und *a posteriori* siehe zum Beispiel Höffe (2014), Immanuel Kant, S. 57–63.

8 Poppers Wissenschaftsverständnis führt geradewegs in einen Relativismus-Skeptizismus. Nachstehend drei Zitate, die dieses Urteil stützen sollen: »Meine Auffassung implizierte, daß wissenschaftliche Theorien (es sei denn, daß sie falsifiziert werden) für immer Hypothesen oder Vermutungen bleiben müssen.« (Popper (2004), Ausgangspunkte, S. 112) Oder: »The game of science is, in principle, without end. He who decides one day that scientific statements do not call for any further test, and that they can be regarded as finally verified, retires from the game.« (Popper (2002), The Logic of Scientific Discovery, S. 32); oder: »[W]e can never give positive reasons which justify the belief that a theory is true.« (Popper (2002), Conjectures and Refutations, S. 310).

9 Siehe Hoppe (1995), Economic Science and The Austrian Method, insb. S. 14–16.

10 Siehe hierzu Mises (1957), Theory and History, S. 1–8; auch Rothbard (2011), Economic Controversies, S. 3–58.

11 Hierzu und im Folgenden siehe Hoppe (1983), Kritik der kausalwissenschaftlichen Sozialforschung, insb. S. 11–15, S. 25–29 und S. 44–49.

12 Gerade Wissenschaftler bekunden durch ihr Schaffen, dass sie sich selbst und auch ihren Zuhörern und Lesern Lernfähigkeit unterstellen. Ansonsten

würden sie das nicht tun, was sie üblicherweise tun: Wissen erlangen und verbreiten zu wollen.

13 Man könnte an dieser Stelle auf die Idee kommen zu sagen: Mäuse, Katzen oder Stechmücken sind auch lernfähig. Das mag sein. Aber auch wenn diese Tiere sich bestimmte konstante Impuls-Reaktionsmuster aneignen kön-n(t)en: Sie handeln nicht wie der Mensch: Sie entwickeln keine Präferenzen, formen keine Ziele, wählen nicht zwischen Handlungsalternativen.

14 Beispielsweise ist die Beziehung zwischen Geldmenge und Preisen im Euroraum im Januar 2018 nicht vergleichbar mit der Beziehung zwischen Geldmenge und Preisen im Februar 2018.

15 Siehe hierzu Mises (1940), Nationalökonomie, S. 11–114.

16 Würde man annehmen, dass Handeln keine Zeit erfordert – wie wäre dann zum Beispiel ein einfaches Angebots- und Nachfragemodell zu beurteilen? Wäre ein Handeln ohne zeitliche Erstreckung möglich, so wären alle Ziele, die der Handelnde verfolgt, sofort und unmittelbar erreicht – und es gäbe keinen Anlass, keine Möglichkeit zu handeln. Handeln wäre unmöglich – doch das lässt sich, wie leicht einzusehen ist, nicht widerspruchsfrei denken: Der Mensch kann nicht *nicht* handeln. Jedes noch so einfache Angebots- und Nachfragemodell muss, damit es sinnvoll (und realitätsbezogen) ist, annehmen, dass das Handeln in der Zeit stattfindet. Ohne ein Handeln in der Zeit gäbe es gar keine Angebots- und Nachfragekurve!

17 Siehe hierzu zum Beispiel Painlevé, (1960), The Place of Mathematical Reasoning in Economics, S. 120–132.

18 Siehe hierzu auch Hoppe, (1997), On Certainty and Uncertainty, S. 49–78.

19 Menger (1883), Untersuchungen über die Methode der Sozialwissenschaften, und der Politischen Oekonomie insbesondere, S. xix.

20 Siehe hierzu Tetens (2006), Kants »Kritik der reinen Vernunft«, S. 37.

21 Kant (1968), Kritik der reinen Vernunft, B 3–B 4.

22 Siehe hierzu Rothbard (1982), The Ethics of Liberty, S. 51–61, insb. S. 58–59.

23 Spooner (1870), No Treason, S. 16–17.

24 Siehe hierzu und im Folgenden auch grundlegend Hoppe (2013), A Theory of Socialism and Capitalism.

25 Mises (1940), Nationalökonomie, S. 250.

26 Kant (1870), Grundlegung zur Metaphysik der Sitten, S. 53–54.

27 Mises (1940), Nationalökonomie, S. 721.

28 Mises (1932), Die Gemeinwirtschaft, S. 471.

29 Dass der Mensch handelt, lässt sich nicht vereinen, ohne einen logischen Widerspruch zu verursachen. Der Satz »Der Mensch handelt« ist ein *a priori*: Er ist denknotwendig und allgemeingültig.

30 Mises (1940), Nationalökonomie, S. 128.

31 Ebenda, S. 128.

32 Kant (1990), Metaphysik der Sitten, S. 169 [312–313].

33 Ebenda, S. 66–67 [229–230].

34 Ebenda, S. 76 [237–238].

35 Kant, Metaphysik der Sitten, S. 171 [314].

36 So zum Beispiel Hoppe (2006), Democracy. The God that Failed, S. 45; Rothbard (1982), Ethics of Liberty, S. 161 ff.

37 Siehe Buchanan und Tullock (1962), The Calculus of Consent: Logical Foundations of Constitutional Democracy; Buchanan (1975), The Limits of Liberty: Between Anarchy and Leviathan. Buchanan und Tullock geben zu, dass kein Staat und keine Staatsverfassung auf einer ausdrücklichen Zustimmung aller Mitglieder oder einem expliziten Vertrag ruhen. Den endgültigen Beweis ihrer These, dass der Staat dennoch durch eine »allgemeine Übereinkunft« legitimiert sei, bleiben sie jedoch schuldig.

38 Der Begriff *Praxeologie* steht für die Logik des menschlichen Handelns. Praxeologisch meint eine Erkenntnis, die logisch aus dem Satz folgt, dass der Mensch handelt.

39 Siehe hierzu Hoppe (2012), The Private Production of Defense, S. 173 ff.

40 Franz Oppenheimer war der Doktorvater von Ludwig Erhard (1897–1977), der ihn sehr verehrt hat.

41 Oppenheimer (1929), Der Staat, S. 15.

42 Die Argumentation folgt Hoppe (2012), The Private Production of Defense, S. 175–176.

43 Kant formulierte den Kategorischen Imperativ in »Grundlegung zur Metaphysik der Sitten« (1785). Siehe hierzu auch Höffe (2014), Immanuel Kant, S. 185–201.

44 Höffe (2014), Immanuel Kant, S. 190.

45 Siehe Hoppe (2006), On the Ultimate Justification of the Ethics of Private Property. Er schreibt (S. 344): »By being alive and formulating any proposition, one demonstrates that any ethic except the libertarian private property ethic is invalid.«

46 Rede Papst Benedikts XVI. im Deutschen Bundestag am 22. September 2011.

47 Siehe Rothbard (2006), Power and Markets, S. 233–245.

48 Die ideologische Überzeugungsarbeit übernehmen üblicherweise vor allem diejenigen, die für staatliche Lehranstalten tätig sind (Lehrer, Hochschullehrer und Professoren) – Friedrich August von Hayek hat sich in seinem Aufsatz »The Intellectuals and Socialism« (1949) ausführlich damit beschäftigt.

49 Diese Aussage stützt sich auf die praxeologische Einsicht, dass jedem Staat, auch dem Minimalstaat, die Tendenz innewohnt, zu einem Maximalstaat zu werden.

50 Siehe Rothbard (2010), What Has Government Done to Our Money?, insb. S. 49–87; auch Hoppe (2012), Der Wettbewerb der Gauner, S. 61–68.

51 Joseph Salerno spricht in diesem Zusammenhang vom *Progressionstheorem*: »Rothbard builds on the work of Mises and Menger in formulating what may be called a ›progression theorem‹ of fiat money, a historico-logical account of how paper fiat money can and does come into being only as the result of a long series of government interventions which progressively undermines the market-evolved commodity standard.« Salerno (2010), Money, Sound and Unsound, S. 49–50.

52 Siehe Müller-Armack (1947), Wirtschaftslenkung und Marktwirtschaft, S. 59.

53 Siehe Hayek (1988), The Fatal Conceit; *eigene Übersetzung*.

54 Es handelt sich hier um ein *logisches Korrelat*. Siehe hierzu zum Beispiel Jevon (1888), Elementary Lessons in Logic: Deductive and Inductive, S. 25 f.

55 Erhard am 19. November 1953 in einer Rede bei der »Aktionsgemeinschaft Soziale Marktwirtschaft«, zitiert nach Mierzejewski (2004), Ludwig Erhard, S. 59.

56 Diese Position vertritt Erhard ausdrücklich: »Nie mehr zwar wird der Staat in die Rolle des Nachtwächters zurückverwiesen werden, denn auch die freieste Marktwirtschaft, und gerade diese, bedarf eines Organs der Rechtssetzung und Rechtsüberwachung.« Erhard (1944), Kriegsfinanzierung und Schuldenkonsolidierung, S. 264.

57 Siehe dazu zum Beispiel Erhard (2009 [1957]), Wohlstand für Alle, S. 203 f. Allerdings ist diese Auffassung äußert fragwürdig: Warum sollte es in einem freien Markt zu Kartellen und Monopolen kommen? Die Ordoliberalen haben diese steile These bislang nicht überzeugend begründet. Zur Gegenposition, dass der freie Markt also keine »gefährliche« Vermachtung hervorbringt, siehe Mises (1927), Liberalismus, S. 80–85.

58 Siehe Eucken (1990 [1952]), Grundsätze der Wirtschaftspolitik, S. 325 ff.

59 Nicht selten wird das als »Ungereimtheit« ausgelegt. So etwa Lösch (2000), Das Dilemma mit der Rolle des Staates in der Wettbewerbsordnung. S. 186 f. Allerdings scheint mir die in diesem Artikel vorgebrachte Beurteilung überzeugender zu sein: dass nämlich die Ordoliberalen eine *überzogene, illusionäre Vorstellung* haben mit Blick auf die Möglichkeit, den Staat zu zähmen.

60 Im Sozialismus ist das Eigentum an den Produktionsmitteln verstaatlicht, im Kapitalismus befindet es sich in privaten Händen.

61 Siehe Mises (2013), Kritik des Interventionismus.

62 Lässt man die »Unschuldsvermutung« fallen, so lässt sich der Interventionismus auch als Vehikel kritisieren, um, quasi durch die Hintertür, die freie in eine unfreie Gesellschaft zu überführen. Siehe hierzu Polleit (2014), Die Naiven, die Achtlosen und die Kaltblütigen; siehe auch Hayek (1960), Die Verfassung der Freiheit, S. 327 f.

63 Rüstow (1949), Zwischen Kapitalismus und Kommunismus, S. 25 f.

64 Siehe hierzu zum Beispiel Thamer (2006), Siedler Deutsche Geschichte, S. 467–493; Ambrosius (2000), Von Kriegswirtschaft zu Kriegswirtschaft, insb. S. 326–350.

65 Dieses Beispiel ist entnommen Siebert (2001), Der Kobra-Effekt.

66 So etwa Mises (2013), Kritik des Interventionismus, S. 41.

67 Euckens Aufsatz »Staatliche Strukturwandlungen und die Krise des Kapitalismus« (1932) ist eine zentrale Schrift für das ordoliberale Denken. Eucken schreibt darin, dass ein fortschreitendender Interventionismus nicht etwa auf eine Stärkung, sondern eine Schwächung des Staates hinauslaufe:

»Dass mit diesem Prozess die Größe des Staatsapparates außerordentlich wächst, dass ... er mit seinen Subventionen, Zöllen, Einfuhrverboten, Kontingenten, Moratorien, usw. ... viel tiefer als früher in die Einkommensgestaltung des einzelnen eingreift, dass sich also eine entschiedene Expansion der Staatstätigkeiten vollzieht, ist oft geschildert worden. Solche Tatsachen dürfen aber nicht eine andere Seite der Sache übersehen lassen; diese Expansion nämlich ... bedeutet nicht etwa eine Stärkung, sondern ganz im Gegenteil eine Schwächung des Staates ... Die Tatsache, dass der Wirtschaftsstaat im Gegensatz zum liberalen Staat aufs engste mit dem jeweiligen Stand der Konjunktur verknüpft ist, und dass heute jede schwere wirtschaftliche Depression eine Erschütterung des Staates bewirkt, zeigt bereits die Fesselung des Staates durch die Wirtschaft. ... Seine Handlungen werden abhängig von dem Willen der wirtschaftlichen Gruppen, denen er mehr und mehr als Werkzeug dient.« (Eucken (1932), Staatliche Strukturwandlungen und die Krise des Kapitalismus, S. 307.)

Für Eucken ist also der Staat »schwach«, wenn er dem zunehmenden Einfluss von Interessengruppen anheimfällt; diese Leseart wird auch heute noch von den Ordoliberalen geteilt, siehe zum Beispiel Vanberg (2014), Liberalismus und Demokratie.

Eucken meint also mit »stark« einen Staat, der für Freiheit eintritt, und mit »schwach« meint er einen Staat, der die Freiheit zerstört. Eine verwirrende Wortwahl. Denn wozu führt sie? Beispielsweise hatte im deutschen Nationalsozialismus der Interventionismus unzweifelhaft ein Höchstmaß erreicht: Die Nationalsozialistische Deutsche Arbeiterpartei (NSDAP) beherrschte den Staat vollständig. Wer wollte hier argumentieren, dass der Staat »schwach« und nicht »stark« war? Wenn nun die Ordoliberalen nach einem »starken Staat« rufen, rufen die Sozialisten mit ihnen – aber aus ganz unterschiedlichen Beweggründen!

68 Siehe hierzu Rothbard (2009), Anatomy of the State.

69 Siehe hierzu Mierzejewski (2004), Ludwig Erhard, S. 23–28.

70 Oppenheimer (1907), Der Staat, S. 8–9; vgl. auch hier Kapitel 4.

71 Hoppe (2006), Democracy – The Gold That Failed, S. 221–238, hier insb. S. 229.

72 Siehe hierzu auch Hoppe (2010), A Theory Of Socialism and Capitalism, S. 173 ff.

73 Siehe Olson (1965), The Logic of Collective Action.

74 Zum Konzept der Privatrechtsgesellschaft siehe zum Beispiel Rothbard (1973), For A New Liberty; Hoppe (2012), Der Wettbewerb der Gauner, S. 73–88; ders. (2006), Democracy. The God That Failed, insb. S. 239–265; Wenzel (2018) Foundations of Private Property Society Theory: Anarchism for the Civilized Person; Janich (2018), Sicher ohne Staat.

75 Mises (1927), Liberalismus, S. 97.

76 Die Ausführungen aus diesem Kapitel basieren auf einem Artikel von Thorsten Polleit für das Werk *Kritische Psychotherapie*, das von Martin Wendisch herausgegeben wurde. Kritische Psychotherapie. Interdisziplinäre Analysen einer leidenden Gesellschaft. Göttingen 2020.

77 Siehe hierzu Mises (1953), Theory of Money and Credit, S. 29–37.

78 Siehe Menger (1871), Grundsätze der Volkwirthschaftslehre, S. 250–285.

79 Es sei hier angemerkt, dass Fiat-Geld auch geschaffen wird, indem die Zentralbank zum Beispiel Aktien oder Bürohäuser kauft, oder dadurch, dass sie ihren eigenen Mitarbeitern die Löhne bezahlt.

80 Eine Erklärung dazu findet sich bei Rothbard (2008 ([1963]), What Has Government Done To Our Money?

81 Das System von Bretton Woods war kein Goldstandard, sondern ein *Pseudo*-Goldstandard. In einem echten Goldstandard ist die ausstehende Menge an Banknoten und Giroguthaben zu 100 Prozent durch physisches Gold hinterlegt. Das aber war im System von Bretton Woods nicht der Fall – wie es übrigens auch in vielen anderen Episoden der Währungsgeschichte nicht der Fall war. Daher sollte man den gängigen Schilderungen auch nicht kritiklos folgen, für die Finanz- und Wirtschaftskrisen im 19. und frühen 20. Jahrhundert sei das »Versagen« des Goldstandards ursächlich gewesen. Weit gefehlt: Es waren die Verstöße gegen die Regeln des echten Goldstandards, die immer wieder zu Krisen geführt haben und von den Staaten nicht sanktioniert wurden, beziehungsweise es waren die Staaten, die für den Regelbruch verantwortlich waren.

82 Siehe hierzu Polleit, Prollius (2014), Geldreform.

83 Die Kaufkraft des Geldes wird üblicherweise wie folgt definiert: Kaufkraft einer Geldeinheit = $1 / P$, wobei P für die Güterpreise steht. Steigt (fällt) P, so nimmt die Kaufkraft des Geldes ab (zu).

84 Siehe hierzu Hülsmann (2013), Krise der Inflationskultur, insb. S. 233–254.

85 Das Fiat-Geld verursacht Fehlallokationen: Knappe Ressourcen werden verschwendet, und die Produktionsfaktoren (zu denen auch natürliche Ressourcen wie insbesondere Energie zählen) stehen nicht mehr für andere Verwendungen zur Verfügung (Stichwort: »Bauruinen«).

86 In einem Goldgeldsystem ist eine inflationäre Ausweitung der Geldmenge nicht möglich, und die staatliche Schuldenfinanzierung sorgt für steigende Marktzinsen – die die Wirtschaft abbremsen und so der Öffentlichkeit die

Kosten der Kriegstätigkeit unmissverständlich vor Augen führen. Anders im Fiat-Geldsystem: Die Kriegsausgaben lassen sich hier mit der Ausgabe von inflationärem neuen Geld finanzieren. Bei einer steigenden Kreditnachfrage des Staates können zudem das Kreditangebot und die Geldmenge ausgeweitet und gleichzeitig der Zins niedrig gehalten werden. Eine solche Kriegsfinanzierung löst tendenziell einen Konjunkturschub aus – und das reduziert den Widerstand der Öffentlichkeit gegen militärische Abenteuer der Staaten.

87 An dieser Stelle sei angemerkt, dass es nirgendwo auf der Welt derzeit einen echten Kapitalismus gibt und dass es ihn auch in der Vergangenheit noch nicht in »Reinform« gegeben hat. Die russisch-amerikanische Schriftstellerin Ayn Rand (1905–1982) spricht daher auch treffend vom »Kapitalismus als das unbekannte Ideal«, wie der Titel von Ayn Rands Aufsatzsammlung lautet (»Capitalism: The Unknown Ideal«, 1967).

88 Siehe Baader (2010), Geldsozialismus.

89 Siehe hierzu Hoppe (2012), Wettbewerb der Gauner, S. 73–88.

90 Siehe hierzu Polleit (2011), Fiat Money and Collective Corruption; ders. (2012), Kollektive Korruption.

91 Zur Geschichte des Neoliberalismus siehe Plickert (2008), Wandlungen des Neoliberalismus.

92 In seinem Vortrag »Freie Wirtschaft, starker Staat«, den er auf der im September 1932 auf der Dresdner Tagung des Vereins für Socialpolitik hielt, skizzierte Rüstow seine Idee des Neoliberalismus: »Der neue Liberalismus jedenfalls, der heute vertretbar ist, und den ich mit meinen Freunden vertrete, fordert einen starken Staat, einen Staat oberhalb der Wirtschaft, oberhalb der Interessenten, da, wo er hingehört.« Siehe hierzu auch Rüstows Erläuterungen in Prollius (2007), Herrschaft oder Freiheit, S. 155–158.

93 Diese Einsicht formuliert unmissverständlich Hoppe (2006), On the Errors of Classical Liberalism and the Future of Liberty, S. 229.

94 Zur Kritik an der Sozialen Marktwirtschaft siehe hier Kapitel 6; Polleit (2018), Die Utopie der Sozialen Marktwirtschaft; ders. (2018), Die »Soziale Marktwirtschaft« Erhardscher Prägung aus Sicht der klassischen liberalen Ökonomik. Der Ordoliberalismus ist in jüngster Zeit auch wieder kritisch betrachtet worden. Zur Kritik am Wettbewerbskonzept des Ordoliberalismus siehe z. B. Rhonheimer (2017), Ludwig Erhards Konzept der sozialen Marktwirtschaft und seine wettbewerbstheoretischen Grundlagen.

95 Siehe hierzu Hoppe (2010), A Theory of Socialism and Capitalism, S. 31–52 und S. 55–81.

96 Zu einer grundlegenden Kritik der Sozialen Marktwirtschaft siehe hier Kapitel 6; Polleit (2018), Die Utopie der Sozialen Marktwirtschaft.

97 Ein Effekt des inflationären Geldes ist »kalte Progression«. Er entsteht, wenn die Eckwerte eines progressiven Steuertarifs nicht angepasst werden.

98 Mises (2013), Kritik des Interventionismus. Hier bringt er es auf den Punkt (S. 36): »Entweder Kapitalismus oder Sozialismus; ein Mittelding gibt es nicht.«

99 Hayek (1960), Die Verfassung der Freiheit, S. 369, Fußnote 10.

100 Siehe Michels (1911), Zur Soziologie des Parteiwesens in der Modernen Demokratie.

101 Siehe hierzu Polleit (2017), Die Blockchain-Disruption: Geld, Bitcoin und digitalisiertes Goldgeld.

102 Siehe Rothbard (2008), The Mystery of Banking, S. 85–139; auch Polleit, Prollius (2014), Geldreform, S. 79–86.

103 Siehe hierzu Mises (1927), Liberalismus, S. 95–98.

104 Siehe Rothbard (2006), For A New Liberty, S. 249–299; Hoppe (2006), On Government and the Private Production of Defense, S. 239–265; zur Privatisierung des Rechts- und Gewaltmonopols siehe Dürr (2006), Entstaatlichung der Rechtsordnung – Ein Modell ohne staatliches Rechtsetzungs- und Gewaltmonopol.

105 Die Analyse der Ursachen, die Volkswirtschaften erfolgreich machen oder scheitern lassen, ist nach wie vor nicht abgeschlossen. Siehe hierzu zum Beispiel den Beitrag von Acemoglu und Robinson (2013), Why Nations fail. Zu nennen sind hier zudem Kohr (2001), The Breakdown of Nations; und Olson (1982), The Rise And Decline Of Nations.

106 Siehe SIPRI Yearbook 2002, Summary, S. 10.

107 Pillsbury (2016), The Hundred-Year Marathon, S. 12, eigene Übersetzung.

108 Siehe Pillsbury (2019), S. 35–36. Auf der Konferenz in Bretton Woods im US-Bundestaat New Hampshire wurde vom 1. bis 22. Juli 1944 die Währungsordnung für die Zeit nach dem Zweiten Weltkrieg vereinbart. Der US-Dollar wurde hier zur Ankerwährung, zur Weltreservewährung erklärt. Vom 25. April bis zum 26. Juni 1945 wurde in San Francisco eine Konferenz abgehalten, auf der die Charta der Vereinten Nationen erarbeitet und unterzeichnet wurde.

109 Siehe hierzu Pillsbury (2016), The Hundred-Year Marathon, insb. Kapitel 6, S. 115–133.

110 Siehe zum Beispiel Thieme (2003), Wirtschaftssysteme.

111 Siehe Zheng (2019), In a first, China has more companies on Fortune Global 500 list than the US, South China Morning Post.

112 Einen Überblick gibt Das (2019), China's Evolving Exchange Rate Regime.

113 Ende Mai 2020 beliefen sich die Währungsreserven der chinesischen Zentralbank auf umgerechnet 3,1 Billionen US-Dollar – es waren die weltweit größten Währungsreserven, gefolgt von Japan in Höhe von umgerechnet knapp 1,4 Billionen US-Dollar. Die Zusammensetzung der chinesischen

Währungsreserven, nach Währungen gegliedert, ist nicht offiziell bekannt. Experten schätzen, dass etwa zwei Drittel in US-Dollar angelegt sind.

114 Hätte China den Status einer Marktwirtschaft, wäre es für Mitglieder der WHO schwer, gegen das Land Antidumpingzölle zu verhängen.

115 Siehe hierzu Rothbard (1991), The End of Socialism and the Calculation Debate Revisited.

116 Siehe hierzu zum Beispiel Gahlen, Hardes, Rahmeyer, Schmid (1983), Volkswirtschaftslehre, S. 70–71.

117 Siehe Schumpeter (1942), Capitalism, Socialism, and Democracy, insb. S. 146–147. In gleicher kritischer Tradition beschäftigt sich mit der Rolle der Intellektuellen auch Sowell, T. (2011), Intellectuals and Society.

118 Mises (1940), Nationalökonomie, S. 612–613.

119 Siehe hierzu Mises (1932), Die Gemeinwirtschaft, S. 197 f.

120 Im Jahr 2012 hat Professor Jörg Guido Hülsmann einen Aufsatzband zum 100. Jahrestag der Erstveröffentlichung von Mises' Geldtheoriebuch veröffentlicht. Allen, die eine vertiefte Beschäftigung mit »Theorie des Geldes und der Umlaufsmittel« suchen, sei dieses Buch und darin besonders Hülsmanns eigener Aufsatz sehr empfohlen.

121 Mises, L. v. (1912), Theorie des Geldes und der Umlaufmittel, S. 472.

122 Mises (1953), Theory of Money and Credit, S. 454.

123 Ebenda, S. 455.

124 Menger (1871), Grundzüge der Volkswirthschaftslehre, S. 259. Es ist anzumerken, dass sich in Wissenschaft und öffentlicher Meinung nicht Mengers Theorie der Geldentstehung durchgesetzt hat, sondern die Theorie, die der deutsche Ökonom Karl Friedrich Knapp (1842–1926) in seinem Buch »Staatliche Theorie des Geldes« (1905) verbreitet hat. Knapp schreibt (S. 1): »Das Geld ist ein Geschöpf der Rechtsordnung« – und steht folglich in unvereinbarem Widerspruch zu Mengers Theorie.

125 Siehe Ebeling (2017), Economic Ideas: David Ricardo on Wealth, Inflation, and Freedom.

126 Benannt nach Thomas Gresham (1519–1579), britischer Kaufmann, Finanzagent des Königshauses und Gründer der Londoner Börse.

127 Wenn im freien Markt Silber zu Gold im Verhältnis 12 : 1 gehandelt wird, die Münze jedoch ein Austauschverhältnis von 15½ : 1 festlegt, ist das Silber offiziell unterbewertet. Die Menschen bringen dann 1 Goldmünze zur Münze und bekommen dafür 15½ Unzen Silber. Die tauschen sie am Markt gegen Gold ein – und bekommen dafür 1,2917 Feinunzen Gold. Das Gold bringen sie zur Münze und erhalten dort 20,02 Feinunzen Silber. Und so weiter. Das Ergebnis ist: Die Münze hat bald nur noch Gold und kein Silber mehr im Angebot. Goldgeld, nicht Silbergeld läuft um. Das unterbewertete Silber wird durch das überbewertete Gold verdrängt. Das ist das Greshamsche Gesetz.

128 Siehe Rolnick, Weber (1986), Gresham's Law or Gresham's Fallacy?

129 Siehe Denver Gold Group.

130 Im Juli 1914 waren 4,2 Mark für 1 US-Dollar zu bezahlen. Am 15. November 1923 waren es 4,2 Billionen (4.200.000.000.000) Mark für 1 US-Dollar.

131 Im Dezember 1941 entsprachen 18,93 Yuan einem US-Dollar. Im Mai 1949 waren 23.280.000 Yuan für einen US-Dollar zu bezahlen. Siehe Ebeling (2010), Inflation Undermined Popular Support Against Communism.

132 Greenspan (1966), Gold and Econmic Freedom; *eigene Übersetzung.*

133 Tucholsky, K. (1929), Die Weltbühne, »Für Joseph Matthes«, 13. August, Nr. 33, S. 233.

134 Siehe Kemmerer (1944), Gold and the Gold Standard, S. 145–146.

135 Mises (1940), Nationalökonomie, S. 524.

136 Dieser Aufsatz wurde in ähnlicher Form veröffentlicht in: Explosive Geldpolitik. Wie Zentralbanken wiederkehrende Krisen verursachen, Bessard, P., Kessler, O. (Hrsg.), Edition Liberales Institut, Zürich, S. 57 – 80.

137 Siehe hierzu Rothbard (2000), America's Great Depression, S. 8–14.

138 Es sei hier angemerkt, dass die monetäre Konjunkturtheorie der Österreichischen Schule der Nationalökonomie handlungslogisch konzeptualisieren lässt. Sie ist also keine »theoretische Spielerei«, die auf beliebigen Verhaltensannahmen beruht, sondern sie ist *praxeologisch* abgeleitet und fundiert. Siehe hierzu Hoppe (1983), Kritik der kausalwissenschaftlichen Sozialforschung, S. 64–78.

139 Siehe hierzu zum Beispiel Rothbard (2010), What Has Government Done To Our Money?, insb. S. 98–107; auch Polleit (2014), Geldreform, S. 97–99.

140 An dieser Stelle kann keine Würdigung der Beiträge zur Zinstheorie gegeben werden. Es sei jedoch auf wichtige Schriften zur Zeitpräferenztheorie des Zinses verwiesen: Böhm-Bawerk (1900), Capital und Capitalzins; ders. (1921), Kapital und Kapitalzins; Fetter (1905), The Principles of Economics, S. 141–151; ders. (1915), Economic Principles, S. 235–261; Mises (1940), Nationalökonomie, S. 474–487; Rothbard (2009), Man, Economy, and State, S. 367–450. Für eine Zusammenstellung siehe Herbener (2011), The Pure Time Preference Theory of Interest. Für eine Kritik der traditionellen Zeitpräferenztheorie siehe Hülsmann (2002), A Theory of Interest. Zur Unterscheidung zwischen »Marktzins« und »natürlichem Zins« siehe Wicksell (1898), Geldzins und Güterpreise; ders. (1907), The Influence Of The Rate Of Interest On Prices. Für die neoklassische Zinstheorie sei verwiesen auf Fisher (1930), The Theory of Interest.

141 Zur Logik des menschlichen Handels siehe Mises (1940), Nationalökonomie, insb. Kapitel 1, S. 1–114; siehe zudem Rothbard (2011), Praxeology as the Method of the Social Sciences; ders. (2011), Praxeology: The Methodology of Austrian Economics; sowie Hoppe (2007), Economic Science and the Austrian Method.

142 Eine Kritik zur neoklassischen Interpretation der Investitionskurve findet sich bei Rothbard (2009), Man, Economy, and State, S. 422–424.

143 Siehe hierzu Garrison (2001), Time and Money, S. 71–76; auch Rothbard (2006), For A New Liberty, S. 234–237. Für eine Anwendung der monetären Konjunkturtheorie der Österreichischen Schule auf die Finanz- und Wirtschaftskrise 2008/09 siehe Salerno (2014), A Reformulation of Austrian Business Cycle Theory in Light of the Financial Crisis.

144 Wird der Marktzins abgesenkt, steigen die Barwerte und damit auch die Marktpreise von zum Beispiel Aktien oder Anleihen: Die künftigen Zahlungen werden mit einer nunmehr geringeren Diskontierungsrate abgezinst.

145 Siehe Hülsmann (2013), Krise der Inflationskultur, insb. S. 233–254.

146 »[T]here will never be any question of a zero or negative pure interest rate. Many economists have made the great mistake of believing that the interest rate determines the time-preference schedule and rate of savings, rather than vice versa. This is completely invalid. The interest rates discussed here are simply hypothetical schedules, and they indicate and reveal the time-preference schedules of each individual. In the aggregate ... the interaction of the time preferences and hence the supply-demand schedules of individuals on the time market determine the pure rate of interest on the market.« RVgl. othbard (2009), Man, Economy, and State, S. 382.

147 Zum *Modus tollendo tollens* siehe Cohen, Nagel (2002), S. 101–105.

148 Siehe hierzu Mises (1940), Nationalökonomie, S. 514 und S. 516–517.

149 Siehe hierzu Polleit (2011), Fiat Money and Collective Corruption; ders. (2012), Kollektive Korruption.

150 Siehe Machlup (1934), Führer durch die Krisenpolitik, S. 41–44.

151 Mises (1940), Nationalökonomie, S. 524.

152 Dabei ist natürlich in Rechnung zu stellen, dass heutzutage die Ökonomen meist auf Lohnlisten von Interessengruppen stehen – allen voran auf denen der Staaten –, die ein Interesse an der Fortführung des Booms haben. Sollte da so mancher Ökonom seine Unabhängigkeit verloren haben (nach dem Motto »Wes Brot ich ess, des Lied ich sing«) und das freie Spiel der Marktkräfte scheuen wie der Teufel das Weihwasser, wäre das nicht allzu überraschend.

153 Mises (1912), Theorie des Geldes und der Umlaufsmittel, S. 472.

154 In diesem Zusammenhang siehe zum Beispiel Mises (1953), The Theory of Money and Credit, S. 435–457; Hayek (1990), Denationalisation of Money: The Argument Refined (und die Kritik von Polleit (2016), Hayek's »Denationalization of Money« – a Praxeological Reassessment); Rothbard (1983), The Mystery of Banking, S. 247–268; Reisman (1990), Capitalism, S. 959–963; Huerta de Soto (2006), Money, Bank Credit, and Economic Cycles, S. 715–812; eine Übersicht findet sich bei Polleit, Prollius (2014), Geldreform, S. 229–264.

155 Mises (1953), The Theory of Money and Credit, S. 414.

156 Ebenda.

157 Sennholz (1979), The Age of Inflation, S. 171.

158 Siehe hierzu auch Polleit (2020), Mit Geld zur Weltherrschaft.

159 Oppenheimer, F. (1929), Der Staat, 3. Aufl., Neudruck, Libertad Verlag, Berlin, S. 15.

160 Eine Volkswirtschaft funktioniert selbstverständlich auch mit einer konstanten oder schrumpfenden Geldmenge.

161 Siehe hierzu Block, Block (2011), Toward a Universal Libertarian Theory of Gun (Weapon) Control: a Spatial and Geographical Analysis, S. 289–298.

162 Es wäre ein *non sequitur*, wie schon in Kapitel 4 angemerkt.

163 Für eine Kritik an Hayeks Illustration eines freien Marktes für Geld siehe Polleit, T. (2015), Hayeks »Denationalization of Money« – a Praxeological Reassessment.

164 Menger (1936), Geld, S. 86–87.

165 Hayek (1988), Die verhängnisvolle Anmaßung, S. 112.

166 Das gilt für den Fall, dass Euro-Gedenkmünzen zur Zahlung verwendet werden (§ 3 (1) Münzgesetz).

167 In Deutschland beträgt die Umsatzsteuer bei Silber seit dem Jahr 2014 19 Prozent. Wird Silber aus dem Ausland eingeführt, ist eine Einfuhrumsatzsteuer von 7 Prozent zu zahlen. Verkauft ein Händler das eingeführte Silber weiter, muss er nicht 19 Prozent Umsatzsteuer auf den Nettoverkaufspreis aufschlagen, sondern nur auf die *Differenz*, die sich aus Einkaufspreis und Bruttoverkaufspreis bei 19 Prozent Umsatzsteuer ergibt; das ist die *Differenzbesteuerung*. Gold ist von der Umsatzsteuer ausgenommen. Das gilt auch für Goldbarren, soweit sie bestimmte Anforderungen erfüllen (sie müssen zum Beispiel einen Goldgehalt von nicht weniger als 900/1000 aufweisen). Werden Gold und Silber nach Ablauf der Haltefrist von einem Jahr verkauft, ist ein Gewinn aus einem Verkauf steuerfrei.

168 Mises (1927), Liberalismus, S. 96.

169 Rothbard (2001), The Case for a 100 Percent Gold Dollar, S. 32.

170 Hülsmann (1998), Liberale Währungsreform – ein Entwurf.

171 Siehe hierzu Polleit (2016), Hayek's »Denationalization of Money« – a Praxeological Reassessment.

172 Siehe Reisman (1996), Capitalism, insb. S. 959–962.

173 Darauf weist hin Harwick (2016), Cryptocurrency and the Problem of Intermediation.

174 Antrittsvorlesung, die an der Universtität Bayreuth am 21. August 2017 gehalten wurde.

175 Die *Methodologie* als Teildisziplin der Wissenschaftstheorie (als Metawissenschaft) setzt sich mit der Frage auseinander, welche wissenschaftliche Methode angemessen beziehungsweise richtig ist.

176 Siehe hierzu Popper (1973 [1934]), Logik der Forschung.

177 Siehe hierzu Hoppe (2006), On Praxeology and the Praxeological Foundation of Epistemology, S. 265–294 sowie ders., Austrian Rationalism in the Age of the Decline of Positivism, S. 347–380.

178 Siehe hierzu Poser (2001), Wissenschaftstheorie, S. 104–107.

179 Für die Anwendung in der Wirtschaftswissenschaft siehe Hartwig (1977), Kritisch-rationale Methodologie und ökonomische Forschungspraxis, S. 66–100.

180 Siehe Friedman (1953), The Methodology of Positive Economics.

181 Siehe Lucas (1983), Econometric Policy Evaluation: A Critique.

182 Hierzu und im Folgenden siehe Hoppe (1983), Kritik der kausalwissenschaftlichen Sozialforschung, insb. S. 11–15, 25–29 und 44–49.

183 Siehe Apel (1973), Das Apriori der Kommunikationsgemeinschaft und die Grundlagen der Ethik; auch Habermas (1973), Erläuterungen zur Diskursethik.

184 Übrigens: Ein *a priori*, ein Satz von Euklid, findet sich im Kinofilm *Lincoln*, in dem Daniel Day-Lewis den 16. US-Präsidenten Abraham Lincoln (1809–1865) spielt. Er lautet: »Things which are equal to the same thing are equal to each other.« Eine evidente Aussage, von Hollywood wirkungsvoll inszeniert!

185 Siehe Tetens (2015), Gott denken. Ein Versuch über rationale Theologie, S. 23–27. Er kritisiert den Naturalismus mit seinem vergeblichen Bestreben, von physikalischen auf mentale Sachverhalte zu schließen. Eine Einsicht, auf die Ludwig von Mises (1881–1973) bereits in »Human Action« sowie in »Theory and History« (1957) hingewiesen hat.

186 Siehe hierzu Mises (1957), Theory and History, S. 1–2; ders. (1998), Human Action, S. 17–18; ders. (1962), The Ultimate Foundation of Economic Science, S. 38–41.

187 Siehe hierzu die Ausführungen von Tetens (2006), Kants »Kritik der reinen Vernunft«; auch Höffe (2004), Immanuel Kant; siehe auch die Beiträge in Dudley, Engelhard (Hrsg.) (2011), Immanuel Kant. Key Concepts.

188 Das Prädikat der Aussage (ausgedehnt) gibt etwas wieder, was im Subjekt (Körper) bereits mitgedacht ist.

189 Kant (1968), Kritik der reinen Vernunft, S. 50 [B 1].

190 Siehe hierzu Puster (2014), Dualismen und ihre Hintergründe, S. 7–50.

191 Daraus wird beispielsweise geschlussfolgert, dass kein Investor besser abschneiden kann als der Gesamtmarkt (und deshalb sein Geld am besten in den Marktindex investieren sollte).

192 Siehe hierzu Polleit (2017), Kritik der modernen Finanzmarkttheorie.

193 Mises (1932), Die Gemeinwirtschaft, S. 471.

194 Mises (2014), Theorie und Geschichte, S. 136–137.

Literatur

Acemoglu, D., Robinson, J. A. (2013), Why Nations fail. The Origins of Power, Prosperity and Poverty, Profile Books Ltd, London.

Ambrosius, G. (2000), Von Kriegswirtschaft zu Kriegswirtschaft, insb. S. 326 – 350, in: Deutsche Wirtschaftsgeschichte. Ein Jahrtausend im Überblick, M. North (Hrsg.), Verlag C.H. Beck, München.

Apel, K.-O. (1973), Das Apriori der Kommunikationsgemeinschaft und die Grundlagen der Ethik, in: ders., Transformation der Philosophie. Bd. 2, Suhrkamp, Frankfurt a. M. 1973, S. 358–435.

Baader, R. (2010), Geldsozialismus: Die wirklichen Ursachen der neuen globalen Depression, Resch-Verlag GmbH, Gräfelfing.

Block, W. E., Block, M. (2011), Toward a Universal Libertarian Theory of Gun (Weapon) Control: a Spatial and Geographical Analysis, Ethics, Place & Environment: A Journal of Philosophy and Geography, Vol. 3, No. 3, S. 289–298.

Böhm-Bawerk, E. v. (1900), Capital und Capitalzins. Erste Abtheilung: Geschichte und Kritik der Capitalzins-Theorien, 2. Aufl., Innsbruck.

Böhm-Bawerk, E. v. (1921), Kapital und Kapitalzins. Zweite Abteilung: Positive Theorie des Kapitales. Erster Band, 4. Aufl., Jena.

Buchanan, J. M., Tullock, G. (1962), The Calculus of Consent: Logical Foundations of Constitutional Democracy, University of Michigan Press.

Buchanan (1975), The Limits of Liberty: Between Anarchy and Leviathan, The University of Chicago Press, Chicago und London.

Cohen, M., R., Nagel, E. (2002), An Introduction to Logic and Scientific Method, Simon Publications, Safety Habor.

Das, S. (2019), China's Evolving Exchange Rate Regime, IMF Working Paper, 19/50, March.

Denver Gold Group (www.denvergold.org/).

Dudley, W., Engelhard, K. (Hrsg.) (2011), Immanuel Kant. Key Concepts, Acumen, Durham.

Dürr, D. (2006), Entstaatlichung der Rechtsordnung – Ein Modell ohne staatliches Rechtsetzungs- und Gewaltmonopol, in: Individuum und Verband, Festgabe zum Schweizerischen Juristentag 2006, Schulthess, S. 397–414.

Ebeling, R. M. (2010), The Great Chinese Inflation: Inflation Undermined Popular Support Against Communism, Foundation for Economic Education, 5. Juli (www.fee.org/articles/the-great-chinese-inflation/).

Ebeling, R. M. (2017), Economic Ideas: David Ricardo on Wealth, Inflation, and Freedom, the Future of Freedom Foundation, 16. Januar (www.fff.org/explorefreedom/article/economic-ideas-david-ricardo-wealth-making-paper-money-inflation-free-society/).

Erhard, L. (1944), Kriegsfinanzierung und Schuldenkonsolidierung, Faksimiledruck 1977 mit Vorbemerkungen von Ludwig Erhard, Theodor Eschenburg und Günter Schmölders, Propyläen.

Erhard, L. (2009 [1957]), Wohlstand für Alle, Anaconda, Köln.

Eucken, W. (1932), Staatliche Strukturwandlungen und die Krise des Kapitalismus, in: WA, 36, S. 297–321.

Eucken, W. (1990 [1952]), Grundsätze der Wirtschaftspolitik, Hrsg.: Eucken, E., Hensel, K. P., 6. Aufl., J. C. B. Mohr (Paul Siebeck), Tübingen.

Fetter, Frank (1905), The Principles of Economics, The Century Company, New York.

Fetter, Frank (1915), Economic Principles, The Century Company, New York.

Fisher, I. (1930), The Theory of Interest, New York.

Friedman, Milton (1953): The Methodology of Positive Economics, in: ders., Essays in Positive Economics, Chicago London, S. 3–43.

Gahlen, B., Hardes, H.-D., Rahmeyer, F., Schmid A. (1983), Volkswirtschaftslehre, 14. Aufl., J.C.B Mohr (Paul Siebeck), Tübingen.

Garrison, R. W. (2001), Time and Money. The Macroeconomics of capital structure, Routledge, London und New York.

Greenspan, A. (1966), Gold and Economic Freedom, in: Capitalism: The unknown ideal, Hrsg. Rand, A., Signet Books, New York, S. 101–107.

Habermas, J. (1991), Erläuterungen zur Diskursethik, Suhrkamp, Frankfurt a. M.

Hartwig, K.-H. (1976), Kritisch-rationale Methodologie und ökonomische Forschungspraxis. Zum Gesetzesbegriff in der Nationalökonomie, Peter Lang, Frankfurt a. M., Bern, Las Vegas.

Harwick, C. (2016), Cryptocurrency and the Problem of Intermediation, in: The Independent Review, 20, Nr. 4, Frühjahr 2016, S. 569–588.

Hayek, F. A. v. (1949), The Intellectuals and Socialism, in: University of Chicago Law Review: Vol. 16, 3, S. 417–433.

Hayek, F. v. (1960), Die Verfassung der Freiheit, 3. Aufl., J.C.B. Mohr (Paul Siebeck), Tübingen.

Hayek, F. A. v. (1988), The Fatal Conceit. The Errors of Socialism, Routledge, London.

Hayek, F. A. v. (1990), Denationalisation of Money: The Argument Refined. An Analysis of the Theory and Practice of Concurrent Currencies, The Institute of Economic Affairs, London.

Herbener, Jeffrey, ed. 2011. The Pure Time Preference Theory of Interest, Ludwig von Mises Institute, Auburn, Alabama.

Hoppe, H.-H. (1983), Kritik der kausalwissenschaftlichen Sozialforschung. Untersuchungen zur Grundlegung von Soziologie und Ökonomie, Studien zur Sozialwissenschaft, Westdeutscher Verlag, Opladen.

Hoppe, H.-H. (1995, 2007), Economic Science and the Austrian Method, Ludwig von Mises Institute, Auburn, Alabama.
Hoppe, H.-H. (1997), On Certainty and Uncertainty, Or: How Rational Can Our Expectations Be?, in: Review of Austrian Economics 10, no. 1, S. 49–78.
Hoppe, H.-H. (2006), On the Ultimate Justification of the Ethics of Private Property, in: The Economics and Ethics of Private Property. Studies in Political Economy and Philosophy, 2. Aufl., Ludwig von Mises Institute, Auburn, US Alabama, S. 347–354.
Hoppe, H.-H. (2006), On Praxeology and the Praxeological Foundation of Epistemology, The Economics and Ethics of Private Property. Studies in Political Economy and Philosophy, 2. Aufl., Ludwig von Mises Institute, Auburn, US Alabama, S. 265–294.
Hoppe, H.-H. (2006), On the Errors of Classical Liberalism and the Future of Liberty, in: Democracy. The God That Failed, The Economics and Politics of Monarchy, Democracy, and Natural Order, Transaction Publishers, New Brunswick, London, S. 221–238.
Hoppe, H.-H. (2006), Austrian Rationalism in the Age of the Decline of Positivism, in: Democracy. The God That Failed, The Economics and Politics of Monarchy, Democracy, and Natural Order, Transaction Publishers, New Brunswick, London, S. 347–380.
Hoppe, H.-H. (2006), On Government and the Private Production of Defense, in: Democracy. The God That Failed, The Economics and Politics of Monarchy, Democracy, and Natural Order, Transaction Publishers, New Brunswick, London, S. 239–265.
Hoppe, H.-H. (2006), Democracy. The God That Failed, The Economics and Politics of Monarchy, Democracy, and Natural Order, Transaction Publishers, New Brunswick, London.
Hoppe, H.-H. (2010), A Theory of Socialism and Capitalism, Ludwig von Mises Institute, Auburn, US Alabama.
Hoppe, H.-H. (2012), The Private Production of Defense, in: The Great Fiction. Property, Economy, Society, and the Politics of Decline, Laissez Faire Books, Baltimore, Maryland, S. 173–198.
Hoppe, H.-H. (2012), Der Wettbewerb der Gauner. Über das Unwesen der Demokratie und den Ausweg in die Privatrechtsgesellschaft, Holzinger Verlag, Berlin.
Höffe, O. (2014), Immanuel Kant, 8. Aufl., C.H.Beck, München.
Huerta de Soto, J. (2006), Money, Bank Credit, and Economic Cycles, Ludwig von Mises Institute, Auburn, Alabama.
Hülsmann, J. G. (1998), Liberale Währungsreform – ein Entwurf. Eigentümlich Frei, Nr. 4, 4. Quartal.
Hülsmann, J. G. (2002), A Theory of Interest, in: The Quarterly Journal of Austrian Economics, 5, Nr. 4, Winter, S. 77–110.

Hülsmann, J. G. (2008), The Ethics of Money Production, Ludwig von Mises Institute, Auburn, Alabama.

Hülsmann, J. G. (2013), Krise der Inflationskultur. Geld, Finanzen und Staat in Zeiten der kollektiven Korruption, Edition Lichtschlag, FinanzBuch Verlag, München.

Machlup, F. (1934), Führer durch die Krisenpolitik, Beiträge zur Konjunkturforschung, hrsg. vom Österreichischen Institut für Konjunkturforschung, Verlag Julius Springer, Wien.

Janich, O. (2018), Sicher ohne Staat. Wie eine natürliche Rechtsordnung ohne Gewaltmonopol funktioniert, CBX Verlag, München.

Jevon, W. S. (1888), Elementary Lessons in Logic: Deductive and Inductive, MacMillan and Co., London, New York.

Keynes, J. M. (1936), The General Theory of Employment, Interest and Money, Macmillan, Cambridge University Press.

Kant, I. (1870) Grundlegung zur Metaphysik der Sitten, Verlag von L. Heimann, Berlin.

Kant, I. (1968), Kritik der reinen Vernunft, Philipp Reclam jun., Stuttgart.

Kant, I. (1990), Metaphysik der Sitten, Philipp Reclam jun., Stuttgart.

Knapp, G. F. (1905, 1921), Staatliche Theorie des Geldes, 3. Aufl., Verlag von Duncker & Humblot, München.

Kemmerer, E. W. (1944), Gold and the Gold Standard. The Story of Gold Money, Past, Present and Future, McGraw-Hill Book Company, Inc., New York und London.

Kohr, L. (2001), The Breakdown of Nations, Green Books Ltd, Totnes, Devon, UK.

Lösch, D. (2000), Das Dilemma mit der Rolle des Staates in der Wettbewerbsordnung. Zum 50. Todestages von Walter Eucken, in: Wirtschaftsdienst, III, S. 185–192.

Lucas, R. E. (1983), Econometric Policy Evaluation: A Critique, in: Theory, Policy, Institutions: Papers from the Carnegie Rochester Conference Series on Public Policy, K. Brunner, A. Meltzer (Hrsg.), North-Holland, Elsevier Science Publishers B. V., S. 257–84.

Machlup, F. (1934), Führer durch die Krisenpolitik, Beiträge zur Konjunkturforschung, hrsg. vom Österreichischen Institut für Konjunkturforschung, Verlag Julius Springer, Wien.

Mayeda, A., Torres, C. (2016), The Rebel Economist Who Blew Up Macroeconomics, Bloomberg, 18. November.

Menger, C. (1871), Grundsätze der Volkswirthschaftslehre. Erster, Allgemeiner Theil, Wilhelm Braumüller, Wien.

Menger, C. (1883), Untersuchungen über die Methode der Sozialwissenschaften, und der Politischen Oekonomie insbesondere, Verlag von Duncker & Humblot, Leipzig.

Menger, C. (1892, 1909, 1936), Geld, Collected Works, No. 20, Vol. 4, London School of Economics, S. 1–124.

Michels, R. (1911), Zur Soziologie des Parteiwesens in der Modernen Demokratie. Untersuchungen über die Oligarchischen Tendenzen des Gruppenlebens, Verlag von Dr. Werner Klinkhardt, Leipzig.

Mierzejewski, A. C. (2004), Ludwig Erhard. Der Wegbereiter der Sozialen Marktwirtschaft, Siedler Verlag, München.

Mises, L. v. (1912), Theorie des Geldes und der Umlaufsmittel, Verlag Duncker & Humblot, Berlin.

Mises, L. v. (1927), Liberalismus, Verlag Gustav Fischer, Jena.

Mises, L. v. (1932), Die Gemeinwirtschaft. Untersuchungen über den Sozialismus, Verlag Gustav Fischer, Jena.

Mises, L. v. (1940), Nationalökonomie. Theorie des Handelns und Wirtschaftens, Editions Union, Genf.

Mises, L. v. (1953), The Theory of Money and Credit, 3. Aufl., Yale University, New Haven, Conn.

Mises, L. v. (1957), Theory and History, Ludwig von Mises Institute, Auburn, US Alabama.

Mises, L. v. (2002 [1927]), Liberalism, In The Classical Tradition, 3. Aufl., Institute for Humane Studies, Inc., Fairfax, Virginia.

Mises, L. v. (2013), Kritik des Interventionismus. Untersuchungen zur Wirtschaftspolitik und Wirtschaftsideologie der Gegenwart, H. Akston Verlags GmbH, München.

Mises, L. v. (2014), Theorie und Geschichte. Eine Interpretation sozialer und wirtschaftlicher Entwicklung, H. Akston Verlags GmbH, München.

Müller-Armack, A. (1947, 1981), Wirtschaftslenkung und Marktwirtschaft, 1. Aufl. Hamburg, wieder abgedruckt in: ders., Wirtschaftsordnung und Wirtschaftspolitik, 3. Aufl. Bern und Stuttgart, S. 19–170.

Olson, M. (1965), The Logic of Collective Action. Public Goods and the Theory of Groups, Cambridge.

Olson, M. (1982), The Rise And Decline Of Nations. Economic Growth, Stagflation, and Social Rigidities, Yale University Press.

Oppenheimer, F. (1907), Der Staat, 3. Aufl., Literarische Anstalt, Rütten & Loening, Frankfurt a. M.

Painlevé, P. (1960), The Place of Mathematical Reasoning in Economics, in: Essays in European Economic Thought, Sommer, L., Hrsg., Princeton, N.J.: D. Van Nostrand.

Papst Benedikt XVI. (2011), Rede im Deutschen Bundestag am 22. September 2011 (www.bundestag.de/parlament/geschichte/gastredner/benedict/rede-250244).

Pillsbury, M. (2016), the Hundred-Year Marathon. China's Secret Strategy To Replace America As The Global Superpower, St. Martin's Griffin, New York.

Plickert, P. (2008), Wandlungen des Neoliberalismus. Eine Studie zu Entwicklung und Ausstrahlung der »Mont Pèlerin Society«, Lucius & Lucius, Stuttgart.

Polleit, T. (2011), Fiat Money and Collective Corruption, in: The Quarterly Journal of Austrian Economics, 14, Nr. 4, S. 397–415.

Polleit, T. (2012), Kollektive Korruption. Warum es kein freiwilliges Aussteigen aus dem Fiatgeldstandard geben wird, in: Smart Investor, 7, S. 26–27.

Polleit, T., Prollius, M. v. (2014), Geldreform. Vom schlechten Staatsgeld zum guten Marktgeld, FinanzBuch Verlag, München.

Polleit, T. (2014), Die Naiven, die Achtlosen und die Kaltblütigen, Ludwig von Mises Institut Deutschland, 2. April (www.misesde.org/2014/04/die-naiven-die-achtlosen-und-die-kaltblutigen/).

Polleit, T. (2016), Hayek's »Denationalization of Money« – a Praxeological Reassessment, in: Journal of Prices & Markets, 5, Nr. 1, Herbst 2016, S. 69–84.

Polleit, T. (2017), Zur Ethik des staatlichen Geldes. Eine kritische Bestandsaufnahmein: Ethik von Banken und Finanzen, in: Manfred Stüttgen (Hrsg.), Religion – Wirtschaft – Politik, Band 17, Theologischer Verlag, Zürich, Nomos Verlag, Baden-Baden, S. 537–555.

Polleit, T. (2017), Die Blockchain-Disruption: Geld, Bitcoin und digitalisiertes Goldgeld, Ludwig von Mises Institut Deutschland, 20. Dezember (https://www.misesde.org/?p=17423).

Polleit, T. (2018), Die Utopie der Sozialen Marktwirtschaft, Ludwig von Mises Institut Deutschland, 21. September (https://www.misesde.org/?p=20572).

Polleit, T. (2019), Die »Soziale Marktwirtschaft« Erhardscher Prägung aus Sicht der klassischen liberalen Ökonomik, in: 60 Jahre »Wohlstand für alle«. Ludwig Erhard und die Soziale Marktwirtschaft, Arbeitspapiere der FOM Hochschule für Oekonomie & Management, Nr. 73 (erscheint demnächst).

Polleit, T. (2020), Mit Geld zur Weltherrschaft. Warum unser Geld uns in einen dystopischen Weltstaat führt – und wie wir mit besserem Geld eine bessere Welt schaffen können, FinanzBuch Verlag, München.

Popper, K. R. (2002), The Logic of Scientific Discovery, Routledge, London, New York.

Popper, K. R. (2002), Conjectures and Refutations, Routledge, London, New York.

Popper, K. R. (2004), Ausgangspunkte. Meine intellektuelle Entwicklung, Piper Verlag, München.

Poser (2001), Wissenschaftstheorie. Eine philosophische Einführung, Philipp Reclam jun., Stuttgart.

Prollius, M. v. (2007), Herrschaft oder Freiheit. Ein Alexander Rüstow Brevier, Ott Verlag, Bern.

Puster, R. W. (2014), Dualismen und ihre Hintergründe, Hinführung zu Ludwig von Mises, Theorie und Geschichte. Eine Interpretation sozialer und wirtschaftlicher Entwicklung, H. Akston Verlags GmbH, München, S. 7–50.

Rand, A. (1967), Capitalism: The Unknown Ideal, New American Library, New York.

Reisman, G. (1990), Capitalism. A Treatise on Economics, Jameson Books, Ottawa, Illinois.

Rhonheimer, M. (2017), Ludwig Erhards Konzept der sozialen Marktwirtschaft und seine wettbewerbstheoretischen Grundlagen, in: Journal for Markets and Ethics/Zeitschrift für Marktwirtschaft und Ethik, 5 (2), S. 83–106.

Rolnick, A. J., Weber, W. E. (1986), Gresham's Law or Gresham's Fallacy?, in: Federal Reserve Bank of Minneapolis, Quarterly Review, Winter, S. 17–24.

Romer, P. (2016), The Trouble with Macroeconomics, Delivered January 5, 2016 as the Commons Memorial Lecture of the Omicron Delta Epsilon Society, 14th September.

Rothbard, M. N. (1982), The Ethics of Liberty, New York University Press, New York und London.

Rothbard, M. N. (1991), The End of Socialism and the Calculation Debate Revisited, in: The Review of Austrian Economics, Vol. 5, No. 2, S. 51–76.

Rothbard, M. N. (2000), America's Great Depression, 5. Aufl., Ludwig von Mises Institute, Auburn, Alabama.

Rothbard, M. N. (1962, 2001), The Case for a 100 Percent Gold Dollar, Ludwig von Mises Institute, Auburn, Alabama

Rothbard, M. N. (2006), For A New Liberty. The Libertarian Manifesto, 2. Aufl., Ludwig von Mises Institute, Auburn, Alabama.

Rothbard, M. N. (2006), Power and Market, Ludwig von Mises Institute, Auburn, Alabama.

Rothbard, M. N. (2008 ([1963]), What Has Government Done To Our Money?, Ludwig von Mises Institute, Auburn, Alabama.

Rothbard, M. N. (2008), The Mystery of Banking, Ludwig von Mises Institute, Auburn, Alabama.

Rothbard, M. N. (2009), Anatomy of the State, Ludwig von Mises Institute, Auburn, Alabama

Rothbard, M. N. (2010), What Has Government Done To Our Money?, Ludwig von Mises Institute, Auburn, Alabama.

Rothbard, M. N. (2011), Praxeology as the Method of the Social Sciences, in: Economic Controversies, Ludwig von Mises Institute, Auburn, Alabama, S. 29–58.

Rothbard, M. N. (2011), Praxeology: The Methodology of Austrian Economics, in: Economic Controversies, Ludwig von Mises Institute, Auburn, Alabama, S. 59–79.

Rüstow, A. (1932), Freie Wirtschaft – Starker Staat: Die staatspolitischen Voraussetzungen des wirtschaftspolitischen Liberalismus, Schriften des Vereins für Socialpolitik Bd. 187, Dresden 1932, S. 62–69; wiederabgedruckt als: Die staatspolitischen Voraussetzungen des wirtschaftlichen Liberalismus, in: Alexander Rüstow und Walter Hoch (Hrsg.), Rede und Antwort, Martin Hoch, Ludwigsburg 1963, S. 249–258.

Rüstow, A. (1949), Zwischen Kapitalismus und Kommunismus, Helmut Küpper vormals Georg Bondi (Verlag), Godesberg.

Salerno, J. T. (2010), Money: Sound and Unsound, Ludwig von Mises Institute, Auburn, Alabama.

Salerno, J. T. (2014), A Reformulation of Austrian Business Cycle Theory in Light of the Financial Crisis, The Quarterly Journal of Austrian Economics, 15, Nr. 1, S. 3–44.

Schumpeter, J. A. (1942), Capitalism, Socialism, And Democracy, Harper & Brothers Publishers, New York und London.

Sennholz, H. F. (1979), The Age of Inflation, Belmont, Massachusetts.

Siebert, H. (2001), Der Kobra-Effekt, Wie man Irrwege der Wirtschaftspolitik vermeidet, Deutsche Verlags-Anstalt (DVA), Stuttgart.

SIPRI Yearbook 2020, Armaments, Disarmament and International Security (https://www.sipri.org/sites/default/files/2020-06/yb20_summary_en_v2.pdf).

Sombart, W. (1927), Das Wirtschaftsleben im Zeitalter des Hochkapitalismus, Bd. III, 2. Halbbd., München und Leipzig.

Sowell, T. (2011, Intellectuals and Society, Revised and Enlarged Edition, Basic Books, New York.

Spooner, L. (1870), No Treason. The Constitution of no Authority, Boston (published by the author).

Stegmüller, W. (1978), Hautströmungen der Gegenwartsphilosophie. Eine kritische Einführung, Band 1, Kapitel IX, Alfred Kröner Verlag, Stuttgart.

Thamer, H.-U. (2006), Siedler Deutsche Geschichte. Verführung und Gewalt Deutschland 1933–1945, VI. Industriegesellschaft unterm Hakenkreuz, Random House GmbH, München, S. 467–493.

Tetens, H. (2015), Gott denken. Ein Versuch über rationale Theologie, 2. Aufl., Philipp Reclam jun., Stuttgart.

Thieme, H.-J. (2003), Wirtschaftssysteme, in: Vahlens Kompendium der Wirtschaftstheorie und Wirtschaftspolitik, Bd. 1, 8 Aufl., Hrsg. Bender, D. u. a., Verlag Vahlen, München, S. 1–52.

Vanberg V. (2014), Liberalismus und Demokratie: Zu einer vernachlässigten Seite der liberalen Denktradition, Freiburger Diskussionspapiere zur Ordnungsökonomik, Walter Eucken Institut

Wenzel, R. (2018) Foundations of Private Property Society Theory: Anarchism for the Civilized Person, Gallain House LLC.

Wicksell, K. (1907), The Influence Of The Rate Of Interest On Prices, in: Economic Journal, XVII, S. 213–220.

Wicksell, K. (1898), Geldzins und Güterpreise. Eine Studie über die den Tauschwert des Geldes bestimmenden Ursachen, Verlag Gustav Fischer, Jena.

Zheng, Y. (2019), In a first, China has more companies on Fortune Global 500 list than the US, South China Morning Post, 22. Juli, www.scmp.com/business/companies/article/3019632/first-china-has-more-companies-fortune-global-500-list-us.

Über den Autor

Thorsten Polleit, geboren 1967, ist seit April 2012 Chefvolkswirt der Degussa, Europas größtem Edelmetallhandelshaus. Zuvor war er 15 Jahre im internationalen Investment-Banking tätig. Seit 2014 ist er Honorarprofessor für Volkswirtschaftslehre an der Universität Bayreuth. Thorsten Polleit wurde mit dem O.P. Alford III Prize in Libertarian Scholarship ausgezeichnet. Er ist Adjunct Scholar am Ludwig von Mises Institute, Auburn, Alabama, USA, und Präsident des Ludwig von Mises Institute Deutschland. Thorsten Polleit ist selbst als Investor aktiv und berät institutionelle Investoren. Seine private Webseite ist: www.thorsten-polleit.com.